시민교육의 역사

데릭 히터 지음
김 해 성 옮김

국립중앙도서관 출판시도서목록(CIP)

시민교육의 역사 / 지은이: 데릭 히터 ; 옮긴이: 김해성. -- 파주 : 한울, 2007
　p. ;　cm. -- (한울아카데미 ; 990)

원서명: A history of education for citizenship
원저자명: Heater, Derek
참고문헌과 색인수록
ISBN 978-89-460-3835-6 93370
ISBN 978-89-460-3836-3(학생판) 93370

370.88-KDC4
372.832-DDC21　　　　　　　　　　　CIP2007003583

A History of Education for Citizenship

Derek Heater

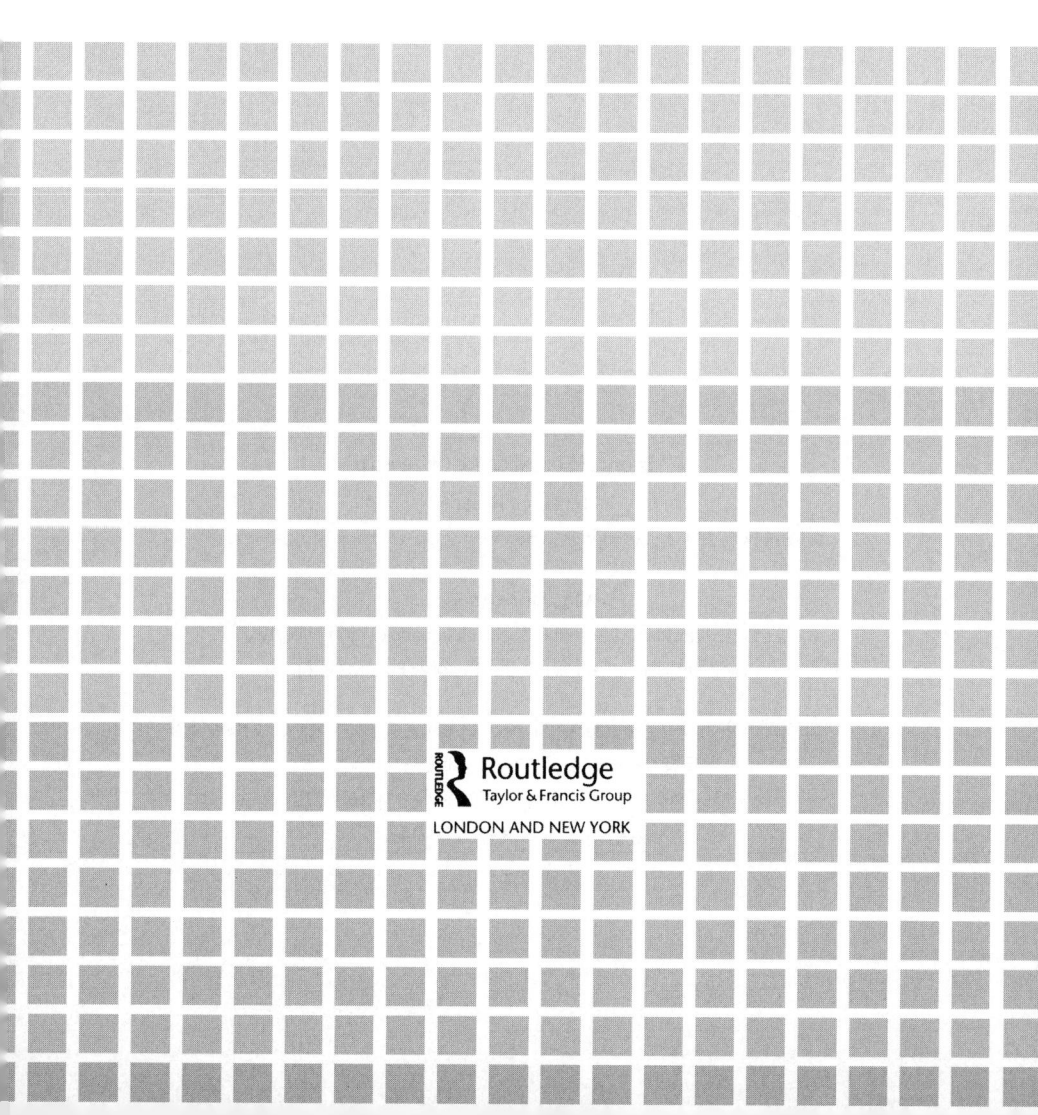

Routledge
Taylor & Francis Group
LONDON AND NEW YORK

A History of Education for Citizenship
by Derek Heater
Copyright © 2004 by Routledge, a member of the Taylor & Francis Group

All rights reserved.
Authorised translation from the English language edition published
by Routledge, a member of the Taylor & Francis Group

이 책의 한국어판 저작권은 Routledge, a member of the Taylor & Francis Group과의
독점계약으로 도서출판 한울에 있습니다.
저작권법에 의해 한국 내에서 보호를 받는 저작물이므로
무단전재 및 복제를 금합니다.

옮긴이 머리말

고대 그리스에서 오늘날 대부분의 나라에 이르기까지, 나라마다 시민을 기르는 시민교육을 명시적 혹은 암묵적으로 실시해왔다. 시민교육은 어느 사회에서나 실시되고 있지만 그 사회의 성격에 따라 내용과 방법에 차이가 있다. 민주주의 사회일수록 시민교육은 민주적 교육의 원리하에서 실시되며, 전체주의적이고 권위주의적인 사회일수록 시민교육은 특정 정권이나 권력집단의 정당성을 확보하기 위한 수단으로 시행되는 경향이 있다. 민주주의 사회에서는 민주적 가치를 존중하고 민주적인 정치참여를 적극적으로 유도하는 방향으로 민주시민교육이 중시되고 있다.

그런데 민주시민교육에 대한 필요성이 많이 주장되고 있는 데 비해, 시민교육이 언제 어디서 어떻게 전개되어왔으며 앞으로의 전망과 과제는 무엇인지에 대한 논의가 매우 빈약했다. 저자는 시민교육의 역사를 폭넓고도 깊이 있게 논의하고, 21세기 시민교육의 전망을 설득력 있게 전개하고 있다.

이 책은 먼저 시민개념의 발상지인 고대 그리스와 로마에서 정식 구성원 자격(시민권 혹은 시민 자격)이 확대되면서 그에 따른 권리를 행사하고 의무를 이행할 수 있도록 하는 시민교육이 어떻게 이루어졌는지를 살핀다.

중세를 지나 근세의 르네상스와 종교개혁 그리고 근대 시민혁명을 거치면서 시민권과 시민교육의 범위가 확대되고 좀 더 민주적인 방식으로 이행된다. 이 중에서 특히 프랑스와 미국, 영국의 시민교육이 중점적으로 다루어진다.

근대를 지나 현대로 오면서 위의 서구국가들 이외에도 새롭게 등장한 아시아, 아프리카 국가들에서 시민양성이라는 목표가 어떻게 추진되었는지를 살펴본다. 또한 사회주의 국가 그리고 전후의 독일과 일본의 경우에 대해서도 논의한다.

저자는 다문화주의로 상징되는 현대사회를 살아가는 시민들은 다중적인 정체성을 경험하게 되며 이러한 다중시민권 시대에 한 나라의 시민이자 세계시민으로서 어떤 권리와 의무를 지니는지, 양자가 충돌할 경우 어떻게 조화를 이룰 수 있는지에 대한 논의를 하는 것으로 책을 마무리한다.

저자는 고대 그리스와 로마에서부터 현대의 서구와 아시아, 아프리카에 이르기까지 오랜 시간과 광범위한 지역에 걸쳐 이루어져온 시민교육의 역사를 정치와 역사, 철학, 교육의 측면에서 다루고 있다. 각 나라가 시민권(시민 자격)과 시민상에 대해 가졌던 관점과 시민양성을 위한 시도들이 어떻게 전개되어왔는지를 논의하며, 이미 진행되고 있는 다중시민권의 시대에 기대되는 시민의 권리와 의무에 대한 입장을 피력하고 있다.

이 책은 아주 오랜 옛날부터 최근에 이르기까지 많은 나라가 각기 자기 나라의 시민이 갖추어야 할 자격 혹은 자질 함양을 위해 어떤 노력을 해왔으며 그 과정에서 어떤 어려움들이 있었는지를 두루 살핀다. 세계 곳곳의 사례를 망라하고자 하는 저자의 노력에도 불구하고 모든 나라를 대상으로

할 수는 없다. 그리하여 우리나라의 경우도 검토 대상에서 제외되어 있다. 매우 아쉬운 부분이긴 하지만, 반대로 우리의 시민교육 역사를 별도로 논의하는 연구를 요청하는 자극제로 생각할 수 있지도 않을까 싶다.

다른 한편, 저자도 인정하듯이 시민권의 기원을 고대 그리스에서 찾다 보니 서구 중심적 논의라는 한계가 불가피하다. 다중시민권 논의가 주로 유럽연합을 중심으로 이루어지는 것도 그 연장선에 있다고 할 수 있다.

시민권이 사회나 국가의 정식 구성원 자격이라는 점에서는 저자의 논의 일반을 우리 사회에 적용할 수 있을 것이다. 다중시민권과 세계시민권에 대한 저자의 논의는 아직 완결된 것이 아니지만, 다양성과 사회통합의 조화를 지향하는 저자의 입장은 우리 입장에서도 귀담아 들을 바가 많다고 생각한다.

시민과 시민권 그리고 시민교육에 대해 관심을 갖도록 이끌어주신 분들이 많은데, 그중에서도 특히 손봉호 교수님과 이종렬 교수님 그리고 김왕근 교수님께 감사드린다. 사뭇 딱딱한 내용이 많은 이 책의 출간을 기꺼이 지원해주신 도서출판 한울 김종수 사장님과 편집부 담당자분들께도 감사의 뜻을 전한다.

김 해 성

머리말

언제든 아리스토텔레스의 경구(警句)에서 시작하는 것이 좋다. 그의 『정치학』에서 "한 국가의 시민들은 항상 국가의 정체에 적합하도록 교육받아야 한다"(Aristotle, 1948: 1337a II)라는 구절을 보자. 우리가 흔히 '정체(constitution)'라고 번역하는 그의 폴리테이아(politeia)가 정부형태뿐만 아니라 삶의 방식 및 사회윤리까지 포괄한다는 점을 감안하면, 이는 곧 이 책의 개요를 말하는 것이라고 해도 될 법하다. 다만 '해야 한다'는 부분만 제외하고. 가령 고대 스파르타와 아테네, 프랑스 제3공화국과 독일 제3제국에서 이루어진 시민교육은 서로 간에 많은 차이가 있으며 그런 차이가 그들의 상이한 폴리테이아에 기인한 것으로 볼 수 있음은 의심의 여지가 없다. 그러나 이들을 예로 선택한 것은 곧장 이들 간의 차이가 국가 차원의 것인지 시민 차원의 것인지 하는 문제를 제기한다. 아리스토텔레스의 '해야 한다'는 국가의 안정에 대한 그의 관심에서 비롯되었으며, 그의 진술에서 도덕 차원의 질문 두 가지가 제기된다. 국가의 안정이 어떤 식으로 확보되든 간에 시민으로서 개인의 이해관심은 항상 국가의 안정에 종속되어야 하는가? 그리고 시민이 되려고 배우는 사람들은 국가의 안정을 위해 교화되어야 하는가? 그렇다면, 특히 '국가'가 체제(regime)와 동일시되는 경우에, 시민적 양심과 정치적 판단력을 계발하는 대가는 무엇인가?

고대 그리스에서 오늘날의 세계에 이르기까지 시민교육의 역사에는 이러한 물음, 그리고 혹시 덜 근본적일 수도 있는 여타 물음에 대해 생각할 바가 많다. 잠깐 개인적인 이야기를 하자면, 이 책을 쓰는 일은 무모한 일이었으며 어느 누구도, 필자가 하는 것처럼 상대적으로 제한된 형태로라도, 이처럼 방대하고 복잡한 주제를 건드리려 하지 않았다고 본다. 왜냐하면 이 일은 역사와 정치이론 그리고 교육에 대한 관심을 요구하기 때문이다. 필자는 이들 세 분야 모두에 걸쳐 지식을 쌓는 데 반세기를 쏟아왔기에, 필자의 학문 인생이 황혼기에 접어든 지금이 이 주제에 대한 그간의 모든 것을 쏟아 부을 때라고 결심하게 되었다.

주제가 복잡하다 보니 구성에 어려움이 있었다. 많은 생각을 한 연후에 필자는 이 책을 다섯 개 장으로 나누기로 했다. 처음 두 장은 고대 세계(그 유산이라는 항목에서 일단락되긴 하지만)와 근대 초기를 시대순으로 다루는데, 우리의 목적에 비추어볼 때 반란과 혁명이라는 정치적 경험에서도 통일성을 지닌다. 나머지 세 개 장은 각각의 주제로 각기 특정 시공간 속에서 시대순으로 다루어진다(원저의 3장이 다른 장에 비해 분량이 많아 본 번역서에서는 두 개의 장으로 나누었 — 옮긴이). 그 내용을 보면, 자유주의 국가, 전체주의 체제들 그리고 다중적인 형태로 시민권이 변형되는 것 등이다. 다루어지는 내용의 분량이 장별로 차이가 많아서, 이해를 돕기 위해 절로 구분했다.

필자가 원고를 컴퓨터로 정리할 수 있도록 능숙한 솜씨로 도와주고 또 필자의 기획이 결실을 맺을 수 있을 것이라는 믿음을 갖고 지켜봐준 아내에게 깊이 감사한다. 필자가 무모하게 일을 시도한 것인지 여부는 독자 여러분이 판단하고 평가해주기 바란다.

로팅딘에서
데릭 히터

차례

옮긴이 머리말 __ 5
머리말 __ 8

제1장 고전적 기원 __ 15

1. 초창기 시민교육의 탄생 __ 15
2. 스파르타와 아테네 __ 20
3. 플라톤과 아리스토텔레스 __ 34
4. 로마 __ 46
5. 고대 세계의 유산 __ 54

제2장 반란과 혁명의 시대 __ 63

1. 초기 국민국가들 __ 63
2. 절대왕정의 정착과 시민교육 __ 66
3. 계획의 과잉: 프랑스의 경우 __ 78
4. 급진사상의 확산 __ 102
5. 미국의 건국 __ 114

제3장 자유민주주의 교육 1 __ 137

　　1. 새로운 국면들 __137
　　2. 프랑스: 왕정복고에서 제5공화국까지 __ 148
　　3. 영국: 급진주의에서 제국으로 __ 169
　　4. 영국: 국가수준 교육과정에 이르는 느린 행보 __ 192

제4장 자유민주주의 교육 2 __ 205

　　1. 미국: 복잡한 사회, 불확실한 교육 __ 205
　　2. 미국: 시민교육의 구축 __ 230
　　3. 식민지 경험 __ 252
　　4. 독립 이후의 아시아와 아프리카 국가들 __ 288

제5장 전체주의와 그 이행 __ 303

　　1. 말과 현실 __ 303
　　2. 소비에트 정책 __ 312
　　3. 소비에트 정책 이행기관 __ 322
　　4. 새로운 러시아 방식 __ 338
　　5. 나치 체제와 그 배경 __ 342

    6. 1945년 이후의 독일 체제 __ 356

    7. 일본 __ 368

제6장 다중시민권 교육 __ 379

    1. 국가 - 시민 모형의 부적합성 __ 379

    2. 시민권, 문화, 종족 __ 383

    3. 다문화국가의 정책 __ 390

    4. 유럽연합 __ 416

    5. 세계시민권: 이론적 기원 __ 425

    6. 세계시민권: 실제 그리고 이론으로의 회귀 __ 438

    참고문헌 __ 457

    찾아보기 _ 인명 __ 477

    찾아보기 _ 용어 __ 483

일러두기

- 원저자의 주석은 본문 중에 ( )로 표시되어 있어 그대로 따랐음.
- 옮긴이가 덧붙인 주석의 경우 간략한 것은 본문 중에 '(— 옮긴이)' 형식으로 넣었고, 다소 분량이 많은 경우 각주 *, ** 형식으로 표시했음.
- 본문에 등장하는 인명이나 문헌의 표기와 관련하여 필요하다고 여겨지는 경우 첫 번째에 한해 외국어 표기를 함께 했으며, 그 이후에는 한글로만 표기했음.
- 본문에 자주 등장하는 기관·단체명의 경우, 처음 나올 때는 해당 외국어를 한글과 병기했고, 그 이후에는 한글로만 표기하거나 외국어 약자로 표기했음.

제1장

고전적 기원

1. 초창기 시민교육의 탄생

시민교육은 상고시대(Archaic Age, 기원전 776~479년) 그리스에서 등장했고 그에 이은 고전시대(Classical Age)에 번창했는데, 특히 고전시대에는 저명 사상가들 중 다수가 시민교육을 논의의 주제로 삼았다. 교육과 학문 활동 모두 시민의 지위 향상이 그 배경이 되었다. 즉 개인들은 시민의 자격에 걸맞게 행동하는 방법을 배울 필요가 있었다. 기원전 8세기가 되자 그리스의 사회와 정치는 더 이상 왕국이나 부족이 아니었으며, 이제 폴리스였다. 예를 들어 스파르타, 코린트, 테베와 같은 '폴리스(polis, '도시국가'라는 번역은 오해의 소지가 있어 피할 것임 — 저자)'는 오늘날의 기준으로 보면 소국(microstate)이었다. 인구도 많고 민주적으로 통치되던 아테네조차도 그 절정기의 인구는 최대한으로 잡아도 시민과 그 가족의 숫자가 대략 5만 명에 불과했다. 물론 이 숫자에 정주외국인과 노예의 숫자도 더해야 하겠지만. 사실 인구의 규모와 구성 그리고 지리적 제약이 시민권의 기원을 밝히는 데 기초적인 단서를 제공한다. 폴리스는 상대적으로 소수이면서 종족적으로 결속력 있는 집단에 의해 지배되며 외부자 — 외국인과 노예 — 들이 생업을 떠맡는 계약(compact) 공동체였다. 그리하여 지배집단은 어느 정도의 부 그리고 폴리스의 정부에 참여할 수 있는 여유라는 특권, 간단히 말해 시민이라는 특권을 누렸다.

그렇지만 이처럼 시민이 되는 기회는 그 배후에 두 가지 결정요인이 있다. 하나는 폴리스의 복리(well-being)에 대한 헌신으로, 이는 공적인 사안에 참여하려는 자발성과 욕구를 포함하는데, 여기에는 소극적 요소와 적극적 요소 모두 들어 있다. 소극적 요소는 법을 무시하는 독재에 대한 거부이다. "전제정치는 그리스의 영혼을 해친다"(Kitto, 1951: 9)라고 이야기되어왔다. 적극적 요소의 기원은 호메로스가 묘사한 영웅시대에서 찾을 수 있는데, 이는 공동체의 일을 논의하기 위해 모이는 습관으로서, 마음 깊은 곳에서 우러나는 시민적 관심을 가리킨다. 두 번째 결정요인은 그리스인들의 추상적 사고능력의 산물이다. 시민의 정치적 충성 대상은 더 이상 족장이나 주인, 왕이 아니라 개념적 실체인 국가였다. 통상적인 표현을 쓰자면, 시민은 사실 '정치체에 지분을 가질'(Hornblower & Spaworth, 1988: 152 참조) 수 있는 개인이었다. 그러한 지분의 정확한 범위는 국가의 구성방식 — 이를테면 과두정인가 민주정인가 — 에 달려 있긴 하지만.

그리스의 폴리스들이 영토와 시민계층(citizen-bodies) 모두 소규모 상태에 머물렀던 것에 비해(기원전 5세기에 아테네가 제국으로 팽창했던 것은 논외로 하고), 로마는 기원 1세기에 이르기까지 영토가 지속적으로 팽창했고 기원 3세기에는 시민권 부여범위가 획기적으로 확대되었다. 이러한 차이는 시민권의 의미에 대해 그리스와 로마가 지녔던 관념의 차이에 기인한다. 그리스 시민권의 핵심은 참여에 있었으며, 로마 시민권의 핵심은 법적 권리의 소유에 있었다. 사실 로마 시민권에도 공적 사안 참여라는 원칙이 없었던 것은 결코 아니지만, 사회적·지리적 현실은 시민권의 실제에 매우 중요한 제약으로 작용했다. 귀족과 평민의 구분은, 평민이 주요 권리를 획득했음에도 불구하고 정치적·사법적 권력을 귀족, 즉 특권계급의 수중에 놓이게 했다. 그리고 로마제국의 광대한 팽창으로 인해, 가령 알프스 너머의 골(갈리아) 지방에 있는 시민이 로마에서 열리는 정치회합에 참석한다는 것은 불가능한 일이 될 수밖에 없었다. 로마가 여전히 '도시'라는 생각은 사실과 다른 것이 되었음에도 불구하고, 도시(civitas) 즉 애초의 로마 혹은 지척에 있는 지역에 거주하는 사람만이 시민으로서의 완전한 삶(civis Romanus)을 영위할 수 있었다.

그리스-로마의 시민권에 대해 지나치게 광범위한 일반화를 해서는 곤란한 것과 마찬가지로, 고대에 행해진 시민교육의 형태에도 차이가 있었다. 하지만 이러한 차이는 일차적으로 그리스 폴리스들과 로마에서 시민권이 표현되는 방식의 차이에 기인한 것은 아니다. 그보다는 청소년들이 거쳐야 할 교육적 경험의 목적과 방법에 관해 전적인 합의를 이루지 못한 데 차이가 있었다.

상이한 우선순위 혹은 접근이 주창되고 실행된 영역을 넷으로 생각할 수 있다. 첫째이자 기본적인 것은 시민교육의 목표가 무엇인가 하는 문제이다. 아리스토텔레스는 이 점에 대해 아주 분명한 입장이었다. 그는 "폴리스는 …… 다수의 총합이며, 그리하여 교육은 다수의 총합이 공동체가 되게 하고 또 그 공동체에 통일성을 부여하는 수단"(Aristotle, 1948: 1263b)이라고 했다. 국가의 결속과 안정에 기여하는 것이 시민의 책임이며, 따라서 시민은 이러한 기여를 하는 방법을 배워야 한다. 두 번째 목표는 시민의 의무를 구체적이고 실천적으로 배우는 것이다. 시민으로서의 덕성이 고전적 시민권 개념의 핵심에 놓였는데, 덕성이란 자신의 의무를 수행하는 것을 의미했다. 이러한 의무를 배우는 것에는 시민에게 기대되는 활동이 어떤 것인지를 이해하는 일과, 그러한 활동을 효율적으로 이행하는 데 필요한 기능들을 연마하는 일 모두 포함된다. 세 번째 목표는 예비시민들에게 그들의 사회적·법적·정치적 권리를 가르치는 것이다. 이 세 가지 목표를 여기서 이렇게 구분할 수 있다 해도, 시민교육의 실제에서는 동시에 작용하는 것으로 볼 수 있었으며 또 사실이 그랬다. 결속과 의무를 위한 교육이 압도적이었던 스파르타에서조차, 예비시민들은 토지소유권자의 권리도 배웠다.

하지만 의무와 권리에 대한 학습의 균형을 맞추는 일은 시민활동의 영역에 관한 문제를 제기하는데, 이는 시민적 관점과 군사적 관점 모두에서 해석될 수 있으며 또 그렇게 해석되었다. 이것이 시민교육에 대한 상이한 접근의 차이를 논의하는 우리의 관심영역 중 두 번째 것이다. 그리스 시민의 주요 기능 중 하나가 자신의 폴리스를 위해 싸우는 것이었기 때문에, 시민교육은, 특히 전기 그리스에서, 일차적으로 중장보병에게 요구되는 기능을 연마하고 용맹하게 싸우려는 의지 ― 아레테(aretē)의 핵심적인 측면인 ― 를 함양하는 것을 의미했다. 필연적으로 국가와 그 전통에 대한 자부심이 이 요소의 일부를 이루었다. 하지만 시민으로서의 자질을 함양하는 일은 군사적 목적뿐만 아니라 시민적 목적도 지녔으며, 그리스 시민교육뿐만 아니라 로마 시민교육의 구성요소이기도 했다. 여러 세대가 지나고 정치의 기술과 구조가 발전함에 따라, 현명한 시민이 되기 위해서는 법과 입법, 정책과 정책결정에 대해 알아야 하게 되었다. 유독 스파르타에서만 혹독한 군사훈련이 시민의 교수요목에서 여전히 압도적인 항목으로 존속했다.

시민교육의 군사적 형태가 국가에 의해 조직되었음은 말할 나위가 없다. 다른 한편, 고대 초기에 시민적 형식의 시민교육은 그리스와 로마 모두 가족이나 사적 조직에 의해 제공되었다. 이는 우리의 세 번째 관심영역 ― 국가 혹은 사적 제도 ― 으로 나아가게 한다. 사적으로 가르치는 사람들 ― 소피스트들, 플라톤, 아리스토텔레스, 키티움의 제논(Zeno), 퀸틸리아누스(Quintilianus) 등이 대표적인 인물이었다 ― 은 한정된 제자들에게 교육을 제공했다. 그 제자들은 이러한 방식의 교육에 비용을 댈 수 있는 부유한 부모를 둔데다 지적인 능력이 있는 젊은이였다. 대부분의 경우에, 법적·정치적 사안에 대한 입문은 가족이나 가까운 친구들에 의해 이루어졌다. 즉 성인 시민 ― 주로 아버지 ― 들이 초보 시민들을 가르쳤다. 아리스토텔레스는 "오늘날에서조차, 대부분의 경우 미성년자 교육이 여전히 사적인 기반에서 이루어져야 하는지"에 대해 그 당시에도 의견이 분분했다고 인정했다. '오늘날에서조차'라는 구절에 주목해야 할 것이다. 그는 계속해서 '공적인 조치'(Aristotle, 1948: 1337a)에 의해 교육이 이루어질 것을 권한다. 그의 주장대로 되는 것을 보게 될 것이다.

법정이나 집회 혹은 공공광장 방문은, 교육학적인 용어로 말하자면, 청소년들로 하여금 일상적이고 비구조적인 방식으로 시민권에 들어서게 했다. 이로 인해 그들이 나빠질 것은 없었으며, 이는 단지 대안들 중 하나일 뿐이다. 이것 즉 구조화된 방식으로 가르칠 것인가 아니면 비구조화된 방식으로 가르칠 것인가가 고대사회의 시민교육 접근법에 대한 우리의 네 번째 관심사이다. 분명히, 스파르타로 대표되는 군사훈련 형태와 아리스토텔레스의 학당 리케이온으로 대표되는 학문적 형태는 이러한 교육과정과 관련하여 요구되는 기능과 이해력을 가르치는 데 적절하도록 구체적인 방식으로 매우 주의 깊게 고안되고 준비된 것들이었다.

이 장의 구조는 다음과 같다. 부분적으로는 그 역사적 중요성 때문에 그리고 또 부분적으로는 그에 대한 우리의 사전 지식이 상대적으로 풍부하기 때문에, 우리는 스파르타와 아테네, 로마의 시민교육의 실제, 플라톤과 아리스토텔레스 및 로마의 웅변가들이 제창한 이상에 집중할 것이다. 이러한 탐색을 통해 우리는 위에서 거론한 내용들이 그리스·로마 역사에서 어떻게 예증되는지를 살펴볼 것이다. 매우 극적으로 스파르타는 고대 그리스 그리고 그 이후의 일부 교육전문가에게 국가가 교육을 전담하는, 그리하여 엄격한 시민양성 교육을 통제하는 모형을 제공했다. 사실 아테네 사람이었던 플라톤 그리고 아테네에 정주했던 아리스토텔레스는 자신들의 폴리스에는 그와 같은 조직적인 체계가 없다는 점을 유감스럽게 생각했다. 그러니 스파르타에서 시작하도록 하자.

2. 스파르타와 아테네

국가의 필요에 부응하도록 시민을 양성하기 위한 시민교육의 전 역사를 살펴볼 때, 스파르타의 청소년 훈육은 가장 특별한 경우이다. 기껏해야 크레타와 페르시아 정도가 이에 근접한 제도를 발전시켰다[Aristotle, 1948: 1272a; Xenophon, 1914: 4, 6 참조. 크세노폰은 자신의 저작 『키로파이디아(Cyropaedia)』에서, 어린아이들조차 학교에서 법을 배우고 변론술을 익히는 매우 정치적인 사회를 생생하게 묘사하고 있다]. 이와 같이 훈련된 시민들의 경험과 주입된 행동을 제대로 이해하기 위해서는 스파르타가 처했던 여건을 간략하게나마 살펴보고, 그리하여 이러한 필요(군사훈련 형태의 시민교육)가 왜 생겼는지를 설명할 필요가 있다.

기원전 8세기 후반에 스파르타는 확장정책을 펴기 시작하여 메세니아인들을 서쪽으로 밀어내고 그들을 노예로 삼았다. 스파르타가 남부 펠로폰네소스 지역(라코니아 혹은 라케다이모니아 지역)으로 정복을 확대함에 따라 피정복민의 숫자가 모국인의 숫자를 훨씬 초과하게 되었다. 피정복민을 노예상태로 유지하기 위해 스파르타인들은 엘리트 군사계급을 만들어냈는데, 이들이 스파르타 시민들(Spartiates)이었다. 스파르타의 헤게모니를 부과하고 유지하는 과업을 수행하기 위해 스파르타 시민들은 엄격한 훈련을 견뎌내야 했다. 따라서 스파르타 시민계급의 교육, 즉 시민교육은 기원전 6세기 중엽부터 신체적 건강, 군사기술, 철저한 단결, 동료시민들에 대한 충성, 무조건적인 복종, 그리고 무엇보다도 폴리스에 대한 전적인 헌신을 계발하는 과정이 되었다. 사실 스파르타는 모든 폴리스가 그랬던 것처럼 군사교육으로서의 청소년 교육을 행한 것이다. 다만 ― 상고시대부터 여타 국가들이 등장하면서 ― 다른 폴리스들은 아테네를 필두로 시민교육에서 군사적 요소를 부분적으로 제외한 데 비해, 스파르타는 이를 강화했다. 라케다이모니아 전통 수립기에 정치가이자 입법가였던 리쿠르고스는 사회·법·정치·군사·교육 제도를 공고히 했다. 더욱이 그는 시민들은 노동에서 면제되고 농노(helots)가 이를 대신하는 귀족주의적인 스파르타 시민체계를 확립한 것으로 간주된다. 노동에서 자유로워진 시민들은 시민적·군사적 의무를 수행하도록 되었다. 플루타르코스에 따르면[그의 『리쿠르고스(Lycurgus)』 그리고 크세노폰의 저작으로 간주되는 『스파르타 사회』가 우리의 주된 원천이다], 리쿠르고스는 "시민들로 하여금, 사적인 삶에 대한 욕구나 지식을 갖지 않고, 항상 공동체에 대한 귀속감을 가지고 우두머리 주위에 함께 무리를 짓는 벌떼처럼 되도록 길들였다"(Plutarch, 1988: 37).

이 체제는 그 핵심을 이루는 준비과정인 양육 및 훈련(아고게, agogē) 과정과 더불어 스파르타를 여타의 폴리스들과 다르도록 만들었다. 이 장에서 보게 되듯이, 그리스와 로마의 시민권이 갖는 정말 결정적인 측면은 아레테라는 자질이었다[아레테는 라틴어로는 비르투스(virtus)라고 하는데, 대략 '좋음', '탁월함' 혹은 '시민적 덕성'으로 번역될 수 있다]. 하지만 스파르타인들에게 아레테는 거의 전적으로 '용맹'을 의미했다. 기원전 7세기에 음유시인 티르타이우스(Tyrtaeus)는 메세나 전쟁의 배경에 대해 서술하면서 운율을 붙였다. 그가 지은 힘찬 노래를 스파르타 청소년들이 행진가로 배우고 불렀다. 그는 전투에서 굳세고 단호하게 앞장서는 사람들을 칭송했으며 폴리스의 모든 이가 그들의 영웅적인 죽음을 애도하면서도 찬양했다(Edmonds, 1961: 75 참조).

이러한 이상을 성취하기 위해 스파르타 시민계급의 청소년들은 동성애적이면서도 금욕적인 병영생활을 했는데, 이곳의 엄격하고 가혹한 훈련은 점차 그 폐단이 커졌다. 군사기술 연마에 더해, 청소년들은 인간으로서의 신체적·정신적 한계를 왜곡하는 인내심을 기르도록 강요되었기 때문이다(스파르타 시민계급의 남자아이는 누구든지 나중에 자라서 이러한 엄격한 훈련을 감내할 수 없을 것으로 판단되면 공용 쓰레기장에 내던져졌다).

이러한 아고게 과정은 7세에서 20세까지 계속되었는데, 다음 세 단계로 구분된다. 각 소년은 묶음 혹은 무리[스파르타의 아겔라(agela)는 '무리'를 의미한다] — 여기서 사용된 번역 대본에서는 '부대'가 종종 선호되긴 하지만(Plutarch, 1988: 28, 168) — 에 배속되었다[사실 이쯤에서 아고게의 운영에 대한 해석과 관련하여 몇 가지 세부적인 차이가 있다는 점을 설명할 필요가 있겠다. 여기서 채택하고 있는 견해는 이 장에서 사용되는 플루타르코스와 크세노폰의 저작에서 제시된 것인데, 마루(Marrou, 1956: 20, 364 n. 23)의 견해와 비교해보아야 할 것이다]. 훈련과정의 전반적인 명령권은 교관대장인 파이도노무스(paidonomus)의 수중에 있었다. 크세노폰의 설명처럼, 이 사람은 "소년들을 조직하며 자신의 휘하에 있는 동안 잘못을 저지를 경우에는 언제라도 가혹하게 처벌할 수 있는 권위를 지녔다. 그는 또한 …… 채찍을 지니고 필요한 경우에는 처벌을 집행하는 청년반을 거느렸다"(Plutarch, 1988: 168). 각각의 아겔라는 20세의 상급생인 에이렌(eiren)이 이끌었다. 크세노폰은, 두 번째 단계인 청년기에 "청소년들은 자기주장이 매우 강하며 고집불통이 되기도 한다"라고 지적하면서, 흥미 있는 통찰을 제시한다. 결국 이 단계에서 청소년들은 "엄청난 양의 일에 시달리며 모든 시간을 빼앗긴 것이다"(Plutarch, 1988: 170).

　그 체제는 학생들에 대한 대우와 그들에게 기대되는 모든 행동에서 엄격하고 단호하며 무자비했다. 특히 12세부터 의복은 최소한으로 지급되었으며 식사도 빈약한 수준이었다. 후한 것이라곤 오직 매질뿐이었는데, 고통과 수치심에 의거하는 훈련 속에서 가해지는 매질은 사망에 이르는 경우도 종종 있었다. 플루타르코스는 이처럼 무시무시한 훈련의 결과로 상급생들이 보인 행동에 얽힌 두 가지 유명한 일화를 전하고 있다. 하나는 일종의 페이긴[Fagin: 디킨스(C. Dickens)의 소설 『올리버 트위스트(Oliver Twist)』에 등장하는 늙은 악한으로, 어린이를 소매치기나 도둑질의 앞잡이로 쓰는 인물이다. 앵벌이를 시키는 것이라고 할 수 있겠다. ― 옮긴이]식 신고식이다. 소년들은 신고식의 일환으로 도둑질을 하고 몰래 빠져나가는 것을 배웠다. 도둑질은 잘못이 아니었다. 잡히는 것이 잘못이었다. 전해오는 이야기에 따르면, "소년 한 명이 여우 새끼 한 마리를 훔쳐 자기 외투 속에 감추었다. 검색을 피하려고 그는 그 새끼 여우가 자신의 배를 할퀴고 물어뜯어도 참다가 결국에는 죽고 말았다"(Plutarch, 1988: 30). 이 말이 정말이건 아니건 간에, 플루타르코스는 이 일화가 스파르타식 훈련을 잘 보여주는 예라고 생각했다. 또 다른 무시무시한 예는 일종의 특공대 훈련인 크립테이아(krypteia)에 관한 것이다. 다음은 플루타르코스의 설명이다.

> 주기적으로 감독관들은 특별히 똑똑해 보이는 소년들을 국내 여러 곳으로 파견했는데, 해당 소년들은 단검과 기본 양식만 지급받았다. 낮에는 어두운 곳에 흩어져 숨어 지내고 밤이 되면 길을 가다 자신들이 사로잡은 농노를 살해했다. 또한 빈번하게, 그들은 체격이나 체력이 돋보이는 농노들을 죽이면서 들판을 헤쳐 나갔다(Plutarch, 1988: 40~41).

마지막 문장은 이러한 원정의 2차적 목적을 보여준다. 그 목적이란 농노들 중에서 스파르타 시민의 통치를 위협할 수 있는 위험한 반군이 될 수 있는 자들을 가려내는 것이다.

다른 한편으로, 플루타르코스는 교육이라고 부를 수 있는 것을 살짝 보여주기도 한다.

> 식사를 마친 후에 에이렌이 비스듬히 누워서, 소년 한 명에게 노래를 시키고 다른 소년들에게는 다음과 같은 질문을 하는데, 이는 신중한 답변을 요한다. "너희들 중 누가 가장 뛰어난가?", "이런저런 행동에 대한 너의 생각은 무엇인가?" 그렇게 해서 소년들은 처음부터 판단력을 기르고 시민들에 대한 비판적인 평가를 하는 데 숙달되어간다. 어떤 시민이 좋은 시민인가 하는 질문을

받으면 …… 논거에 입각해서 추론하는 답변이어야 하며, 동시에 간결하고 정확해야 한다(Plutarch, 1988: 3).

하지만 학생의 신분에서 완전한 시민의 신분으로 바뀌는 것은 급작스럽게 이루어지지 않는다. 청년은 먼저 준시민이 되는데, 병역의무를 이행하긴 하지만 시민으로서의 권리나 책임은 인정되지 않는다. 그런 후에 시민에 편입될 즈음에는 회식자리에 낄 수 있는 동료로 선출되어야 하며 '회비(mess dues)'를 낼 수 있어야 한다. 선출과 회비납부 모두 시민이 되고 또 그 지위를 유지하는 데 매우 중요했다. 플루타르코스는 선출과정에 대해 자세히 묘사하고 있다.

구성원들은 아무 말도 않고 제각기 각자 손에 부드러운 빵 한 조각씩을 투표용지처럼 들고 있다가 하인이 머리에 이고 다니는 그릇 속에 던져 넣는다. 찬성하는 사람들은 이처럼 빵을 던져 넣으며, 반대하는 사람들은 빵을 손으로 뭉갠다. 뭉개어진 빵조각은 무효표로 처리된다. 이런 무효표가 하나라도 있으면 지원자는 통과되지 않는데, 이는 모든 사람이 새로운 동참자와 함께함으로써 행복해야 한다는 것이 그들의 소망이기 때문이다(Plutarch, 1988: 21).

그리하여 아고게의 훈련을 견뎌낸 것조차 시민으로 인정받거나 시민의 지위를 유지하는 것을 보증하지 못했다.

성인 시민들은 호모이오이(Homoioi) — '동료' — 로 여겨졌는데, 그들의 지위 내에서는 재산에 상관없이 모두가 동등하게 대우받았기 때문이다. 특히 모든 사람이 검소하게 보통-식사(phiditia)를 하게 되어 있었는데, 이는 부분적으로는 그들의 성인 시민교육을 준수하는 수단이었다. 스파르타인들이 시민교육의 지속을 중시했다는 점은 플루타르코스의 다음 문장에서 입증된다. "'스파르타 시민' 훈련은 성인기까지 연장되었는데, 이는 어느 누구도 자기가 바라는 대로 살도록 허용되지 않았기 때문이다. …… 특정 업무를 할당받지 못할 경우 시민들은 항상 소년들을 감독하면서 유용한 것을 가르치거나, 아니면 그들 자신이 연장자에게서 배웠다"(Plutarch, 1988: 36). 플루타르코스의 말처럼, 식사는 세대 간 교육에 특히 유용했다. "소년들 또한 회식자리에 자주 끼었다. 이는 그들에게 자율학교에 가는 것이나 마찬가지였는데, 그곳에서 그들은 …… 정치담론을 경청하곤 했다"(Plutarch, 1988: 21). 종종 군가 제창이 주류를 이루는 축제 또한 상이한 세대집단들을 결속시키는 데 기여했다(Plutarch, 1988: 34 참조).

스파르타의 시민교육에 대해 위에서 묘사한 내용은 21세기의 시민교육 그 어느 것과도 실질적으로 유사한 구석이 없다. 하지만 고대와 중세에는 이를 동경하는 이들이 있었다. 크세노폰이 대표적인 예이다. 기원전 430년에 아테네에서 태어난 그는 나중에 스파르타 군에서 페르시아에 맞서 싸웠고, 스파르타 왕의 친구가 되었으며, 심지어 자신의 두 아들을 스파르타에 보내서 교육받게까지 했다. 이 장의 마지막 부분에서 후기 스파르타 교육의 실제에 흥미로운 사례들이 있음을 보게 될 것이다. 여기서는 라케다이모니아 체제가 시민교육의 한 방법으로서 2,500여 년 동안 다양한 반응을 불러일으켰다는 점만 기억하자. 몇몇 인사는, 그중에서도 플라톤 그리고 아리스토텔레스조차, 교육을 국가가 담당하는 이러한 방식이 갖는 목표의 명료성과 운영의 효율성에 감탄했다. 비난하는 인사들은 말할 것도 없고 감탄하는 인사들조차 '교육과정' — 이러한 단어가 아고게에 사용될 수 있다면 — 이 지나치게 협소했다는 점을 종종 유감스러워하긴 했지만. 스파르타 시민들은 성장과정에서 자신들에게 주입되는 매우 확고한 애국심과 용맹에 경외심을 지니기도 했다. 하지만 그러한 교육방식이 지니는 잔혹함은 플루타르코스의 글을 읽은 사람들의 마음속에 당연히 공포를 유발한다.

하지만 지금껏 스파르타에 대한 고찰은 정치이론과 역사, 군대의 역사, 그리고 어느 정도는 교육방법 — 여기서 우리의 초점은 시민권(시민 자격)에 있다 — 에 대해 관심을 가진 사람들에 의해 이루어져 왔다는 사실을 잊어서는 안 된다. 따라서 우리는 스파르타의 시민들은 소수의 엘리트에 불과했다는 점을 기억할 필요가 있다. 기원전 5세기에 스파르타 시민들의 숫자는 최대한으로 잡아서 8,000명가량이다. 현대적인 기법의 도움을 받을 수 있는 20세기에 이를 때까지(5장에서 보게 될 것임), 전체주의 체제가 수백만 명의 대규모 시민을 보유하는 것은 가능하지 않았다. 시민교육의 맥락에서 보아도, 스파르타 시민계급의 청소년들이 아고게에서 지내는 13년 동안 받았던 매우 엄격한 교육은 곧 매우 엄격한 형태의 시민권을 위해 고안된 것임이 분명하다. 아리스토텔레스의 표현을 빌리면, "입법의 전 체계는 좋음의 단 한 부분 내지 요소 — 전쟁에서의 좋음 — 를 육성하기 위한 것이었다 (Aristotle, 1948: 1271b). 사실 스파르타의 경우는 시민권의 개념과 그에 관련된 시민교육체계 간의 상호작용을 보여주는 매우 생생한 예이다.

그리스 폴리스들이 번성했던 상고시대에 시민들이 군사기술을 훈련받을 필요가 있었다는 점은 쉽게 이해될 수 있다. 하지만 익히 보았듯이, 놀라운 것은 기원전 6세기 중반에 스파르타인들이 예비시민 훈련을 강화했던 바로 그 시대에 아테네인들은 그런 훈련을 완화했다는 점이다. 더욱이 아테네가 사회적으로 더욱 민주적으로 됨에 따라 교육에 대한 수요가 확대되었으며,

정치적으로 더욱 민주적으로 됨에 따라 교육기관의 확대가 필요해졌다. 결과적으로, 여태까지의 교육이 귀족 자제들에 대한 개인교습에 국한된 것에 비해, 다수에 대한 교육의 필요는 학교 설립으로 이어졌다. 더구나 교육의 중요성이 점점 더 인정되면서 국가가 더욱 통제를 가하게 되었다. 플라톤이 『프로타고라스(Protagoras)』에서 언급했듯이, 교육은 처음에는 부유층 자제들을 대상으로 했다. "교사에게서 배우는 것이 끝나면, 국가는 학생들에게 법을 배워서 삶의 귀감으로 삼을 것을 요구했다"(Plato, 1956: 326). 이제 학교교육은 시민들에게 보편적인 것이 되었으며 국가는 학교에 규제를 부과했다(Gwynn, 1964: 27 참조). 적어도 기본적인 읽기·쓰기가 널리 보급되었다는 것은 오스트라시즘(도편 추방제) 도입을 보면 알 수 있다. 기원전 6세기 말 민주적 개혁의 핵심인물이었던 클레이스테네스(Cleisthenes)는 이러한 정치적 불신임 제도를 고안했다. 그것은 민회 구성원들이 불신임 대상자의 이름을 도편(질그릇 조각)에 쓸 능력이 있다고 가정하는 것이었다. 사실 모로는 "기원전 5세기 중반부터 아테네에는 문해능력이 매우 높은 대중이 있었음이 분명하며, 아테네와 규모나 재력 면에서 유사한 여타 국가도 아마 비슷한 수준이었을 것"(Morrow, 1960: 320)이라고 보았다.

그렇다고 해도 기원전 5세기 말에 이르러 교육에서 혁명적인 변화가 전개되기 시작할 때까지 아테네인들은 명시적인 시민교육을 거의 경험하지 못했다. 청소년이든 성인이든 정치의식을 갖게 되는 매개체는 말로 하는 활동들— 시, 노래, 연극 — 이었다. 기원전 640년에 태어난 아테네의 위대한 입법가 솔론(Solon)이 지은 시는 "학교에서뿐만 아니라 아테네의 공적 공간에서도 '아테네 시민권의 영혼'으로 암송되었다"(Castle, 1961: 73~74). 연극은 오락과 시민교육이 대중적이고도 강력하게 혼합된 것이었다. 소포클레스의

『안티고네(Antigone)』는 진지한 비극을 통해 법의 지배라는 문제를 제기했다. 이와 대조적으로, 아리스토파네스는 풍자와 해학으로 『까다로운 사람들(The Wasps)』에서는 배심원 제도에 대해 『여성의원들(The Assemblywomen)』에서는 여성의 정치참여에 대해 묘사했으며, 『기사들(The Knights)』에서는 아테네의 전반적인 정치체제와 지도력에 대해 더욱 신랄하게 비꼬았다.

아리스토파네스는 또한 『구름(The Clouds)』에서 자신이 '낡은 교육(archaia paideia)'이라고 부른 것을 풍자했는데, 그것은 이 시기(연극이 초연된 기원전 423년)에 새로운 교육방식이 많이 유행했기 때문이다. 소크라테스는 변증법적 교수법을 시작했고, 소피스트들은 돌아다니면서 강의를 했으며, 신중하고 능숙하게 언변을 구사하는 수사학은 말로 하는 예술로 자리 잡게 되었고, 군사-시민훈련방식이 확립되었으며, 플라톤과 아리스토텔레스는 자신들의 사상을 교수이론에 적용했다. 소피스트의 일, 즉 수사학과 에페베이아(ephēbeia)는 이 절의 나머지 부분에서 다루어질 것이다.

기원전 6세기에 그리스 전역에서 행해지던 헬레네식 참주정이 쇠퇴하기 시작하면서 많은 폴리스에서 정치권력이 좀 더 광범위하게 배분되기 시작할 즈음에, 그러한 책임을 수행할 권력을 새롭게 부여받은 사람들은 어떤 능력을 지녀야 하는가에 대한 질문이 자연스럽게 제기되었다. 도덕적인 측면에서 보면, 엘리트 시민의 군사적 용맹으로 간주되던 덕성(aretē)이 정치적 지혜라는 덕성에 의해 보완되어야 했는데, 이는 아테네 민중(hoi polloi)은 말할 것도 없고 귀족층에게도 해당되었다. 그러한 지혜는 어떻게 획득되어야 했을까?

상류층은 가족 중 성인들이 나서서 청소년들에게 국법을 가르치고, 법정과 극장에 데려가며, 공공장소에서 정치적 이념과 사안들을 익히도록 권장했다. 그러나 이는 주먹구구식이었다. 분명 좀 더 구조화된 교육이 필요했다. 이런 교육을 받을 수 있는 여건에 있는 사람들에게는 소피스트들이 그 필요를 충족시켰다. 우리가 소피스트에 대해 아는 내용의 상당 부분이 아테네의 기록에 근거한 것이기 때문에 그들을 아테네에 대해 논의하는 이 절에서 다루는 것이 적합하긴 하지만, 그들의 가르침이 아테네에 국한된 것은 아니었다. 소피스트들의 활동은 기원전 5세기 후반부에 활발했다. 사실 플라톤은, 그의 대화편 중 두 편의 제목으로 등장하기도 하는 프로타고라스와 고르기아스를 비롯해, 소피스트들 중 몇몇에 대해 알고 있었다. 그들의 목적은 모든 과목을 가르쳐 학생들의 지적 능력이 요구수준에 도달하게 만드는 것이었다. 하지만 그들은 또한 실제적인 목적, 즉 학생들에게 활용될 수 있는 지식과 이해력 및 지적 기능을 가르치고 향상시키고자 했다. 이러한 목적을 추구하는 과정에서 그들은 소크라테스와 갈등을 빚게 되었는데, 소크라테스는 그들과는 반대로 아레테의 본질이 군사적·정치적 헌신보다는 개인적 도덕에 있으며 교육의 근본적인 목적은 유용성보다는 진리 추구에 있다고 주장했다.

소피스트의 일차적인 관심은 학생들에게 — 좋은 시민의 품성을 포함하여 — 정치의 기술을 가르치는 데 있었다. 플라톤의 『프로타고라스』를 보면, 프로타고라스가 이 점을 소크라테스에게 설명하는 장면이 나온다.

프로타고라스: (학생은) 자신이 배우고자 하는 것만을 나에게서 배울 것입니다. 그 내용은 어떤 것일까요? 학생의 개인적인 일들을 적절히 보살펴서 그가 자신의 집안일과 국가의 일을 최고 수준으로 처리할 수 있으며 그리하여 모든 말과 행동에서 국가의 진정한 실력자가 되게 하는 것이겠지요.

소크라테스: 내가 이해하기로는, 당신은 정치의 기술을 얘기하고 있으며 또 사람들을 좋은 시민으로 만든다고 약속하고 있군요.

프로타고라스: 맞습니다. 그게 바로 내가 공언하는 바입니다.

하지만 소크라테스는 회의적이다. 그는 "사실 나는 이런 것이 가르칠 수 있는 것이라고 생각지 않았다"(Plato, 1956: 318~319)라고 말한다. 왜냐하면, '좋은'이라고 할 때 프로타고라스는 '능숙한'을 의미했기 때문이다. 그가 의미한 것은 정치의 기술(politikē technē)이었으며, 정치교육에서 그가 특별히 기여한 것은 학생들에게 논증에서 이기는 기술을 가르치는 것이었다! 프로타고라스는 어떤 내용을 가르치든 간에 "냉소적 실용주의로 단단하게 무장되고 실제적인 효과에서 놀라울"(Marrou, 1956: 51) 정도로 주무르는 완벽한 교수법을 구사했다. 사실 일부 소피스트와 그 제자들은 이러한 변증법적 도구를 구사하는 데 매우 냉소적이어서, '궤변(sophistry)'이라는 말이 영어에서는 이런 종류의 말장난을 가리키는 것이 되었다.

논증의 효과는 '게임 규칙' 수행을 통한 수사법 연마에 의해 증진된다. 효과적인 웅변술 구축은 또 다른 소피스트 고르기아스(Gorgias)에 의해 처음으로 이루어졌다. 하지만 그 기술을 가장 영향력 있게 가르친 사람은 아마 이소크라테스(Isocrates)일 것이다. 한 세대 앞에서는 소크라테스(기원전 470년생)가 교육내용에 관해 프로타고라스(기원전 490년생?)와 견해가 달랐던 것과 꼭 마찬가지로, 그다음 세대에서는 플라톤(기원전 427년생?)이 이소크라테스(기원전 436년생)와 견해가 달랐다는 점은 ― 좀 더 심대한 차이가 있었지만 ― 유의할 만하다. 정치적·법적 목적에 국한되는 것은 아니지만, 수사학은 고대 세계에서 매우 오랫동안 ― 고르기아스(기원전 485년생)에서 시작되어 퀸틸리아누스(대략 기원 90년대에 사망)에 이르기까지 — 시민교육 영역에 존재했으며, 수사학파들도 로마 제정시대 말기까지 존속했다. 수사학 과목은 심지어 18세기에 이르기까지 유럽의 교육과정에 남아 있었다.

지금까지 살펴본 공식적 시민교육 — 스파르타의 아고게와 소피스트의 가르침 — 은 전적으로 혹은 일차적으로 도시국가 사회의 엘리트를 위해 고안된 것이었다. 고르기아스의 제자인 이소크라테스 또한 엘리트를 교육하는 것을 목적으로 삼았다. 그는 멀리 떨어진 곳에 있는 학생들을 아테네에 있는 그의 학당으로 오게 할 만큼 영향력 있는 수사학 교사라는 점에서 중요할 뿐만 아니라, 정치연설을 준비하고 출간하는 일의 창시자라는 점에서도 중요하다. 이소크라테스는 시민의 의식을 함양하는, 그리하여 이상적으로는 범헬레네 통합을 도모하려는 야망을 품고 있었기 때문이다. 그에게 수사학 기술은 도덕적·정치적 목적을 지니는 것이었다. 그는 "정치적 지혜와 웅변을 공부하는 것만큼 덕을 실천하는 데 도움을 주는 것은 없다"(Gwynne, 1964: 47에서 인용)라고 설파했다. 수줍음을 탔으며 상당히 장수했던 그는 50년이 넘게 가르쳤는데, 100여 명의 학생이 모두 이야기할 수 있는 소규모 세미나에서 교육하는 방식을 취했다. 헌신적이고도 유능한 예전의 제자들에 의해 그의 연설문「견본」이 출간되고 그의 도덕적·정치적 수사의 이상이 전파되었기 때문에 그의 수업이 소수에 국한되었음에도 불구하고 영향력은 매우 컸다.

이소크라테스는 기원전 338년에 세상을 떠났다. 그로부터 대략 3년이 지나 에페비아 체제는 아테네의 행정관 리쿠르고스(스파르타의 리쿠르고스와는 동명이인)의 개혁의 일환으로 아테네에서 정규 조직이 되었다. 이러한 훈련 방식은 시민과 시민이 아닌 사람을 구별하는 수단으로 — 구체적인 적용에서는 폴리스에 따라, 그리고 시간이 흐름에 따라 이런저런 차이가 있었지만 — 당시의 헬레네 세계 전반에 널리 보급되었다. 기원전 330년경 아테네의 경우를 보자. 에페보이(ephēboi, 흔히 생도로 번역됨)는 18세에서 20세의 청년들이었는데, 그들은 시민으로서의 의무와 권리를 수행할 수 있도록 준비하는 교육·훈련과정을 이수했다. 처음에는 거의 전적으로 군사적인 내용만 다루었는데, 기원전 4세기에는 시민양성의 목적에서 도덕·종교교육이 일부 첨가되었다. 기원전 338년 마케도니아의 필리포스 왕이 캐로니아에서 그리스군에게 역사적 승리를 거둔 이후, 기원전 335년에 아테네 시민의 사기와 군사력을 회복하기 위해 개혁이 추진되었다고 볼 수도 있을 것이다.

주도면밀하게 구축된 아테네 에페비아 체제는 아테네 시민의 근간이 되고자 하며 또 그런 소질이 보이는 18세의 청년 모두를 등록시키는 데서부터 시작했다. 이들은 2년간의 의무교육을 받았는데 나중에는 자원자에 한해 1년간 교육받는 것으로 바뀌었다. 교육은 군사훈련 및 보초근무 수행에 주안점이 두어졌던 것으로 보인다(Aristotle, 1984: 42. 3~5 참조). 하지만 1년차 교육이 종료되는 시점에 행하는 서약을 보면 이러한 훈련의 정치적 목적이 드러난다.

나는 이 신성한 무기들의 명예를 더럽히지 않을 것이며, 전장에서 동료를 포기하지 않을 것이다. 나는 신과 가족을 위해 싸울 것이며, 내 조국이 약해지도록 내버려두지 않을 것이며 나 자신의 노력으로든 동료들과 함께해서든 조국이 좀 더 강대해지도록 할 것이다. …… 또한 나는 나에 대해 권위를 지니며 또 지혜롭게 이를 행사하는 어떤 이에게도 복종할 것이며, 현존하는 법률 그리고 지혜로운 지도자…… 그리고 인민이 그들의 동의하에 제정하는 법률을 준수할 것이다. …… 어느 누구라도 이를 전복하고자 한다면, 나 혼자의 힘으로든 동료들과 함께해서든 간에, 용인하지 않을 것이다. 그리고 내 조상이 공경한 이들을 공경할 것이다(Marrou, 1956: 106 재인용).

그런데 여기서 '인민'의 입법권을 언급했다는 점에 유념하자.

시민교육에 대한 아테네의 이러한 접근방식 중 어느 것도 충분하고도 균형 잡힌 교육과정을 제공하지 않았다는 점은 인정해야 할 것이다. 이와는 다른 방식으로, 플라톤과 아리스토텔레스는 이 문제에 관심을 기울였는데, 그들의 입장은 헬레네 시민교육 전통에 대한 각자의 판단을 반영하고 있다.

3. 플라톤과 아리스토텔레스

정치나 교육에 대한 이론화 작업이 해당 학자가 처해 있는 사회적·지적 환경에서 자유롭기는 어렵지만, 이론가는 현실적인 고려에 전적으로 얽매이지 않는 개념과 주장을 고안할 수 있다. 사실 그것이 바로 이론가가 할 일이다. 그리하여 시민교육에 관한 사고에서 플라톤과 아리스토텔레스의 공헌은 그들이 활동했던 시간과 공간의 영향, 그리고 영속적인 것으로 간주될 수 있는 그들의 사상이 지니는 가치 모두를 고려해야만 제대로 평가될 수 있다.

하지만 우리의 주제에 관한 그들의 저술을 살펴보기에 앞서 또 하나의 사안, 즉 대략적으로 — 어쩌면 너무 대략적이겠지만 — 이 장에서 지금껏 가정해온 시민교육의 정의에 포함된다고 인정되는 것의 범위를 분명히 해두어야 한다. 이 점은 플라톤과 아리스토텔레스의 사상을 이해하는 데에서 특히 그렇다. 이론과 실제에서 모두 상이한 범주에 속한 사람들이 그러한 교육을 받았다거나 혹은 해당 교육을 받기에 적합하다고 여겨졌다는 점을 인식해야 이러한 정의(definition)문제를 제대로 밝힐 수 있다. 이 상이한 범주들이 각각에 포함되는 사람 수에 따라 그려지는 스펙트럼을 이룬다고 상상해보자. 가장 큰 수에서 출발하면, 시민계층이 전체 인구 중에서 상대적으로 많은 편이며 또한 에페비아 의무교육이 모든 예비시민을 대상으로 하는 아테네 민주정이 여기에 해당한다. 다른 나라들 특히 스파르타의 경우에는 해당자의 숫자가 상대적으로 적은데 이는 단지 시민권이 광범위하게 부여되지 않았기 때문이다. 하지만 세 번째이자 좀 더 중요한 것은, 사적 형태의 시민교육이 요구하는 시간적·경제적 여유를 가진 사람들이 별로 없었기 때문에 많은 종류의 시민교육이 단지 전체 시민의 일부에만 국한되었다는 점이다. 이소크라테스를 비롯한 소피스트들과 플라톤, 아리스토텔레스의 저명 학당들, 그리고 그러한 교육을 직접 떠맡을 만한 관심과 여유를 가진 집안들에서 행한 교육을 예로 들 수 있다. 네 번째 범주 — 이는 세 번째 것을 어떻게 보는가에 따른 것인데 — 는 이러한 엘리트 교육의 상당 부분이 추구하는 목적에 의해 정의된다. 그 목적은 소수의 개인에게 정치와 사법에 적극적으로 참여하고 지도력을 갖추는 데 요구되는 지적 능력과 기능을 제공하는 것이었다.

결국 문제는 '시민교육(citizenship education)'이라는 용어가 첫 번째 범주에서 네 번째 범주 모두에 제대로 적용될 수 있는가이다. 가령 누군가는 이소크라테스가 행한 것과 플라톤이 그의 『국가』에서 주장한 것은 시민교육이 아니라 단지 젊은이들을 전문 정치인으로 기르는 것이었다고 주장할 수도 있을 것이다. 그리스의 맥락에서 볼 때 전문 정치인이 된 사람들은, 기술적·지적으로뿐만 아니라 도덕적으로도 제대로 교육받았다면, 사실 최상의 혹은 엘리트 시민이라고 주장할 수도 있다는 데 난점이 있다.

이 구절 때문에 우리의 논의범위가 다소 흐트러지기는 한다. 대중교육에서 선발 소수집단 교육으로 나아감에 따라 마지막 다섯 번째 범주가 비게 될 수 있기 때문이다. 즉 어떤 시민교육도 특정 분야의 전문가양성을 위해서 시도되어서는 안 된다는 것이다. 이는 플라톤의 스승 소크라테스가 제기한 관점이었다. 『프로타고라스』에서 소크라테스는 상인이나 사업가의 기능을 판단하는 것과 시민으로서의 개인적 행위가 지니는 '덕성'을 구별하고 있다.

> 그러나 정부가 해야 할 일이 논쟁의 대상이 되는 경우에, 이에 대한 조언을 하기 위해 나서는 사람은 상인이거나 사회적 지위가 있는 사람일 것이다. 어느 누구도 이들에 대해 …… 어떤 기술적인 자격도 없고 선생에게 배울 기회도 없었지만 그럼에도 불구하고 조언을 제시하고자 하는 사람이 있다는 점을 내세우며 반대하지 않을 것이다. 이는 그들이 이러한 것(정부의 역할에 대해 주장하는 것 ― 옮긴이)을 가르칠 수 있는 것이라고 생각하지 않기 때문임이 분명하다.
>
> 이 얘기가 공동체 전체에만 해당한다고 생각해서는 안 된다. 개인 차원에서 우리 국민 중 가장 현명하고 뛰어난 사람들조차 자신들이 지닌 덕을 다른 사람들에게 전하지 못할 수 있다(Plato, 1956: 319 C~E).

이제 플라톤과 아리스토텔레스가 우리의 주제에 관해 어떤 말을 했는지 분석할 때가 되었다. 그들 모두 기원전 4세기에 아테네가 사회적·정치적으로 쇠락하던 시기에 시민교육에 대해 고민을 하지 않을 수 없었다. 그들은 효과적인 시민교육이 필요한데, 그것이 없었던 것이 국가의 위난에 상당 부분 작용했다고 생각했다. 플라톤이 시민교육에 대해 아주 많은 논의를 한 저작 두 편 —『국가』와『법률』— 에서 출발하자. 플라톤은 기원전 375년 경 자신의 이상국가 계획을『국가』에서 완성했다. 그는 기원전 347년에 좀 더 실용주의적인 시도인『법률』을 거의 완성해놓은 채 사망했다.『국가』가 엘리트를 대상으로 하는 고등교육에 더 비중을 두었다면,『법률』은 시민 일반을 위한 기초적인 과정에 좀 더 비중을 두었다. 두 책 모두 당시의 교육 현실, 특히 아테네와 스파르타 그리고 크레타의 교육현실을 반영하고 있는 데,『법률』은 이들 폴리스의 시민이 행하는 대화의 형식으로 표현되어 있다. 사실 그는 스파르타의 교육체제를 매우 동경했다. 그는 자신의 저작에서 국가가 주관하는 공교육 및 공동급식 제도를 주장하면서도, 절제심과 지적 능력을 배양하는 일은 제쳐놓은 채 용기와 군사적 기능 함양을 지나치게 강조한 점을 유감스러워한다(Plato, 1934: 630, 633~634 참조).

플라톤의 교육철학은 파이데이아(paideia, 모든 사람을 위한 교육)의 적절한 목적은 개인의 정신과 품성을 계발하는 것이지, 개인을 가령 운동선수나 사업가로 만드는 것이 아니라는 믿음에 기반을 두고 있다. 플라톤은, 견유학파 이전의 전통에 따라, 인간의 계발은 폴리스의 정치적 틀 안에서만 이루어질 수 있다는 것은 자명한 일이라고 생각했다. 따라서 인격교육과 시민교육은 공생관계로 연결되어 있거나 연결되어야 했다. 그는 이러한 연관을『법률』, 특히 다음 구절에서 분명히 밝히고 있다. "지성과 정의가 수반되지 않은 채 재산이나 신체적 힘 혹은 다른 뭔가의 성취를 목적으로 하는 어떤 훈련도 저속하고 상스러우며, 교육(즉 파이데이아)이라고 불릴 가치가 전혀 없다"(Plato, 1934: 644). 이와 달리, "참된 교육은 어린 시절부터 학교에서 좋음(아레테)에 대해 배우는 것, 즉 올바른 규칙을 어떻게 행사하며 또 어떻게 복종하는지를 아는 완전한 시민이 되려는 정열적이고도 열렬한 욕구를 학생에게 불러일으키는 교육을 받는 것이다"(Plato, 1934: 643). 압제와 무정부라는 이중의 역경에 대해 에우노미아(eunomia, 균형 잡힌 정의)를 고려하는 교육이 매우 중요했다. 그리하여 "교육은 사실 아동들을 법의 목소리에 의해 옳다고 공표된 규칙으로 인도하는 것이다"(Plato, 1934: 659).

따라서 지배하는 시민은 현명하게 정의로우며 또한 적법하게 다스리도록 교육받아야 하며, 지배받는 시민은 자신이 원하는 바가 적법한 것임을 받아들이도록 교육받아야 한다. 즉 그의 행동이 덕 있는 것이 되어야 한다. 하지만 소크라테스가 단언했듯이, 덕은 가르칠 수 없다. 그 해법으로 플라톤은 좋음(선)이란 궁극적 진리에 대한 이해에서 도출되며, 소피스트들에게는 미안한 말이지만, 매우 장기간에 걸친 주도면밀한 계획하에 지식과 오성(분별력)을 추구하고 이성의 능력을 연마하는 데 헌신하는 삶을 영위할 때에만 진리를 찾을 수 있다고 주장했다. 플라톤은 『국가』에서 이러한 처방에 대해 매우 자세히 설명하고 있다. 그에 따르면 학습과정은 50세에 이르러서야 완료되며, 마지막 15년은 직무수행 경험기간이다. 그렇게 함으로써

> 그들(시민들)은 모든 것에 빛을 비추는 것을 영혼의 눈으로 응시해야 한다. 그들이 선 그 자체를 보게 될 경우, 그들은 이를 자신을 포함한 국가와 개인에 대한 올바른 명령의 한 유형으로 간주해야 한다. 그들의 나머지 삶도 대부분의 시간은 공부하는 데 바쳐질 것이다. 그러나 그들은 순번에 따라 떠맡게 되는 공적인 삶이 수반하는 번거로운 의무들도 모두 이행할 것이며, 국가를 위한 지배자의 역할도 다른 사람과 구별되는 지위로서가 아니라 불가피한 과업으로 간주하고 행할 것이다(Plato, 1941: VII, 540).

이들은 플라톤의 시민교육 — 혹은 좀 더 적절히 표현하자면, 정치 엘리트 교육 — 과정에서 완벽한 시민인 '철인 - 왕'이다. 우리에게는 그가 『법률』에서 시민교육에 대해 논하는 바가 더 큰 관심사이다. 그 책에서 그는 천문학을 포함한 수학 분야를 제외하면 자신의 교육과정은 모든 사람을 위한 것임을 분명히 밝히고 있다. 따라서 해당 부분을 좀 더 자세히 검토하는 것이, 즉 그가 염두에 두고 있는 가상의 국가에서 교육이 어떻게 구축되며 다양한 교과목 및 교과 외 학습의 역할은 무엇인지를 살펴보는 것이 도움이 될 것이다(상세한 분석은 Morrow, 1960 참조).

플라톤은 교육을 국가가 운영해야 한다는 점에 대해 확고했다. 그는 『법률』에서 '교육장관'이라는 직위를 창안하고는 이를 여러 가지 용어로 표현하고 있는데, 그중에서도 '교육자'라는 용어가 특히 의미심장하다. 왜냐하면 인간의 품성과 행동은 양육의 산물이며, 이 "직위는 국가의 최고위 직책 중에서도 가장 중요한 자리"(Plato, 1934: 765)이고 "시민들 중 모든 점에서 최상"(Plato, 1934: 766)인 인물이 맡아야 하는 자리이기 때문이다. 그 자리에 앉는 사람은 학교교육이든 교육과정 외 활동이든 모든 형태의 교육을 담당하게 될 것이다. 스파르타에서조차 총괄책임자라는 직책은 없었지만, 라케다이모니아의 영향은 분명하다. 플라톤이 "아동은 부모보다는 국가의 재산이라는 점에서"(Plato, 1934: 804) 학교 출석은 가능한 한 최대한 강제되어야 한다고 역설한 점에서도 스파르타의 영향은 분명하다. 사실 『법률』에는 교육이 일차적으로 시민양성을 위한 것이라는 의도가 함축되어 있다. 예술 및 기술에 대한 부분에서 플라톤은 시민은 그런 종류의 수업을 받을 필요가 없다고 단언한다. 왜냐하면,

시민은 끊임없는 실천 그리고 그것이 수반하는 폭넓은 공부를 통해 공공의 사회질서를 보존하고 향유하는 과정에서 자신을 키워나갈 소명 — 두 번째 신분으로 좌천되게 하지 않을 과업 — 을 이미 지니고 있기 때문이다(Plato, 1934: 846).

플라톤이 가상적인 체제에서 국가 차원의 교육자를 창안한 점에서는 혁신적이긴 했지만, 그의 교육계획 중 일부 내용은 실제로 그리스 특히 아테네와 스파르타에서 행해지던 것에서 차용한 것이었다. 예를 들어 '음악' — 뮤즈 여신들의 활동 — 은 그리스 교육에서 매우 중요하게 여겨졌다. 미국의 음악학자 랭(Paul Lang)은 다음과 같이 말한 바 있다.

아카디아(고대 그리스에서 산 속에 있다고 여겨진 이상향 — 옮긴이) 사람들은 국법으로 모든 시민이 (가령) 30세에 이를 때까지 의무적으로 음악교육을 받도록 했다. …… 모든 부류의 음악이 교육적 목적으로 수용될 수 있던 것은 아니었다. 가장 우선시된 것은 도리아 선법(旋法)의 선율이었는데, 이는 그 엄격함이 품성 형성에 매우 가치 있다고 여겨졌기 때문이다(Lang, 1942: 15).

그는 계속해서 설명하기를, 상이한 음계 혹은 선법에는 상이한 기풍이 결부되어 있으며, 이는 다시금 상이한 그리스 부족들과 결부되어 있었다고 한다. "그리하여 국민음악은 건국의 고유성을 나타내며 외래음악은 국민을 타락시킨다고 하는 윤리적 강령이 등장했다"(Lang, 1942: 15). 플라톤은 특히 음악교육이 아주 적절하게 행해지는 데 최대한의 배려가 기울여지기를 간절히 바랐는데, 이는 음악교육의 긍정적인 측면 때문이 아니라 그릇된 '교수요목' 사용이 초래할 사회적 해악을 염려했기 때문이다. 그는 『국가』에서 "운율과 화성은 영혼의 깊은 곳으로 스며들어 그곳에서 가장 강력하게 자리 잡는다"(Plato, 1941: III, 401)라고 단언한다. 그가 『법률』(Plato, 1934: 798, 799)에서 주장하듯이, 유익한 표현양식(선법)이 확립하면 이는 어떤 대가를 치르더라도 모든 학교와 축제에서 변함없이 보존되어야 한다. 이를 변용하는 일은 도덕을 위험에 빠뜨리며 국가의 안정을 저해할 것이기 때문이다. 오늘날의 영어로 표현하자면, '희망과 영광의 나라(Land of Hope and Glory)'는 좋고 로큰롤은 나쁘다는 말이다(운율에 열광하는 젊은이들을 양산하는 로큰롤이 시민에게 해로운 효과를 끼친다는 주장에 대해서는 Bicât, 1970: 324~325 참조). ('음악'의 한 형태인) 문학공부 — (읽기, 암송, 암기를 위한) 시와 극 그리고 산문 — 또한 교육자가 승인한 교재에 국한되었다. 플라톤은 "내가 접해본 수많은 작품 중에서 나 자신의 작품이 가장 만족스러우며 또한 젊은이들이 듣기에 가장 적합하다고 생각한다"(Plato, 1934: 811)라는 자신의 판단을 아테네 사람들에게 무제한으로 주입하려 했다. 간단히 말해 『법률』이 '정규 교재'가 된다는 말인데, 이 책은 오늘날 미국 고등학생이 공부하는 헌법보다도 분량이 많다.

그리스인들에게 애국적 시민양성은 일차적으로 군복무를 위한 훈련을 의미했다. 플라톤은 『법률』에서, 남자 청소년뿐만 아니라 여자 청소년도 대상으로 하는 것이긴 하지만, 2년간의 에페비아 과정 이수를 주장했다. 그는 또한 '음악'을 보완하기 위해 체육을 교과에 포함시켰다. 앞서 보았듯이 그는 운동경기가 그 자체를 위한 경쟁적 활동이라고 경멸했다. 그는 신체훈련은 중장보병으로서 전쟁에 임할 때 요구되는 체력과 기술을 겸비한 시민을 기르는 데 적합하도록 고안되어야 한다고 생각했다. 내친 김에 말하자면, 시민의 신체는 체육을 통해 민첩성을 기르고 훈련하게 되는데, 이는 시민에게 유익한 운율감각을 키우는 것과 마찬가지로 무용 같은 온화한 활동에도 필요하다는 점을 짚고 넘어가는 것이 좋겠다.

'음악' 교육과정에 의해 계발되는 기능과 태도는 공공 행사에 활용되게 할 계획이었는데, 이들 중 많은 내용이 『법률』에서 구상되어 있다. 신에게 공물을 바치는 자리에 함께 모임으로써 시민들의 결속은 더욱 공고해지고 충성심도 굳건해지는 것이다. 플라톤에 따르면, 함께 노래하고 춤추는 이런 자리에 참여하지 못하는 것은 교육을 받지 못한 것으로 간주되어야 한다(Plato, 1934: 654). 시민의 단결정신은 여타 형태의 평생교육 — 이를테면 단체생활제도 같은 — 에 의해 매일같이 강화되어야 한다. 플라톤은 흔히 사적 생활의 일부로 간주되는 영역에 국가가 개입하는 경우에 대한 예로 스파르타와 크레타를 명시적으로 거론한다. 비록 『법률』에서는 이러한 제도에 여성도 포함시키긴 하지만(Plato, 1934: 783). 그는 사생활을 지나치게 인정하면 법에 대한 애착이 약해진다고 단언한다(Plato, 1934: 780~781).

아리스토텔레스는 자신의 스승이 '단체생활'에 대해 갖는 열의에 공감했으며(Aristotle, 1948: 1330a), 사실 플라톤이 권고한 여타의 많은 사항, 그중에서도 국가 주도의 교육 및 '음악'의 우선성에 공감을 나타냈다. 하지만 시민교육에 대한 아리스토텔레스의 견해를 구체적으로 살펴보기 전에, 그가 정치교육의 두 가지 가능한 종류 사이에 다음 구절로 예시되는 것처럼 중요하게 구분하고 있다는 점을 인식해야 한다.

청년은 정치와 정치강론을 배우기에 적당하지 않다. 왜냐하면 청년은 인간 삶과 관련된 '행위들'의 경험이 없으며, 그러한 '행위들'에 관한 전제들에서 발생하며 또 그러한 '행위'들을 다루는 논의에 대한 경험이 없기 때문이다. 게다가 그러한 논의의 결말은 지식이 아니라 '행위'인데, 청년은 열정을 따르기 쉬워서 강론을 듣더라도 아무 이득도 없이 무위에 그치게 될 것이다(Aristotle, 1948: 1095a).

정체(constitution)의 안정성을 확보하는 수단 중 …… 가장 중요한 것 — 오늘날에는 흔히 간과되고 있는 — 은 시민들을 정체의 정신에 적합하게 교육하는 일이다. 법이 시민 일반의 동의에 의해 재가되는 경우에조차 시민들 자신이 습관의 힘과 가르침의 영향에 의해 올바른 정치적 체질을 갖추지 못한다면, 법은 아무 소용이 없다. 그러한 체질은 법이 민주적인 곳에서는 민주주의의 체질이 될 것이며, 법이 과두정치적인 곳에서는 과두정의 체질이 될 것이다(Aristotle, 1948: 1310a, 1337a II).

이 두 인용문은 서로 모순인가, 아니면 조화될 수 있는가? 다음과 같은 방식으로 생각하는 한에서는 서로 조화될 수도 있을 것이다. 첫 번째 인용문의 '정치강론'을 '정치학'(Aristotle, 1955: 28 참조)으로 해석할 수 있을 것이다. 그리고 두 번째 인용문의 '정체(politeia)'를 정부형태뿐만 아니라 사회윤리체계까지 포함하는 것으로 이해해야 한다(Aristotle, 1948: 1 x vi 참조. 그리고 그가 이러한 정의에 "결사체 및 그 구성원 모두가 추구하는 목적의 본질이 규정되어야 한다"라고 덧붙이는 1289a 참조). 이렇게 보면 아리스토텔레스는 젊은이들이 정체의 구조와 정책에 대해 배워야 하는 것이 아니라 그들이 속한 폴리스의 정치문화와 조화롭게 행동하도록 양육되어야 한다고 생각 — 의무사항이라는 점이 매우 중요하다 — 하고 있음이 분명해진다.

하지만 이러한 상대적인 원칙은 두 번째 고려사항, 즉 교육은 시민들을 가능한 한 덕성 있게 만들어야 한다는 것에 의해 균형을 이루게 된다. 덕성은 행복의 전제조건이기 때문에 모든 사람이 덕성을 지니게 되기를 바란다. 그러나 덕성에 대한 개인의 자연적 경향은 좋은 습관과 추론능력 배양에 의해, 즉 교육에 의해 보완되어야 한다. 더욱이 국가의 행복과 개인의 행복은 동일하다(Aristotle, 1948: 1324a). 선한 국가는 그 시민 모두가 교육을 통해 선에 도달하기를 원한다. 이러한 요청으로부터 두 가지 귀결이 도출된다. 하나는 국가가 젊은이들에게 학교교육을 제공해야 한다는 것이다. 아리스토텔레스는 "입법자는 교육을 자신의 가장 주된 관심사로 여겨야 한다는 데 모든 사람이 동의할 것"이라고 단언한다. 여기에는 두 가지 이유가 있는데, 하나는 이미 언급했듯이 교육방식을 정체에 적합하게 할 필요성이며, 다른 하나는 "교육이 등한시되면 국가의 정체가 병들게 될 것"(Aristotle, 1948: 1337a II)이라는 점이다. 시민들이 덕성을 지니도록 교육하는 일이 바람직하다는 데서 도출되는 두 번째 귀결은 교육받을 능력이 있는 사람 — 그는 일부 사람들은 그렇지 않다고 인정한다(1316a) — 은 모두 그러한 능력이 개인 각자에게 가능한 한도까지 확대되어야 한다는 것이다.

그러면 시민교육에 대한 아리스토텔레스의 두 가지 지도원리, 즉 정체 적합성과 덕성 함양, 이 두 가지의 공존이 지니는 함의는 무엇인가? 현대의 권위자는 다음과 같이 설명한다.

> 교육은 체제유지에 버팀이 되는 품성을 형성해야 하지만 또한 개인들이 자신들의 잠재력을 실현하도록 준비시키고 북돋아야 한다. 잠재력 실현을 피력함에서 아리스토텔레스가, 한 도시(국가)의 존속은 덕에 해가 되지 않는 차이에

의존하기 때문에, 탁월함뿐만 아니라 다양성도 요구하고 있다는 점에 유념해야 한다. …… 간단히 말해, 교육은 사람들을 탁월한 시민이자 동시에 탁월한 인간이며 또한 탁월한 개인들이 되게 만들어야 한다(Swanson, 1992: 144~145).

이제 젊은이들이 어떻게 하면 좋은 시민이 되기 위한 최선의 교육을 받을 수 있는지에 대한 아리스토텔레스의 입장을 살펴보아야겠다. 그는 기본적으로 비합리적 요소인 습관과 합리적 요소인 추론능력 모두 계발되어야 한다고 하면서, 전자는 이성이 (개인에게) 선이라고 가리키는 바에 대한 이해와 일치해야 한다고 주장한다. '선'은 시민으로서의 덕성을 의미한다. 그러한 덕성은 다섯 가지 자질, 즉 절제, 신뢰, 판단력, 타인보호 및 선 의지로 이루어진다. 덕망 있게 살라고 하는 정치적 권유, 나쁜 행동을 제지하는 법률, 그리고 시민적 덕성을 가르치고 심어주는 교육, 이 세 가지의 조합이 요구된다.

아리스토텔레스는 건전한 교육이란 복합적인 과업이라고 생각했는데, 그리스의 어떤 폴리스도 이를 제대로 실현하지 못했다. 영혼은 습관의 영역과 합리성의 영역으로 구분된다는 점에 유념해야 한다. 전자는 행위 ― 필요한 혹은 유용한 행동을 하며 전쟁에 참여하는 것 ― 와 관련되며, 후자는 여가(혹은 문화) ― 좋은 행동을 하며 평화의 기술을 연마하는 것 ― 와 관련된다. 후자가 우위를 점한다(Aristotle, 1948: 1333b).

습관교육은 아동의 도덕적 행동을 감독하고 체육과 '음악'을 가르치는 일을 통해 수행되어야 한다. 후자는 사춘기에서 성인기에 이르는 기간에 좋은 시민으로서의 자질을 계발하고 유지하는 데 매우 중요하다. 왜냐하면 다양한 운율과 조화로운 음계를 듣거나 실연해봄으로써 시민적 덕목의 다양한 자질을 촉발시키게 될 것이기 때문이다(Aristotle, 1948: 1342b). 사실 아리스토텔레스가 넓은 의미에서의 '음악'에 대해 말하고자 했던 바는 앞에서 보았던 그리스인 일반 그리고 플라톤의 견해와 전혀 다르지 않다. 음악은 영혼의 품성에 영향을 주기 때문에 시민의 탁월성을 형성하는 첫 번째 요소이다(Aristotle, 1948: 1340b).

하지만 음악은 덜 활동적인 부류의 교양교육에 의해 보완될 필요가 있다. 좋은 시민은 현명하고 사려 깊으며 좋은 판단을 내릴 수 있도록 배워야 하기 때문이다. 이러한 자질들은 모두 공적 업무 참여에 요구되는 조건이다. 하지만 개인의 모든 시간이 군사훈련이나 생계유지에 할애된다면, 이런 종류의 사고력 교육과 이를 필요로 하는 시민 참여는 거의 불가능하다. 그리하여 아리스토텔레스의 교육계획은, 시민 자격에 대한 그의 정의와 마찬가지로, 아테네와 같이 시간을 요하고 육체적으로 힘든 경제활동은 시민이 아닌 노예나 외국인들이 담당하는 사회를 전제로 한다.

그와 같이 자유로운 시간이 없으면, 전면적이고도 광범위한 국가 주도의 시민교육은 가능하지 않을 것이다. 이에 대한 대안으로 초기 로마에서 아버지들이 자기 아들에게 시민으로서의 자질에 대한 기초적인 사항을 가르치던 방식을 들 수 있다.

4. 로마

"정복당한 그리스는 야만적인 정복자를 오히려 포로로 만들었고, 자신의 예술을 문명화되지 않은 라티움에 전수했다." 로마 시인 호라티우스

(Horatius)는 자신의 『서간문(Epistles)』에서 기원전 2세기부터 헬레네 문화가 로마 사회에 점차 스며든 것을 이 유명한 문구로 요약했다. 그 영향이 교육 분야에서도 분명했지만, 시민교육과 관련해서는 두 교육체제 간의 구분이 여전히 존재했다. 부분적으로 반복되긴 하지만, 특히 세 가지 차이점을 생각할 수 있다.

첫째, 그리스 특히 아테네의 시민권은 본질적으로 정치적인 개념이자 지위로서 시민의 정치적 기능을 정의하는 것이었다. 이에 비해 로마의 시민권은 일차적으로 법적인 것으로서, 누가 시민이며 법적으로 그의 권리가 무엇인지를 정의하는 것이었다. 실제로는 두 나라 사람 모두 자기네 시민들이 덕성[각각 아레테와 비르투스라는 용어를 사용했다]을 지닐 것을 기대했지만. 둘째, 군사훈련과는 구별되는 시민적 목적으로 여겨진 그리스의 교육은 음악적 수양이라는 정서적인 분위기로 영혼 내지 인격을 고양하는 데 초점을 맞추었다. 어떤 문화권이든 로마 시민은 음악을 품격보다 아래에 놓았으며 춤은 위엄을 떨어뜨린다고 여겼다. 그리하여 로마의 시민교육은 실용주의적인 것으로서, 주로 법률을 배우고 법률 속에서 살며 법률을 해석하는 것에 관심을 기울였다. 셋째, 그리스인들 — 스파르타와 크레타의 특별한 경우는 별도로 하고 — 은 학교교육 제도화의 필요성을 받아들이기에 이르렀다. 이에 비해 로마는 교육은 본질적으로 가족의 책임이라는 신념을, 전적으로는 아니지만 좀 더 확고하게 견지했다.

사실 가족은 로마인의 삶에서 핵심을 차지하고 있었다. 공화정 시대를 통틀어, 심지어는 아마도 제정 초기까지, 시민계층에서는 부모가 자녀교육을 떠맡았다. 가족 중에서 어머니나 여타의 여자 구성원은 가장 어린 자녀의 품성을 도야하는 일을 맡았는데, 이에 대해 타키투스(Tacitus)는 다음과 같이 설명하고 있다.

아동의 품성이 아직 풋풋하고 무엇으로든 채울 수 있도록 열려 있으며 또한 나쁜 것에 물들지 않은 동안에, 전심전력을 다해 덕을 실천하도록 배워야 한다. 군인이 될 운명이든 법률가나 웅변가가 될 운명이든 간에, 아동의 모든 힘은 전적으로 (덕을 실천하는) 의무 이행에 바쳐져야 한다(Gwynne, 1964: 14 재인용).

아버지는 아들이 7세에서 대략 16세에 이르는 동안 삶의 모든 측면에서 교육과 훈육을 계속했다. 사실 아버지가 가부장(pater familias)으로서 가지는 능력에는 삶의 전반에 걸쳐 자기 가족에게 명령권을 행사할 수 있는 권리가 포함되어 있었다. 이러한 대내적 장치에는 기본적으로 시민적 목적이 들어 있었다. 젊은이를 교육하는 일에서 좋은 특징들이 획득되는 것과 마찬가지로, 성숙한 로마의 힘과 안정성은 수많은 세대를 통해 시도되고 검증된 좋은 습관으로부터 획득된다고 여겨졌다. 그리하여 새로운 세대는 '조상들의 관습(mos maiorum)'을 이해하고 자부심을 가지며 무조건 준수하도록 양육되어야 한다. 그리고 시민적·종교적 의식들이 이러한 사회화 과정을 강화하는 데 극적인 역할을 수행했음은 물론이다.

분명, 가족 위주 교육의 정확한 성격과 유효성은 부모의 적성, 특히 교육적 기능을 담당하고 수행할 아버지의 열의와 능력에 달려 있었다. 우리가 갖고 있는 증거의 대부분은 부유하면서 또한 공적 사안에 관여하는 시민들과 관련되어 있는데, 그들이 가르치는 의무를 열심히 수행한 것에서 곧장 일반화하는 것은 위험요소가 있다. 예를 들어 키케로(Cicero)는 『법률론(De

Legibus)』에서, 모든 아동이 12표법(혹은 12동판법)을 암송해야 한다 — 성인이 될 무렵이면 기억에서 사라지기는 하지만 — 는 점을 언급하고 있다(Cicero, 1928b: II, 59 참조). 이는 특별히 관심이 간다. 형사·민사·공공 관련 법규들을 성문법전으로 만든 이 동판들은 본래 키케로가 살던 시대보다 4세기 전에 등장했던 것이기 때문에, 아동들에게 이를 암송시킨 것은 조상의 유산을 자랑스럽게 여기는 일이었다. 더욱이 12표법을 계속 암기시킨 것은 로마 시민교육이 법적인 측면에 주안점을 두었음을 반영한다(Cowell, 1948: 152~154 참조). 하지만 그래도 의구심이 남는다. 문자 그대로 로마 아동 모두가 '12표법'을 배웠을까? 이는 매우 근면한 아버지와 자녀를 상정하는 일이다. 무엇보다도 학교는 이런 학습환경을 제공하지 않았다. 키케로는 또 다른 저작 『국가론(De Re Publica)』에서 이 점을 분명히 밝히고 있다. 그의 주장에 따르면 "우리 국민들은, 자유민을 위한 어떤 교육체제 — 법에 의해 확정되거나 공식적으로 건립되거나 혹은 모든 경우에 통일된 — 도 가지기를 소망했던 적이 없다. 비록 무위로 끝나긴 했지만 그리스인들은 이 문제에 많은 노력을 기울였는데 말이다"(Cicero, 1928a: IV, 3). 하지만 '3Rs'를 가르치는 학교는 분명 키케로(기원전 43년 사망)가 살던 시대에 존재했다. 공공업무 담당을 위한 교육은 아버지의 책임이었다. 아들은 광장에서 열리는 종교행사와 공공논쟁에 아버지를 따라서 갔다. 공공생활을 하게 될 청소년들에게는 공식적인 교육이 끝나고 성인이 되기 전에 1년의 과도기가 있었다. 이 기간 동안 그들은 티로키니움 포리(tirocinium fori), 즉 광장의 신참자로 불렸다. 아테네의 경우와 비슷하게, 가족 중 유경험자가 이러한 청소년 수련을 맡았다.

그리스의 사상과 실제가 기원전 200년경 로마의 교육에 스며들면서 변화가 일어났는데, 그중에서도 사설 가정교사의 고용이 늘었다든지 더 많은 학교가 건립되고 수사학을 더 많이 가르치게 된 점이 주목할 만하다. 그리고 불가피하게, 로마제국이 확대됨에 따라 그리스 - 로마 방식의 교육이 지중해 연안과 서유럽 지역에 퍼져나갔다. 게다가 예전의 로마 전통에 비해 공식적인 교육이 더 많이 수용되게 되었다. 기원 1세기에 플루타르코스는 『아동교육(The Education of Children)』이라는 책을 썼다(그의 저작인지에 대해 의문을 제기하는 이들이 더러 있긴 하지만). 그 책에서 그는 "고귀한 행적에 대한 말을 아직 어릴 때에 가르쳐야 한다"(Plutarch, 1960: 17)라고 조언하는 시인을 칭송했는데, 이런 관점은 스파르타나 플라톤의 경우의 그리스식인 것만큼이나 로마식이기도 하다. 그렇지만 철학의 주된 역할에 대한 플루타르코스의 신념은 플라톤적이긴 하지만 로마의 교육전통과는 배치된다. 그는 "철학이 모든 교육의 수장이자 원천이 되게 하는 것이 필요하다"(Plutarch, 1960: 35)라고 서술하고 있다. 사실 그가 "할 수 있는 한 정치적 역량을 철학과 결합하고 혼합할 수 있는 사람을 완벽한 사람이라 여긴다"(Plutarch, 1960: 37)라고 설파하듯이, 이상적인 교육은 철학과 정치를 결합해야 한다.

하지만 플루타르코스는 공화정 후기에서 제정시대에 이르기까지 가장 인기 있었던 과목인 수사학 교육을 인정하지 않았다(Gwynne, 1964 참조). 기원전 1세기에 키케로는 『변론가론(De Oratore)』를 비롯하여 많은 저작을 저술했고, 기원 1세기 말에 퀸틸리아누스는 여러 권으로 이루어진 『변론술 원론(Institutio Oratoria)』을 저술했다.* 소피스트에서 아리스토텔레스, 퀸틸리아

---

* 퀸틸리아누스(Marcus Pabius Quintilianus, 35~96? AD): 에스파냐 출신의 로마 수사학자. 도미티아누스 황제의 요청으로 전 12권의 변론술 원론을 저술했는데, 지금도 라틴어로 계속 출간되고 있다. 수사학의 역사, 의미, 교육방법, 법정에서의 활용사례 등의 내용을 담고 있는데, 미래의 지도자가 될 청소년들에게 필요한 교양을 교사들이 어

누스, 그리고 사실 적어도 15세기의 베르제리오에 이르기까지, 수사학을 가르친 사람들은 공적인 연설의 목적과 구조 및 방식에 대해 한 목소리를 내지는 않았다. 사실 수사학에서 가르친 내용 중 상당 부분은 시민교육과 거의 관계가 없었다는 점은 인정해야 한다. 그렇다 해도 몇 마디 덧붙이는 것은 괜찮을 것이다. 현존하는 최초의 라틴 산문집 중 하나는 기원전 85년경의 작품으로 수사학 교재이기도 하다. 그 작품은, 그런 종류의 책에서 흔히 볼 수 있는 문체로 당시의 정치적·법적 쟁점들을 많이 다루고 있다. 두 가지만 예를 들면, "스키피오는 집정관직 수행에 요구되는 법적 연령의 적용을 받지 않아야 하는가?"*, "이탈리아인들이 시민권을 부여받아야 하는가?"** 하는 쟁점들이 등장한다.

그러니 시민교육의 한 형태로서의 수사학 기술에 대한 키케로의 공헌을 살펴보자. 키케로는 로마와 그리스의 두 전통 모두에서 깊이 있게 교육받은 인물로, 당대에 라틴 세계에서 견줄 이 없는 문장가이자 최고의 변론가였다. 기원전 106년에 태어난 그는 기원전 55년에 그 유명한 『변론가론』을 저술할 당시에 원숙하고도 경험 많은 인물이었다. 어떤 전문가는 그 책을 '변론가의 교육개혁 계획'으로 불리기에 손색없는 걸작이라고 일컫기까지 한

떻게 가르쳐야 할지를 설파하고 있다. 변론술 교육론 혹은 국가 차원의 지도자 교육론이라 할 수 있다. — 옮긴이

* 당시 로마에서 집정관에 선출되기 위해서는 40세에 이르러야 했는데, 로마와 카르타고 간의 포에니 전쟁이라는 비상상황에서 기원전 205년 스키피오(Publius Cornellius Scipio)가 25세의 나이로 집정관직에 취임했다. — 옮긴이

** 본래 로마 시민에게만 부여되었던 시민권이 로마의 세력 확대와 더불어 지금의 이탈리아에 있던 당시의 다른 여러 부족·지역에 점차 인정되는 것에 대한 논의이다. — 옮긴이

다(Gwynne, 1964: 81). 소피스트와 다소 유사하게, 키케로는 변론가는 어떤 주제에 대해서도 논의할 수 있을 만큼 충분히 폭넓은 교육을 받아야 한다고 주장한다. 동시에 그는 철학과 역사 그리고 법률이 가장 유용하다는 점을 분명히 한다. 변론가는 인간본성의 전 영역을 이해할 필요가 있다고 하면서, 그는 "이 모든 것은 철학자의 고유영역으로 간주되는데, 그렇지 않다면 그리고 변론가가 내 조언을 받아들인다면, 철학자들의 주장을 거부할 것이다"(Cicero, 1948: Ⅰ, 54). 다른 두 분야에 대해서는 다음 논평을 참고할 수 있을 것이다. "내가 왜 변론가는 전적으로 국가와 제국에 관한 공법 그리고 과거사의 기록 및 옛사람들의 판례에 대해서도 숙달되어야 한다고 생각하는지를 설명하는 데는 긴 논의가 전혀 필요치 않다"(Cicero, 1948: Ⅰ, 201).

저명한 변론술 교사인 퀸틸리아누스는 변론술의 원리를 상술하는 키케로식의 전통에 따랐지만, 그는 변론가 교육에 철학적 토대가 필요하다는 점에 대해서는 의구심을 가졌다. 더욱이 키케로가 경험했던 격동기의 정치적 시민권이 거의 알려지지 않았던 플라비아누스 가문 황제들의 치세 말엽에 그가『변론술 원론』을 간행했다는 점을 상기하자. 그럼에도 불구하고 퀸틸리아누스는 법률을 우선시했지만, 제자에게 정치를 배우게 했다(Quintilian, 1921: Ⅶ, 30~34; 1922: Ⅻ, 25~26). 나아가, 그는 다음과 같이 역설했다.

> 시민으로서의 자기 역할을 실제로 수행할 수 있으며 공적·사적 업무상의 요건을 충족시킬 수 있는 사람, 조언자들의 권고를 받아들여 국가를 이끌 수 있는 사람, 입법에 의해 국가에 굳건한 기초를 제공하며 재판관으로서의 결정에 의해 악을 일소할 수 있는 사람은 분명 다름 아닌 웅변가이다(Quintilian, 1920: Ⅰ, 10).

이런 구절을 보면 퀸틸리아누스는 변론술이 시민의 정치적 기능에 대한 생생한 공헌이라고 본 키케로의 관점을 복구하려 애썼다는 것이 분명히 드러난다. 그렇지만 여기에는 우울한 역설이 존재한다. 키케로 시대 이후의 황제들(특히 아우구스투스, 클라우디우스, 카라칼라)은 제국 전역에 걸쳐 시민권을 더 많이 부여했지만, 모든 권력을 자신의 수중에 집중시킴으로써 로마의 시민권에서 법적인 지위만 남겨놓고 모든 정치적인 의미가 사라지게 만들었다. 게다가 웅변술을 가르치고 실행하는 일은 그 시민적·도덕적 목적을 상실하고 단순히 수사학 기법 자체를 위한 것으로 쇠락했다.

공화정 후기와 제정시대에 걸쳐 시민교육은 새로 건립된 학교들을 통해 속주 지역의 상류 및 도시민 계급을 로마화하는 다소 의도적인 정책을 염두에 두었다. 이러한 학교에서 특권층 가문의 자제들은 라틴어를 배웠으며 라틴 문화에 열중했다. 프랑스의 한 학자는 한 세기 동안(기원전 79~기원 85년) 세 군데의 속주에서 일어났던 일을 예로 든다.

> 로마식의 절차는 모든 곳에서 다음과 같이 동일한 방식으로 시작되었다. 로마는 새로이 정복한 지역의 유력 가문의 자제들을 로마에 인질로 데려와서 학교교육을 받게 했다. 스페인에서 (총독) 세르토리우스가 채택한 이 방법은 칼리굴라 시대에는 라인 지역에서, 아그리콜라 시대에는 영국에서 반복되었다 (Marrou, 1956: 295).

결과적으로 그들은 시민권의 기본적인 필수요건을 획득한 셈이다.

5. 고대 세계의 유산

시민교육에 관한 고대사회의 사상과 실제는 철학자들이 사망하고 그리스·로마의 국가들이 쇠망했다고 더불어 사라지지는 않았다. 고대사회의 전통이 지속된 몇 가지 사례를 들자면, 스파르타에 대한 관심, 플라톤과 아리스토텔레스 사상의 부흥, 수사학에서 로마식 교육의 지속 등에 관해 몇 마디 하는 것이 이 장의 주요 내용인 세 개의 절에 대한 논평으로 도움이 될 것이다. 또한 르네상스 이래로 가장 넓은 의미에서 시민교육에 대한 고대인들의 의식과 내용을 언급하는 것도 유용할 것이다.

놀랄 것도 없이, 르네상스와 계몽주의 시대의 고전의 부흥은 스파르타의 교육에 새로운 매력을 느끼게 했다. 파도바 대학의 교수였던 베르제리오(Pier Vergerio)는 15세기 초에 교육에 대해 쓴 매우 영향력 있는 논문에서 스파르타의 엄격한 아동훈육을 칭송했다. 하지만 스파르타 전통에 관한 권위자의 표현을 빌리면, "프랑스에서 18세기 후반은 르네상스 이래로 대체로 별개로 여겨졌던 것들 — 도덕, 사회, 교육, 정치 — 을 종합하는 위대한 라코마니아(lacomania: 스파르타가 있던 라코니아 지역 애호가를 가리킴 — 옮긴이)의 시대였다"(Rawson, 1969: 227). 18세기 후반 40년 동안 프랑스에서 거대한 싹을 틔운 교육사조와 계획은 2장의 주요 내용이 될 것이어서, 이 논평은 그러한 맥락에서 생각되어야 한다.

특히 시민교육에서 좀 더 타당한 사례는 20세기 독일의 사조와 실제일 것이다. 하나는 스파르타의 우월성에 대한 그릇된 인종주의적 해석이었는데, 이는 그리스의 도리아인과 이오니아인 사이에 존재한다고 가정되었던 차이에 기초한 것이었다.

밀러(K. O. Müller, 1824)에서 예거(W. Jäger, 1932)에 이르기까지, 독일 학자들은 (스파르타의 교육을) 도리아인들이 지녔던 게르만 민족정신의 산물이라고 찬양했다. 이는 인종주의적·군국주의적인 전체주의 정책의 의식적인 표현으로, 게르만 정신을 고무하기 위해 …… 결코 멈추지 않았던 …… 이상형이었다(Marrou, 1956: 23).

나치는 권력을 장악하자 엘리트 시민양성을 위한 기숙학교 건립에 착수했는데, 이것이 지도자 — 히틀러 — 의 승인하에 이루어졌음은 의심의 여지가 없다(Rawson, 1969: 342~343 참조). 그중 하나인 나폴라스(Napolas, 국립정치교육원)에 대해서는 다음과 같이 서술되어 있다.

군인정신을 함양하고 프로이센과 국가사회주의의 양대 가치를 혼합하며 용기와 신 그리고 우직함을 함양하는 데에 교육과정이 집중되었다. SS 고위장교의 지휘·감독하에 학교를 운영하던 담당자들은 SA 및 SS 대원이었다(Bracher, 1978: 331).

이러한 기관들을 묘사할 때 '스파르타식'이라는 용어가 즉각 떠오르는 것에 의문을 가질 사람은 거의 없을 것이다(예를 들어 Shirer, 1964: 317 참조).
나치의 교육목표와 플라톤의 교육목표 비교도 이루어졌다. 예를 들어, 미국의 어느 학자는 "플라톤처럼 나치도 …… 모든 계급의 구성원 각각의 관점이 적절한 교육과 선전을 통해 통제되는 속에서 완전한 조화가 이루어지는 계급화된 사회를 주장했다"(Brady, 1937: 123~124)라고 평했다. 같은 해에 영국의 어느 학자는 『오늘날의 플라톤(Plato To-day)』이라는 책을 발간했는데, 그 책 군데군데에서 저자는 대화편에 등장하는 허구의 혹은 반쯤 허구적인 인물들을 상상하고 있다. 나치가 공공연히 공감을 표하는 '철학자'는 스파르타와 플라톤, 나치 독일 그리고 교육 간에 연관이 있다는 것에 대해 이렇게 말할 것이다.

> 스파르타의 교육은 우리 아리아인의 이상을 멋지게 보여주는 원형이다. 그것은 개인을 국가에, 추종자를 지도자에 종속시킨다. 그리고 그것은 전사 — 그리고 지배계급 — 의 징표인 용기와 우직함 그리고 엄격함 같은 자질들을 함양한다.
> 스파르타는 플라톤의 이상이었으며, 우리 독일인의 이상이기도 하다(Crossman, 1937: 239).

이처럼 나치의 고전적인 증표라고 간주된 것을 선전하거나 아니면 폄하하기 위해 단순하게 상관관계를 주장하는 것이 당시의 학문적 분위기였다. 설령 전체주의적인 관점에서 플라톤의 『국가』에 공감하는 경우는 아니라 하더라도, 20세기에 역사나 교육이론 분야에 종사한 어떤 저자도 이 책에 대한 상세한 언급 없이는 자신의 일이 제대로 될 수 있을 것이라 여기진 않았을 듯싶다. 많은 이들이 플라톤의 개념들을 비유적으로 사용했으며, 또 다른 이들은 이따금씩 별다른 정당화 없이 위대한 철학자라는 이름으로 끌어왔다. 예를 들어, 플라톤처럼 정치와 교육을 혼합한다고 공언했던 피히테(J. G. Fichte)에 관한 구절에서 이러한 두 번째 경향을 볼 수 있다. 그 저자들은 프로이센의 행적은 일면 '플라톤의 연구를 생각나게' 한다고 하면서 계속해서 이는 '아마도 같은 원천이어서'라고 덧붙인다(Curtis & Boultwood, 1956:

353, 강조 표시는 저자).

사실 플라톤의 저작에 대한 관심을 가진 이들 중 일부는 정치적 내용을 담고 있는 요소들을 회피했는데, 이를테면 『법률』은 경시되었다. 다른 한편, 아리스토텔레스의 『정치학』의 경우, 교육에 대한 그의 생각이 지니는 정치적 측면은 회피하기 어려웠다. 그의 저작들은 13세기 유럽에서 다시 알려지게 되었다. 이탈리아에서 그가 끼친 영향은 다음과 같이 묘사되어왔다.

> 아리스토텔레스의 『윤리학』 그리고 특히 『정치학』이 번역·보급되면서 ― 1260년경에는 뫼르베크(William of Moerbeke)에 의해 라틴어판으로, 1320년 경에는 베르나리(Guido Vernari)에 의해 이탈리아 도시민을 위한 보급판으로 발간 ― 고대 그리스(혹은 폴리스)의 정치철학이 이탈리아 문화의 전 영역 ……, 특히 정부론 분야에 널리 퍼져나갔다(Jones, 1997: 463).

아리스토텔레스의 정치사상, 특히 적극적이고 참여적인 시민이라는 그리스적 관념이 피렌체를 비롯한 이탈리아 도시국가 전역에 널리 퍼졌다. 도미니크 수도사들이 대학 강단과 설교 그리고 출판을 통해 아리스토텔레스의 사상을 대중화하는 데 헌신했는데, 뫼르베크도 도미니크 수도회 소속이었다. 수도사들은 피렌체에 학교까지 세워 인간의 정치적 본성이라는 아리스토텔레스의 관념에 대해 가르쳤다. 더욱이 정치의식을 지닌 도시국가 시민들은 매우 많이 팔렸던 것으로 보이는 베르나리의 요약본을 소장하고 있었다. 그리하여 아리스토텔레스는 중세 말엽에, 그가 『정치학』 7~8장에서 교육에 관해 저술한 내용에 의해서라기보다는 이탈리아 대중이 완전한 의미의 시민권에 대해 자각하도록 일깨운 것에 의해, 시민교육에 기여하게 되었다.

하지만 아리스토텔레스는, 플라톤과 달리 교육이론가들에게 거의 관심을 불러일으키지 못했다. 그렇지만 이제 언급할 세 가지 예외사항이 보여주듯, 사실 오늘날의 자유사회에는 플라톤의 사상보다 아리스토텔레스의 사상이 훨씬 더 적절하다. 그 첫 번째는 미국의 철학자 듀이(John Dewey, 4장 참조)인데, 그는 두 가지 이유를 들어 아리스토텔레스가 적합하다고 보았다. 하나는 그가 기술훈련과 교양교육을 구분한 것이며, 다른 하나는 가장 적절한 형태의 도덕교육에 대한 그의 사상이다. 듀이는 "단순히 무엇을 할 줄 아는 기능이나 외부적인 산출물을 누적하는 것은 이해와 감상 그리고 관념의 자유로운 구사보다 열등하며 그런 것들에 종속된다고 본 점에서 아리스토텔레스는 영원히 옳다"(Dewey, 1961: 256)라고 주장한다. 물론 현대 산업민주주의에서는 두 부류의 능력 모두 발휘하는 것이 필요하지만. 듀이는 또한 아리스토텔레스가 지식(앎)을 통해 도덕성이 획득된다는 플라톤의 주장을 거부하면서 도덕성은 습관과 실행 및 경험을 통해 획득된다고 주장한 점을 높이 평가한다(Dewey, 1961: 355 참조). 영국의 교육학자 캐슬(E. B. Castle)은 아리스토텔레스의 또 다른 주장, 즉 시민은 정체의 정신에 적합하도록 교육받아야 한다는 것에 주목하면서(Aristotle, 1948: 1310a, 1337a II 참조), 따라서 오늘날의 영국에서 교육은 민주주의 정체를 지지해야 한다고 주장한다. 그럼에도 불구하고 캐슬은 아리스토텔레스가 그다음에 이어서 진술하는 바 ― 한 국가의 교육체제는 …… 모든 이에게 동일해야 한다(Aristotle, 1948: 1337a) ― 는 지나치다고 보았으며, 1944년 이후에 등장한 '적절한 교육'이라는 3차원적 개념을 지지했다(Castle, 1961: 201 참조). 이와 대조적으로, 캐나다의 캘런(Eamonn Callon)이라는 학자는 도덕교육에 대한 아리스토텔레스의 해석, 그리고 인용하지 않고 암시에 그치긴 하지만, 모든 이에게 동일한 교육을 주장한 것 둘 다를 지지한다. 캘런은 현대의 다원주의 사회는 (미국식으로 말하자면) 보통학교가 제공하는 결속력을 필요로 한다고 주장한다.

아리스토텔레스식의 논제는 합당성의 성장이 일정한 단계에 이르면 사회적 불일치가 존재하는 대화의 맥락에서 상호성이 실행될 것을 요구한다는 점을 시사한다. 이처럼 대화가 이루어지도록 하는 과업을 보통교육이라 부르자. 보통학교(Common school)는 시민의 의무를 상정하기에 앞서 그러한 과업에 필수적인 맥락을 만들어내는 분명한 방법이다(Callan, 1997: 177).

만약 아리스토텔레스가 정치의 주요 지침이라면, (수사학에서의 키케로와 함께) 퀸틸리아누스는 교육의 주요 지침이다. 퀸틸리아누스와 함께 고대 이후 교육의 시민적 목적을 옹호한 대표적인 인물은 베르제리오(1349년 출생)와 그의 제자인 비토리노(Vittorino da Feltre, 1378~1446)이다. 베르제리오는 퀸틸리아누스의 『변론술 원론』 해설서를 출간함으로써 그를 부활시켰다. 한 교육사학자의 표현을 빌리자면, "르네상스 시대의 모든 교육자는, 이론가이든 실천가이든, 이탈리아에서건 북서유럽에서건, 이 책의 내용과 정신에 푹 빠져들었다"(Boyd, 1932: 171).

하지만 가장 광범위한 영향은 르네상스 시대에서 19세기에 이르는 동안에 이루어진 그리스와 (특히) 라틴 문학 연구, 그리고 이러한 학습을 통해 고전문명에 대해 갖게 된 커다란 존경심에서 비롯되었다. 이러한 존경심의 일부는 고전적 시민권에 대한 것이었다. 여기에는 네 가지 특기할 만한 예가 있다.

첫 번째 예는 르네상스 시대의 이탈리아이다. 볼로냐, 파비아, 밀라노, 베네치아 등의 도시국가들 그리고 가장 전형적인 도시국가인 피렌체에서 당시 최고로 발전한 형태의 시민권을 발견할 수 있다. 또한 브루니(Leonardo Bruni)와 마키아벨리(Niccolò Machiavelli)의 저술에서 시민적 덕성(virtù)에 관한 정치이론을 볼 수 있다. 도시국가들은 각기 시민으로서의 덕성과 애국심을 함양하고자 했으며, 이러한 목적을 달성하기 위해 활용된 광범위한 교육적 장치들은 여러 측면에서 고대와 유사하다. 도시국가들은 '라틴 도시'의 정통성을 획득하기 위해 자신들이 로마에 기원을 두고 있음을 입증하고 또 강조하고자 했다. 이에 더해, 교회는 공동체의 조화가 매우 중요하다고 공언하면서 시민을 양성하는 일에 동반자로 참여하게 되었다. 성직자들은 교실에서 그리고 설교하는 자리에서 나아가 지역에서 상연되는 장엄하고도 대중적인 공연과 축제 — 아마도 시민을 대상으로 하는 가장 효과적인 선전일 것이다 — 속에서 그러한 취지를 전파했다. 일종의 시민종교에 기초한 이 행사들은 그리스와 로마에서 시민정신을 고취하는 데 동원되었던 전형적인 '시민적' 혹은 '고전적 공화주의적인' 방식이다. 하지만 종교적 요소는 점차 약해졌고, 피렌체 같은 곳에서는 성직자가 아닌 일반교사들이 이상적인 시민 자격에 대한 감명을 주고자 스파르타와 아테네 그리고 공화정 시대의 로마를 본보기로 삼았다. 예를 들어, 비토리노는 학생들에게 개인으로서의 정직과 시민으로서의 책임에 대해 가르치면서 "두 가지 덕성 모두 고전연구를 통해 배울 수 있다"(Dynneson, 2001: 107 재인용)라고 생각한 것으로 전해지고 있다.

두 번째와 세 번째 예는 18세기 후반의 북아메리카와 프랑스의 경우이다. 2장에서 보게 되듯이, 이들 지역에서는 고대 저술가들에 대한 관심, 그리고 고전적인 시민적 덕성과 더불어 공화주의 형태의 정부에 대한 신념이 교육사조의 배경이 되었다.

네 번째 예는 18, 19세기 영국에서 볼 수 있다. 영국에서는 사립 고전문법학교(endowed grammar schools)와 사립 중등학교(public schools: 상류층 자제들을 위한 기숙제 대학예비학교로 Eaton, Winchester 등 — 옮긴이)가 국내 및 식민지 정부와 행정을 장악한 엘리트 시민들을 교육했다. 19세기에 이르기까지 이들 학교의 교육과정은 거의 고전뿐이었다. 사실 '문법'학교는 바로 이를 위한 것이었다(Barnard, 1947: 17~20 및 이 책의 3장 이하 참조). 라틴 산문은 키케로의 저술을 교재로 삼았다. 예를 들어 1798년 버틀러(Samuel Butler)가 슈루즈베리(Shrewsbury)의 교장이 되었을 때 쓴 편지에서, 그 주에 키케로에 관한 수업이 네 번 있었다고 밝히고 있다(Sylvester, 1970: 205~206 참조). 키케로는 시민적 덕성을 철저하게 신봉하는 인물이었다.

간단하게 요약해보자. 고대 세계는 수백 년 동안 세 가지 주요한 방식으로 시민교육에 영향을 주었다. 고전문학 및 그리스·로마 역사에 대한 연구를 통해 젊은이들은 시민권에 대한 사상, 그리고 스파르타인, 아테네인, 로마인들이 시민의 역할을 수행한 다양한 방식에 대해 배웠다. 고대의 수사학 기술은 변론술 및 정치적 가능성으로 인해 학교교육과정에 계속 남았으며, 일부 교육이론가와 정치인들은 시민의식이라는 고대의 덕성은 오늘날의 국가를 위해서도 광범위한 교육적 수단에 의해 보존되어야 한다고 주장해왔다. 구체제(ancien régime)의 절대주의에 의문을 제기하면서 프랑스 혁명으로 절정에 이르렀던 혁명가들은 고전적 전통의 공화주의와 시민권을 매력적인 대안으로 되돌아볼 수 있게 되었다. 변화는 정치적 도전일 뿐만 아니라 교육적 도전이기도 했다.

제2장

반란과 혁명의 시대

1. 초기 국민국가들

　정치적으로 분열상태에 있던 독일과 이탈리아는 도시국가적 맥락에서 향유되던 지위로서의 시민권이 갖는 고대·중세적 성격을 근대에도 유지했다. 이에 비해 영국 그리고 특히 프랑스는 공고한 국민국가가 되어가고 있었다. 더욱이 이들 국가는 신으로부터 부여받은 권위에 입각한 절대권력을 지닌다고 자부하는 군주들이 통치하였다. 군주가 최상위의 신민보다도 상위에 있는 신적인 권리를 지닌다고 의기양양해한다면, 이론상으로나 실제상으로나 시민권이 존재할 수 있겠는가? 간단히 답하자면, 시민권의 개념은 정치사상에 깊게 뿌리박혀 있는 것이어서 이처럼 명백하게 부적합한 권위주의적 환경에서조차 폐기될 수 없다. 이제 시민권의 개념은 시대에 맞게 각색되어야 하며 이처럼 조정된 시민권 개념에 대한 교육도 이루어져야 한다. 이 장에서는 시대순으로 16세기에서 시작해서 18세기 말까지 이야기를 이어갈 것이다. 이 장의 제목을 '반란과 혁명의 시대'라고 함으로써, 우리는 이 시기 시민교육의 성격을 이론과 실제 면에서 조망할 수 있도록 해줄 이 시기의 특성을 조명하고자 한다.

'반란의 시대'라 부를 수 있는 것, 달리 말해 절대주의의 표면적 권력 기저에 존재했던 조건에 대한 논의는 다음과 같이 진행된다. 절대왕정은 유럽 군주국들의 분열생식적 경향에 대한 반응이었으며, 결코 진정으로 절대적이지 않았다. 또한 절대왕정을 만들고자 했던 군주들의 노력은 정치적 야심을 지녔거나 군주에게 적대적인 신민들의 반항에 부딪혀야 했다. 영국의 경우, 이러한 위협은 곧장 16세기 북부지역의 반란과 17세기 내전(1642~1651, 찰스 1세와 의회의 싸움 — 옮긴이) 당시 '위대한 반란'의 발발로 이어졌다. 프랑스는 16세기에는 종교전쟁을, 17세기에는 프롱드의 난을 겪었다.* 군주정 체제를 강화하기 위해 중앙집권화된 관료조직이 만들어졌는데, 이러한 과정은 영국에서는 크롬웰(Thomas Cromwell: 1485~1540. 헨리 8세 시대의 정치인 — 옮긴이)과, 프랑스에서는 리슐리외 추기경(Cardinal Richelieu)과 특별히 결부되어 있다. 이들 관료조직의 중추는 엘리트 시민으로 간주될 수 있으며, 그 구성원이 되기 위해서는 관료로서의 기능을 수행할 능력을 갖추기 위한 교육이 요구되었다. 더욱이 정치적 관점에서 정확히 말하자면 왕국의 주민들은 주권자인 군주의 '신민'이었음에도 불구하고, 정치이론가들은 군

---

* 1648~1653년에 걸쳐 일어난 프랑스의 내란. 일부 귀족과 일부 시민이 루이 14세의 섭정 모후(母后) 안 도트리슈(Anne d'Autriche)와 재상 마자랭(Jules Mazarin)을 중심으로 한 궁정파에 대해 봉기를 일으키면서 시작되었다. 최후의 귀족의 저항이라고도 하고, 최초의 시민혁명의 시도라고도 한다. 프롱드(Fronde)란 당시 청소년 사이에 유행한 돌팔매 용구인데, 여기서는 관헌에게 반항하여 돌을 던진다는 뜻으로 사용되었다. 마지막까지 남아 있던 보르도 지역의 반군이 진압되면서 마무리되었다. — 옮긴이

주의 권위를 지지해야 하는 시민집단(citizenry)의 의무를 강조하기 위해 혼란스럽게도 '시민'이라는 고전적 용어를 여전히 종종 사용하고 또 재가공했다. 다시 말해, '시민'이 이러한 의무를 이해하도록 하기 위해 교육이 필요하다는 점이 인식되었다.

종교개혁의 결과 종교가 강력한 정치적 힘을 갖게 되면서, 이탈리아 도시국가들에서 그랬던 것처럼(1장 참조), 이러한 의도를 국민국가 내에 전파하는 수단으로 교회가 동원되었다. 게다가 반란분위기 조성에 일조를 한 종교적 논쟁과 갈등이 빚어지던 시대에, 성직자가 국가의 '참된' 종교를 가르치는 일은 그 자체가 군주국가에 대한 충성을 공고히 하기 위한 일종의 시민교육이었다. 종교는 또한 절대왕정의 기반을 허뭄으로써 정반대의 역할을 행하기도 했다. 개신교의 한 교파의 경우 주권은 군주에 속하는 것이 아니라 인민에게 속한다고 주장하는 신념을 조성하는 데 기여했기 때문이다. 영국의 어느 학자의 설명에 따르면, "영국 내전과정에서 칼뱅주의 사상의 개인주의 요소가 종교영역에서 정치영역으로 확대되었다. …… 주권은 이제 '하느님 아래 모든 권력의 원천인' 인민에 속하는 것으로 천명되었다"(Cobban, 1960: 91).

영국 내전 후 1세기가량 지나, 루소는 『사회계약론』에서 시민들의 집합이 인민을 구성하며 사회계약에 의거하여 정치체를 만들고 그렇게 함으로써 주권이 곧 인민에게 속한다는 것을 보여준다는 주장을 설득력 있게 개진했다. 같은 세기 후반에 발발한 미국 혁명과 프랑스 혁명은 인민·국민주권에 의거하여 정당화되었으며 또 그것을 기반으로 이루어졌다. 미국 식민지에 대한 조지 3세의 권리, 그리고 프랑스 국민에 대한 루이 16세의 통치는 주민의 의지에 반한 것이었기에 그 권리가 부인되었으며, 부르봉 왕조 군주의 경우는 죽음이라는 숙명으로 이어졌다. 그 결과 시민권은 다시금 온전한 모습을 되찾았다. 군주정은 신민이 군주에게 충성하도록 했던 것에 비해, 공화정은 시민이 국가에 충성하도록 했기 때문이다. 그와 더불어, 시민교육은 이론 측면에서 혁명적인 변화를 겪게 되었으며, 많은 국민국가에서 공화정이 들어선 19, 20세기에는 실제 측면에서도 점차 큰 변화를 겪게 되었다. 세속교육이 종교교육을 대체했으며, 학생들이 스스로를 국가와 동일시하며 시민으로서의 의무뿐만 아니라 권리도 숙지하도록 하는 교육이 유행하게 되었다. 이 점에 대해서는 3장에서 자세히 보게 될 것이다.

2. 절대왕정의 정착과 시민교육

2장 전체의 윤곽을 대략 그려보았으니 이제 그중 앞부분을 살펴볼 수 있게 되었다. 또한 절대주의 시대 이후의 시민교육을 암시하는 조짐이 18세기 직전에 이미 나타났던 것도 지적할 수 있게 되었다. 16, 17세기 유럽의 경우 시민교육의 주요 형태를 실제와 주장 측면에서 세 가지로 구분할 수 있다. 되풀이하면서 좀 더 자세히 말하자면 다음과 같다. 첫째, 원칙적으로 군주와 국가의 안녕을 위해 신민들에 대한 교육이 요청되었다. 둘째, 종교적 맥락에서 이러한 목적들이 단지 권장되기만 한 것이 아니라 실제로도 행해졌다. 셋째, 충성스럽고 효율적인 행정가들을 국가에 제공하기 위해 '신사'를 교육하는 일에 중점이 두어졌다. 16세기 중반에서 17세기 중반에 이르는 불안정한 시기에 정치이론가들 중 선도적인 인물로 보댕(Jean Bodin)과 홉스(Thomas Hobbes)가 있었다. 보댕은 프랑스에서 한 세대에 걸친 종교전쟁이 한창 진행되고 있던 1576년에 『국가론(Six Livres de la République)』을 발간했다. 그리고 홉스는 찰스 1세가 처형되고 2년이 지난 1651년에 『리바이어던(Leviathan)』을 발간했다. 그리하여 그들의 목적이 불가분의 주권에 기초한 강력한 중앙집권정부를 위한 주장을 펴는 데 있었으며 교육에 대한 그들의 견해가 이런 점을 우선적으로 반영하고 있다는 건 놀라운 일이 아니다.

보댕이 당시의 정치적 불안정에 대해 가졌던 관심은 사실 프랑스에서 종교전쟁이 발발하기 이전으로 거슬러 올라간다. 유럽대륙의 다른 지역들에는 또 다른 갈등이 많이 있었으며, 그만이 이 점을 극명하게 인식하고 있었다. 그리하여 1559년에 툴루즈에서 행한 강연에서, 그는 호전성이 난무하는 이러한 상황을 비통해하며 폭력의 전염을 종식시키기 위해서는 교육에서 근본적인 변화가 이루어져 한다고 설파했다. 그는 사교육을 받아서는 사회적 결속의 미덕과 습관을 배우지 못한다고 역설했다. 이러한 약점을 극복하기 위해 그는 오늘날 종합학교(comprehensive school) 내지 보통학교(common school)라 일컫는 그런 기관의 설립을 촉구했는데, 그 자신은 이를 동일학교(identical school)라 불렀다. 그는 이렇게 역설한다.

> 내전의 물결이 이웃 나라들과 인민들을 위험에 빠뜨린다는 것을 본 것이 그리 오래 전의 일이 아니다. 그들 나라와 인민들은 아직 평화를 온전히 회복하지 못했으며, 이는 모든 시민의 자녀들을 위해 유기적인 법률에 의해 규율되는 동일교육을 도입함으로써만 가능하다(Mesnard, 1951: 58).

시민교육에 대한 홉스의 처방은 다음 두 가지 명제에서 출발한다. 정치체가 안전을 확보할 수 있게 해주는 원칙들은 즉각 식별할 수 있다. 그런 원칙들에 대한 무지는 힘 있고 배운 자들이 자신들의 이기적 이익을 지키기 위해 그것이 폭로되지 않도록 하려는 데 기인한다. 그는 계속해서 다음과 같이 말한다.

> 그리하여 나는 인민에게 주권자의 핵심적인 권리 — 자연법 그리하여 근본법인 — 를 가르치는 일에서 아무런 어려움도 없다…… 하지만 (주권자) 자신의 흠결에서 비롯되는 혹은 그가 국가운영에서 신임하는 사람들의 흠결에서 비롯되는 어려움만 있을 뿐이라는 결론을 내리게 된다. 결과적으로, 인민들에게 그런 가르침을 받게 하는 것은 그의 의무이다. 이는 그의 의무일 뿐만 아니라 그가 누리는 혜택이기도 하다. 또한 주권자가 자연인으로서 부딪힐 수 있는 위험, 즉 반란으로부터 안전을 확보하는 일이기도 하다(Hobbes, 1914: ch. 30: 180).

홉스는 '인민'을 위한 7가지 강령을 제시하고 있다.

> 첫째, 인민은 이웃 나라들에서 볼 수 있는 어떤 정부형태도 자기 나라 것보다 선호해서는 안 되며, …… 또한 변화를 바라서도 안 된다. ……
> 둘째, 인민은 동료 신민이 아무리 지위가 높더라도, 그리고 아무리 뚜렷하게 빛을 발할지라도 그 동료가 지닌 덕망을 동경해서는 안 된다는 점을 배워야 한다. ……
> 셋째, 주권자 대표(한 사람이든 혹은 사람들의 회합이든 간에)의 잘못이 아무리 크다 해도 이를 비난하는 것은 …… 자기 인민에 대한 경멸을 초래하며 (국가의 안전을 담보하는) 복종을 약화시키게 된다는 점을 알아야 한다. ……
> 넷째, 인민은 일상의 노동과 별도로 시간을 할애하여 함께 회합을 이루고……

의무가 명하는 바를 들을 수 있으며, 실정법을 …… 이해하며, 입법자의 입장에서 생각할 수 있어야 한다. …… 인민이 이를 배우지 못하거나 누군가 그들에게 이를 가르치지 않는 일이 없도록 유념해야 한다.

다섯째, 아동이 맨 처음 받는 교육은 부모의 보살핌에 달려 있기 때문에 아동은 부모에게 복종해야 한다. ……

여섯째, 모든 주권자는 정의를 가르쳐야 한다. …… 그리하여 인민은 서로 간에 폭력이나 …… 절도를 삼가는 것을 배우게 된다. ……

마지막으로, 인민은 정의롭지 못한 일에서 그 사실뿐만 아니라 부정의를 행하려는 계획과 의도 또한 …… 부정의임을 배워야 한다(Hobbes, 1914: ch. 30 : 182~183).

주로 성인을 대상으로 한 것임에도 불구하고, 이는 틀림없이 덕성과 식견을 갖춘 좋은 시민세대를 위해 잘 고안된 강령이다. 특히 넷째 항목, 즉 의무적인 시민교육에 유의하자.

이러한 교육이 어떻게 행해져야 하는지에 대한 의문이 자연히 제기된다. 이 문제는 우리를 이 시기 시민교육의 두 번째 측면, 즉 종교의 중요성에 대한 논의로 나아가게 한다. 앞으로 보게 되는 바와 같이, 홉스는 훌륭한 시민 양성이라는 의도를 전달하는 주요 통로로 교회를 지목했기 때문이다. 하지만 종교의 이 같은 역할은 18세기 후반 시민혁명 발발 이전의 시기에 시민교육이 모양새를 갖추는 데 기여한 세 가지 중 하나일 뿐이다. 다른 두 가지는 루터(Martin Luther)의 영향, 그리고 기존의 시민교육 내용에 들어 있는 종교적 내용이었다.

루터의 입장은 서구 기독교회의 분열에만 영향을 끼친 것은 아니다. 교황의 권위를 부인함으로써 그는 또한 국가교회가 설립되는 길도 개척했다. 그리고 국가가 모든 아동을 대상으로 교육을 제공함에서 아동들이 기독교·시민도덕의 원칙을 수용할 수 있도록 해야겠다는 열정적인 확신도 갖게 했다. 독일 교육의 권위자 중 한 사람은 이에 대해 "독일의 교육자들은 루터가 시민양성의 토대를 마련했다고 생각해왔다"(Kosok, 1933: 150)라고 하는데, 그러한 평가가 와 닿는다. 루터는 1524년에 「독일 내 모든 도시의 시장·시의원들에게 기독교학교의 설립과 유지를 촉구하는 서한」을 발간하면서 자신의 운동에 착수했다. 분명, 개신교 지역에서 로마 가톨릭의 학교통제력 상실은 이를 대체할 정책을 요구했다. 그럼에도 불구하고 루터의 이상은 이상으로만 남았다. 즉 재건된 학교체제는 젊은 층의 지대한 요구에 거의 주의를 기울이지 않았다.

교회는 그 자체가 종종, 어떤 경우에든 가장 적절한 장치로서 시민교육기관의 기능을 수행하게 되었다. 왜냐하면 종교적 의식이 고양되고 격렬한 논쟁이 지속되던 이 시기에 견실한 신학적 내용이 없는 시민교육은 효과적이지 못했으며 사실 생각조차 할 수 없었기 때문이다. 시민교육의 일환으로 종교수업을 행했으며, (국가가) 승인한 내용을 전파하기 위해 학교는 물론이고 교회까지 활용했던 이런 정책의 본보기로 영국을 들 수 있다. 1558년에 엘리자베스 1세가 왕위를 계승했을 때, 당장의 관심사는 종교를 정착시키고 또한 언니 메리의 재위시절의 광포함을 종식시키는 것이었다. 그녀는 또한 통치를 공고히 하는 데는 교육의 요소가 요구된다는 점을 인식했다. 숱한 칙령과 교회법 그리고 의회제정법을 통해 학교에 대한 왕실의 통제가 상당 부분 확보되었다. 이 중 처음은 1559년의 칙령들이었다. '하느님의 참된 종교를 올바르게 이해하고 있는' 사람만이 가르칠 수 있었다. 게다가 칙령들은 "아동을 가르치는 모든 교사는 아동들을 각성시키고 감동시켜 공적 권위 즉 통일령(Act of Uniformity)과 수장령(Act of Supremacy)에 의해 이제야 진정으로 밝혀진 하느님의 참된 종교를 사랑하고 공경하도록 만들 것을"(Sylvester, 1970: 125) 요구했다. 엘리자베스 1세 대신 가톨릭교도인 스코틀랜드의 메리 여왕을 즉위시키려 한 예수회와 그 지지자들의 음모가 예수회 척결을 위한 1585년 법령 제정으로 이어졌는데, 이 법령에는 "영국의 신민이 …… 왕국 바깥으로 자기 자녀를 보내는 것을 불법으로 규정한 조항도 포함되었다. 이 규정 위반에 대해서는 100파운드의 벌금이 부과되었다"(Sylvester, 1970: 127~128). 그리하여 어떤 아동도 '참된' 종교에 대한 교육을 벗어날 수 없었으며 프랑스에 가서 가톨릭 신앙의 가르침을 받을 수도 없었다. 이에 더하여, 엘리자베스 통치기간 동안에는 세속주의·애국주의 성향의 시민교육도 교회에 의해 진흥되었다. 예를 들어 추밀원이 『영국의 무용담(De Proeliis Anglorum)』 — 백년전쟁에서 엘리자베스 즉위에 이르는 기간에 벌어진 전쟁들의 무용담을 담은 역사책 — 을 (그 저자에 의해!) 알게 되었을 때, 주교들은 이 책이 학교에서 읽혀야 한다는 가르침을 받았다. 다음 세기로 넘어가기 위해서는 다시 홉스를 언급할 필요가 있다. 홉스는 좀 더 학식 있는 이웃이나 지인들과 교유하는 사람들이 부분적으로 자신이 주장하는 교육을 받게 될 것이라 믿었다. 하지만 그의 결론에 따르면, 그런 지식은 주로 "교회의 성직자에게서 획득될 것이다. …… 사람들에 대한 교육은 대학에서 젊은이들을 올바르게 가르치는 것에 전적으로 의존할 것이 분명하다. 왜냐하면 그곳은 바로 성직자가 자신의 학식을 획득하는 곳이기 때문이다"(Hobbes, 1914: ch. 30: 183).

영국에서 국가와 교회의 전면적인 동일시 — 영국 국교회 신도는 곧 영국 국민을 뜻함 — 는 16세기 말 후커(Richard Hooker)의 『교회정체의 법(Laws of Ecclesiastical Polity)』에서 제창되었다. 홉스가 자신이 제시한 7가지 사항 각각이 성서적 정당화에 의해 지지되기 때문에 교육에 대한 자신의 권고가 이런 방식으로 해석되기를 원했다는 점도 분명하다. 철학자들만 교회 - 국가 관계를 인식했던 것은 아니다. 1549년부터 모든 기독교도, 즉 모든 영국 국민에게 요구되는 의무들을 상세히 설명하는 교리문답이 사용되었다. 그 책은 "삶을 영위하는 국가 속에서 나의 의무를 행함은 곧 하느님의 부름에 기꺼이 부응하는 것"이라는 구절로 끝맺는다. 이는 시민의 순응을 뜻한다. 그리고 이런 의도는 다음 주석이 보여주듯이 아주 철저하게 퍼져나갔다.

> 1만 개에 이르는 영국 내 교구 모든 곳에서 주일 아침기도 후에 상류층과 중류 자작농, 일반농부, 상인, 노동자, 심지어 극빈자에 이르기까지 기독교도란 무엇을 뜻하는지를 성직자에게서 배우기 위해 모이거나 모여야 했다. ……
> 젊은이들은 복종과 권위 그리고 사회·정치질서에 대해 오직 교리문답에 있는 내용만 들을 수 있었다. 이들 젊은 남녀의 다수 혹은 대부분은 글을 읽을 수 없었기 때문에 근엄한 성직자가 그들에게 이야기해주어야 하는 내용을 확인하거나 검토할 방도가 없었다(Laslett, 1983: 217~218; 336 n. 4).

이제 이 시기 시민교육의 세 번째 측면, 즉 신사계층 혹은 상류층의 교육으로 눈길을 돌려보자. 정부 3부처 전체 — 중앙정부 관리, 판사와 대법관, 의회의원 — 에 필요한 인재 대부분이 이 계층 출신이었기 때문에, 이 계층에 속한 사람으로 공적인 활동을 하는 이들은 엘리트 시민으로 간주될 수 있을 것이다. 그리하여 공직자로 키우기 위한 교육이 우리의 관심사가 된다. 그들 중 한 사람인 엘리엇 경(Sir Thomas Elyot)은 1531년에 최초의 영어판 교육론 『통치자라는 우두머리(The Boke named the Governour)』를 출간했다. 그 책의 주된 목적은 신참 공직자, 즉 '통치자'들에 대한 적절한 기술 · 도덕교육을 제시하는 데 있었다. 16세기 말에 9판이 출간되었다는 사실에서 그 책이 높은 평가를 받았음을 알 수 있다. 그 저자는 17세 청소년의 경우 플라톤과 키케로의 저작을 통해 도덕철학을 배워야 한다고 권고했다. 1570년에 출간된 애스컴(Roger Ascham)의 『교사론(The Schoolmaster)』도 비슷한 목적의 책이었다. 즉 예비신사들이 "자신이 태어나고 보살핌을 받아온 조국의 이익을 위해"(Riesenberg, 1992: 213에서 인용) 일생을 살도록 가르치는 교육을 주창하고자 했다. 더욱이 그는 특권층 청소년들의 나태함으로 인해 '하류층 자녀들'이 정부의 중요한 직책을 차지하게 되었다고 불평한다(Sylvester, 1970: 139, 140 참조).

사실 17세기 후반에 이르기까지 유럽의 많은 국가에서, 상류층 자제들은 공직을 맡을 '엘리트 시민'이 될 준비를 한다는 목적을 가지고 지리, 역사, 법학 및 정치를 배웠다. 로크(John Locke)가 『교육론(Some Thoughts Concerning Education)』에서 그 같은 필요를 충족시키기 위한 엄격한 교육과정을 역설한 것도 바로 이런 배경에서였다. 엘리트 교육에서 요구하는 키케로, 그로티우스(Hugo Grotius), 푸펜도르프(Samuel von Pufendorf)의 저작들은 "시민법 일반, 역사, …… 등등 신사라면 겨우 접하기만 하는 것이 아니라 지속적으로 연마해야 하며 결코 끝나지 않는 내용들"이다. 청년학도들이 읽어야 할 것에는 영국법, 정체(constitution) 및 정부론도 포함된다. 왜냐하면 "청년이 어떤 위치에 있건 간에 (조국의 법은) 필수 불가결한 것이어서, 대법관에서 국무장관에 이르기까지 국법 없이는 직책을 제대로 수행할 수 없기 때문이다"(Locke, 1989: 239~240). 그는 좀 더 민주적인 형태의 시민권과 시민교육에 대해 어느 정도 생각을 했기에, 그의 논조는 그다지 열광적이지는 않다.

로크의 저작은 당시 교육 분야에서 혁신적인 사고에 대한 관심을 불러일으킨 가장 주목할 만한 작품이었다. 영국 내전의 정치적·종교적·사회적 혼란은 좀 더 덕망 있고 질서정연한 사회를 구축하는 데 학교가 행할 수 있는 역할에 대해 생각하도록 청소년들을 자극했다. 이런 활동의 중심이었던 인물로 정치인이자 자선활동가였던 하틀립(Samuel Hartlib)을 들 수 있는데, 그는 친구인 듀리(John Dury)가 『개혁된 학교(The Reformed School)』(1650년경 출간)를 저술하도록 설득했다. 하틀립은 그 책의 서문에서 자신의 관심사를 다음과 같이 약술하고 있다.

> 모든 사법관과 성직자 그리고 관리들은 보통학교 시절부터 세계 도처의 사람들을 다스릴 것으로 간주되며, 그들이 학교에서 받은 덕과 악의 인상은 나중에 그들이 교회와 국가에서 갖는 직책 속에서 발휘되어 선이나 악을 행하는 데 영향을 준다. 따라서 학교는, 하느님이 우리를 조금이라도 축복한다면, 우리의 타락이 우리가 새롭게 거듭나는 밑거름이 되듯, 안정의 일상적이고도 자연스런 원천으로 간주되어야 할 것이다(Sylvester, 1970: 157).

사회 전반의 개선을 위해서 그 출발점으로서 지도층 시민들의 도덕적 자질을 확보해야 한다는 점은 동시대 인물인 홉스의 견해를 반영하고 있다. 더욱이 학교가 사회적 조건의 개선을 적극 추진하도록 국가가 간여할 수 있으며 또 그래야 한다는 것이 하틀립이 지닌 신조의 한 부분이었다.

듀리의 책은 그와 하틀립이 바라는 개혁학교를 위한 자세한 교육과정을 담고 있다. 그는 13~20세의 학생들이 '교회와 국가에서 어떤 일을 맡아도 그에 적합하도록 양성하는' 아주 철저하고도 흥미로운 보통교육을 제시하고 있다. 이 교육과정은 이들 연령집단의 요구에 매우 적절해서 18세기에는 영국 국교에 반대하는 많은 학교에서도 모범이 되었다. 그가 열거한 10가지 주제 중 다섯 번째 항목이 특히 시민교육과 밀접한 관련이 있다.

> 각국의 실정법과 관련하여 경제학, 시민정부론, 자연적 정의와 형평 등의 내용이 법학의 기반으로서 제공되어야 한다. 법학의 개요는 유스티니아누스 법전의 법학원론(Institutions)과 법규집(Regulae Juris)에서 도출될 것이다.

그는 또한 열 번째 항목에서 개인적·사회적 발전을 위해 역사공부를 주장한다.

> 이는 공직에 있는 사람 그 자신의 삶이 현명하고 사려 깊기 위해서이다. 공직자의 삶은 다른 사람이 지켜야 할 방향을 인도하며 그들 모두가 서로에 대한 스스로의 삶의 방식을 인도할 판단과 사리분별, 신중함과 친밀함의 규칙을 제공한다(Sylvester, 1970: 160~162).

듀리는 학교를 개혁하기를 원했지 혁명을 원했던 것은 아니다. 예를 들어 엘리엇과 마찬가지로, 시민교육에서 그의 목적은 여전히 엘리트 교육이었다. 학교에서 대중을 대상으로 하는 시민교육에는 관심이 없었다. 사회적 도덕을 가르치는 일은 교회가 할 일이라 생각했다. 하지만 같은 시기에 바깥에서는 훨씬 더 급진적인 사상들이 나타나 절대왕정 지속을 위한 원리체계 전반에 의문을 제기했다. 무엇보다도, 1649~1660년 영국의 정체는 공화정이었으며 군주가 없었다. 게다가 17세기 중반의 혁명적 활동들은 혁명적 사상을 촉발시키게 되어 있었다. 당시 가장 급진적인 사상가이자 활동가였던 인물 중에 윈스탠리(Gerrad Winstanley)가 있었는데, 그는 절대왕정 그리고 그런 방식의 국가에 굴종하는 교육의 개념에서 멀리 벗어난 정치사상을 설파했다. 서리(Surrey)에 있던 그의 공산주의 광부공동체가 와해되고 2년이 지난 1652년에, 그는 『기반 혹은 재건된 참된 공동체에서 자유의 법(The Law of Freedom in a Platform, or True Magistracy Restored)』이라는 견실한 소책자를 저술했다. 사실 그 책자는 공산국가를 위한 헌법이었다. 예를 들어 성인 남성의 선거권 및 고위공직자의 선거에 관한 규정을 담고 있었다. 윈스탠리는 덕망 있고 정의로운 사회를 구현하기 위한 교육의 잠재력에 깊은 관심을 갖고 있었으며, 이 책자에서 1개의 장을 교육에 할애했다. 그는 사람에게 네 개의 시기가 있다고 주장한다. 아동기에는 "부모가 자녀를 모든 사람에 대해 정중하고 겸손하게 행동하도록 가르칠 것이다." 그런 연후에 부모는 좀 더 공식적인 교육을 위해 자녀를 학교에 보낸다. 청년기는 40세까지 이어지며 40세가 되면 생산적인 활동에 종사하는 일이 끝난다. 그리고 40~80세의 기간이 성인기 및 노년기가 된다. 이 세 번째와 네 번째 단계에 있는 성인 중에서 "모든 공직자 그리고 국법준수 여부를 감시하는 인물들이 선출될 것이다"(Winstanley, 1944: 174). 윈스탠리의 계획은 학교가 젊은이들이 은퇴 이후뿐만 아니라 그 전에도 적극적이고 유능한 시민생활을 영위하도록 교육해야 한다는 것이었다. 덧붙이자면 ― 그리고 이 점이 윈스탠리를 당시의 여타 사상가들과 구별 짓게 만드는데 ― 모든 학생은 평등하게 대우받아야 한다고 주장했다(여학생들의 경우에는 '가사'라는 별도의 교육과정이 있긴 했지만). 그리하여 모든 학생이 능동적인 시민이 될 수 있도록 준비시키고자 했다. 그는 학교공부의 목적을 세 가지로 규정한다.

> 첫째, 세상사에 관한 지식에 숙달함으로써 그리고 기존의 전통적 지식에 의거하여 합리적인 존재로 스스로를 좀 더 잘 규율할 수 있게 된다.
> 둘째, 정부의 본질을 숙지함으로써 정부를 지원함에서 훌륭한 국민이 될 수 있다.
> 셋째, 영국이 다른 나라에 대사를 파견할 기회가 있다면, 그들 나라의 언어에 숙달할 수 있다. 혹은 다른 나라에서 대사가 올 경우 그들의 이야기를 이해할 수 있는 능력을 지닐 수 있다(Winstanley, 1944: 173~174).

그 결과 각 개인은 개인적·정치적·국제적 의미에서 시민으로 성장하게 될 것이다.

하지만 윈스탠리의 가상헌법도 그의 광부공동체도 결실을 맺지 못했다. 1660년 크롬웰(Oiver Cromwell)의 통치가 막을 내리고 스튜어트 왕조와 영국 국교회가 복고되었으며, 이는 제임스 2세의 절대주의 야심에도 불구하고 입헌군주제로 나아가는 길을 열었다. 다른 한편, 교육사조에 주목할 만한 영향을 끼친 것은 없지만 고전적 의미의 시민적 덕성, 나아가 시민권의 개념이 17세기 후반부터 영국에서 융성했다(Burtt, 1992 참조). 그렇지만 유럽대륙에서는 시민권이라는 용어가 영국에서 유사하게 되살아난 데서 더 나아가 교육사상에도 스며들기 시작했다. 이 고전적 개념의 부활은 처음에는 군주정에 문제를 제기하지 않았다. 사실 시민권의 시민공화주의적 형태는 권리보다 의무를 강조했기 때문에 현상유지를 지지하는 것으로 해석될 수 있었다. 예를 들어 1673년에 푸펜도르프는 『인간과 시민의 의무에 대한 두 가지 고찰(Two Books on the Duties of Man and Citizen)』을 저술했는데, 그 책에서 이렇게 천명하고 있다.

> 시민들의 마음속에 지식을 불어넣기 위해 임명된 교사들은 거짓되거나 유해한 내용을 가르쳐서는 안 된다. 진실은 듣는 이가 습관 때문이 아니라 근거 있는 이유에 입각해서 동의하는 방식으로 전수되어야 한다. 시민사회를 어지럽히는, 그리고 인간의 지식을 불필요하게 만드는 경향이 있는 것은, 인간과 시민의 삶에 아무런 이득도 주지 못한다면 교사들은 가르쳐서는 안 된다(Clarke, 1994: 92).

절대왕정의 맥락 바깥에서 이를 뛰어넘어 글을 쓴 윈스탠리는 '시민'이라는 용어를 사용하지 않고서 모든 사람 그리고 국가의 이익을 위한 공교육 시행을 주장했다. 이에 비해 푸펜도르프는 그런 내용을 명시적으로 주장하지는 않았지만 시민권이라는 용어를 사용했다. 그들은 각각의 방식으로 아직 때를 만나지 못한 과도기적 인물로 해석될 수 있다. 왜냐하면 그들의 사상은 1760년으로부터 40년이 지나 프랑스에서 부활될 때까지 휴면상태에 있었기 때문이다.

3. 계획의 과잉: 프랑스의 경우

구체제하의 프랑스에서는 학교교육이 교단에 맡겨져 있었는데, 그중에서도 예수회의 활동이 두드러졌다. 당시에 정치적인 야심을 갖고 있던 기관으로 고등법원들을 들 수 있는데, 그중에서도 파리 고등법원이 두드러졌다. 고등법원들은 프랑스 인민의 대표자이자 인민이익의 옹호자를 자처하면서, 예수회가 프랑스의 정치체제를 약화시키는 외래의 방해꾼이라며 적대적인 입장을 취했다. 1762년에 예수회는 파리 고등법원에 치명적인 공격을 가하는 모두진술을 개진하는 정치적 우를 범했다. 고등법원은 예수회의 교의가 "기독교 도덕을 손상시키고 시민사회에 해를 끼치며 선동적이고 인민의 권리와 국왕의 권위에 도전하며……그 외에도 많은 악영향을 끼친다"(Cobban, 1957: 86~87 재인용)라고 판결했다. 국왕은 프랑스에서 예수회를 폐지한다는 칙령을 공포하는 것 이외에는 별다른 방도가 없었다. 이 사태가 가져온 중대한 결과 중 하나는 예수회 신부들이 이제 가르치는 일을 할 수 없게 되었으며, 그들이 하던 일을 다른 교단 특히 오라토리오 수도회 소속 수도사들 그리고 일부 평신도 교사들이 맡게 되었다는 점이었다. 교육내용이 특별히 바뀐 것은 아니었다. 하지만 이 극적인 사건은 교육의 실제에 거의 영향을 주진 않았지만, 분명 전에 없이 이 주제에 대해 저술활동을 하도록 자극했다. 1762~1765년 기간 동안에만 32종의 출판물이 등장한 것으로 알려져 있다(Palmer, 1985: 48 참조).

파머(R. R. Palmer)가 잘 설명한 것처럼, 이러한 출판의 열풍에 참여한 이들은 고등법원 판사들, 철학자들 그리고 교수들이었다(Palmer, 1985: 55). 교회조직이 아닌 전국적 조직을 갖춘 국가 차원의 교육체계의 필요성이 그들에게 공통된 주제이긴 했지만, 상이한 배경과 관점에서 저술하다 보니 그들은 자연스레 사뭇 상이한 처방을 내놓았다. 그럼에도 불구하고 개혁의 일환으로 공공연한 시민교육이 시행되어야 하는가 하는 것은 결코 보편적인 동의를 얻지 못했다. 또한 철학자들 중 상당수 그리고 농촌의 부모들은 국가의 노동력 그리고 가족의 새로운 생계부양 세대가 경제활동에 사용할 주요 능력을 능동적 시민이 되기 위한 일에 전용하기를 원하지 않았다(Linton, 2001: 122 참조). 더욱이 철학자들이 권고하는 세속교육의 이념이 일각에서 거부되기도 했다. 이는 대혁명 발발 후 (영국의) 버크(E. Burke)가 해협 너머 1789년 사건에 매우 적대적이었던 요인의 하나이기도 했다. 그는 정치적 안정을 가져오는 종교의 힘이 대체될 수 있다고 생각한 '철학적 광신도'들을 맹렬히 비난했다.

> (그들은) 자신들이 인간의 신체적 욕구에 대한 지식에 기초하여 상상하는 모종의 교육이 종교를 대체할 수 있다고 생각한다. 그들은 (자기 이익에 대한 지식이) 점차 개명된 자기 이익으로 나아가고 이것이 제대로 이해되면 좀 더 확대된, 그리고 공공의 이익과 일치할 것이라고 말한다. 이러한 교육구상은 오랫동안 알려져 왔다. 최근에 그들은 이를 …… 시민교육(Civic Education)이라는 이름으로 구별하고 있다(Burke, 1910: 145, 354 주).

버크는 엘베시우스(Claude Adrien Helvétius)가 『정신론(De l'Esprit)』에서 말한 내용을 염두에 두고 있었을 수도 있다. 또 다른 저작 『인간론(De l'Homme)』에서, 엘베시우스는 "교육은 무엇이든 할 수 있다(l'éducation peut tout)"라는 유명한 말을 했다. 학교교육의 잠재력에 대한 이러한 낙관주의는 개혁의 해설가들을 자신들의 과업에 몰두할 수 있도록 고무했다.

개혁계획이 시민교육을 어느 정도까지 옹호했는가를 간략하게 살펴보게 될 것이다. 하지만 예수회 축출 이전에 그런 교육 — 사실 혁명 발발 때까지 거의 변하지 않은 채 지속되었다 — 이 어떤 형태를 띠었는지를 먼저 알 필요가 있다. 시민교육은 콜레주(collège)에 다니는 특권층 자제들에 국한되었는데, 학문적 수준과 대상연령별로 다양하게 존재했던 콜레주에서는 주로 역사를 가르쳤다. 주로 라틴어로 쓰이긴 했지만 근대사도 일부 가르쳤다. 18세기에 정치적 의식을 지녔던 성인들 사이에 지배적인 주제는 스파르타와 로마 공화정이 그 본보기로 이해되는 공화주의적 시민덕목의 개념이었다. 예를 들어 스파르타 역사는 플루타르코스, 로마 역사는 리비우스와 타키투스, 그리고 수사학의 대가 키케로의 저작을 통해 고대사를 공부함으로써, 이들 성인은 학생시절에 시민권의 원리원칙들을 체득했을 것으로 생각될 수 있다. 그리고 그런 원리들은 당시의 프랑스에 대한 비판적 이해로 나아갈 수 있었을 것이다. 하지만 실제로 그러했을까? 파머는 "역사의 가치는 도덕적·정치적 원리들의 구체적인 예를 제공하는 데 있었다. …… 그것은 일종의 초기 정치학을 제공했다"라고 말한다(Palmer, 1985: 18). 다른 한편, 린턴(Marisa Linton)의 입장은 다소 불확실하다. 그는 공화주의 시민권의 이상을 실천하기가 얼마나 어려운 일인지, 로마의 저술가들 그 자신들에게서 발견할 수 있다고 지적한다(Linton, 2001: 39). 그는 또한 다음과 같은 지적을 하고 있다.

> 혁명세대 성원들이 공식적인 교육기간 동안 공화주의 덕목을 교육받도록 되어 있었던 정도를 …… 과장해서는 안 된다. (시민적) 덕목을 경시하고 사회개선의 이념을 무시하며 개인적 구원의 문제에 몰두하는 종교적 저술이 여전히 우위를 점하고 있었다(Linton, 2001: 183).

그렇다 해도 청렴과 공공봉사라는 고전적 이상은 콜레주 학생들이 배워야 할 내용으로 받아들여졌다. 적어도 시민교육의 이들 요소는 고전적 교육과정을 통해 전수되었다.

이제 예수회가 밀려나면서부터 쏟아져 나온 출판물로 돌아가자. 이들은 다음과 같은 말로 요약되어왔다. "모두가 좀 더 유용한 사회 구성원을 길러내기를 원했다." 그들이 보기에, 이 일은 '민족과 조국을 위한 좋은 시민'이 되는 것을 포함하고 있었다(Palmer, 1985: 56). 시민교육을 살펴보는 데에는 네 명의 인물 — 라샬로테, 나바르, 루소 그리고 튀르고 — 이 특히 관심을 가질 대상이다.

1763년에 출간된 『국가교육론(Essai d'éducation nationale)』에서 시작하는 것이 세 가지 이유에서 우리의 목적에 아주 적합하다. 저자인 라샬로테(Louis-René Caradeuc de La Chalotais)는 브르타뉴 고등법원의 선도적 인물로 예수회에 부정적인 성향을 보여왔던 차에, 예수회 축출로 야기된 교육문제를 담당할 권한을 고등법원으로부터 부여받았다. 논고의 제목을 통해 그는 '국가' 교육의 개념을 대중화했는데, 이는 1760년대 개혁계획의 중심주제가 되었다. 그리고 아마도 그의 정치적 유명세 때문이었겠지만, 그의 책은 매우 유명해졌다. 그는 나아가, 프랑스 젊은이들을 교육할 수 있도록 허용되어온 외래기관에 충성을 바치는 교사들이 수치스러우며 쓸모없는 교육과정도 불합리하다고 비난했다. 그의 설명에 따르면, "교육은 모름지기 국가에 이바지할 시민을 양성해야 하기 때문에 국가의 헌법·법률과 관련되어야 한다는 것은 자명한 일"(de la Fontainerie, 1932: 49)이며, 예수회는 바로 이 일에서 실패한 것이다. 이 종교인들은 세계 자체에 대한 지식이 없었기 때문에 "도덕적·정치적 덕성을 가르치는 교육이 전적으로 결여되었으며 이 점이 이런 교육의 최대 결함이 되는 것"(de la Fontainerie, 1932: 55)은 불가피한 일이었다. 라샬로테는 다음과 같은 치유책을 제시한다.

> 젊은이들은 자연법과 윤리 그리고 정치의 원리들에 정통해야 한다. ……
> 역사는 윤리의 학교가 될 것이다. 경험과 독서는 원리에 친숙하게 만들 것이며, 또한 결론 도출에 도움이 될 것이다. 이러한 공부는 인간에 대해 알도록 우리를 가르칠 것이다. 즉 윤리와 정치의 토대인 지식을 우리에게 제공할 것이다 (de la Fontainerie, 1932: 146).

'독서'와 '지식'에 유념해서 볼 필요가 있다. 라샬로테는 시민으로서 갖추어야 할 이해력에 초점을 맞춘 국가교육의 목표를 달성하기 위해 독서가 중요하다는 믿음을 가졌다. 그의 제안 중 결정적인 내용은 '수업의 여타 모든 방법을 대체할' 것으로 새로운 교과서를 만들자는 것이었다. 더욱이 "이들 교과서가 잘 만들어진다면 숙련된 교사는 필요 없을 것이며", 교사는 "단지 신앙심 있고 품행이 올바르며 좋은 독서방법을 알기만 하면 된다!"(de la Fontainerie, 1932: 168).

우리가 선정한 두 번째 저자는 유명세가 훨씬 덜했던 인물이다. 나바르 신부(Père Jean Navarre)는 수도회 소속이었는데, 프랑스 최상의 교육체제에 대한 논고로 1763년에 상을 받기도 했다. 다음에 발췌한 내용은 우리의 주제에 더할 나위 없이 잘 들어맞는다.

> 우리 아이들이 교사들에게서 사회적 존재가 되는 것뿐만 아니라 시민이 되는 것도 배워서는 왜 안 되는가? 읽기·쓰기 교육이 정치적 덕성의 경이로움을 키우는 데 기여해서는 왜 안 되는가? 빈약하고도 결실 없는 그 많은 공부는 조

국에 대한 의무를 공부하는 숭고한 일을 왜 등한시하는가? 라케다이모니아와 아테네 그리고 중국에서처럼, 프랑스에서 학교가 애국심을 고취하는 곳이 되어서는 왜 안 되는가? '국왕을 위하여' 그리고 '조국을 위하여'는 헌법에 규정되어 있는 것과 마찬가지로 교육이 프랑스 젊은이들의 마음속에 불어넣고 하나로 결합시켜야 하는 감정이다(Palmer, 1985: 56 재인용).

눈에 띄지 않는 성직자에서 18세기를 통틀어 정치와 교육 분야에서 가장 유명한 저자로 넘어가도록 하자. 루소(Jean-Jacques Rousseau)는 시민권과 교육 분야에서 매우 저명하고도 영향력 있는 이론가였지만, 역설적으로 시민교육에 대해 구체적으로 논의한 것은 거의 없다. 그럼에도 불구하고 이 점에 대한 설명은 분명하다. 추론은 이렇게 진행된다. 사람은 두 가지 상충하는 정체성 — 인간과 시민 — 을 지닌다. 그리하여 교육체계와 관련해서도 두 가지 상충하는 유형 — '하나는 다수에 대한 공공의 보통교육, 다른 하나는 가정에서 이루어지는 사교육'(Rousseau, 1911: 8) — 이 있다. 분명 전자는 시민교육을 위한 것인데, 루소의 저작 전반을 고려할 때 그는 이에 대해 기본적으로 세 가지 생각을 가지고 있었다. 첫째는 당시의 교육제도 — '가소로운 콜레주'(Rousseau, 1911: 8) — 는 이 기능을 수행할 수 없다는 것이었다. 둘째는 국민의 단결정신을 증진시키기 위해 명시적인 교육이 필요하다는 생각이었다. 셋째, 루소는 이 문제(시민교육)에 대해, 그가 특히 『사회계약론(Du Contrat Social)』에서 묘사한 것처럼, 이상적인 국가에서는 시민들이 시민으로서의 덕성과 기능을 수행하도록 하는 교육이 학교에 국한되기보다는 국가의 교육활동 전반을 통해 이루어질 것이라 생각했다. 결과적으로, 시민교육에 대해 한 권의 책도 심지어 책의 한 장도 쓰지 못했음에도 불구하고, 이 문제에 대해 생각할 내용을 상당 부분 제공한 것은 아주 분명하다. 따라서 이들 세 가지 사항과 관련하여 그가 말했어야 했던 바를 살펴보는 것이 도움이 될 것이다.

교육의 두 가지 유형에 직면하여 개인(혹은 실제로는 부모)은 이상에 가까운 두 가지 — 사회의 부정적인 영향으로부터 보호된 환경 속에서 개인적인 공부를 통해 자아실현을 이루는 것과, 리쿠르고스나 플라톤이 말한 것처럼 청년층에 대한 국가의 전면적인 통제를 받아들이는 것 — 중에서 하나를 선택해야 한다(Shklar, 1969: 5, 160 참조). 그는 심지어 『백과전서(Encyclopédie)』에 대한 정치경제학 논고에서, 국가가 청소년들의 교육을 통제할 수 있도록 가족에게서 격리시켰던 스파르타, 크레타 그리고 페르시아의 체제가 권장되어야 한다고 주장했다. 왜냐하면 이러한 장치를 통해 청년들이 정치적 자유와 안정을 확보하기 위한 루소의 주요 개념인 '일반의지'를 제대로 이해하고 감상할 수 있도록 성장할 것이기 때문이다. 그는 "교육에 의해서 젊은 시민들은 일찍감치 그들의 모든 열정이 조국에 대한 사랑으로 수렴되고 그들의 모든 의지가 일반의지로 수렴되도록 훈련될 것"(Cobban, 1964: 112 재인용)이라고 단언했다. 자유로운 기관들이 제대로 기능을 행하는 것과 국민의 의식을 결집하는 것 둘 다 국가가 제공하고 규율하는 교육체제에 의존한다.

1771년 폴란드인들이 자신들의 여건을 개선하기 위한 방편을 놓고 중대 국면을 맞아 루소에게 조언을 구했을 때, 루소는 한 나라의 국민임을 자각하도록 함에서 특히 교육이 지니는 역할을 분명하게 인식하고 있었다. 그는 "국가의 틀을 갖추는 데에는 젊은 층의 마음을 다잡아야 하는 것이 교육"(Palmer, 1985: 52 재인용)이라고 확고하게 주장했다. 하지만 이는 정치적으로 고초를 겪고 있으며 문화적·사회적으로 이질적인 나라를 위한 응급

요법이었다. 이상적으로 — 그리고 루소가 『사회계약론』을 비롯한 주요 저작에서 밝히고자 주로 관심을 가졌던 것은 이상이었다 — 그는 (자신이 말하는) 국가는 18세기의 폴란드가 갖지 못했던 필수적인 동질성을 이미 지니고 있을 것이라고 가정했다. 이러한 가정은 최선의 국가는 도시국가라는 루소 자신의 신념에 부분적으로 기인한다. 그리하여 우리는 시민교육에 대한 그의 세 번째 견해 — 즉 국가의 전반인 교육활동을 통한 전수 — 에 도달하게 되었다. 그가 이러한 목적이 달성될 수 있게 한다고 믿었던 네 가지 주요 경로 — 정치참여, 공공오락, 시민종교, 검열(Oldfield, 1990: 69~74 참조) — 를 검토해보자. 이처럼 루소의 시민교육론은 매우 변화무쌍해서, 학교와 교직에 거의 믿음을 갖지 않았으면서도 시민권을 가르치고, 시민들이 그 역할을 선호하도록 유지시키기 위한 이런 다른 방편들을 묘사한 것은 분명 있을 수 있는 일이다.

참여는 교육이다. 집회에 참여함으로써 시민들은 절차에 관해 알게 된다는 점에서, 그리고 이기적 활동과 구별되는 공동체의식을 느끼게 된다는 점에서, 자신이 시민으로서 어떻게 행동해야 하는지를 배운다. 이는 발견적 학습으로서의 교육이다. 따라서 참여의 기회가 많으면 많을수록 학습은 더욱 철저해진다. 결과적으로 시민교육의 질은 국가 구성의 질에 달려 있다. "국가가 잘 구성되어 있을수록 시민들의 마음속에서 공적인 것이 사적인 것보다 더욱 우선한다. …… 잘 규율된 국가에서는 모든 사람이 서둘러 집회에 참석한다"(Rousseau, 1968: III, 15).

하지만 이는 소박한 학습방법이어서 비정치적인 사람의 관심을 자극하는 데는 거의 도움이 되지 않는다. 대부분의 사람은 웅장한 광경에 마음이 움직일 것이다. 그리하여 루소는 이렇게 조언한다.

윗부분에 꽃을 얹은 말뚝을 광장 한가운데에 세우라. 사람들이 그곳에 모여 축제를 열게 될 것이다. 아직 더 남았다. 지켜보는 사람들이 스스로 흥을 돋우는 존재가 되게 하라. 각자가 다른 사람들 속에 있는 자신을 보며 스스로를 사랑하게 되고 그리하여 모두 더욱더 결속하게 될 것이다(Oldfield, 1990: 72 재인용).

시민은 동료시민들과 결속되어야 한다. 공동체의 놀이보다 나은 방법이 무엇이 있겠는가? 물론 시민으로서 함께한다는 의미가 있어야겠지만. 나중에 혁명의 시기를 다룰 때 이 개념으로 돌아와 이것이 가장 생생하게 실현되는 것을 살펴볼 기회가 있을 것이다.

하지만 교육적으로 좀 더 강력한 잠재력을 지닌 힘이 있는데, 이는 시민들에게 의무감을 불어넣고 그 규칙에 따라 살고자 하는 결의를 강화시키는 것으로, 일시적이지 않고 지속적이다. 그 힘은 바로 종교이며, 이는 배타적인 교조적 종교가 아니라 시민종교이다. 루소는 『사회계약론』의 마지막 장을 바로 이러한 관점에 할애했다. 그는 이렇게 쓰고 있다.

…… 순수하게 시민적인 신념이 풍부하게 있으며 그 항목을 정하는 것은 주권자(즉 시민)가 할 일이다. 이 신념은 종교적 독단으로서가 아니라 사회성(sociability)의 감정으로, 이것이 없이는 좋은 시민도 충성스런 신민도 될 수 없다(Rousseau, 1968: IV, 8).

모든 시민은, 개인적 구원을 위해서가 아니라 현재와 미래 세계의 정치체의 구원을 위해, 시민종교의 신조를 배우고 또 준수해야 한다. 게다가 시민들의 견해와 판단이 오류를 범하는 것을 막을 검열재판소가 있어야 한다 (Rousseau, 1968: IV, 7). 이 규정은 시민권의 본질, 그리고 시민들이 시민의 지위에 걸맞게 어떻게 처신해야 하는지에 대한 루소의 생각의 정수를 보여준다. 그 핵심은 시민적 덕성, 즉 공동체에 대한 개인의 도덕적 헌신이다. 개인의 마음과 정신이 이러한 시민적 필요에 효과적으로 부응할 수 있는 것은 오직 국가가 전수하는 교훈과 교시에 시민들이 몰입함으로써만 가능하다.

루소의 『사회계약론』은 1762년에 발간되었다. 즉 라샬로테와 나바르의 저작이 발간되기 한 해 전이었다. 이제 1775년으로 가보자. 새로 즉위한 젊은 군주 루이 16세에게 튀르고(Anne-Robert-Jacques Turgot)가 자치체 구성에 관한 연구보고서를 제출한 것이 아마 그해였을 것이다. 그 보고서에는 「개인과 가족들이 훌륭한 사회 구성에 제대로 참여하도록 양성하는 방법에 관하여」라는 제목의 문건이 포함되어 있었다. 튀르고는 일생을 공직에 바친 인물로, 구체제 시대의 인사들 중 가장 유능하고 개혁적인 지성이었으며 인정 많은 사람이었다. 그의 유능한 비서로서 연구보고서 초안 작성에 참여했던 뒤퐁(Dupont de Nemours)은 나중에 혁명기 동안 개혁가로서 활약했다. 뒤퐁 또한 교육에 관심이 있었다. 예를 들어 그는 나중에 미국으로 이주하여 제퍼슨과 친분을 쌓았는데, 제퍼슨에게 신생국의 국민교육계획을 제안하기도 했다(Palmer, 1985: 54 n. 30 이하 참조).

「개인과 가족 양성 방법에 관하여」는 그 간략함으로 인해 종종 간과되곤 한다. 이는 안타까운 일이다. 왜냐하면 그 문건은 공식적인 시민교육이 지극히 중요하다는 신념이 최초이자 가장 분명히 표현된 것 중 하나이기 때문이다. 따라서 해당 항목들을 구체적으로 살펴보는 것이 좋을 것이다(de la Fontaineri, 1932: 179~183). 그 문건은 '인간의 사회적 의무 …… 에 대한 교육'

의 증진을 주된 기능으로 하는 국민교육평의회가 구성되어야 한다는 제안으로 시작한다. 이러한 기능은 일차적으로 "시민으로서의 의무, 그리고 가족과 국가 구성원으로서의 의무에 대한 교과가 다른 모든 교과의 기초가 되며 그들 교과가 국가에 대한 유용성 정도에 따라 편성되는" 교육과정 구상에 부응하는 교과서 발행에 의해 이행될 것이다. 그러한 국민교육체계는 사회계층과 지적 수준에 관계없이 모든 사람을 '정의로운 정신과 순수한 마음을 가진 열정적인 시민들'이 되게 만들 것이다. 달리 말해, 국민교육평의회는 '애국적 이상의 통일성'을 증진시킬 것이다. 이러한 강령의 목표는 프랑스의 젊은이들이 사회와 그 보호자인 군주의 권위에 대한 책무, 그러한 책무가 부과하는 의무와 그 의무를 이행하는 데 따르는 이해관심, 그러한 의무와 이해관심 모두 공공복리와 그들 자신을 위한 것이라는 점 등을 명확히 이해하도록 만드는 데 있었다.

이에 더하여 그 문건은 교육에 관한 엘베시우스의 경구처럼 인간은 스스로를 향상시킬 수 있다고 한 일부 철학자의 감동적인 낙관론을 드러낸다. 튀르고는 이렇게 역설한다.

> 황제폐하께서 이 계획을 승인하신다면, …… 소신은 이러한 교육을 통해 10년 내에 폐하의 국민은 더 이상 알아볼 수 없을 정도로 향상되어 올바른 품행과 분별 있는 열정으로 폐하와 국가에 봉사하는 세계 최고의 국민이 되리라 감히 보장하는 바입니다.
>
> 새로운 젊은 세대는 공직 수행을 위해 준비하고 조국에 헌신하며 권위에 복종할 것입니다. 그들은 두려움 때문이 아니라 이성에 의해 동료시민들에게 도움이 될 것이며 정의를 인식하고 존중하게 될 것입니다.

튀르고와 뒤퐁의 주장이 얼마나 관심을 끌었는지, 그리하여 그들의 지혜가 이러한 시민 쇄신을 효과적으로 이끌 구체적인 교육내용으로 어떤 것을 고안했는지는 결코 알 수 없을 것이다. 그들이 약속했던 전체적인 설명이 기술되지 않았기 때문이다. 1776년에 파리 의회와의 충돌로 튀르고는 왕의 총애를 잃고 해고되었다. 역설적으로 다수의 의회는 프랑스 혁명을 초래한 위기의 주된 요인이었다. 그리고 혁명을 전후하여 오히려 국민교육체계 수립계획이 쏟아져 나왔다. 1788~1790년에만도 32건이 발간되었는데, 이 숫자는 우연의 일치인지 1762~1765년에 발간된 것과 같다(Palmer, 1985: 48 참조).

워즈워스(William Wordsworth)는, 프랑스혁명이 예고하는 듯했던 행복과 정의의 새 시대에 열광했던 자신의 젊은 날을 되돌아보면서, 『서곡(The Prelude)』에 "새벽이 밝아오자 행복이 찾아왔네"라는 유명한 구절을 써 넣었다. 그 구절은 혁명 이후 구성된 의회의 대표자들이 전면적인 개혁을 이루고 개명된 정치체와 사회를 건설할 역량이 있다는 그의 확신이 반영된 것이기도 하다. 이러한 과업에는 제도의 변혁이 수반되었다. 하지만 프랑스 국민의 마음과 정신이 구체제 시절의 태도와 행동에 머물러 있다면 이러한 개혁노력은 쓸모없는 일이 될 것이었다. 따라서 프랑스 국민은 새로운 그리고 적극적인 의미에서의 시민이 되도록 교육받아야 했다. 근대 역사상 그 어느 때에도 시민이라는 제목이 그처럼 많은 잠재적 의미를 자아내지는 못했다. 그리하여 자라나는 세대가 그런 의미를 이해하도록 양성할 책임을 학교가 걸머지게 될 터였다. 하지만 혁명가들은 ― 그들의 버릇대로 ― 서둘렀다. 즉 당시의 성인들도, 루소가 시민적 가치의 '장대함'을 설파하면서 구상했던 것보다 훨씬 더 다양한 방식으로, 시민으로서의 역할을 다시 교육받아야 했다.

사실 1791년 헌법은 제1조에서 국가가 학교교육과 시민적 업무를 제공할 것을 보장했다.

> 시민 모두에게 공통된 **공교육**이 창설·편성되도록 한다. …… 프랑스의 국체를 보존하고 시민들 간에 우애를 유지하며 그들을 헌법과 조국 그리고 법 아래에 결속시킬 국가적 축제가 거행되도록 한다.

나폴레옹 또한 교육이, 효과적으로 이루어지면 매우 중요한 정치적 기능을 지닌다고 생각했다.

> 확고한 원칙에 입각한 교육기구가 없이는 굳건한 국가가 있을 수 없을 것이다. 공화주의자가 될 것인지 군주정주의자가 될 것인지, 가톨릭교도가 될 것인지 무종교주의자가 될 것인지 등등을 어린 시절부터 배우지 않는다면, 국가는 제대로 건립되지 못할 것이다(Palmer, 1985: 308 재인용).

하지만 교육영역에서조차 나폴레옹은, 1789년의 이상과는 동떨어진 근본적으로 독재정치적인 일정을 드러냈다. 위의 성명이 공포된 다음해인 1806년에 나폴레옹은 "교원기구 설립에서 나의 일차적인 목적은 정치적·도덕적 의견을 전수할 수단을 가지는 데 있다"(Chevallier & Grosperrin, 1971: 62)라고 그 의도를 분명히 했다.

혁명기와 나폴레옹 시대의 구체적인 내용으로 나아가기 전에, 나폴레옹이 '국민(nation)'이라는 단어를 사용하는 방식을 잠시 살펴보아야겠다. 사실

'국민'이 근대적 의미 특히 공통의 언어를 사용함으로써 일체감을 갖게 되고 통일된 행동을 할 수 있는 잠재력을 갖게 되는 일단의 인민이라는 의미를 지니게 된 것이 바로 이 시기였다. 혁명기 당시 그리고 사실 그 이후에도 프랑스 사람들 중 상당수가 프랑스어를 사용하지 않았다는 사실은 프랑스가 문화적·정치적으로 결속된 국가가 되기를 열망한 정치인들에게 걱정스런 일이었다. 가령 영어나 독일어 혹은 이탈리아어를 사용하는 프랑스 아동이 있다면, 그 아동들이 적어도 프랑스어를 어느 정도는 구사할 수 있도록 만드는 책임이 학교에 부과되었을 것이다. 공안위원회는 이 문제로 고심을 하다가 그 위원 중 한 사람인 바레르(Bertrand Barère)가 1794년에 보고서를 제출했다. 이 문건에서 그는 다음과 같이 설명했다.

> 교육의 제일법칙은 개인을 시민으로 양성하는 것이어야 한다. 시민이 되기 위해서는 법률을 준수해야 하며, 그러기 위해서는 법률을 알아야 한다. 따라서 입법자의 의도를 이해할 수 있도록 하는 기초교육을 담당할 사람들이 있어야 한다(그는 프랑스어가 사용되지 않는 8개 현을 열거한다). 입법자는 법을 이행하고 준수해야 하는 사람들이 이해하지 못하는 언어를 사용하고 있다(Baczko, 1982: 433).

그리하여 혁명기와 나폴레옹 시대에 대한 이런 예비적 논평으로부터 다음과 같은 질문이 제기된다: 이 기간 동안 어떤 계획이 수립되었고 어떤 것이 실제로 이행되었는가? 1762년 이후에 입안되었던 계획들을 간략히 살펴보았던 것처럼, 여기서도 시대적 중요성 그리고 시민교육이라는 우리 주제를 기준으로 선정된 몇 가지 사례만 살펴보도록 하겠다. 미라보[Comte de

Mirabeau(Honoré-Gabriel Riqueti)], 탈레랑(Charles-Maurice de Talleyrand), 콩도르세(Marquis de Condorcet), 르플르티에(Michel Lepeletier), 부키에(Gabriel Bouquier)가 입안한 계획들이 이에 해당한다.

혁명기 정치인 중 아마 미라보 백작이 가장 유능하고도 분별 있는 인물일 것이다. 그는 협력자들과 함께 공교육에 관한 네 편의 연설문을 썼는데, 그가 1791년에 사망하는 바람에 제헌의회에서 연설을 행하지는 못했다. 그럼에도 불구하고 이들 연설문은 새로운 혁명의 맥락에서 교육문제를 아주 잘 부각시킨 초기 시도 중 하나를 보여준다는 점에서 중요한 의의가 있다. 미라보는 새로운 시대가 폭정에서 자유로의 이행을 반영하도록 교육체계의 전면적인 쇄신을 요청했다. 훌륭한 새 프랑스 헌법이 견지되기 위해서는 "훌륭한 공교육체계 말고는 다른 수단이 없다. 이것이 뒷받침되면 국가체계는 영원할 것이고, 이것이 없으면 무정부상태와 폭정이 헌정구조를 파괴할 것이다"(Baczko, 1982: 72).

> 왜냐하면 자유를 배우는 것은 언뜻 보기에 생각할 수 있는 것처럼 간단하지가 않기 때문입니다. 자유를 배우는 것은 위대한 인문학 저작들과 다양한 윤리사상과 밀접하게 관련됩니다. 여러분, 이제 인민 복리의 토대를 마련할 이러한 전면적인 재건은 오직 훌륭한 공교육에 의거할 때에만 기대할 수 있습니다. 그리고 이러한 토대는 인민의 덕성에 기초하며 그러한 덕성은 인민의 각성에 기초합니다(Baczko, 1982: 73).

이처럼 미라보는 자유주의 정치체제와 국민교육체계 간에 불가분의 관련이 있음을 논증하고 있다.

미라보가 사망한 지 5개월 후, 융통성 있는 성직자이자 — 배교자라는 말이 아님 — 정치인인 탈레랑은 의회에 장문의 보고서를 제출했는데, 그 보고서는 '교육사에서 위대한 문건'(Palmer, 1985: 98)으로 인정되어오고 있다. 미라보와 마찬가지로, 탈레랑도 교육개혁을 정치혁명과 명시적으로 관련지었다.

> 헌법이 우리의 법체계 안에서만 존재한다면, 법체계로부터 모든 시민의 마음 속으로 뿌리를 뻗어나가지 못한다면, 그리고 새로운 감정과 관습, 습관을 새겨 넣지 못한다면, 진정으로 존재하겠는가? 이러한 변혁이 지속되는 것은 매일같이 그리고 끊임없이 성장하는 교육활동에 의해서가 아니겠는가?(Baczko, 1982: 111)

이에 더해, 그는 시민교육을 네 가지 항목으로 구체화한다. 첫째는 헌법에 대한 지식이고, 둘째는 군사훈련을 통해 헌법을 지키는 방법을 배우는 것이다. 셋째는 어렵긴 하지만, 헌법을 개선하는 방법을 배우는 것이며, 넷째는 헌법이 근거하고 있는 도덕원칙들을 내면화하는 방법을 배우는 것이다(Baczko, 1982: 116~117 참조). 이 보고서는 별다른 주목을 받지 못하고 퇴출되었다. 그렇긴 하지만 보고서가 제안했던 원칙과 구조는 혁명 이후 국가체계의 기초가 되었다.

군주정이 폐지되고 1792년에 의회 구성을 위한 선거가 행해지면서 교육개혁 입안에 새로운 추진력이 주어졌다. 그해 초에 이미, 저명한 수학자이자 철학자인 콩도르세를 위원장으로 하는 위원회의 보고서가 입법의회에 제출되었다. 이 보고서는 교육에 대한 의회의 초기 구상의 기초가 되었다.

그러면 콩도르세는 시민교육에 관해 어떤 말을 했나? 교육체계의 네 가지 원칙이 시민교육이라는 특수한 목적의 근간을 이룬다. 그 원칙들은 이렇다. "모든 시민 사이에 실질적 평등을 이룩하고, 그리하여 법 앞에서의 진정한 정치적 평등을 실현"(de la Fontainerie, 1932: 323)해야 한다. 그러한 체계를 제공하는 것은 정부의 의무이며, "모든 교육은 …… 가능한 한 정치적 통제로부터 자유로워야 한다"(de la Fontainerie, 1932: 325).

> 정치과목이 보통교육의 내용으로 제공되지 않는다면, …… 그리고 좀 더 완전한 헌법을 마련하고 좀 더 나은 법률을 제정하며 좀 더 완전한 자유를 획득할 수단들을 보통교육을 통해 준비하지 못한다면, 인민은 분명 안정적이고 확실한 자유를 결코 누리지 못할 것이다(de la Fontainerie, 1932: 343).

젊은 시민들이 헌법을 개선하는 방법을 배워야 한다는 생각에서 탈레랑의 흔적을 볼 수 있다.

시민교육에 대한 콩도르세의 특별한 권고는 두 가지 요건으로 나뉜다. 첫째, 지금까지와 마찬가지로 헌법과 인권선언이 한 벌의 교재를 구성해야 하기 하지만, 이들 문건에 지고의 가치를 부여하는 것이 교화의 결과로 이루어져서는 안 된다. 영원한 진리에 이르는 길인 이성을 동원한 결과로서 가르쳐야 한다(de la Fontainerie, 1932: 328~329 참조). 두 번째 요건은 학교 졸업으로 끝나지 않는 평생 시민교육이다. 콩도르세는 매우 엄밀한 입장을 보인다.

> 매주 일요일, 마을학교의 교장이 모든 연령대의 시민들을 대상으로 강연을 행하게 될 것이다. …… 이들 강연에서는, 모든 시민이 알아야 하는 국법의 원칙

과 규칙들뿐만 아니라, 윤리원칙과 규칙들까지도 좀 더 상세히 설명될 것이다. 그렇지 않으면 시민은 자신의 권리를 알지 못할 것이며 그리하여 권리를 행사할 수 없게 될 것이다(de la Fontainerie, 1932: 328, 또한 325, 329 참조).

특히 이 인용부분의 마지막 구절 — 시민의 의무를 연습하기 위한 것이 아니라 권리를 주장하기 위한 교육 — 에 유의해야 한다. 우리는 3장에서 살펴보게 될 새로운 시대에 임시로 와서 살펴보고 있다. 콩도르세의 보고서에 관해 마지막으로 한 마디만 하자면, 공휴일은 시민 전체에게 국가의 전통에 대해 말해주는, 특히 영웅적 행위를 새롭게 되새기며 시민들이 자신의 의무를 인식하도록 요청할 역사적 토대를 굳건히 하는 데 사용되어야 한다는 말은 염두에 둘 만하다.

콩도르세의 계획을 놓고 의회에서 논쟁이 벌어지는 동안 의원 중 한 사람인 르플르티에가 대안적인 계획을 내놓았지만, 그는 그 계획안이 발간되기 전에 저격당했다. 그러는 동안에 로베스피에르(Maximilien François Marie Isidore de Robespierre)가 교육에 관심을 갖게 되었고 그가 르플르티에의 계획을 의회에 제출했다. 그 핵심에는 공교육의 개념이 놓여 있다. 이 용어는 명확히 정의되기보다는 다양하게 사용되는 편인데, 르플르티에는 이 용어를 다소 스파르타식으로 사용하고 있다. 그의 말을 들어보자.

이 법률은 진정 국가적이고 공화주의적이며 모든 이에게 동등하고도 효과적으로 제공되는 교육방식을 수립하는 것을 내용으로 합니다. ……
저는 여러분께서 5~12세의 소년과 5~11세의 소녀들 모두가 구분과 예외 없이 국가가 부담하는 공교육을 받고 자라도록 법률을 제정해주시기를 요청하는 바입니다(Baczko, 1982: 351, 또한 352 참조).

사실 혁명기의 의회에 제출된 계획이나 보고서 중 어느 것도 법률이 되지 못했다. 1793년 말에 이르러서야 화가이자 극작가이자 정치인인 부키에가 제출한 보고서에서 이런 구분이 이루어졌다. 그 계획은 두 부분, 즉 기초교육이라 할 수 있는 것과 사회화라고 할 수 있는 것으로 나뉘었다. 법령에 의하면, 기초수준에서는 의회의 "교육위원회가 시민을 양성하는 데 절대적으로 필요한 지식을 담은 기본 교과서를 제공하며 …… 이들 교과서의 첫 번째 내용은 인간의 권리, 헌법, 그리고 영웅적인 혹은 덕망 있는 행위들로 채워져야 했다". 나아가, 시대 분위기에 맞게 교사들이 엄선되도록 하고 '법률과 공화주의 도덕에 반하는 교훈이나 원칙'을 가르칠 경우 기소되도록 했다(Chevallier & Grosperrin, 1971: 26). 기초수준을 마치고 나면 청소년들은 '민주 정부의 구성과 관련되는 개념들을 습득'할 필요가 있다(Baczko, 1982: 421). 따라서 이 마지막(즉 두 번째) 단계는 학교에서 행해지는 것이 아니었다. 오히려 그와 정반대이다.

> 덕성과 생활방식, 그리고 공화주의 법률의 진정한 학교는 사람들이 살고 있는 사회, 지구(지역의 혁명자치체)의회, 10일 축제, 국가와 지역의 축제, 연회와 극장 속에 있다. 말하자면 그 속에서 청년들은 자신들의 권리와 의무를 힘들이지 않고 알게 될 것이며, 그곳에서 자신들의 영혼이 공화주의 덕목의 최고 수준에 이르도록 할 적절한 감정을 이끌어내게 될 것이다(Baczko, 1982: 424).

여기서 그는 생생하고 극적으로 교육 당국의 주의를 환기시키고 있다. 사실 극장을 '시민으로서의 행동과 공화주의 도덕을 가르치는 학교', 즉 공화주의적 시민 자질과 생활방식을 가르치는 학교'(Kennedy, 1989: 182 재인용)로 만들고자 하는 시도가 있었다. 하지만 극장에서 공연되는 작품들이 적절한 의미를 전달했을 수도 있겠지만, 공연은 극소수의 관객만을 대상으로 행해졌다. 훨씬 더 광범위한 접근은 다양한 축제와 의식 그리고 계획된 공공집회에 의해 이루어졌다.

혁명 초기에 자유의 나무를 심은 것이라든지, 나중에 상징적인 교회반대 행사를 거행한 것과 같은 몇몇 사례는 간소한 경우들이었다. 아주 잘 조직된 대규모의 축제들이 많았다. 그중에서도 1790년 7월 14일의 연합축제, 1793년 8월 10일의 축제, 1794년 6월 8일의 하느님의 축제가 가장 장대한 행사였는데, 이 세 축제는 모두 파리에서 거행되었다. 그중 첫 번째 축제에는 지방에서도 매우 많은 사람이 참가했다. 행사가 내건 기치는 분명했다. 1790년의 기념행사는 바스티유 함락 1주년에 열렸고, 두 번째 행사는 군주정 폐지 1주년에 열렸으며, 세 번째 것은 로베스피에르가 자신의 시민종교를 출범시킨 행사이다. 당연히 가장 공들인 행사는 수도에서 거행되었지만, 시민들은 전국적으로 거행된 매우 거창한 행진과 가장행렬에 참여하기도 하고 관람하기도 했다. 예를 들어 수도에서 열리는 행사에 참가하기 위해 지방에서부터 행진해오는 국가방위군 대열을 따라 늘어선 사람들과 별도로, 파리의 연합축제를 목격한 사람만도 25만여 명에 달했다.

그러면 프랑스에서 이처럼 무려 50년에 걸쳐 각종 교육적 수단을 통해 시민의식을 향상시키고자 했던 활동이 가져온 결과는 무엇인가? 거의 없다.

축제를 통해 성인 시민교육을 하고자 했던 시도는 1790~1794년을 고비로 서서히 내리막길을 걸었다. 예를 들어 1793년 8월 10일의 행사만 하더라도

120만 리브르(당시 프랑스 화폐단위)가 소요되었던 데 비해, 1794년 1년 동안 전국의 모든 축제에 지출된 비용은 40만 리브르에 불과했다(Cobban, 1957: 225; Palmer, 1985: 334 참조). 1799년에 이제 막 권력을 접수한 보나파르트(Napoléon Bonaparte)는 바스티유 함락 및 공화국 선포 기념행사를 제외한 일체의 국가축제를 폐지했다. 여하튼 이런 행사들이 민중을 혁명의 견인차로 전환시키는 데 얼마나 효과를 발휘할 수 있었는지 의문을 가질 수 있다. 사람들은 장대한 행사들이 교육적 가치가 아니라 오락으로서 장관이기 때문에 그런 행사에 몰려드는 것이다.

또한 젊은이들에게 시민으로서 따라야 할 원칙을 가르치기 위해 학교를 활용하는 것이, 같은 내용을 성인들에게 가르치기 위해 대중적 행사를 활용하는 것보다 더 성공적이지도 않았다. 학교와 교사에 관한 규정의 매우 기초적인 수준에서 혁명가들은 끝없이 실패했다. 새로 학교를 짓겠다는 계획은 실현되지 않았다. 그리고 교회에 대한 공격 — 충성서약의 강요(성직자의 절반이 이를 거부했음)에서부터 철저한 기독교 탈피에 이르기까지 — 은 학교에서 혼란을 빚었다. 초기의 지방정부 조직은 현(department, 광역단체)의 하부단위로 군(district, 기초단체)을 설치했다. 1794년 말에 군의 2/3가 학교 현황 조사에 착수했는데, 해당 지역 아동들에게 필요한 만큼의 학교가 있다고 보고한 곳은 1/10에 못 미쳤다. 파리의 경우 학생 400명당 교사가 1명에 불과했다(Kennedy, 1989: 160~161 참조). 그도 그럴 것이 이 시기는 공포정치가 극에 달했던 때였으며 혁명기간 10년 동안 교육은 밑바닥 수준에 놓여 있었다. 나중에 나폴레옹이 이런 상황을 고쳐나갔다. 그럼에도 불구하고 1790년대 중반의 문제들은 혁명가들이 기본적으로 지니는 야심 중 하나가 실패한 경우를 잘 보여준다.

젊은 세대에게 인권선언과 헌법의 내용을 가르치고 영웅적 행위를 이야기해주기 위해 필요한 학교와 교사가 확보된다 하더라도, 부모들 중 많은 이는 자기 자녀가 그런 교육을 받아야 한다는 사실이 달갑지 않았다. 간단한 예를 들어, 파리에서 남쪽으로 40마일 떨어진 작은 마을 앙제르빌 ― 반혁명 지역은 아님 ― 의 경우를 보자. 때는 1795년 여름이었다. 교사는 관사에 거주하고 있었다. 어느 날 마을 대표단이 찾아와서 그에게 관사에서 퇴거하고 학교를 교회에 넘기라고 요구했다. 그는 거부했다. 그는 자신의 거부가 초래한 결과를 이렇게 쓰고 있다.

> 오전 11시에 수업이 끝나갈 무렵, 운동장이 시끌시끌했다. 150명가량 되는 여자와 아이들이 한데 뭉쳐 소리를 지르는데 위협적인 분위기가 느껴졌다. …… 이게 마지막 수업시간이구나 하는 생각이 들었다. 나는 그 자리에서 세 시간 동안 꼼짝하지 못하고 있었다.

마을 대표단은 가엾은 교사를 쫓아내는 데 성공했으며 교구목사가 관사에 입주하도록 설득했다. 군중은 지역회의의 지시에 따라 움직였고 지역사립학교 학생들의 도움을 받았다(Chevallier & Grosperrin, 1971: 39). 성직자가 아닌 사람을 정치적으로 교사로 임명하며 종교에 입각한 도덕을 가르치는 것을 암암리에 시민으로서의 도덕으로 대체하는 것에 대해 지역주민들이 느끼는 분노는 분명 강력한 것이었다. 그리고 우리는 이 사건이 3~4년 후에 일어났다면 사립학교 학생들이 달리 행동했을까 하고 궁금해할 수도 있을 것이다. 왜냐하면 1798년에 사립학교에서 반혁명사상이 아니라 헌법과 인권선언을 가르치도록 하기 위한 현장점검체계가 도입되었기 때문이다. 하지만 결과를 보면 사립학교들에 대한 시도는 그다지 효과적으로 이루어지지 않았음을 알 수 있다.

그렇지만 독자들은 1790년대에 시행된 노력들이 아무런 결실도 얻지 못했다는 인상을 받아서는 안 된다. 긍정적인 결과가 세 가지 있었다. 가장 전반적인 사항은 시민으로서 활동할 권리, 그리고 그런 활동에 대한 기대를 내용으로 하는 시민권이라는 혁명적 원칙이 프랑스 정치문화에 주요 요소로 흡수되고 지속되었다는 점이다. 둘째는 구체제 시대에 나타나기 시작한 것으로 교육과 정치의 상호 관련에 대한 이해가, 혁명 이후에 성직자들이 학교를 다시 장악했음에도 불구하고, 좌파의 사고 속에 굳게 확립되었다는 점이다. 혁명이 가져온 이들 두 가지 성취는 사실 제3공화국 시절 페리(Jules Ferry)가 교육개혁을 진행할 때 의식적으로 그 기초로 삼았던 내용이다. 앞으로 3장에서 보게 되듯이, 제3공화국 시절에 시민교육은 마침내 프랑스의 학교에서 항구적인 현실이 되었다. 셋째는 특별히 시민교육을 위한 교과서들이 정부 후원하에 만들어졌고 그리하여 이런 상황을 주도했다. 첫 번째 교과서에는 『프랑스 공화파 위인 선집(Selection of Heroic and Civic Actions by French Republicans)』이라는 제목이 붙여졌다. 이 책은 교육에 열정적인 관심을 지녔던 정치활동가 부르동(Léonard Bourdon)이 집필했다. 이 책은 1794년의 6개월 동안 5쇄까지 출판되었다. 게다가 전통적인 기독교 교리문답서를 대체하는 공화주의 문답식 교과서가 발간되었다. 가장 널리 사용된 책은 극작가 라샤보시에르(La Chabeaussière)가 지은 것인데, 그는 내친 김에 『공화주의 도덕원리(Principles of Republican Morality)』도 저술했다. 그가 쓴 교과서에는 시민권과 관련된 37개의 문답이 4행시 구조로 이루어져 있다. 그는 첨부된 주석에서, "법을 정의하고 자유를 말함에서 해당 교과목이 요구하는 열정을 학생들에게 몸소 보이지 못하는 교사, 그리고 내가 이 책에 불어넣으려 했던 표현을 구사하지 못하는 교사는 내가 보기에는 교직에 있을 가치가 없다"(La Chabeaussière, 1794: 16)라고 훈계조로 단언하고 있다. 가장 생생한 4행시 중 하나는 "자유란 무엇인가? 그것은 '하느님이 지상에 주신 최고의 선물'이며 자유를 잃는 사람은 죽게 마련이지"(La Chabeaussière, 1794: 8)라는 문답이다. 이 책자는 계속해서 출간되었는데, 심지어 페리의 개혁이 진행되던 1879~1882년 사이에도 3쇄나 출간되었다. 이는 프랑스에서 시민교육의 필요성에 대한 인식이 1세기가 넘도록 계속되고 있었다는 것을 잘 보여주는 예라고 할 수 있다.

4. 급진사상의 확산

1960년대에는 18세기 후반의 역사에 관한 두 편의 저작이 출간되면서 학계에 적지 않은 흥분과 논쟁을 불러일으켰다. 하나는 파머의 『민주혁명의 시대 : 유럽과 아메리카의 정치사, 1760~1800(The Age of Democratic Revolution: A Political History of Europe and America, 1760~1800)』(1959, 1960)이었고, 다른 하나는 고드쇼(Jacque Godechot)의 『18세기 프랑스와 대서양혁명, 1770~1799(France and the Atlantic Revolution of the Eighteenth Century, 1770~1799)』이었다. 이 책들은 각각 미국과 프랑스의 학자가 저술한 것으로, 이들 모두 프랑스 혁명은 그 자체가 독자적인 사건이 아니라 민주주의라는 목표를 지닌, 그리고 지리적으로 중부유럽에서 아메리카에 이르는 혁명운동의 일부였다고 주장한다. 이러한 논지는 우리의 관심사에 부합한다. 시민권이라는 용어, 그리고 시민으로서의 지위를 누리고 그에 걸맞은 의식을 기르는 데 교육이 필수적이라는 생각이 혁명기 프랑스뿐만 아니라 몇몇 다른 나라에서도 분명히 존재했기 때문이다. 독일, 영국 그리고 특히 신생국 미국이 이러한 사고의 강력한 예를 제공한다.

1700년대 초반에서 1800년대 초반에 이르는 기간 동안 독일은 시민교육을 포함하여 교육사상에서 놀랄 만큼 융성을 이루었다(Kosok, 1933: 151~156 참조). 독일의 경우 세 단계를 발견할 수 있다. 프랑스 혁명 이전에, 교육의 유효성에 대한 계몽사상 그리고 공공사안에 더 많이 참여하고 영향력을 행사하고 싶어 했던 신흥중산계급의 열망이 이러한 활동을 자극했다. 이 시기의 교육사조는 레제비츠(F. G. Resewitz)와 바제도(J. B. Basedow)의 저작에 잘 나타나 있다. 레제비츠는 『시민교육(The Education of the Citizen)』이라는 제목의 책을 썼는데, 1773년에 출간된 이 책은 분명 우리의 주제에 매우 명시적으로 초점을 맞춘 최초의 저작 중 하나이다. 바제도는 교육개혁가로서 독일 전역에 걸쳐 매우 광범위한 영향을 끼쳤다. 두 번째 기간은 불가피하게 프랑스 혁명의 사상과 사건들의 영향을 받았다. 이 기간에 등장한 위대한 교육 관련 저작으로 슈테파니(H. Stephani)의 『교육과학 개요(Outline of the Science of Education)』(1797), 보스(C. D. Voss)의 『국가교육론(Essay on Education for the State)』(1799), 라데(K. A. von Rade)의 『시민양성을 위한 교육(Education for Civic Training)』(1803)을 들 수 있을 것이다. 3년 후 프랑스 제국주의에 대항한 최후의 독일 요새 프로이센이 나폴레옹에게 패배했는데, 이 일은 독일의 민족적 정체성에 대한 반성과 애국심 진작, 그리고 이러한 감정들을 고취하는 데 필요한 교육의 변화로 나아가게 했다. 이 기간 동안 민족적 수치를 뼈저리게 느낀 피히테와 훔볼트(W. von Humbolt)는 교육개혁을 위한 계획을 제안했다. 피히테는 이론 특히 『강연(Reden)』, 즉 그의 1807~

1808년 강연 『독일민족에게 고함(Address to the German Nation)』을 통해서, 훔볼트는 1808~1810년 프로이센의 교육부장관으로서 이 일을 했다. 이들의 저작을 살펴봄으로써 당시에 독일의 교육가들이 시민교육에 어떤 의미를 부여했는지를 발견할 수 있다.

보스는 시민교육을 위한 간결하고도 설득력 있는 주장을 제시한다.

> 국가의 개념과 목적, 시민의 권리와 의무, 권력행사의 필요성과 가치 등등이 단지 환상 이상의 것이라면, 애국심 혹은 시민으로서의 자격에 대한 감정이 망상이 아니라면, 우리는 그런 것들을 가르칠 수 있어야 하며, 그런 내용은 오직 특별한 교육, 즉 그런 방향에 맞추어 특별히 경주되는 노력에 의해서만 확실하게 전수될 수 있다. ……
> 그러므로 그런 교육은 국가를 위한 일이자 '국가가 할 일'이다. 따라서 모든 학교에 공민(civics) 수업을 담당하는 부서가 있어야 한다(Kosok, 1933: 155 재인용).

이것이 함축하는 바는, 시민권을 다루는 내용은 다른 사람들이 지리와 역사와 법률을 통한 간접적인 접근을 선호한 데 비해, 직접 교과목으로 가르쳐야 한다는 것이다. 훔볼트는 프로이센의 쇄신을 고무하는 일은 로마 그리고 특히 그리스 문명을 공부함으로써 매우 효과적으로 수행될 것이라고 주장한 점에서 돋보였다. 그의 신념은 공립학교의 고전과목 교수요목을 개발한 영국 교육자들에게 감명을 주기도 했다. 레제비츠는 이와 반대되는 견해를 지녔다. 그는 고전과목을 가르치는 (공립) 중학교(grammar schools)가 시민학교[citizen school(Bürgerschulen)]로 전환될 이상적인 미래에 몰두했다. 그는 또한 비교정부론 교육을 주창했다(Kosok, 1933: 152 참조).

보스가 권리에 대한 교육을 포함시키긴 했지만, 이 시기에 제기된 주장들의 주된 목적이 의무감과 애국심을 굳건히 하는 데 있었다는 것은 놀랄 일이 아니다. 나폴레옹의 중부유럽 장악은 작은 제후국들의 애국주의가 독일 민족주의로 바뀌는 데 기여했다. 이러한 과정에서 피히테가 주요한 역할을 행한 인물이었는데, 그는 제9강연에서 "시민의 다수가 조국에 대한 이러한 감정을 교육받아야 한다"(Heater, 1998: 112 재인용)라고 했다. 이러한 주장은 훔볼트의 경우와 상당한 대비를 이룬다. 훔볼트는 필수 고전교육이 소수에게만 효과가 있다고 보았기 때문이다. 피히테는 제1강연에서 널리 보급될 수 있는 교육이 필요하다는 점을 힘차게 강조했다. 그는 독일의 구원을 가져올 방도는 바로 다음 사항에 있다고 설파했다.

> (그 방도는) 전적으로 새로운 자아를 만드는 데 …… 그리고 민족이 …… 전적으로 새로운 삶을 영위하도록 교육하는 데 있습니다. 한 마디로 말해, 독일 민족의 존속을 확보할 유일한 수단으로 제가 제안하는 바는 현존 교육체계가 전면적으로 바뀌어야 한다는 것입니다(Heater, 1998: 112 재인용).

독일 시민들의 마음을 바꾸어놓고자 하는 명백한 목적으로 감정에 호소한 것이다.

그러나 마음이 항상 교실에서 쉽게 흥분되는 것은 아니며, 바제도와 피히테 모두 이 점을 알고 있었다. 그리하여 바제도는, 당국의 지휘하에 학교가 '애국적 희생의 위대한 사례들, 그리고 시민들의 단합과 조국에 대한 의무수행이 갖는 장점들'을 강조하도록 하는 한편, 1년 내내 기념행사를 개최할 것을 주장했다(Kosok, 1933: 152). 이는 '웅장한 광경'에 대한 루소의 믿음을 떠올리게 한다. 그는 프로이센의 에르랑겐 대학의 학생을 독일 전역에서 모집하자는 안을 제출했다. 그는 이렇게 함으로써 "모종의 공통부분, 즉 독일의 관습과 민족성 일반에서 모두가 일치하며 모두가 이를 사랑하고 명예롭게 여기게 될 것"(Heater, 1998: 112 재인용)이라고 주장했다.

이런 생각에서 특별히 관심을 가져야 할 요소가 두 가지 더 있다. 하나는 우리가 선정한 저자들 중 두 사람이 자신의 주장에 여성을 포함시키고 있다는 점이다. 이들은 슈테파니와 라데이다. 라데는 소녀들이 "신체적인 능력 부족으로 인해 모든 공적 업무에서 배제되긴 하지만"(Kosok, 1933: 156 재인용) 시민양성교육을 받아야 한다고 주장했다. 다른 요소는 시민권의 국가적 차원과 더불어 세계주의적 차원도 고려 ― 6장에서 이 문제를 살펴보게 될 것이다 ― 하고 있다는 점이다. 놀랍게도 바제도와 슈테파니, 보스, 라데 그리고 잘 알려져 있듯이 피히테까지 이들 모두가 이것이 꽤 중요한 문제가 될 것이라고 생각했다. 보스는 시민교육에서 세계주의적인 긴장이 소기의 애국주의적 효과를 약화시킬 것을 우려했다. 다른 이들은 시민들이 제대로 교육을 받는다면 조국에 봉사하는 법을 배움으로써 인류에 기여하는 법을 배울 수 있을 것이라고 믿었다. 슈테파니는 개인을 인간과 시민으로 구분했다. 그리고 그는 개인이, 두 가지 역할에서 획득할 수 있는 지식과 '역량(capacities)'을 통해, 시민양성에서 배운 것을 세계시민이 되는 일에 넘겨주게 될 것으로 보았다. 피히테는 시민권과 세계시민권의 종합이라는 관념을 좀 더 신비주의적 방식으로 해설했다. 그는 인류역사에서 독일 민족이 세계를 인도하여 더 높은 단계의 깨달음에 도달하게 만들 새로운 시대가 도래할 것으로 내다보았다. 그는 "독일 사람만이 애국자가 될 수 있다. 그리고 독일 사람만이 민족을 위해 전체 인류를 품을 수 있다"(Heater, 1998: 107 재인용)라고 역설했다. 그의 『금언집(Aphorisms)』에서도 볼 수 있듯이, 이 진술이 함축하는 바는 시민교육은 애국심, 국민자격 그리고 세계주의를 모두 포괄해야 한다는 것이다. 하지만 ― 이는 논쟁의 소지가 있는 문제이긴 하지만 ― 독일이 진보의 철학적 길을 독점함으로써 인류의 문화를 빚는다는 목표에 교육이 몰두할 것을 요구하는 점에서, 피히테의 논지는 나치의 시민교육강령의 전조를 보이는 듯하다(5장 참조).

영국의 경우, 1세기 후 다소 과장된 분위기에서 거행된 제국숭배행사는 젊은이에게 인종적 우월성과 군국주의와 세계제패 등의 이념을 불어넣은 독일의 전통과 간혹 비교되곤 했지만, 시민교육에 대한 사고방식은 독일의 경우와 달랐다(3장 참조). 하지만 우리가 여기서 다루고 있는 시기에서, 영국의 시민교육 관련 저술은 분명 급진적이었으며 민주적인 양상을 띠었고, 종종 국가의 학교통제에 의구심을 가졌으며, 여하튼 빈곤층을 위해 구상되었다.

급진론자들의 입장을 살펴보기 전에, 정치와 교육의 관련에 대한 스미스(Adam Smith)의 견해에 관해 간단하게 논의하는 것이 좋겠다. 1776년에 선을 보인 『국부론(Wealth of Nations)』에서, 그는 정치적으로 신중하려면 '어려운 처지에 있는 사람들'을 위한 교육이 필요하다는 자신의 믿음을 설명하고 있다.

> 국가는 …… 빈곤층 교육으로부터 아무 생각 없이 이득을 취하지는 않는다. 빈곤층이 더 많은 교육을 받을수록 열정과 미신의 미망에 덜 빠져든다. 무지한 나라들에서는 이러한 열정과 미신이 끔직한 무질서의 원인이 되는 경우가 허

다하다. 교육받은 지성적인 인민은 …… 파벌과 선동가가 이해관계에서 쏟아내는 불평불만을 좀 더 면밀히 검토하는 경향이 있으며 더욱 잘 간파하는 능력이 있다. 그렇기 때문에 그들은 또한 정부의 조치에 대해 터무니없거나 불필요한 반대에 잘 이끌리지 않는다(Barnard, 1947: 53 재인용).

보수적인 입장을 잠시 살펴보았으니, 이제 급진주의 사조로 되돌아가보자. 1770년대는 정치의식이 현저하게 고양된 시기였다. 또한 1780년대 초반에는 의회개혁에 대한 요구와 이를 성취하고자 활동하는 기구들이 확산되어나갔다. 1753~1792년의 40년 동안 신문구독자가 두 배로 증가했는데(Plumb, 1950: 119 참조), 프랑스 혁명의 발발로 이러한 추세가 가속화되었음은 말할 나위가 없다. 불가피하게도 그 중대사건은 의회개혁 요구 그리고 자유와 평등과 관련된 급진적인 정치적 논쟁을 되살아나게 했다. 당시 영국의 전반적인 정치적·시민적 조건들이 제대로 갖추어지지 않았다고 여기는 시민들의 생생한 의식이 표출된 것이다.

이처럼 영국의 시민의식은 두 단계에 걸쳐 성장했는데, 각각 1770년대와 1790년대에 집중되었다. '시민'이라는 용어는 영국의 헌정체계에서 낯선 것이었지만, 프랑스에서 진행된 논쟁과 입법이 이 용어의 의미를 바꾸어놓았다. 그래서 예를 들어 셰필드에서 개혁요구가 입안되었을 때 급진주의자들은 이렇게 주장했다. "우리가 주장하는 평등은 노예를 인간으로 만들고, 인간을 시민으로 만들며, 시민을 국가의 필수부분으로 만드는 것이다. 또한 시민을 신민이 아니라 공동주권자로 만드는 것이다"(Dickson, 1977: 255 재인용).

더욱이 시민권 획득이라는 희망의 실현과 교육의 혜택을 받는 일이 연관된 것으로 인식되었다. 어느 역사가가 간결하게 표현한 것처럼, "대부분의 급진주의자들은 정치적 진보를 이루는 데는 이성적 논증과 정확한 정보가 필수적이라고 생각했고 그리하여 교육을 매우 중요한 매체로 보았다"(Dickson, 1977: 261). 하지만 프랑스의 교육입안자들이 모종의 시민교육 조치를 포함하는 계획을 정부가 이행하도록 설득하는 데 희망을 걸었던 것에 비해, 영국의 교육입안자들은 전략 면에서 크게 둘로 나누어졌다. 먼저, 국가교육체계를 지지한 이들 중에 다이어(George Dyer)가 있었다. 그는 빈곤층에 대한 공교육 제공을 주창했을 뿐만 아니라, 부유층과 빈곤층이 같은 지붕 아래서 교육받기를 원했다[이러한 계획안을 아래에서 보게 될 러시(Benjamin Rush)를 비롯한 미국인들의 계획안과 비교해보라]. 모든 시민이 이론상 평등하다면 학교교육에서도 평등에 근접해야 한다. 그는 "그런 정책은 사람들이 인간적인 마음씨를 갖도록 만들 것이다. …… 사람들을 평등하게 대하는 원칙은 사람을 고상하고 품위 있게 만든다"(Dickson, 1977: 261 재인용; 또한 350 n. 78 참조).

다른 진영 — 공교육 제공은 국가의 교육통제를 의미하게 될 것이라는 깊은 의구심을 가진 이들 — 에는 18세기 후반 시민교육에 관한 사고체계에 기여한 두 명의 저명한 인물이 있었는데, 프리스틀리(Joseph Priestly)와 고드윈(William Godwin)이 그들이다.

프리스틀리는 르네상스인에 필적하는 계몽주의 시대 인물로서, 화학, 신학, 정치평론, 교육 등 아주 많은 분야에서 명성을 떨쳤다. 그는 18세기의 인민주권 개념과 인간의 완전무결성을 자신의 사상 속에 결합했다. 그는 국교도가 아니라 유니테리언 교파의 목사였고 또한 초기 프랑스 혁명가들과 유사한 견해를 지녔기 때문에, 프랑스 혁명 당시 프랑스를 싫어하는 보수적인 영국 대중의 눈에는 교회와 국가 모두에 위협이 되는 인물로 비쳤다. 그 결과 1791년 버밍엄에서 일어난 폭동 때 그의 집이 완전히 파괴되었다. 하지만 우리가 매우 관심을 가질 만한 교육 관련 저작을 그가 저술한 것은 이보다 꽤 오래 전의 일이었다. 1765년에 출간된 『능동적인 시민생활을 위한 교양교육과정에 관한 논고(Essay on a Course of Liberal Education for Civil and Active Life)』는 매우 사려 깊은 소책자로서 그 자신이 교사로서 경험했던 바에 기초해 있다. 그는 '회계를 가르치는 것'과 '추상적인 과학을 연구하는 것'의 중간에 해당하는 내용(Priestly, 1788: 1. 이하에서는 해당 쪽수만 표시), 즉 국가의 번영에 관계되는 사안과 관련되는 실생활에 기여하는 교과목들이 초중고 및 대학의 교육과정에 포함되어야 한다고 보았다.

그는 이러한 목적을 달성하기 위해 '시민역사, 그중에서도 시민정책이라는 큰 주제하에 법률, 정부, 제조업, 통상, 해군구축 등에 관한 이론' 그리고 국가의 부강과 번영에 기여하는 요인들을 주요 내용으로 다룰 것을 권고하고 있다(p. 10). 그는 이 주제를 구체화하고자 세 가지 강좌를 제시한다. 그는 이 중 첫째가 역사 일반에 대한 공부이며 이는 '유능한 정치인 그리고 지적이고 유용한 시민을 기르는 데 기여하도록' 가르쳐야 한다고 주장한다(pp. 11~12). 그는 이 강좌에서 통상이라는 소주제가 강조될 것이라고 했다. 두 번째 강좌는 영국의 역사에 할애될 것이며, 세 번째 강좌는 현재의 헌정체계와 법률이 될 것이라고 했다. 프리스틀리는 자신의 제안에 대해 이들 과목은 "(청소년들의) 연령과 지적 수준에 비해 너무 심오하고 난해"하다는 주장을 비롯한 반론이 제기될 것임을 인정했다(p. 14). 그는 이들 반론 모두에 잘 대처했다.

하지만 이런 간략한 교수요목보다 훨씬 더 흥미로운 것이 있다. 논고 전반을 통해 프리스틀리는 자신의 주장을 뒷받침하는 여러 논거를 제시하고 있는데, 그중 첫째는 당시의 보통교육의 내용이 쓸모없고 터무니없다는 것이다. 둘째는 자신이 제시한 주제들은 지적인 성인들이 대화 소재로 삼는 내용이며, 자신이 제안하는 강좌를 이수하는 학생들이 유용한 기여를 할 수 있을 것이라는 점이다. 셋째는 개개인은 정치나 통상 같은 주제에 대해서 이것저것 읽거나 "우연히 어울리게 되는 동료들에게 배우게 되는 것보다 제대로 배우는 것을 훨씬 선호한다는 점이다. …… 거의 모든 작가나 웅변가의 이야기가 의심의 대상이 되는 분야가 있기 때문이다. 그런 분야의 경우 모든 사안에 대해 매우 많은 사람이 이해관계와 관심을 가진다"(p. 17). 프리스틀리가 주장하는 바의 요점은, 사실 시민교육 교육과정이 나라에 전반적으로 이득이 될 것이라는 것이다. 그는 이렇게 주장한다.

> 우리나라 그리고 세계 모든 나라를 힘들게 하는 정치적 악의 많은 부분은 애국심 결핍에 기인하는 것이 아니라 국가의 실제 구성과 이해관심에 대한 무지에 기인한다. …… (또한 그 교육과정은) 아마도 다른 어떤 경우보다도 애국심을 자아내고 전파하고 또 영향을 끼치는 데 더 많이 기여할 수 있을 것이다(p. 33).

누가 이런 시민교육의 대상이 될 것인가? 프리스틀리는 국가의 운명에 영향을 끼칠 힘을 가진 사람들, 그리고 여론 형성에 영향력을 행사하는 사람들 — 이른바 엘리트 시민집단 — 을 강조한다. 나아가 그는 "이는 기술자나 제조업자 등의 하층민에게 정치를 가르치는 것이 아니다"(p. 35)라고 확고하게 단언하는 것으로 보인다. 다만 그렇게 보일 뿐이라고 하는 것은 그가 같은 논고의 다른 곳에서 이와 정반대의 입장을 취하고 있기 때문이다. 그는 "국민 대부분이 이들 과목을 더 잘 이해할수록 국가가 그런 지식의 혜택을 더 많이 받게 될 수 있을 것"(pp. 18~19, 강조 표시는 저자)이라고 주장한다. 그리고 이 논고의 끝부분에 가서 그는 자신의 진정한 급진적인 색채를 드러낸다.

> 자유의 참된 친구는 그런 지식에 대한 맹신에 빠지지 않으려 조심할 것이다. …… 정치적 지식과 담론으로 나아가는 것에 대해, 최하층의 사람들 사이에서조차, 압제자 그리고 전제권력을 감싸는 이들만이 불만을 지녀왔다(pp. 36~37).

프리스틀리의 논고는, 당시의 필요에 대한 그의 판단을 잘 보여줄 뿐만 아니라 오늘날까지도 지속되는 논의에 공명을 자아낸다는 점에서, 시민교육을 둘러싼 쟁점들에 대한 탁월한 분석이었다.

프리스틀리 그리고 당시의 여타 급진주의들과 달리, 고드윈은 개혁의 실천계획을 제시하기보다는 이론적 원칙을 주장하는 데 더 관심이 있었다. 그의 저술들이 발간되었을 때 그 추상적인 문체에도 불구하고, 아니 심지어 그 때문에, 영향력이 결코 미미하지 않았다. 그는 쌍을 이루는 두 가지 믿음 ― 인간은 이성을 구사할 수 있다는 믿음 그리고 정의가 인간사회의 첫 번째 목표라고 하는 믿음 ― 에 기초하여 자신의 주장을 구축했다. 이 중 두 번째 것에 대한 그의 생각은 1793년에 발간된 그의 주요 저작『정치적 정의 탐구(An Enquiry Concerning Political Justice)』에 들어 있는데, 그 책에서「국민교육에 관하여」라는 제목의 장을 볼 수 있다.

고드윈은 공교육(publicly provided education)이 필요하다는 주장에 대한 자신의 입장을 밝히는 데서 곧장 논의를 시작한다. 그는 "이러한 지휘감독이라는 관념이 정치개혁을 좀 더 열성적으로 주장하는 이들 중 일부의 지지를 획득해왔기 때문에"(Philp, 1993: 356) 이러한 주장은 반드시 검토되어야 한다고 말한다. 이 견해를 옹호하는 이들이 "애국심 그리고 대중에 대한 사랑 같은 덕목을 초기에 전파해나가는 일에 국가적 관심을 기울이는 것 이외에 어떤 다른 방법도 전체 국민이 이들 덕목을 성공적으로 갖추게 할 수 없다"(ibid.)라고 주장함에도 불구하고, 고드윈은 세 가지 반론을 개진한다. 고드윈의 반론 중 첫째와 셋째는 시민교육과 관련된 것으로 보일 수도 있다. 첫째는 국가가 부과하는 교육은 활기가 없고 구태의연하며 편견을 조장하는 경향이 있다는 것이다. 그는 "주일학교 같은 조그마한 시설에서조차 주로 가르치는 것이 국교회를 위한 미신적인 숭배, 그리고 잘 차려입은 사람에게 절하는 방법"(Philp, 1993: 357)이라고 주장한다. 라틴어에서 유래한 거창한 동사 '숭배하다(venerate)'를 되풀이하면서 그는 세 번째 반론을 펼친다. 그는 정부가 통제하는 교육은 공립교육기관의 영구화를 위한 교육으로 나아가게 될 것이라고 우려한다.

> 아무리 훌륭한 내용이라 하더라도 우리 젊은이들이 우리의 정체 혹은 국체를 숭배하도록 교육받아야 한다는 것은 진리가 아니다. 그들은 진리를 숭배하도록 교육받아야 한다. 그리고 우리의 정체가 진리에서 도출된 내용과 부합하는 한에서만 숭배 대상이 되어야 한다. 폭정이 맹위를 떨칠 때에 국민교육체계가 채택되어왔다. 진리의 목소리를 영원히 억누를 수 있을 것이라고 생각되어서는 안 된다. …… 자유가 널리 보급된 나라에서도 여전히 중대한 오류가 있으며, 국가 주도의 교육은 그러한 오류를 영속화하며 또한 모든 사람의 마음을

한 가지 틀에 맞추려 하는 가장 직접적인 경향이 있다고 생각해야 한다(Philp, 1993: 359).

논리적으로 분별 있는 이 경고만 보아도 고드윈은 분명 시민교육의 역사에서 매우 중요한 위치를 차지할 만하다. 그의 주장은 개인의 추론능력이 국가가 관장하는 시민교육보다 우월하며 또한 좀 더 정의로운 상황으로 나아가게 한다는 그의 신념에서 도출된다. 독자들은 5장을 읽을 때 이 점을 염두에 두기 바란다. 하지만 고드윈이 우려한 바를 범하지 않으면서 국가가 시민교육에 조금만 개입하여 이를 장려하고 또 책임을 지는 것은 가능한가? 나아가 바람직한가? 이것은 분명 미국의 건국 시조, 즉 제헌의원 대다수의 목표였다.

5. 미국의 건국

1776년에 미국의 식민지 주들이 영국의 지배에 항거하여 봉기했다. 그들은 하노버 왕가와 웨스트민스터 의회로부터의 자유를 원했다. 그들은 공화주의 정치체제, 그리고 상대적으로 민주적인 정부형태를 원했다. 제헌의원들은 이러한 내용이 군사적 승리와 헌법 제정만으로는 획득될 수 없는 혁명적 이상이라는 점을 명확히 인식하고 있었다. 새로운 분위기 또한 필수적이었다. 즉 대중이 애국적으로 생각하고 신생공화국의 성격을 이해하며, 국가 속에서 자신들이 갖는 역할을 이해할 필요가 있었다. 간단히 말해, '새로운 종류의 인간'이 요구된다는 인식이 있었다. 그러한 도덕적·시민적 품성의 쇄신은 사실 근대 혁명의 공통된 특징이었다(그 뒤로도 1917년 이후 '새로운 소비에트 인간'에 대한 요청을 예로 들 수 있다. 4장 참조). 그리고 제헌의원들이 해방된 나라 미국이 구현하고 향유하기를 바라는 국가의 성격에 대해 전반적으로 생각을 같이한 것과 마찬가지로, 그들은 그런 목표 달성에 전념하는 교육체계 없이 이런 이상에 접근하는 것은 매우 어렵다는 점에 대해서도 생각을 같이했다. 1790년에 행해진 1차 인구조사에서 백인은 300만 명을 약간 넘었고 흑인이 70여만 명이었는데, 이처럼 상대적으로 적은 인구를 교육하겠다는 목표는 곧장 분명하게 수용되었다. 이처럼 겉으로만 보면 그 목표는 쉽게 달성될 수 있는 것으로 보였을 수도 있다. 하지만 그렇지 않았다. 18세기 후반의 이른바 교육개혁가 중에서도 가장 뛰어난 인물들 — 제퍼슨, 러시, 웹스터 같은 인물 — 이 맞닥뜨린 분열과 반목 그리고 복잡성은 개혁론의 기세를 꺾어놓을 정도였다. 시민교육은 젊은이들이 장차 속하게 될 사회가 어느 정도 동질적일 것을 전제하며, 아테네와 로마의 실제 사례 중 다수에 대해서는 미안한 말이지만, 아마도 틀림없이 국가가 이를 책임져야 할 것이다. 200년이 지난 지금도 미국은 여전히 이런 요건을 충분히 성취하지 못하고 있다.

하지만 17세기 중반 무렵, 뉴잉글랜드 지역의 식민지들은 시민의식을 형성하고 있었다. 영국에서 건너온 개신교도들은 공통의 문화적 동질감을 유지하고 있었고, 이는 목사가 해설해주는 — 주류인 청교도 교파의 경우에는 엄숙하게 — 기독교윤리에 의해 도덕적으로 강화되었다. 게다가 교회와 가정에서 아이들을 교육하는 습관이 있긴 했지만, 시군별로 자체 학교를 만들어야 한다는 신념이 서서히 성장하고 있었다. 1642년에 매사추세츠에서 정부 개입의 경향이 시작되었는데, 주정부는 시군들이 (유상이긴 하지만) 학교를 설치하도록 요구했다. 가정과 교회, 학교 그리고 시군 당국이 어우러져, 도덕적 내용에 비중을 두긴 했지만, 통일성 있는 교육을 제공하기에 이르렀다.

그럼에도 불구하고 한 세기가 지나자(우리가 관심의 초점을 두는 시기) 이러한 통일성은, 13개 식민지 주 전체는 접어두고 뉴잉글랜드에서조차 와해되었다. 여기에는 몇 가지 원인이 있었다. 하나는 주로 스코틀랜드와 아일랜드 그리고 독일에서 건너온 비잉글랜드계 이민 물결이었는데, 그들은 스페인 왕위계승전쟁이 끝나고 7년 전쟁이 발발하기 전인 18세기 전반에 이주해 왔다. 이미 네덜란드, 스웨덴 그리고 프랑스의 위그노들이 이주해와 있는 상태에서, 그들의 유입은 식민지의 세계주의적 성격을 증대시켰다. 그들은 또한 종교적 다양성도 증대시켰다. 북부지방의 영국계 비국교도들과 남부지방의 영국 국교도들은 이제 더 이상 기독교 내에서 독점적인 영향력을 행사하지 못했다. 동시에 사회경제적 다양성이 점점 더 뚜렷해졌다. 시군들이 만들어지면서 도시와 촌락의 생활방식이 더욱 구별되었다. 이에 더해, 북부지방에서 상공업이 급격하게 성장한 것과는 아주 달리, 또 하나의 미국 사회라 할 수 있는 남부지방에서는 17세기 후반부터 캐롤라이나와 조지아가 성장하면서 귀족이나 마찬가지인 노예 소유주의 대규모 농장에 의거하는 경제가 공고해졌다.

이러한 현상들은 교육에 중대한 영향을 끼쳤다. 도시-농촌 분리와 관련된 인구분산은 지역 당국이 학교를 설치하도록 했던 초기의 경향을 매우 약화시켰다. 미국의 관련 분야 권위자의 말을 들어보자.

> 이윽고 자기네 학교를 원하게 된 변방지역 주민 사이에 독특한 지역주의가 조성되었다. …… 그리하여 학교통제의 분권화 전통이 성장했고 …… 나아가 이는 이전 세대들을 특징지었던 시민적 연대를 약화시켰다. 이는 어느 정도 나중

에 꾸준히 제기된 지역사회통제 요구의 전조였다(Butts, 1989: 63).

게다가 도시지역과 농촌지역의 경제적 이해관계가 빗나가면서 학교교육에 대한 수요도 서로 달라졌고, 중앙의 속박에서 벗어나고자 하는 정도도 상이하게 되었다. 농부들은 자기 자녀들이 일을 하지 않는 것에 분개했으며, 사업가들은 상거래에 관련되는 교육을 원했다. 후자의 경우, 여유자금이 있는 사람들은 자신들의 목적에 어울리는 사립학교를 설립했다. 남부의 대농장 소유주들 역시 사회적 우월성을 유지하기 위한 교육을 생각했다. 아주 다양한 사립학교가 설립됨으로써 이들 상이한 수요가 충족되었다. 공립학교의 시민교육 개념에 대해서는 이 정도로 하자. 그다음부터가 제헌의원들의 기본적인 딜레마였다.

> 그들이 종교적·경제적·지역적 이해관계의 다원주의를 포괄하고 증진시킬 통일성 있는 공화주의 정치공동체를 건설하기를 원했다면(대부분이 그랬다), 그들은 교회와 기업, 민간봉사단체들이 경쟁적으로 제시하는 이질적이고 다양하며 논쟁적인 사교육 모형들에 만족할 수 있었을까?

간단히 말해서, 그리고 미국의 구호를 떠올려보자면, "이런 교육적 다양성(pluribus)에 입각해서 정치적 단합(unum)을 성취할 수 있을까?"(Butts, 1989: 64).

나중에 워싱턴(George Washington)의 뒤를 위어 1797년에 대통령이 된 애덤스(John Adams)는, 독립선언 2주년을 맞아 당시 동료 제헌의원들이 시민교육에 대해 갖고 있던 생각을 다음과 같이 대변했다.

아동은 자유의 원리에 입각해서 교육받아야 합니다. …… 국민이 인간으로서 시민으로서 그리고 기독교도로서의 도덕적 의무와 사회 구성원이자 자유인으로서 정치적·시민적 의무를 실천하는 데 도움이 될 수 있는 모든 종류의 지식을 국민에게 가르치는 일은 대중 그리고 국가의 일에 조금이라고 관여하는 모든 이의 관심사가 되어야 합니다. 이 일은 어떤 시대와 국가에서도 행해진 것이 없는 방식으로 이루어져야 합니다. 여기서 교육이 의미하는 바는 최하위의 지위와 계층에 이르기까지 모든 지위와 계급의 국민에게 제공되는 교육입니다(Pangle and Pangle, 1993: 96 재인용).

사회의 모든 구성원을 포괄하는 애덤스의 이상을 그 3년 전의 튀르고의 생각과 비교해보는 것도 흥미로운 일이다. 튀르고의 경우는 자유가 아니라 충성에 강조점을 두긴 했지만.

또한 애덤스가 자신의 주장을 옹호함에서 시민교육은 정치체제의 유형에 적합해야 한다는 아리스토텔레스의 주장을 인용하는 점도 흥미롭다(1장 참조). 제헌의원들은 고전시대 저자들, 그리고 고전시대 공화주의적 시민권 개념의 영향을 많이 받았다. 그들이 의무를 강조하는 고전적 방식을 더 신봉했는가 아니면 로크식의 자유주의 형태를 더 신봉했는가 하는 문제는 상당한 학문적 논쟁을 유발시켜왔다(Lutz, 1992: 134~140 참조). 하지만 여기서 이를 다룰 필요는 없을 것이다. 고대사 그리고 마키아벨리를 비롯한 근대의 비평들을 통해 고전적 공화주의 정치체제와 사상의 성격을 인식하면서 어느 정도 과민반응이 나타나게 되었다는 점을 언급하는 것으로 충분하다. 공화정은 불안정한 경향이 있었다. 미국은 대규모 국가에서의 근대적 공화주의라는 대담한 실험이었다. 따라서 이처럼 새로운 시도를 하는 데서 그 같은 정치적 약점이 되풀이되지 않도록 하기 위해서는 교육이 매우 중요했다.

하지만 갓 탄생한 국가의 근본인 독립선언의 신념에 입각해 제기되는 자유와 평등이, 공화국을 유지하기 위해서는 질서에 대한 확고한 신념 그리고 이타적인 시민적 덕성과 애국심이 필요하다는 것과 어떻게 조화를 이루게 해야 했을까? 그리고 이들 상충하는 이상이 어떻게 교육의 실제에 녹아들도록 해야 했을까? 설령 젊은이들이 나중에 민주시민으로서의 기본적인 기능들을 수행할 수 있도록 하기 위해 그들을 학교에 다니게 해야 하는 좀 더 단순한 문제가 우선적으로 해결되어야 한다고 할지라도, 지적으로 정직하다면 이 문제는 회피할 수 없을 것이다. 다수의 정치인과 언론인 그리고 학자들이 이 문제에 매달렸는데, 이들 중 대표적인 인물들의 생각을 간략히 살펴보자.

워싱턴은 시민교육에 대한 신념을 고무하기 위해 대통령으로서의 자기 직책을 활용했다. 첫 번째 의회 연두교서에서 그는 이렇게 역설했다.

> 자유주의 정체와 헌법(그리고 그 교육)을 확보하는 일은 다음과 같이 여러 가지 방식으로 기여합니다. 공공행정을 위임받은 사람들이 정부가 추구하는 모든 소중한 목적은 국민의 분별 있는 신뢰가 뒷받침될 때 최상의 결과를 낳는다는 점을 확신하도록 하며, 국민에게 다음과 같은 사항을 가르칩니다. 즉 국민 스스로 자신의 권리를 알고 또 그 권리를 소중히 여기도록 하고, 자신의 권리에 대한 침해를 인식하고 대항할 수 있도록 하며, 필요한 경우에 합법적 권위를 행사하는 것과 억압을 구별할 수 있도록 합니다. …… 그리고 권리침해에 대해 신속하게 대응하면서도 신중하게 경계하며 법에 대한 불가침의 존경심을 갖도록 합니다(Pangle and Pangle, 1993: 96 재인용).

사려 깊은 준수와 비판적인 신중함 사이에서 균형을 잘 이루어야 한다는 것은 분명 시민교육 담당자 모두에 대한 현명한 조언이었다. 하지만 워싱턴의 군사적 책임 그리고 그다음에는 정치적 책임이 그가 교육에 대해 생각할 여유를 갖지 못하게 했다. 워싱턴보다는 18세기의 마지막 사반세기와 19세기 초에 이르는 동안 시민교육문제를 진지하게 생각했던 다섯 명의 인물들을 살펴보아야 할 것이다. 제퍼슨(Thomas Jefferson), 러시(Benjamin Rush), 웹스터(Noah Webster), 스미스(Samuel Harrison Smith) 그리고 녹스(Samuel Knox)가 그들이다.

제퍼슨은 대통령(1801~1809)으로서 성공적이긴 했지만, 그의 강점은 실천적인 면보다는 지적인 면에 있었다. 자신의 비문을 다음과 같이 직접 만든 것을 보면 그도 그렇게 기억되기를 바랐다고 할 수 있다. "종교의 자유를 천명한 버지니아 독립선언의 기초자이자 버지니아 대학의 설립자 토머스 제퍼슨 여기에 잠들다." 교육에 대한 그의 지속적인 관심은 세 가지로 대별될 수 있다. 첫째, 국내외에 걸쳐 광범위하게 지적 교류를 했는데, 그들 중 해외 인사로 뒤퐁과 프리스틀리(이 장에서 등장했던 인물임)가 있었다. 둘째, 그는 자신의 고향 버지니아에서 교육의 기회를 늘리고자 정성을 다했다. 셋째, 그는 시민으로서 교육이 필요하다는 점을 항상 염두에 두었다.

제퍼슨은 민주주의에서는 정치와 교육이 분리 불가능하게 얽혀 있다고, 아니 그래야 한다고 확신했다. 일례로 매디슨(James Madson)에게 보낸 편지에서, 그는 인민에게 "정보를 제공하는 것이 …… 정부가 할 일 중 가장 확실하고도 정당한 일"(Honeywell, 1931: 148 재인용)이라고 쓰고 있다. 하지만 그가 시민교육 전반에 걸쳐 제기한 주장으로서 매우 널리 알려진 내용은 1779년 버지니아 의회에 제출했다 부결된 교육법안 전문(前文)에서 볼 수 있다. 여기서 그의 핵심주장 둘을 볼 수 있다. 정치제도는 제아무리 잘 만들어지더라도 교육받은 시민들의 뒷받침 없이는 좋은 정부를 보장할 수 없다는 것이 그 하나이고, 빈곤층까지 학교교육의 혜택을 누릴 수 있도록 하기 위해서는 공적인 재정지원이 필수적이라는 것이 다른 하나이다. 그 자신의 이야기를 들어보자.

> 최상의 정부형태하에서조차, 권력을 위임받은 사람들은 때가 되면…… 폭정으로 변한다는 것을 경험이 보여준다. 그리고 이를 저지할 가장 효과적인 수단은…… 권력자들의 목적을 무력화할 자연권을 즉각 행사할 수 있다는 점을 …… 가능한 한 인민 전체의 마음속에 새기는 것이 될 것이라고 여겨진다. …… 모두의 행복이 약자 혹은 악한들의 손에 맡겨지는 것보다는, 빈곤층의 자녀로 태어났지만 공공에 봉사할 재목이 될 성싶은 아이들을 찾아내서 교육하는 일이 공공재원으로 이루어지는 것이 낫다(Pangle and Pangle, 1993: 107~108 재인용).

40년이 지난 1818년에, 제퍼슨은 다시금 자신의 지역에서 『록피시 갭 보고서: 버지니아 대학 관련 의회보고서(Rockfish Gap Report to the Legislature Relative to the University of Virginia)』를 집필했다. 그는 말하자면 시작하는 의미에서 초등교육의 목표를 정의했다. 이들 목표는 시민양성의 측면에서 다음 사항들을 포함하고 있다.

이웃과 나라에 대한 자신의 의무를 이해하고 자신에게 맡겨진 기능을 유능하게 수행하도록 한다.

자신의 권리를 알며 이를 질서와 정의에 의거하여 행사한다. 또한 자신이 위임하는 권리를 담당할 수탁자를 분별 있게 선택하며, 성실하고 공정한 판단력을 지니고 그들의 행위에 주의를 기울인다(Williams, 1971: 193).

이는 좋은 시민이 갖추어야 할 자질을 근사하고 간결하게 기술한 글이다. 하지만 고작 10대(시대에 뒤떨어진 이 표현이 용인될 수 있다면)에 교육을 마치는 초등학생들에게 이러한 자질이 스며들겠는가? 이는 당시의 교직 종사자 대부분의 능력을 넘어서는 능숙한 교수법을 요구하는 바였을 것이다.

조직 면에서 보면 제퍼슨이 특히 선호했던 구상은 자신이 제안한 새로운 행정단위 — 그는 이를 가리켜 구(wards)나 부락(hundreds) 같은 앵글로색슨 고어로 다양하게 불렀다 — 모든 곳에 초등학교를 설립하는 내용이었다. 그의 구상으로는, 행정단위마다 작은 국가가 되어 그 속에서 아이들은 무상교육을 받게 되며 성인들은 자기 지역의 사무에 참여하게 될 것이었다. 그는 "나는 대의정부의 존속이 이들 두 요소에 절대적으로 달려 있다고 생각한다"(Pangle and Pangle, 1993: 119 재인용)라고 쓰고 있다. 이 계획은 통과되지 못했다.

그의 생각 중 다른 하나가 채택되었지만, 앞으로 보게 되듯이, 그가 의도했던 방식으로는 아니었다. 그 내용인즉 문맹자에게는 투표권이 부여되지 않아야 한다는 것으로, 그 유명하고 방대한 스페인 카디스 지방의 1812년 자유주의 헌법에 들어 있는 유사한 조항에 착안한 것이었다. 제퍼슨은 두 가지 목적이 있었다. 그는 부모들이 자녀를 학교에 보내도록 장려하는 한편, 유권자가 적어도 기초교육은 받도록 하고자 했다. 그는 자신의 목적을 이렇게 설명한다.

(나의 의도는) 자녀가 교육을 받지 않는 한 투표권을 갖지 못하게 함으로써 부모를 자극하려는 데 있다. 사회는 분명 사회가 부과하는 시민의 의무를 충족시킬 자격을 갖추지 못한 사람을 거부할 권리를 지닌다. 교육을 강제하지 않는다면, 적어도 교육이 제공될 때 받고자 하는 동기를 강화하도록 하자(Honeywell, 1931: 36 재인용).

행정단위 구상과 투표권 불인정 구상 모두 무지한 계층이 시민권을 행사하는 것을 막을 정도로 시민교육을 시행하자는 것은 아니었다(제퍼슨은 신문의 정치교육적 가치를 중요시했는데, 그러한 가치는 물론 문맹자에게는 미치지 않는다는 점에 주목할 수도 있다). 노예 소유주이면서 또한 자유와 평등의 옹호자였던 제퍼슨이 투표권 부여를 위해 읽기·쓰기 시험을 제안했다는 것은 역설적인 일이다. 실제로 19세기 후반에 남부지방에서는 해방노예들에게 투표권을 인정하지 않기 위해 그런 시험이 시행되었다.

식민지 시절과 독립 이후에 각 주마다 투표권을 상이한 방식으로 규정했는데, 일부 주는 매우 민주적이었다. 예를 들어 펜실베이니아 주 헌법은 21세 이상의 납세자로서 그 주에서 1년 이상 거주한 사람에게 투표권을 부여했다. 따라서 제퍼슨이 인민대중의 시민적 능력에 관심을 가졌던 것은 놀랄 일이 아니다. 그럼에도 불구하고 그는 자신이 '엘리트 시민'의 교육적 수요라고 생각했던 바를 소홀히 하지 않았다. 록피시 갭 보고서에서 그는 이러한 교육적 요구사항에 대해 다음과 같이 결론짓고 있다.

정부의 원리와 구조, 국가 간의 관계를 규율하는 법규, 지방정부의 형태를 정하는 법규, 그리고 개인의 행위에 대한 자의적이고 불필요한 일체의 규제를 배격함으로써 타인의 동등한 권리를 침해하지 않는 어떤 행위도 자유롭게 할 수 있도록 해줄 건전한 입법정신을 상세히 설명해야 한다(Williams, 1971: 194).

달리 말해, 제퍼슨은 고전적 관점에서 공화국의 관리들이 적절한 시민적 정의감과 책임감을 지니고 자기 직무를 이행하도록 교육받게 하고자 했다.

록피시 갭 보고서에서 피력된 원대한 목적에도 불구하고, 제퍼슨의 시민 교육계획의 핵심사상은 사실 소박하다. 즉 적절한 사실을 가르침으로써 시민으로서의 태도를 길러야 한다는 것이었다. 어떤 학자는 이를 가리켜 "제퍼슨은 동질적인 — 그리고 휘그파의 — 정치적 견해를 산출할 지식만을 보급하기를 바랐다. 정부를 탐구하는 '진보적 학문'에서 볼 수 있는 변증법적인 분파 간 충돌과 논쟁은 교실에 들어설 자리가 없었다"(Tyack, 1966: 36)라고 말한다.

벤저민 러시는 통일성에 관해 제퍼슨과 비슷한 견해를 지녔다. 그는 자유가 동질성에 의거한다고 주장함으로써 사실 제퍼슨보다 더 나아갔다. 독립선언문 서명자의 한 사람이자 저명한 의사였던 러시는 노예제 폐지의 신념을 지닐 정도로 이례적으로 절충적인 인물이었다. 그는 1786년에 「펜실베이니아 공립학교 설립 및 지식보급계획: 공화국에 적합한 교육방식에 대한 고찰을 덧붙임」이라는 논고를 출간한 점에서 우리의 논의에서 매우 중요한 인물이다. 하지만 이 저작에서 그는 제퍼슨의 접근방식과는 사뭇 다르게 유별나게 교화를 중시하는 성향을 보인다. 왜냐하면 그는 고대 스파르타에서 영감을 이끌어내며 이를 매우 중시하고 있기 때문이다. 팽글과 팽글은 이렇게 요약한다.

러시의 논고는 이상하게 보일 수도 있다. 하지만 도덕적·정치적 진지함에서 — 고전을 대할 때 기꺼이 수용하지는 않더라도 면밀히 검토하는 진지함에서 — 그의 논의는 제헌의원들이 고전과 그 저자들에게 관심을 가지는 것이 지니는 가장 중요한 차원을 전면에 부각시킨다(Pangle and Pangle, 1993: 35).

다음 구절은 러시의 논조를 보여준다.

종교·도덕·정치교육을 행함에서 그 내용이 젊은이들의 마음에 좀 더 효과적으로 다가갈 수 있도록 하기 위해서는, 젊은이들의 신체를 단련하는 일이 필요할 것이다. 앉아서 공부만 해서 움직이기를 귀찮아하게 되는 것을 방지하기 위해 식사를 절제해야 한다. …… 스파르타의 검정수프와 스코틀랜드의 보리수프(!)는 둘 다 똑같이 젊은이들의 마음가짐에 유익하다고 칭송되어왔다 (Pangle and Pangle, 1993: 33 재인용).

라케다이모니아의 실제사례를 공화국 미국에 옮겨놓으려는 러시의 시도를 가리키는 데 두 가지 이미지 — '공화주의 기구'와 '공공재산' — 가 자주 인용된다. 그는 이렇게 쓰고 있다.

나는 사람들을 공화주의 기구로 전환시키는 것이 가능하다고 생각한다. 국가정부라는 거대한 기구 속에서 그들이 자신이 맡은 부분의 일을 제대로 수행하기를 기대한다면 반드시 그래야 한다. 그리고 학생이 자기 자신에게 속하는 것이 아니라 공공의 재산이라는 점을 배우게 해야 한다. 자기 가족을 사랑하도록 배우게 해야 한다. 하지만 동시에 조국의 안녕을 위해 요구되는 경우에는 가족을 떠나야 하며 심지어 잊기까지 해야 한다는 점을 배우게 해야 한다. 마치 국가의 안위가 자신의 경계심에 달려 있는 것처럼 국가를 지켜야 한다(Tyack, 1966: 34 재인용).

게다가 이러한 공화주의 기구들을 만들어내기 위해서는 엄격한 훈련이 필수적이다.

> 청소년 교육에서 교사들의 권위가 가능한 한 절대적이도록 …… 그리고 자유재량을 행사할 수 있도록 해야 한다. …… 나는 스무 살이 되도록 자신의 의지를 알거나 느껴본 적이 없는 청소년들이 가장 유용한 시민으로 만들어진다는 점에 만족한다(Pangle and Pangle, 1993: 33 재인용).

하지만 학생은 "항구적인 자유는 공화국 이외에서는 있을 수 없다는 점을 배워야 한다"(Tyack, 1966: 35 재인용). 따라서 젊은이들은 자유를 박탈당함으로써 자유라는 지고의 가치를 배워야 한다는 것이다. 이는 오늘날 민주국가의 시민교육에서는 거의 받아들여질 수 없는 역설이다.

그렇지만 러시는, 교육내용의 수준이 천차만별인 각양각색의 학교에서 시민권의 평등을 가르칠 것을 주장한 점에서, 적어도 위선적인 입장에 빠지지는 않았다. 그는 에둘러 말하지 않고 명료하게 "인민대중을 좀 더 동질적이게 만들고 그리하여 통일되고 평화로운 정부에 적합한 인재가 되도록 하기 위해 하나의 총괄적이고 통일된 교육체계"(Tyack, 1966: 33 재인용)를 제안했다. 사실 이러한 평화로움을 확보하기 위해서는, 학생들은 "당파심의 격정과 신랄함을 배격해야 한다"(Tyack, 1966: 34 재인용).

러시의 주장에서 유념할 마지막 사항을 언급하자면 이렇다. 분명한 출처를 언급하지는 않지만, 그는 자아로부터 물결을 이루듯 퍼져나가는 동심원 구조에 들어 있는 다중정체성과 충성이라는 고전적 개념을 권고하고 있는데, 이 개념은 18세기에 다시금 인정을 받게 되었으며 근래에 또다시 부각되고 있다.

> 학생은 자기 가족을 사랑하도록 배워야 한다. 그렇지만 그는 또한 세계의 모든 부분에서 동료 존재들을 사랑하도록 배워야 한다. 하지만 펜실베이니아와 미국 시민들을 좀 더 강하고 특별한 애정으로 소중히 여겨야 한다. …… 그에게 인류 전체를 똑같은 애정으로 껴안으라고 요구하는 것은 어리석은 일이기 때문이다(Tyack, 1966: 34 재인용. 동심원적 사고의 역사에 대해서는 Heater, 2002: 44~52 참조).

러시의 이 저작은 미국 독립혁명 이후 최초의 교육 관련 주요 간행물이다. 두 번째는 『미국 청소년교육론(On the Education of the Youth of America)』이다. 이 책은 저명한 미국 사전편찬자 웹스터가 저술했다. 그의 사전은 그 혼자만 영예를 차지할 일은 아니지만. 그는 지칠 줄 모르는 정력과 장수를 누렸으며(생존기간이 1758~1843년임), 폭넓은 탐구심과 불타는 애국심으로 여타 분야에도 많은 기여를 했는데, 특히 교육 분야에서 명성을 떨쳤다. 그는 미국의 '학습 개척자'(Shoemaker, 1966), '미국의 교장'(Warfel, 1966)으로 불렸다. 그의 전기작가 중 한 사람은 "웹스터는 미국 최초의 시민론 교사가 되었다. 그는 교육체계를 준비한 첫 번째 인물이었고 또 미국의 역사와 시민론을 저술하고 가르친 첫 번째 인물이었다"(Warfel, 1966: 92)라고 단언한 바 있다. 사실 웹스터는 위에서 말한 책에서 아주 확고하게 진술하고 있다.

> 우리의 국민성은 아직 형성되지 않았다. 그것은 교육체계들이 부응하고 추구해야 하는 매우 중대한 목표로서, 과학지식을 보급할 뿐만 아니라 미국 청소년들의 마음속에 덕성과 자유의 원리를 불어넣을 수 있다. 또한 청소년들에게 정의롭고 자유로운 정부의 이념, 그리고 조국에 대한 불가침의 애착을 고취할 수 있다(Tyack, 1966: 33 재인용).

웹스터가 우리의 논의에 관련이 있다는 점은 분명하다.

이 책에서 지금까지 언급된 대부분의 인물들과 달리, 웹스터는 실제로 교사로 지낸 적이 있으며, 이는 그의 교육 관련 저술과 교과서들에 신뢰를 느끼게 하는 부분이다. 그가 쓴 교재들은 주로 초등교육을 위해 고안된 읽기, 철자법 및 문법책이었다. 하지만 그는 시민양성이라는 분명한 목적하에 내용을 신중하게 선정했다. 예를 들어 그의 읽기 책 중 몇몇에서 그는 '연방제 문답, 미국 헌법에 대한 쉽고 간략한 설명'(앞에서 본 라샤보시에르의 세속주의 문답서와 비교해보라)을 제시했다. 이러한 내용은 일례로 널리 사용된 1790년판 『어린이 읽기 보조교재(The Little Reader's Assistant)』의 한 부분을 이루고 있다. 그는 여러 권으로 구성된 『영문법 원론(Grammatical Institute of the English Language)』에서는 다른 방법을 구사했다. 그는 이 책의 1787년 판 3부에 '미국 선집(An American Selection)'이라는 제목을 붙였는데, 이 중 1/3 이상이 애국주의적인 내용으로 되어 있다. 그는 여기에 부제를 달았는데, "학생들에게 미국의 지리, 역사, 정치를 가르치기 위한 것임"이라고 되어 있다. 속표지의 인용구로 그가 선정한 구절이 특히 두드러져 보이는데, 그 구절은 "요람의 아기 때부터 시작하고, 그 아기가 내뱉는 첫 번째 단어가 워싱턴이 되도록 하라"이다(Shoemaker, 1966: 187 참조). 이처럼 매우 교묘한 형태의 교화를 권고하는 것은 일종의 충격이자, 스탈린주의식 개인숭배의 전조를 보는 듯하다("내가 사랑하는 여인이 내게 아이를 낳아줄 때, 그 아이가 처음으로 하는 말이 '스탈린'이기를"(Wayper, 1954: 237 재인용)이라는 구절로 끝나는 찬가와 비교해보라].

그러나 당시 웹스터는 새로운 미국 국민을 공화주의 애국자로 만드는 과업에 혼신의 힘을 기울이고 있었으며, 혁명기의 학교가 ― 교육체계도, 교사도, 교과서도 ― 청소년들을 이 방향으로 양성하기에는 아주 역부족이라는 점을 깊이 우려하고 있었다. 교육체계와 정치체계 모두 순조롭지 못한 상태에 있었다. 그는 다음과 같은 사실을 비통해했다.

> 여러 주에서 빈곤층 국민에게 심지어 읽기와 쓰기교육조차 제공되지 않고 있음을 …… 보게 된다. 하지만 이들 주에서는 매년 몇 푼이라도 납세하는 시민이면 누구나 의원선거권을 가진다. 이는 내가 보기에는 정부 구성에서 명백히 부당한 처사이다. 헌법상으로는 공화제인데 교육 관련 법령은 군주제 수준이다(Pangle and Pangle, 1993: 97).

그리하여 그는 출판과 언론을 통해 이런 불합리한 여건을 개선하기 위한 운동을 벌여나갔다. 그리고 그가 쓴 교과서들은 교사들이 입수할 수 있는 교수학습자료를 혁명적으로 변화시켰다. 그 교과서들은 아동들에게 흥미를 주었으며, 정치적으로는 국가의 요구에 부응했다. 또한 많이 팔리기도 했고, 19세기 내내 비슷한 여러 분야에 좋은 예가 되었다. 1921년에 작성된 다음 비평은 미국의 시민교육 역사에서 웹스터가 실제로 지니는 중요성을 보여주는 진술이라 할 만하다.

> 영국의 출판업계에서 수입하지도 않았고 대서양 건너편의 유사한 사례들을 모방하지도 않은 방식인 교과서 도입은 학교를 미국화하는 강력한 요인의 하나가 되었다. 이들 요인 중 아마도 웹스터의 저작들이 공화국 깃발 아래 태어난 첫 세대의 생각을 형성하는 데 가장 큰 영향을 끼쳤을 것이다. …… 식민지 시대에도 교과서가 없진 않았지만, 그들 중 어느 것도 웹스터의 것만큼 과감하게 혁신을 시도하지도 않았고 애국적 동기를 그렇게 일관되게 강조하지도 않았다(Shoemaker, 1966: 189 재인용).

1797년에 미국 철학회는 국가교육체계 수립을 위한 계획의 기초를 제공한 논문에 상을 주었는데, 녹스와 스미스가 공동으로 수상했다. 녹스는 미국이 동질성을 필요로 한다는 근거에서, 다시 말해 상이한 배경을 지닌 청소년들을 결속시키는 우정과 동료애의 유대가 시민으로서의 조화를 가져오는 효과가 있을 것이라는 근거에서, 나중에 공립학교로 불리게 된 것을 주장했다. 스미스는 한발 더 나아가서 스파르타의 사례를 인용하면서 그런 목적을 위해서는 기숙학교를 설립해야 한다고 역설했다. 게다가 그는 사회의 하층민들이 초기에는 공화국에서 사는 이득을 인식하지 못하는 어려움이 있다는 점을 염려했다(Pangle and Pangle, 1993: 97 참조). 사실 두 사람 모두 어린이들이 헌법을 배워야 한다는 점에서 확고한 입장이었다. 스미스는 자신이 제안하는 중등학교에서는 "미국의 헌법과 기본 법률들을 암기하고 자주 반복"하는 것이 모든 학생의 의무가 되어야 한다고 강조한 데 비해, 녹스는 헌법이 '정선된 도덕문답'의 핵심부분이 되어야 한다고 주장했다(Butts, 1988: 50 재인용).

18세기 후반에 제시된 기획·주장들의 전반적인 원리와 목표에 초점을 맞추다 보니 중요한 사항 두 가지를 지나쳐버렸는데, 이제 그들을 살펴보자.

첫째, 좀 더 중요한 것은 여자아이들의 시민교육과 관련된 생각들이다. 제퍼슨은 자신의 행정조직체계를 설명하면서, "모든 자유로운 아동은 남자든 여자든 간에 …… 무상교육을 받아야 한다"(Pangle and Pangle, 1993: 114)라고 주장했다. 하지만 여성교육의 중요성을 특히 강조한 인물은 러시와 웹스터였다. 사실 러시는 특별히 이 주제에 대한 책을 썼는데, 『여성교육에 관한 고찰(Thoughts Upon Female Education)』이라는 제목으로 1787년에 출간되었다. 그는 타산과 편의의 차원에서 이렇게 역설했다.

> 시민 각자는 동등한 자유를 누려야 하며 국가를 위해 일할 수 있는 기회를 가질 수 있어야 한다. 이를 위해서는 우리의 여성들이, 자기 아들들이 자유와 규제의 원리에 입각해서 교육받는 데 동의할 수 있기 위해서는, 여성에 특유하고도 적합한 교육에 의해 일정 수준의 자격을 갖추어야 한다(Kaestle, 1983: 27~29 재인용).

웹스터도 타산적인 이유를 개진했다. 적극적인 이유는 정치체제의 자유에 적합하도록 어머니들이 "온화한 마음속에 덕성과 주인의식 그리고 위엄"(Pangle and Pangle, 1993: 102 재인용)을 갖출 수 있어야 한다는 것이었다. 소극적인 이유는 여성들이, 권리로서 혹은 시민 참여를 위한 준비로서가 아니라 인구의 절반을 차지하는 남성들이 시민으로서 지식과 덕성을 갖출 수 있도록 하기 위한 수단으로서, 교육을 받아야 한다는 것이었다.

이 시점에서 설명을 요하는 또 다른 중요한 사안은 시민교육에 매우 중요한 것으로 간주되어온 교과내용의 문제이다. 식민지 시대에 아동들이 시민이 되기 위해 받은 교육은 (종교를 포함한) 4Rs — 즉 읽기, 쓰기, 산수, 종교 — 과 고대사를 그 내용으로 했다. 제퍼슨은 성서는 본질적으로 아동들이 이해할 수 없다고 생각했기 때문에 학교에서의 종교교육에 반대했다. 그는 모든 연령수준에서 고대사뿐만 아니라 근대 영국 및 미국의 역사를 가르치는 것을 훨씬 더 신뢰했다(예를 들어 Honeywell, 1931: 37, 123, 149 참조). 웹스터 또한 교육과정에 역사를 포함하는 것을 지지했다. 하지만 제퍼슨은 역사 과목이 정치적 악을 경계하도록 할 것으로 기대했던 데 비해, 웹스터는 국민적 일체감을 증진시키기 위해 역사를 가르치기를 바랐다. 그렇지만 두 사람 모두 폭넓은 교육과정의 유용성을 인정했다. 웹스터는 신약성서와 철자법의 중요성을 (당연히) 인정하면서, "윤리학과 법학원론, 통상과 금융, 그리고 정부론 공부가 공화주의 국가의 자유민에게 필요하다"(Pangle and Pangle, 1993: 97)라는 점도 주장했다. 그가 이러한 교육과정에 적합할 것으로 본 사회계층을 염두에 두어야 하겠지만 말이다. 우리는 웹스터 또한 자신의 '연방제 문답'을 통해 '시민론'이라 할 수 있는 내용을 배우게 되기를 기대했다는 점을 앞에서 보았다. 이는 제퍼슨은 권고하지 않았던 방식이다. 그리하여 전통적인 교과목들을 활용하는 것과 별도의 정치과목을 활용하는 것 중 어느 쪽이 더 적절한가를 놓고 처음부터 의견이 나뉘는 것을 보게 된다. 하지만 건국 초기의 인사들은 또 하나의 논쟁적인 문제, 즉 시민교육을 위한 가장 효과적인 교수법에 대해서는 거의 생각하지 않았다. 다만 고전시대의 변론술 교육체계에 매달렸던 프랭클린(Benjamin Franklin)은 예외였다.

건국 초기 인사들은 시민교육 분야에서 무엇을 이루었는가? "그들은 민주공화주의 정치제도를 위한 교육적 토대를 찾기 시작했다. 그들은 모든 사람을 대상으로 하는 무상의무교육이 필수적인 기초라는 생각을 하기 시작했다"(Butts, 1989: 84). 게다가 1780년대 중반 상원위원회와 하원위원회가 지리적 팽창과 관련한 법안들을 제출할 당시 제퍼슨이 양 위원회에서 모두 의장을 맡고 있었는데, 그는 새롭게 미국에 편입되는 지역에서 좋은 정부를 위해서는 학교가 '필수적으로' 설치되어야 한다고 확신했다(Butts, 1989: 72 참조). 또한 시민교육을 위한 교과서를 학교에 제공한 웹스터의 훌륭한 업적을 추가할 수도 있을 것이다. 하지만 그게 전부이다. 계획 중 어느 것도 실행되지 못했다. 심지어 제퍼슨이 버지니아 주 차원에서 마련했던 계획조차, 1779년에서 1817년 사이에 제출을 거듭했음에도 불구하고 실행되지 못했다. 미국인들의 노력이 프랑스인들의 경우보다 작은 규모에서 이루어지긴 했지만, 효과적인 시민교육을 이행하려던 시도가 대서양 양쪽에서 비슷한 양상으로 실패한 것이다. 이는 어떻게 설명되어야 할까?

미국 독립전쟁의 영향을 이해하는 데서 출발할 수 있을 것이다. 영국에 대한 저항이 승리로 귀결되었다는 바로 그 점이 비록 군대 내에서는 애국적인 자부심을 고양했지만, 혼란과 충돌의 와중에 학교는 관심의 대상이 되지 못하는 아픔을 겪었다. 전쟁이 실질적으로 끝나가던 1782년에, 뉴욕 주지사 클린턴(De Witt Clinton)은 전쟁의 여파로 '교육에 공백이 생겼다'고 언급했다(Kaestle, 1983: 8). 하지만 설령 전쟁이 없었다 해도, 시민양성 차원의 교육개혁은 성공했을 것 같지 않다. 두 가지 주요 태도범주로 구분할 수 있는 좀 더 심오하고 덜 우연적인 이유들이 있었다.

하나는 정치지도자들 간에 정책에 관한 합의가 존재하지 않았다는 점이다. 일부는 시민교육을 통해 정치참여가 보장될 수 있을 것이라는 것에 비관적이었다. 법을 어기고 자기 이익을 추구하는 경향이 인간본성에 워낙 강하게 자리 잡고 있어서 학교가 이를 물리칠 수 없다는 것이었다. 그리하여 애덤스는, 앞에서 보았던 긍정적인 언사와는 대조적으로 비관적인 관점에서, "경험이 보여주듯이, 교육은 …… 인간의 열정을 억제하고 건실한 정부를 보존하는 일에 전적으로 부적합하다"(Pangle and Pangle, 1993: 4 재인용)라고 했다. 젊은이들이 학교교육을 통해 시민의 덕성을 배우고 전체의 이익을 위해 자신의 시민적 자유를 행사하는 법을 배울 수 있을 것이라는 견해는 학교가 시민양성의 역할을 지닌다면 이는 훈육과 질서를 부과하는 것이라고 생각한 사람들의 도전을 받았다. 게다가 또 다른 차원의 견해차가 있었는데, 이는 "학교 설치는 연방과 주 혹은 지자체 어느 쪽이 책임질 일인가?"라는 헌법 차원의 문제를 둘러싼 것이었다. 전쟁 중에 제정된 주 헌법들에서는 교육이 이미 주의 책무로 되어 있었다. 미국 연방헌법에서 교육시행의 주체에 대한 아무런 언급이 없다는 점에서 이러한 합의가 암묵적으로 인정되었다. 그리하여 국가적 목적을 위한 시민교육을 확보할 조치를 취하지 못한 주가 있다 해도, 중앙정부는 권고 수준에서 나아가 아동들의 학교교육에서의 이러한 격차를 개선할 힘을 거의 가지지 못하게 되어 있었다.

두 번째 범주는 통합과 분별력 그리고 덕성을 함양하는 시민양성을 위한 교육이 이루어질 수 있도록 하기 위해 학교를 설립하는 것에 대해 학부모와 정치인의 압도적 다수가 적대감을 가지고 있었다는 점과 관련된다. 제퍼슨은 자신의 버지니아 교육계획을 좌절시키는 "무지와 악의, 이기주의, 광신주의, 종교적·정치적·지역적 고집"을 비통해했다. 이 목록에 교육에 대한 무관심 — 종교적 혹은 직업적 목적에서 무관심인 사람들은 예외로 하고 — 을 추가할 수 있을 것이다. 또한 납세자들과 공립학교 설립을 위해 국민에게 세금을 부과해야 하는 정치인들의 완강한 반대도 덧붙일 수 있을 것이다.

독립과 혁명 그리고 헌신적인 지도력이라는 요인들이 결합되었음에도 이조차 국가 전체에 걸친 시민교육을 최소 수준 이상으로 창출해내기에는 역부족이었다는 점을 감안하면, 남북전쟁의 충격이 있기 전의 19세기에 그런 이점도 없이 행해진 노력은 더욱더 찬사를 보낼 만하다. 그런 노력들 덕분에 미국은 어떤 다른 나라보다도 앞서서 시민교육을 추진한 이득을 누리게 되었다.

이 장에서 살펴보았듯이, 19세기 이전의 3세기 동안 시민교육이라는 주제에 대한 사상들이 이례적으로 풍성하게 등장했다. 이 기간 동안 쏟아져 나온 사상과 권고와 계획 중 교실에서 결실을 맺은 것은 거의 없지만, 수많은 젊은이가 학교를 다니게 되고 교육의 정치적 잠재력이 좀 더 널리 이해되게 되면서, 이 시대의 유산들이 19세기에 들어 매우 유용하게 되었다. 그 유산들을 몇 가지로 구분할 수 있다. 하나는 우리가 '엘리트 시민'이라 불러온 사람들을 대상으로 한 교육과 관련된다. 근대 이후 국가가 점점 더 커지고 복잡해지면서, 사법, 행정, 입법 활동이 급격히 성장하게 되자, 이들 기능을 수행하기 위해 점점 더 많은 인재가 필요하게 되었고, 그들이 받아야 할 적절한 교육에 대한 고려가 이루어지게 되었다. 엘리엇에서 제퍼슨에 이르기까지 많은 제안이 그때그때 제시되었다. 17세기 중반에서 18세기 후반 사이에 정치영역이 크게 성장하면서, 지배계급이라는 좁은 범위를 넘어 시민양성이라는 교육의 역할을 고찰하게 만드는 관념과 요구와 목표들이 산출되었다. 민주주의, 공화주의, 민족주의 모두 국민 중 더 많은 사람이 정치의식과 충성심을 더욱더 지니기를, 심지어 좀 더 많이 참여하기를 요구했다. 개개인을 위해서가 아니라 사회와 국가를 위해 — 사회와 국가의 쇄신이나 부강 혹은 안정을 위해 — 대중교육이 필수적인 것이 되어갔다. 영국 내전시기의 개혁가들에서부터 18세기 급진주의자들에 이르기까지 민주주의를 주창하는 글을 썼다. 프랑스의 개혁안들은 국민의 결속과 공화주의 적응에 초점을 맞추었다. 미국의 경우도 그러했다. 교육의 개인주의적 목적을 거부했던 독일인들은 교육이 국민통합의 요인으로 기여하기를 원했다. 하지만 우리는, 보댕에서 애덤스에 이르기까지 시민교육은 일차적으로 사회적·정치적 평온과 질서에 관심을 가져야 한다고 경계하는 목소리를 잊어서는 안 된다.

제3장

자유민주주의 교육 1

1. 새로운 국면들

혁명의 시대는 시민권의 개념을 혁명적으로 바꾸어놓았으며, 그 결과 새로운 교육상의 문제가 제기되었다. 기존의 시민권 개념은 소수의 엘리트가 시민적 행동의 미덕을 갖추고 있다는 가정에 기초해 있었다. 새로운 시민권 개념은 민주적 권리를 부여받은 한편, 국민국가에 대한 충성의 의무를 지는 대중에 대한 가정에 기초해 있다(예를 들어 Riesenberg, 1992: ⅹⅴ, 272~273 참조). 리젠버그는 이러한 새로운 양식의 시민권을 '제2의 시민권'이라 불렀다. 사실 19~20세기 동안 시민권의 발전과정을 세 국면으로 구분할 수 있는데, 이를 각기 서구자유주의, 전체주의, 탈식민지 국면으로 명명할 수 있을 것이다. 이 장과 다음 장에서는 이들 중 첫째와 셋째 차원에서 이루어진 교육적 대응을 검토하게 될 것이며, 전체주의적 국면은 그다음으로 넘겨 5장에서 따로 살펴볼 것이다. 또한 별도의 장을 마련하여, 6장에서는 시민교육에 대한 다문화주의의 복합적인 영향을 다루게 될 것이다.

미국, 독일, 이탈리아 등에서는 국민과 민족통합에 의해, 그리고 아프리카 및 아시아의 많은 지역에서는 탈식민지 독립에 의해 근대 국민국가들의 지리적 규모가 상당한 수준에 이르렀는데, 이는 '국민 형성(nation-building)'의 문제, 즉 올바른 시민권 행사에 필수적인 시민적 단결을 어떻게 이루어낼 것인가 하는 문제를 제기했다. 인구 면에서 보면, 근대 국민국가의 시민 — 그리고 유권자 — 규모는 신뢰에 기초한 조화를 어떻게 이룰 것인가 하는 문제를 제기했다. 고대의 폴리스에서는 시민들이 서로 알고 이해하는 것이 가능했으며, 아리스토텔레스는 이것이 제대로 된 시민권의 절대적인 필수조건이라고 확신했는데, 이제 이것이 불가능하게 되었다. 오늘날 사회과학자들은 공동체 내에 구축된 신뢰의 결합체를 '사회적 자본'이라 부르는데, 이를 통해 시민들은 서로 간에 그리고 정부가 선량한 행동을 할 것으로 믿으며 정부도 마찬가지로 시민들에 대한 신뢰를 가질 수 있다.

국민을 형성하고 사회적 자본의 토대를 형성하는 일은 둘 다 가장 넓은 의미에서 교육적 문제이다. 지금껏 시민대중의 성장과 관련된 좀 더 특수한 교육적 문제는 유권자의 무지였다. 많은 나라에서, 정치적인 이해력은 접어두고도 기초적인 읽기·쓰기도 못하는 낮은 수준이 문제가 되어왔다. 서구 민주주의 국가들의 경우에는 선거권이 점차 확대되면서 이 문제가 점점 더 중요한 관심사가 되었다. 예전에 식민지배를 받았던 아프리카·아시아 국가들의 경우에는 독립과 보통선거가 동시에 이루어졌는데, 제국주의 식민 종주국이 제한된 수준에서 학교를 설치했던 — 종종 지나치리만치 적게 — 배경으로 인해, 유권자의 무지가 즉각적인 중요사안이 되었다.

교육과 투표권의 관련은 간단한 문제가 아니다. 이와 관련하여 서로 대비되는 주장들을 세 범주로 구분할 수 있다. 기본적인 대비는 대체로 좌파와 우파의 정치적 입장이라고 할 수 있는데, 교육받지 못한 국민에게 완전한 시민권을 부여하는 것이 현명한 일인가에 관한 것이다. 좌파는 시민적 권리가 다른 어떤 요인에 근거한 조건적인 것이어서는 안 된다고 주장했다. 그들은 가장 낮은 계층 그리고 가장 무지한 사람들도 어떤 정책이 자기들의 최상의 이익에 부합하는지 평가할 능력이 있으며, 정말 양심적으로 투표하는 데 필요한 것은 기본적인 지성과 시민적 덕성이 전부라고 주장했다. 반대편에서는, 특히 무지와 악은 상호 관련된 하층민의 특징이라는 주장이 심심찮게 있어온 것처럼, 정부를 선택하는 중요한 의무를 교육받지 못한 사람들에게 맡기는 것은 어이없는 일로 여겨져 왔다. 19세기 중반 영국에서 선거권 확대에 대해 가장 완고하게 그리고 확신을 갖고 반대한 사람들 중에 로우(Robert Lowe)가 있었다. 그는 "잘 매수되며 무지하고 술주정뱅이인데다 위협에 굴하는 사람들 혹은 충동적이고 무분별하며 난폭한 사람들"은 사회의 최하층에서 발견되는데, 1832년 1차 선거법 개정 이후 투표권이 점차 확대되면 마침내 그런 사람들이 하원을 장악하게 될 것이라고 매우 강하게 주장했다(Briggs, 1959: 499 재인용).

교육받지 못한 사람들에게 선거권을 부여하는 것에 관한 두 번째 범주의 논쟁은 그 사람들이 정치적으로 조작되기 쉽다는 점과 관련되어 있다. 이러한 결과는 관점에 따라 개탄할 일이 될 수도 있고 기뻐할 일이 될 수도 있었을 것이다. 이들 관점은 19세기 프랑스에서 예를 찾을 수 있다. 초등학교 설치를 확대하는 1833년 법률을 입안했던 기조(François Guizot)는 그 법률이 제정되기 17년 전에 "대중의 분별력이 부족할수록 오도되어 딴 길로 가기 쉽다"라고 우려를 표명한 바 있다(Vaughan and Archer, 1971: 129 재인용. 기조에 대해서는 이하의 내용도 참조). 1848년의 혁명기간 동안 치러진 제헌의원

선거는 정치적으로 단순한 농촌지역에서 냉소적인 조작기술이 동원된 명백한 사례를 보여준다. 정부는 공천을 받은 공화파 후보들을 지원하기 위해 초등학교 교사들을 선거운동에 활용하고자 했다. 교회는 사제들을 동원했다. 보수적인 시골지역의 투표율을 떨어뜨리기 위해 부활절에 선거를 치르도록 계획되었다. 하지만 다수의 교구에서는 일찌감치 미사를 거행하고 이어서 사제들은 신도들을 투표소로 이끌었다. 성직자를 동원하는 것이 교사를 동원하는 것보다 더욱 효과적이었다. 사실 교사들 중 다수가 위협을 받았다(Cobban, 1970: 68~81 참조). 프랑스 시골지역의 시민들은 자신의 이해관계를 생각할 지식이나 확신을 지닐 수 있는 교육을 제대로 받지 못한 상태였다. 관리와 성직자들은 이 점을 알고 있었던 것이다.

이러한 프랑스의 특이한 사례는 보통선거제도 확립 이전에 시민교육이 행해져야 한다는 점을 보여주었는가? 아니면 그 반대인가? 이는 영국의 경우에도 전반적으로 똑같이 적용되며, 특히 1840년대 차티스트 운동가들(Chartists)의 마음을 사로잡았다. 정치적 변화가 사회경제적 변화를 이루기 위한 수단으로 인식되었기 때문에, 의회개혁을 위한 6개조의 인민헌장(모든 남성에 대한 선거권 부여 포함)이 입안되고 지지를 얻었다는 것은 충분히 있을 수 있는 일이었다. 노동계층 자녀들이 취학기회를 가질 수 있도록 실질적인 개선이 이루어진 것은 이런 변화의 한 부분일 것이다. 하지만 그 운동의 지도자들은 전술 혹은 단계적 실행방안에서 일치된 입장을 보이지 않았다(차티스트 운동의 교육적 요소는 아래에서 볼 것이다).

지난 2세기 동안 청소년들이 유능한 민주시민으로 성장하도록 돕는 교육적 과정을 개발할 힘을 지니는 입지를 구축하는 데 수반되는 이러한 어려움들 속에서도 정치인들과 교육자들은 전진을 해올 수 있었다. 그럼에도 불구하고 그들은 목표 달성을 위한 방법에서 여전히 혼란에 부딪혀왔다. 본질적으로 세 가지 방법이 필수 불가결했다. 읽기·쓰기가 첫 번째이자 가장 기초가 된다는 것은 말할 나위가 없는데, 이는 모든 저개발 국가에서 심각한 문제이다. 값싼 라디오가 생산되기 전까지 문맹자들은 한두 다리 건너 정보와 주장들을 접해야 했는데, 이는 시민에게 요구되는 판단력을 기르는 수단으로는 빈약하며 잠재적으로는 위험하기도 하다. 영국의 작가이자 출판가인 골란츠(Victor Gollancz)는 비판적 사고력 함양이 전혀 이루어지지 않는 채 단지 기초교육만 행해지는 것을 '민주주의의 성장통'(Gollancz, 1953: 327)이라 묘사했다. 두 번째로, 학생들은 자기 나라의 전통과 제도 그리고 당면 문제들을 배울 필요가 있었다. 읽기·쓰기가 가능해지면 일반적으로 시민론 수업이 행해져 왔다. 하지만 세 번째로, 내용을 구성하고 또 가르치기에 가장 어려운 범주는 시민의 도덕적 헌신이었다. 읽기·쓰기는 기본 도구를 제공하며, 시민론 수업은 핵심지식을 제공한다. 하지만 이들 과목이 반드시 좋은 시민으로서의 행동을 배양하지는 않는다. 그리하여 몇몇 나라에서는 학교의 기풍이 이러한 요구에 부응하도록 하기 위한 시도들이 이루어졌다. 이를테면 학생들이 학교운영에 참여할 수 있는 장치를 마련한다든지 청소년들이 지역사회의 실제 업무를 담당할 기회를 제공한다든지 했다.

   이 모든 개관은 이 장에서 다루는 2세기 동안의 사항들과 관련된다. 하지만 어떤 역사적 기준에 의하더라도, 20세기 말 이후만큼 시민교육에 대한 관심이 증대하고 또 시민교육이 좀 더 전면적으로 이루어진 적은 없었다(예를 들어 Cogan and Derricott, 2000; C. L. Hahn, 1998; Ichilov, 1998a; Torney-Purta et al., 1999 참조). 이러한 현상은 특별한 설명을 필요로 하는데, 두 가지 주요한 요인의 결합이 그 설명으로 제시될 수 있을 것이다. 하나는 자유민주주의가 유일하게 효과적인 정치형태가 되었다는 믿음이었다. 이러한 생각은 후쿠야마(Francis Fukuyama)가 1989년에 출간한 논고「역사의 종언?」— 영향력 있긴 하지만 단순한 시각에서 저술된 — 에 의해 강화되었다. 예전의 권위주의 체제, 즉 군대를 기반으로 하는 체제, 그리고 가장 극적으로는 공산주의 체제가 변혁을 겪은 사실이 이러한 논지를 뒷받침했다. 당연한 결과로, 새롭게 민주화된 나라들은 민주적 시민권의 원리를 배울 필요가 있게 되었다. 또 하나의 요인은, 역설적으로 자유민주주의 국가의 취약성이었다. 기존의 국가든 새로이 등장한 국가든, 자유민주주의 국가들은 안팎의 세력과 요구사항과 이상으로부터 도전을 받았고, 수많은 시민의 냉소주의와 적대감과 이기주의로부터 위협을 받았다. 자유민주주의 정치는 시민권이 번성하도록 했다. 그러나 시민들이 시민 — 권리가 제약받고 박탈당한다 할지라도 충성과 책임을 다하는 — 이 되기를 원하지 않는다면, 국민은 특히 청년층은, 시민이라는 지위의 본질과 소중한 가치에 대해, 그리고 어렵게 쟁취한 자유민주주의라는 혜택을 보존하기 위해 올바르게 살 필요가 절실하다는 점에 대해 배워야 했다.

    자유민주주의 시민교육이 이처럼 뚜렷하게 파급되어온 점은 인정할 만하지만 — 시민교육 분야의 전문성이 증진된 점도 언급되어야겠지만 — 역사적 관점에서 볼 때 그 지속기간이 매우 짧았다는 사실이 가려져서는 안 된다. 이러한 지적은 결코 그 추진력이 약화되는 것 같다는 암시를 하려는 것은 아니다. 사실은 그와 정반대임이 입증된 상태이다. 하지만 이 책은 역사를 다룬다는 점을 떠올렸으면 한다. 따라서 우리는, 대략 1990년 이후의 전개과정에 대해서는 장기적인 맥락에서 논의할 수 있는 경우에 한해서만 관심을 기울일 것이다. 유념할 것이 하나 더 있다. 정부와 교육자들이 시민교육을 진지하게 고려하는 나라들이 갑자기 많아져서, 이 장의 서술방식을 백과사전식으로 순서대로 간략하게 언급하는 방법으로 축약하지 않고서는 각 나라의 진행상황을 서술하기란 거의 불가능한 형편이다.

선택을 하는 일은 어쩔 수 없이 어렵다. 앞 장의 역사적 서술을 유지하기 위해서는 프랑스, 영국, 미국이 포함되어야 한다. 여하튼 시민교육에 기나긴 헌신의 과정을 거친 프랑스와 미국, 그리고 시민교육에 대한 접근법에서 오랫동안 혼란을 겪어온 영국을 제외한다면 잘못된 일일 것이다. 그러나 이른바 '서구' 이외의 국가들도 간과되어서는 안 되며, 따라서 예전에 식민지 경험이 있는 아시아와 아프리카 지역 중 일부 국가의 경험에 — 식민지 시절과 독립 이후 모두에 — 상당한 지면이 할애되었다. 범위를 넓혀 그 밖의 나라들에 대해서는 6장에서 보게 될 텐데, 그들 나라는 다문화국가의 시민교육이라는 문제를 잘 보여줄 것이다(물론 오늘날 우리는 모두 다문화국가에 살고 있으며 아마 무의식적이긴 해도 항상 그렇게 살아왔을 것이라는 점을 잊어서는 안 될 것이다). 국가를 두 집단 — 대략 '서구'와 '아프리카 - 아시아' — 으로 나누는 것은, 이것만 놓고 보면 국가는 단지 두 개의 범주만 있다는 인상을 줄 수도 있다. 즉 한편에는 근현대사의 서구 주요 강대국으로 시민교육의 오랜 전통을 지닌 국가들이 있고, 다른 한편에는 (시민권의 개념과 시민교육의 필요를 포함한) 서구적 방식을 도입한 역사가 상대적으로 짧아서 시민교육의 전통이 일천한 아프리카 - 아시아 국가들이 있다는 인상을 줄 수도 있다. 그러한 인상은 두 개의 중요한 국가범주, 즉 서구의 작은 나라들과 남미 국가들을 제외하도록 만들 것이기에 불행한 일이 될 것이다. 따라서 여기서 이들 국가집단에 대해 간단하게 언급하도록 하자.

첫 번째 범주에서는 네덜란드와 스웨덴이 특히 흥미로운 경우이다. 유럽의 이 작은 두 나라는 모두 상대적으로 일찍부터 공식적인 시민교육을 시작했다. 이들 나라는 시민교육이 주요 사안을 전개했던 방식으로 시민교육을 보여주는데, 그 사안들은 자유민주주의 국가들이 시민교육을 학교에 도입하려 시도했던 과정을 특징짓는 것들이었다.

1857년의 네덜란드 법률은 초등교육의 목표가 "청소년의 이성을 개발하고 그들의 기독교적(강조 표시는 아놀드의 것임) 그리고 사회적 덕성이 발휘되도록 훈육하는 데 있다"라고 공표했는데, 여기서 기독교 정신이란 비신학적 의미로, 즉 "시민의 결합체가 상호 선의의 공통된 감정을 갖도록 …… 양성하는 일체의 관념"을 포괄하는 것으로 이해되었다(Arnold, 1962: 195 재인용). 입법은 네덜란드보다 늦긴 했지만, 스웨덴에서도 초기의 시민교육은 종교적인 색채를 띠었다. 1918~1919년 기간의 학교개혁에서는 보통선거 도입에 부응하여 시민론이 고학년용 교과목으로 도입되었다(Englund, 1986: 292 참조. 1980년대의 스웨덴 사례에 대한 해석으로는 Englund, 1986의 여러 부분 참조).

네덜란드의 경우 정부가 이 분야에 일찍부터 관여하긴 했지만, 그 이후 1963년에 중등교육법이 모든 학교에서 사회탐구(maatschappijleer)를 가르치도록 요구할 때까지는 실제로 중앙에서 지도력을 발휘하지 못했다(실제 수업은 1968년에 시작되었다). 그때조차도 이 모호한 용어에 해당하는 교육내용을 해석하는 일은 교사에게 맡겨졌다. 그들의 노력은 1983년에 이르러 짜임새 있는 12세용 및 16세용 '사회와 정치' 과목이 고안되면서 비로소 결실을 맺었다. 이와 대조적으로 스웨덴의 학교위원회들은 정례보고서를 제출했는데, 그 결과 1948년에 새로운 시민론 과목(samhällskunskap)이 도입되었으며, 그 이후 목표와 내용 면에서 주기적으로 구체적인 적용이 이루어졌다(시민론 교수요목에 대해서는 Muñoz, 1982: 435 참조). 이들 두 나라에서 정부의 역할

이 서로 많이 다르긴 했지만, 20세기 말에 이르기까지 이들 나라 시민교육의 역사는 그 여건이 만족스럽지 못했던 점에서 많은 부분 일치한다. 그 여건들이란 첫째로 시민론 학습의 내용과 이 과목과 인접과목 특히 역사와의 관계에 대해 혼란이 있었다는 점과, 둘째로 의심의 여지없이 부분적으로 이러한 불확실성으로 인해 교육과정과 교사 측면에서 시민론 과목의 위상이 저조했다는 점이다. 네덜란드의 경우 교사들은 오랫동안 자신들이 무엇을 가르쳐야 하는지에 대해 내부적으로도 합의에 도달하지 못했다(Hooghoof, 1990: 157~158 참조). 그리고 스웨덴의 경우, '진보적' 해석 지지자들과 '지배적' 해석 지지자들의 사이가 벌어져 있었다. 즉 민주적 가치에 초점을 두어야 하는지 아니면 국가적 단합에 초점을 두어야 하는지를 놓고 서로 싸우고 있었다(Englund, 1986: 197 참조). 다른 많은 나라에서도 시민교육 분야에 종사하는 교사들은 이런 문제들이 낯익은 것이었을 것이다.

남미에서 자유주의 시민교육이 어떻게 전개되었는지를 간결하게 설명하기란 불가능하다. 여기서는 다만 몇 가지 지표를 제시할 수 있을 뿐이다. 첫째, 그리고 매우 분명한 것으로, 많은 남미 국가가 19세기 초에 독립한 이래로 군사정권의 지배를 받아왔으며 매우 빈곤한 상태에 있었기 때문에 최근에 이르기까지 일관성 있는 시민교육이 시행될 수 있었을 것이라고 기대하는 것은 비현실적인 일이었다. 둘째, 1980년대 초반부터 많은 국가가 자유민주주의 형태의 정부로 뚜렷하게 전환했고, 그리하여 이제 학교에서 시민교육을 이행하기 위한 더 많은 노력이 있을 것으로 기대할 수 있게 되었다.

남미 국가 시민교육의 역사 중 가장 흥미로운 경우는 아마 콜롬비아에서 찾아볼 수 있을 것이다. 일찍이 19세기 중반에, '선량'하고 공손한 시민을 양성하기 위한 교육이 이미 이루어지고 있었다. 1999년에 콜롬비아의 어느 당국자가 펴낸 자료에 따르면 "가장 강력한 모델은 카레뇨(J. Carreño)의 『시민생활 입문 1872~1874(Manual of Urbanity 1872~1874)』이었는데, 그 책은 남미 시민을 위한 최초의 정식 교육모형이었다. …… 이 입문서는 아직도(!) 많은 학교에서 사용되고 있으며, 학부모와 교육자들이 이 책으로 가르쳐달라고 요청하는 경우가 비일비재하다"(Rueda, 1999: 140. '시민생활'은 정중함 혹은 예의바름을 가리키는 Urbanidades의 직역이다). 이런 방식의 도덕교육에 더해 1960년대에서 1980년대 사이에는 정치제도에 대한 기계적 학습이 추가되었다. 1980년대 중반~1990년대 중반에 교육영역의 개혁안이 급하게 마련되었는데, 이는 "시민교육의 핵심은 학교에서 '민주주의를 실행'하는 데 있으며, 학생은 기본적으로 대인관계를 통해 시민의 생활방식을 습득한다"(Rueda, 1999: 141)라고 천명한 1994년의 결의안으로 공고해졌다. 이와 동시에 '교육기본법'은 사회과학, 도덕교육 및 윤리를 포함하여 9개의 필수교과를 지정했다.

콜롬비아의 시민교육 개혁은 좀 더 민주적인 1991년의 새 헌법 도입으로 힘을 얻었다. 무엇보다도 이 지역에서는 정부형태의 변화가 통상적인 일이었다. 하지만 코스타리카라는 작은 나라는 이에 대한 특별한 예외이다. 코스타리카가 엄격한 권위주의를 거부한 것이 자유주의 시민교육의 발전에 기여했다. 따라서 그 나라가 민주적인 제도를 갖추게 된 지 10년이 되던 1970년대에 시민의 권리와 의무가 확보된 것은 놀랄 일이 아니다. 더욱이 그 구체적인 내용과 활동은 다른 많은 나라가 부끄러움을 느끼게 했을 것이다(Muñoz, 1982: 440~442 참조).

하지만 남미 국가 대다수의 경험에 입각해서 마무리를 짓도록 하자. 이 지역은 역사적으로 권위주의 정부가 워낙 흔했기 때문에, 20세기 후반에 와서도 자유민주주의 체제로 이행하는 것에 보통 시민들이 적응하기가 쉽지 않았다. 정치적 무관심이 만연했으며, 그리하여 시민교육에 대한 관심 또한 마찬가지였다. 아르헨티나 학자 세 명은 다음과 같이 상황을 명료하게 설명한다.

> 1980년대 초에 남미에서 민주화 과정이 다시 시작된 이래로 이 지역에서 민주적 제도들을 어떻게 유지하고 공고히 할 것인지에 대해 상당한 논쟁이 있어왔다. …… 학자들이 제도적 장치와 정치문화 사이에 즉각적인 상응관계가 없다는 점을 인식하면서, 지금은 시민교육에 대한 관심이 특히 고조되고 있다. …… 남미의 '새로운 민주주의' 국가 중 다수는 정치적 관용 혹은 민주적 참여라는 규범이 널리 보급되지 않은 상태에서 통치를 행하고 있다(Chaffee et al., 1998: 149).

그들의 설명은 계속된다. 민주주의 체제를 위협할 수 있는 반민주적 분위기가 지속되었기 때문에 "아르헨티나 그리고 그와 비슷한 처지의 신생 민주주의 국가들에서 시민교육을 이행하는 데는 민주주의를 수립할 때보다 더 많은 어려움이 도사리고 있다"(Chaffee et al., 1998: 152)라는 것이다.

위에서 살펴본 이들 몇몇 나라의 경우 각각의 교육정책에 차이가 있긴 하지만, 자유민주주의 시민교육을 창안하고자 하는 이들이 직면한 기본적인 문제들에서는 공통점을 보인다. 이를테면 정치체제는 얼마나 우호적인가? 정부는 학교에 대해 얼마나 지도력을 발휘하는가? 또한 시민교육의 초점은 도덕교육, 사회교육 혹은 정치교육에 두어져야 하는가 아니면 이들 모두가 균형 있게 행해져야 하는가? 그리고 무엇이 기본적인 목표 혹은 목표들이 되어야 하는가와 같은 것이다.

이제 이 책에서 주로 다루기로 선정한 국가들의 역사를 검토할 준비가 되었다. 2장에서 우리는 프랑스 혁명가들이 그들의 청소년들이 시민의 역할을 수행하도록 교육하고자 얼마나 심혈을 기울였는지 보았다. 따라서 그 이후 세대의 프랑스 정치인과 교육자들이 어떤 진보를 이루었는지를 살펴보는 것으로 이 장을 시작하는 것이 적절한 일이다.

2. 프랑스: 왕정복고에서 제5공화국까지

영국의 장학관 아놀드(Matthew Arnold)에게서 프랑스 혁명이 대중교육에 어떤 공헌을 했느냐는 질문을 받은 기조는 "말만 무성했지, 그 밖에는 아무 것도 없다"(Arnold, 1962: 51)라고 대답했다. 단기적으로는 그리고 개혁이 추진된 구체적인 기간만 놓고 보면 그렇긴 하지만, 이렇게 보는 것은 혁명적 태도의 유산을 망각하는 일이다. 그리하여 아놀드는 곧장 기조의 멋진 풍자를 풀어서 독자에게 전달한다. 아놀드는 "어떤 프랑스 정부도 세속의 인간이 아닌 그리고 국민이 아닌 대중을 대상으로 하는 교육체계를 수립하는 것은 불가능했다"(Arnold, 1962: 52)라고 역설했다. 다소 냉소적으로, 대혁명의 교육적 논쟁으로부터 19, 20세기 프랑스가 물려받은 가장 지속적인 결과 중 하나는 그것이 실패했다는 점 — 교회가 교육체계를 장악하고 있는 데서 탈피해야 한다는 계몽사상의 문제 제기를 해결하지 못한 점 — 에 주목함으로써 이런 판단의 외연을 확대할 수도 있다. 완전하게 세속적인 교육체계는 만들어지지 못했으며, 초등교육에 대한 통제권을 둘러싸고 교회와 국가 간에 빚어진 투쟁은 교육정책에 관한 논쟁거리로 남게 되었을 뿐만 아니라 일시적으로는 격렬한 정치논쟁의 원인이 되기도 했다. 어느 미국인 학자의 말을 빌리자면, 종교와의 분리(laïcité)는 '근대 프랑스 역사에서 가장 격렬한 논쟁거리 중 하나'(Talbott, 1969: 24)가 되어왔다. 게다가 종교는 시민도덕 대신에 종교도덕을 가르치고자 하는데다, 현실적으로 개신교도, 유대교도, 불가지론자, 무신론자가 포함된 이질적인 국민에게 로마 가톨릭의 영향을 행사하게 되기 때문에, 그 투쟁은 암묵적으로 시민교육과 관련되었다. 교회가 가르치는 도덕보다 시민적 도덕을 선호하는 주장은, 1850년에 출간된 키네(Edgar Quinet)의 『국민의 교육(The people's Education)』에서 볼 수 있듯이, 공화주의 성향의 학자와 정치인들의 열렬한 신봉을 받았으며(Buisson and Farrington, 1920: 1~4 참조), 제3공화국 시절에는 전면에 부각되었다. 하지만 19세기 후반의 이런 분위기 속에서 시민교육이 정립된 과정에 대한 간략한 배경설명이 유용할 것이다.

교회와 국가 — 교장으로 대변되는 — 의 충돌에 대해 아놀드는 다음과 같이 생생하게 묘사하고 있다.

> 기조 시대 장학관 중 한 사람이 어느 교장에게 "귀하의 학교에서는 도덕·종교수업이 어떤 여건하에 있습니까?"라고 물었다. "저는 그런 어리석은 내용을 가르치지 않습니다"라는 것이 대답이었다. 또 다른 장학관은 그 교장이 자기 마을에서 학생들 맨 앞에서 북을 치며 행진하고 교사들이 국가를 부르는 광경을 목격했다. 그 행렬은 사제의 집 앞에 멈추고는 "예수회를 타도하자!"라고 목이 터져라 소리쳤다(Arnold, 1962: 66).

단연코 불법적임에도 불구하고, 18세기에 추방되었던 교단들이 은밀히 복귀하면서 긴장이 고조되었다. 더욱이 상관관계가 확실하게 절대적인 것은 아니었지만, 교육을 둘러싼 교회와 국가 간의 갈등은 나폴레옹 1세의 몰락과 왕정복구 이후 프랑스 정치의 기본적인 결함을 심화시키는 경향이 있었다. 공화파는 왕당파보다 성직자에 대해 반감이 훨씬 더 심했으며, 왕당파는 교회가 다시금 제기되는 혁명의 위협에 대한 버팀목이라고 간주하는 경향이 있었다(Gildea, 1983: 1장 참조).

그렇긴 하지만, 1848년 혁명 때 잠깐 열광했다가 1870년 이후 정책에 강력한 변화가 생길 때까지는, 왕당파뿐만 아니라 공화파도 시민교육에 대한 태도에서는 보수적이고 무관심한 경향을 보였다. 학교 특히 초등학교의 의무는 학생들에게 현상유지를 수용하는 태도를 갖게 하며 유용한 삶을 살겠다는 마음가짐을 갖게 만드는 데 있었다. 왕정복고 후 1815년 2월 17일의 칙령과 1816년 2월 29일의 칙령에서 그 방향이 정해졌는데, 1816년 칙령 제30조의 한 구절을 보면 다음과 같다. "공공교육위원회는 모든 학교에서 초등교육이 종교, 법에 대한 존중 그리고 주권자에 바치는 사랑에 기초하도록 주의를 기울여야 한다"(Chevallier and Grosperin, 1971: 102). 제3공화국이 들어서기 전의 다양한 정치체제를 통해 보수적인 경향이 추구될 수 있었다. 중산층 출신의 학자 기조, 성직자 단체 지도자 몽탈랑베르(Charles R. F. Momtalembert), 그리고 학교에 대한 교회의 지배력을 약화시키기 위해 1863년에 나폴레옹 3세가 교육부장관으로 임명한 뒤뤼(Victor Duruy)까지 이들은 모두 국가안정을 위한 교육이라는 주제에서는 일치된 모습을 보였다. 기조가 입안한 1833년의 법률에 의해 공립초등학교와 교사양성기관(고등사범학교, écoles normales)이 설립되었다. 1850년에 몽탈랑베르는 질서 수립을 위한 세력인 교사를 해고하고는 '도덕적 질서와 정치적 질서 그리고 실질적 질서를 동시에' 대표하는 존재로서 성직자를 임명했다. 이 구절을 인용하는 이들은 그가 "성직의 교육적 기능을 세속국가에서 재산과 시민권을 방어하는 일과 관련지었다"(Vaughan and Archer, 1971: 201)라고 설명한다. 뒤뤼가 교육부장관으로 종신 재직한 것을 연구한 권위자는 성인교육에 대한 뒤뤼의 견해를 요약하면서 이렇게 쓰고 있다.

> 산업 및 농업생산과정에서 자신이 맡은 역할을 선험적으로 이해하지 못하는 근로자는 자신의 삶을 지배하는 우월적인 경제세력에 의해 좌절하게 된다. 교육은 사회주의와 공산주의로부터 지켜주는 유일한 보호막이며······ 국가에 적대적인 정치적 교의를 진작시키는 데 그 과정이 활용되지 않을 것이다(Horvath-Peterson, 1984: 109, 111).

그런데 이들 세 사람은 모두 학교교육을 통해 학생들이 경제체제를 보호하며 스스로 경제적으로 생산적인 시민으로 자라기를 열망했다.

이 책에서 아주 빈번하게 언급했듯이, 시민권은 읽고 쓸 줄 아는 능력과 밀접한 관계에 있다. 징병 대상자 중 문맹자의 비율이 어느 정도인가가 그 유용한 지표 중 하나이다. 1830년대 프랑스의 경우 그 비율이 50%를 넘었다(Prost, 1968: 96 참조). 이 대략적인 수치는 제대로 교육받은 사람들이 많았던 동부지역 현들과 교육수준이 낮았던 남부지역 간의 커다란 편차를 가리긴 하지만(Depeux, 1976: 115 참조). 그러던 것이 19세기 말에 이르러 이 수치는 대략 5%로 줄어들었다. 상황이 이렇게 개선된 것은, 재정적 근거에서 종종 반대에 부딪히기도 했지만 교육부장관들이 초등학교와 교사의 숫자를 꾸준히 늘린 덕분이었다. 1817년에서 1887년 동안 총인구는 2,900만 명에서 3,800만 명으로 증가하는 데 그쳤지만(Depeux, 1976: 36 참조), 초등학생의 숫자는 86만 6,000명에서 552만 6,000명으로 증가했다(Prost, 1968: 108). 다른 한편, 우리가 주의 깊게 살펴보아야 할 것이 있다. 등록된 학생 수가 정기적으로 출석하는 학생 수와 반드시 일치하지는 않았는데, 특히 농촌지역에서 그랬다. 예를 들어 1879년에 어느 장학사는 "현실은 행정상의 수치나 통계와 아무런 관련이 없다"(Weber, 1976: 310 재인용)라고 불평했다. 사실 1890년대에 이르러 도로사정이 개선되고 페리의 무상의무교육 법안이 통과되면서 실제 출석률이 높아졌다.

위에서 살펴본 사건과 태도들 중 어느 것도 청소년들이 체계적인 시민교육 같은 것을 받아야 한다는 확신을 전혀 보여주지 못한다. 이처럼 교육정책이 주먹구구식이던 것이 나폴레옹 3세의 대외정책과 관련된 두 가지 사건으로 인해 문제 제기를 받게 되었다. 하나는 1859~1860년 피에몬테 주가 주도한 이탈리아 통일문제에 개입하기로 한 이상주의적 결정이었고, 또 하나는 1870년에 프로이센과의 전쟁에 말려든 데서 드러난 순진함이었다. 첫 번째 사건으로 인해 나폴레옹 3세는 교황 비오(Pius) 9세와 충돌하게 되었고, 그 결과 나폴레옹은 프랑스 교육에 대한 교회의 통제와 영향력을 배제하기로 했다. 이러한 정부정책이 1864년부터 좀 더 광범위한 지지를 획득해나가자 교황은 이에 대한 회답으로 『오류목록(Syllabus Errorum)』을 간행했다. 그 목록은 과학, 자유주의, 진보사상, 그리고 — 행여 빠뜨릴까봐 강조한 — '근대문명'과 같이 근대 서구사회를 특징짓는 관념과 실행 그리고 성취 등을 매우 포괄적으로 열거하면서 이들이 오류라고 선언했다. 성직자로서 그리고 특히 교단 구성원으로서 바티칸에 충성을 바쳐야 하는 교사의 권위하에 프랑스의 학교들이 어떻게 남아 있을 수 있겠는가? 그리고 교육이 '세속화'되어야 한다면, 종교도덕을 가르치는 것도 시민도덕의 주입으로 대체되어야 할 것이다. 혹은 그렇기 때문에 이제 더욱 설득력 있게 주장될 수 있을 것이다.

1869년대에 있었던 이러한 상황변화는 이전보다 일관된 형태의 시민교육을 도입하는 데 유리한 여건을 제공했다. 하지만 1870년의 프랑스-프로이센 전쟁의 지독한 충격이 없었다면 이러한 방향의 개혁은 여전히 지연되었을 수도 있었다. 6개월도 안 지나서 프랑스군은 궤멸되었고 스당 요새도 적의 수중에 넘어갔으며, 파리가 포위되었고 나폴레옹 3세는 자리에서 물러났다. 자부심이 넘치던 국민과 군대에게 이러한 경험은 고통스런 수치였다. 어떻게 해서 이 같은 재앙이 닥칠 수 있었던가? 설명이 필요했으며 누군가가 비난을 떠안아야 했다. 퇴폐적인 언론인과 무신론주의 작가들 때문에 프랑스 고유의 성격이 약화되었는가? 아니면 교사집단에게 문제가 있어 독일의 교사들보다 못한가? "스당은 프로이센 교사의 승리였다"라는 구호가 나돌았다(Ozouf, 1963: 15~23).

프랑스 학교들에 시민교육을 도입하는 데 결정적으로 작용한 이들 두 전제조건 — 프랑스인의 성격이 유약하며 교육도 취약하다는 추정 — 은 개혁을 불가피하게 만든 두 가지의 정부결정을 수반했다. 하나는 새로 들어선 제3공화국(1871년 수립, 1875년 발효) 지도자들이 남성 유권자의 보통선거를 되살린 일인데, 보통선거는 제2공화국 시절인 1848년에 도입되었다가 제2제정 시절에 손상된 상태였다. 이는 1877년의 선거에서 놀라운 결과를 낳았는데, 이 선거에서 농민계층은 상위 사회계층들에 맞서 공화파가 실질적으로 의회의 다수로 복귀하는 것을 도왔다(예를 들어 Cobban, 1965: 20~21 참조). 다른 하나의 결정은 1879~1883년 동안 페리를 교육부장관으로 임명한 것이었다. 페리는 근대 프랑스 시민교육의 진정한 선구자였다. 하지만 1877년의 선거결과가 없었다면, 그리고 그것에 뒤이어 진보적인 정치적 의제가 제기되지 않았다면 그의 개혁이 수용될 가능성은 훨씬 낮았을 것이다.

페리는 우리의 논의에서 매우 중요한 인물이어서 그의 면모에 대해서, 그리고 그가 자신의 법안을 통해 제기하고 추진했던 목적이 갖는 위력에 대해 어느 정도 알 필요가 있다. 그는 1832년에 태어나 공화주의 정치성향을 키워나갔고 파리가 포위되었던 1870~1871년의 엄혹한 시절에 시장으로 재임했다. 그의 지도원리는 1789년 혁명의 목표였던 세속국가의 성취였다. 사실 그의 전기작가 중 한 사람은 그를 가리켜 '세속적 신념을 지닌 대성직자'라 일컬었다(Guihaume, 1980: 80). 게다가 그가 생각한 세속국가는 사회적·정치적 쇄신을 포함하는 것이어야 했다. 또한 그의 전반적인 목적은 이러한 개선을 공고히 하는 수단으로 학교를 활용하는 것이었는데, 그 목적은 다음과 같이 요약되어왔다.

> 사회개혁의 도구인 교육정책은 국가에도 똑같이 굳건한 뿌리를 제공해야 한다. 새로운 세대가 지역적 다양성과 상이한 여건을 뛰어넘어 국민통합과 조국 예찬의 감정을 가질 수 있도록 해야 하는 것이 바로 새로운 학교이다 (Guihaume, 1980: 80).

페리는 교육개혁을 이끌 빛줄기로 대혁명에 믿음을 가졌으며, 요점을 제시하는 데 머물지 않고 더 나아갔다. 그에게 영감을 불어넣은 것은 콩도르세 보고서의 내용이었다(2장 참조). 장관에 취임한 지 한 달이 지나기 전에 페리는 두 개의 법안을 의회에 제출했는데, 교육에 대한 교회의 영향력을 겨냥한 내용이었다. 그의 정치운동이 시작된 것이었다.

페리의 제안 중 하나는 핵심조항 — 제7조 — 에 들어 있다. 그 조항은

"어느 누구도 권한 없는 단체에 속해 있다면, (초등교육·중등교육·고등교육) 어떤 수준에서도 공교육 혹은 사교육에 전혀 참여할 수 없으며, 교육기관 설립을 관리할 수 없다"(Guihaume, 1980: 81~82)라고 기술하고 있다. 우리는 공식적으로 금지된 교단들이 실제로 어떻게 교육활동을 재개했는지 앞에서 보았다. 페리의 목표는 그들 특히 예수회의 개입을 종식시키는 것이었다. 이는 가톨릭 교육에 대한 단호한 공격이었다. 제7조 때문에 하원과 상원은 야단법석이 되었고, 나라 전체가 논쟁으로 들끓었다. 페리는 성직자들에게 서는 비난을 받았고 공화주의자들에게서는 찬사를 받았지만, 자신이 성직자들을 배격한다거나 자신이 개입된 갈등이 교회와 국가 간의 갈등이라는 점을 강력하게 부인하면서 "이는 '오류목록'과 혁명 간의 갈등"이라고 역설했다(Robiquet, 1895: 353. 제7조와 관련된 제반 사항에 대해서는 Ozouf, 1963: 56~65 참조). 타협이 이루어졌다. 예수회는 자신들의 교육권력이 처음 허물어진 지 1세기가 지나 다시 추방되었다(2장 참조). 다른 교단들은 당국에 허가를 신청할 수 있었으며, 가톨릭학교 중 다수가 살아남았다. 분열로 치닫던 교육투쟁은 그렇게 정리되었다.

 페리의 야심은 종교도덕을 정치적 시민도덕으로 대체하는 것이 아니었다. 그는 도덕교육, 그리고 일체의 논쟁적 문제를 교사가 다루는 일 둘 다 중립적이어야 한다고 생각했다. 세속교육체계 수립이라는 그의 목적은 중립성을 확보하는 것이었다. 자신의 목표를 완전히 실현하는 데 실패했음에도 불구하고, 그는 교육과정에 시민교육을 도입했고 객관성을 추구한 점에서 여전히 시민교육의 역사 전 과정에서 매우 중요한 인물이다. 물론 전후에 공화주의 의식이 고양된 분위기 속에서 객관성이 가능했기에 공립학교에서 어느 정도 객관적인 시민교육을 할 수 있기도 했다. 공화정 체제에서는 국민의 결속이 가장 우선시되었다. 예를 들어 1879년에는 「라 마르세예즈」가 국가(國歌)로 선포되었다. 이미 1870년에 공화주의 애국지사 감베타(Leon Gambetta)는 "모든 프랑스 국민에게 공통의 정신을 불어넣을 곳은 학교" (Guilhaume, 1980: 91)라고 천명했다.

1882년에 페리가 시민교육계획 실행에 착수했을 때, 그가 백지상태에서 일을 추진한 것은 아니었다. 사실 1871년에 어느 권위자는 "교육과정에서 역사가 등한시되고 시민론은 부재한 상태"(Weber, 1976: 334 재인용)라고 불만을 표시한 바 있다. 하지만 그런 지적은 전적으로 정확한 것은 아니었다. 시민교육이 이미 어느 정도 진행되고 있었기 때문이다. 1862년에 벌써 시민론 교재가 사용되고 있었던 것을 예로 들 수 있다. 다음 요약문에서 교육내용에 대한 그 접근법을 볼 수 있다.

(1) 프랑스 사회는 민주사회이기 때문에 정의로운 법률에 의해 지배된다.
(2) 모든 프랑스인은 권리에서 평등하다. 그러나 우리들 사이에는 출생이나 부에서 비롯된 불평등이 존재한다.
(3) 이러한 불평등은 사라질 수 없다.
(4) 인간은 부유해지기 위해 일을 한다. 이러한 희망이 없다면 일은 멈출 것이고 프랑스는 쇠락할 것이다(Weber, 1976: 331 재인용).

이 발췌문에 대한 논평에서 웨버는 "학교의 강력한 도덕교육은 의무와 노력 그리고 목적의 진지함에 초점을 맞추었다"(Weber, 1976: 331)라고 지적한다. 그 당시 페리는 프랑스에서 시민교육을 아직 시작하지 않았다. 그가 한 일은 좀 더 전면적이고 좀 더 완벽하며 사회에 덜 초점을 맞춘 교수요목을 고안하고 이를 전국적으로 확립한 것이었다.

그는 1882년 3월 28일에 통과된 법률과 더불어 시작했다. 다음해에 그는 모든 초등학교 교사들에게 법률의 내용을 설명하고 교사들을 장려하는 서한을 발송했는데, 그 서한은 그의 교육철학을 잘 보여준다. 따라서 다소 많은 부분을 인용할 만하다. 그는 교사들에 대한 호소로 시작한다. "그 법률이 선생님들께 부과하는 다양한 책무 중 가장 과중한 업무부담이자 걱정거리는 분명 학생들에게 윤리와 시민정신을 가르치는 일일 것입니다"(Buisson and Farrington, 1920: 5~6). 계속해서 그는 이러한 의무는 뛰어난 학문적 소양을 요구하지 않는다고 설명한다.

> 그렇지 않습니다. 가정과 사회는 단지 선생님들께 아이들을 잘 키우도록 도와달라고, 그리고 그 아이들을 정직한 시민으로 만들어달라고 요구하는 것입니다. 이는 그들이 선생님들께 말이 아니라 행동을 기대한다는 말입니다. 즉 교육과정에 한 과목 더 만들어 넣기를 기대하는 것이 아니라, 선생님들께서 교사로서보다는 한 인간으로서 나라에 제공할 수 있는 매우 실천적인 봉사를 기대하고 있습니다(Buisson and Farrington, 1920: 9).

중요한 말이다. 하지만 요점을 그렇게 무뚝뚝하게 표현함으로써 그는 앞에서 교사의 초과 업무부담에 대해 언급한 것과 오히려 모순되는 말을 한 셈이 되었다. 그리고 교사들이 새로운 교육내용을 준비해야 하는 데서 느끼는 두려움을 덜어주려 이야기하는 부분과도 배치되는 말이다. 그는 서한의 뒷부분에서 이러한 새로운 모험을 위한 교과서를 준비하는 일에 '당대 국내 최고의 권위자들'이 동원되었다고 큰소리를 치고 있다.

그 결과, 지난 몇 달간 우리는 도덕・시민론 수업을 위한 교과서의 숫자가 거의 매주 늘어나는 것을 보아왔습니다. 초등학교에서 철저하게 도덕훈육을 하는 데 여론이 가치를 부여한다는 점을 이보다 더 잘 입증하는 것은 없습니다(Buisson and Farrington, 1920: 12).

이는 또한 이러한 혁신적인 과업을 이행할 교육부의 결단력과 효율성도 보여주었다. 왜냐하면 계속해서 그는 교사들이 다양한 교과서에서 선택을 할 수 있을 것이라고 설명하기 때문이다.

그리고 그 목적을 위해 저는 선생님들께 올해 각 분야의 선생님들이 채택한 도덕・시민론 수업 관련 논문의 전체 목록을 보내드리고 있습니다. 각 군의 읍내에 있는 교육도서관은 교육부에서 이 논문들을 받게 될 것입니다. …… 선생님들께서는 단지 이러한 (교육자료 선택이라는) 사안에서 책임만큼 자유를 누리게 될 것입니다(Buisson and Farrington, 1920: 13~14).

이는 분명 근사하고도 훌륭한 일이었다. 하지만 또한 페리는 이러한 책임이 극히 어려운 의무라는 점을 강조하고자 신중을 기했다. 그는 단호하게 말한다.

저는 선생님들 마음에 이 점을 새기고자 하는 일을 너무 자주 할 수는 없습니다. 좋은 행위규칙과 가치 있는 감정이 다음 세대의 마음속에 깊이 파고들어가도록 실제로 가르치는 일에 선생님들의 자존감과 명예가 있다는 점을 이해해 주시기 바랍니다(Buisson and Farrington, 1920: 14).

페리가 서한의 첫머리에서 자신의 염원을 이야기한 것은 당연한 일이 아니겠는가!

페리가 언급한 책들은 새로운 교육계획에서 9~11세용 및 11~13세용으로 마련된 매우 구체적인 교수요목으로 이루어진 도덕교육영역을 뒷받침하기 위해 고안된 것들이었다. 이들 연령범위 중 최저 연령층을 위한 것으로는 특별히 신에 대한 의무를 다루는 내용을 포함하는 의무 일반의 목록들이 있었다. 그중 한 절은 조국에 할애되고 있는데, '조국 프랑스의 위대함과 역경, 조국과 사회에 대한 의무'라는 내용으로 이루어져 있다. 두 번째 절은 '빚을 지지 않기, 도박의 사악한 영향', '일을 해야 하는 모두의 책무, 육체노동의 숭고함', '조금씩 술에 빠지는 것은 타인에 대한 모든 의무의 위반으로 나아감(게으름, 폭력 기타 등등)'과 같은 인상적인 제목을 달고 있다(Buisson and Farrington, 1920: 28~29). 고학년용 교수요목이 사회적·정치적 내용을 더욱 강조하는 것은 그다지 놀랄 일이 아니다. 새로운 교육계획은 바로 그런 청소년들을 위한 매우 방대한 계획이었다. 페리의 서한은 교사에게 학문적 우수성을 기대한다는 점을 부인했다. 하지만 그가 학생들의 학문적 우수성을 기대하지 않은 것일까? 무작위로 고른 "모든 사회의 조건인 정의, …… 성실, 형평, 충성, 신중 …… 의무와 자기 이익이 동일한 것으로 보이는 경우에조차도 둘의 차이" 같은 몇몇 경우는 분명 커다란 노력이 요구되는 개념들이다. 다른 한편, 도덕적 시민교육을 위한 분명하고도 알기 쉽고 사리에 맞는 교재가 많았다. '타인의 의견과 믿음에 대한 존중, …… 선행, 감사, 관용, 자비 등등'의 경우를 보자. 「조국」이라는 제목하의 목록은 대체로 이 범주에 해당하는데, 그 목록에는 '법률 준수, 병역의무 이행, …… 국기에 대한 충성'과 같은 의무에서부터 '…… 개인적 자유, …… 일할 권리, 조직을 결성할 권리' 등이 열거되어 있으며, '세금(국가에 대한 기만을 단죄하는 일)'과 같이 거창하게 표현된 것도 있고, '공화국의 구호(자유, 평등, 박애)에 대한 설명'과 같이 자연스럽게 표현된 것도 있다(Buisson and Farrington, 1920: 30~31).

이들 교수요목은 페리가 추진한 다른 개혁들의 맥락에서 이해되어야 한다. 1881년에는 초등학교 수업료가 폐지되었고, 1882년에는 6~13세 아동의 취학이 의무사항이 되었으며, 1886년에는 공립학교의 모든 교사는 성직자가 아닐 것이 요구되었다. 그리하여 그 이후로는 공립초등학교의 모든 학생(실제로는 중하위 계층, 즉 도시노동자계급과 농부의 자녀들)이 세속적 시민교육을 받을 수 있게 되었다. 이와 대조적으로, 좀 더 부유하고 사회적으로 좀 더 상위에 있는 중류층은 자기 자녀들 특히 남자아이들에게 바칼로레아(baccalauréat, 대학입학자격) 시험을 치르고 그 자격을 취득하면 학문전문분야에 들어갈 수 있는 형태의 교육을 받게 하려는 열망을 지니고 있었다. 그런 과정이 어떤 형태로든 시민교육을 포함하고 있었던 만큼 당시에 고전과 역사공부를 통해 시민교육이 간접적으로 이루어졌다고 보아야 할 것이다.

페리의 계획이 실제로 이룬 결과는 무엇인가? 그가 그토록 자주 강조했던 중립성은 분명 아니다. 영국의 한 역사가는 프랑스 제3공화국의 교육정책이 가져온 결과를 이렇게 요약한 바 있다.

국립교원대학인 고등사범학교(écoles normales)는 성직자를 배척하는 감정이 깊이 주입되고 연마된 교사들을 배출했다. …… 그 결과 급진주의와 사회주의에 동조하는 이들 세속주의 전도사들이 대거 양성되어 도시든 시골이든 프랑스 전역에 걸쳐 강력한 전략적 지위로 퍼져나갔다(Thomson, 1958: 144~145).

덧붙이자면, 이 기간 동안 사람들이 '농부에서 프랑스인으로' 바뀌어간 과정에 대한 권위자인 미국의 웨버(Eugen Weber)는 깊이 각인되어 있는 지역적 정체성 위에 국민적 유대를 불어넣기 위해 학교를 활용한 점을 계속해서 강조한다. 예를 들어 그는 "사람들이 조국이 그 한계를 넘어 프랑스라고 하는 무언가 거대하고도 만질 수 없는 것으로 확대되어간다는 점을 받아들이도록 하기 위해 방대한 교화계획이 노골적으로 요구되었다"(Weber, 1976: 334)라고 말한다. 사실 (아래에서 보게 되듯이) 20세기 초 헤이즈(Carlton Hayes)가 수행한 연구의 요약본은 "이러한 공부로부터 지고의 통치자 '프랑스'가 나타난다"(Bereday, 1966: 127)라고 결론짓는다.

좀 더 구체적인 논의를 위해, 이제 시민교육을 선도했던 (전부는 아닐지라도) 몇몇 권위자가 지녔던 열정, 그리고 시민론과 역사과목 및 교과서들의 논조를 살펴보자.

이들 중 날카로운 통찰력을 지녔던 인물로 라비스(Ernest Lavisse)를 들 수 있다. 통찰력이 뛰어난 사람의 전형이기보다는 특별한 신념을 지닌 점에서 더 주요 인물이긴 하지만. 그는 매우 왕성하게 활동한 역사가이자 교육자로서 소르본 대학 역사학 교수였으며 프랑스 학술원 회원이었다. 1879~1896년 기간 동안 초등교육실장이자 페리의 절친한 동료였던 뷔송(Ferdinand Buisson)은 이렇게 말하고 있다.

> 라비스는 학교에 다니는 청소년들에게 비할 바 없이 강한 도덕적 영향력을 행사했다. 그의 교수법 업적은 (교육에 관한) 세 편의 저서에 한정되지 않는다. 그의 활동은 광범위한 관심을 끌어온 강연과 다수의 논문의 형태로 이루어졌다(Buisson and Farrington, 1920: 91).

1898년에 『초등교육 종합입문(General Manual of Primary Education)』에 포함되어 발간된 「시민교육에 관하여 프랑스 교사들에게 보내는 공개서한」에서, 라비스는 자신이 네 가지 주요 사안이라고 생각한 바를 밝혔다. 첫째, 교육이라는 과업의 배후에 놓여 있는 정치적 의제: "신사들이여, 우리가 프랑스 혁명을 완수하도록 도와주시오. 도덕·시민교육에 특별한 관심을 기울이면 그렇게 할 수 있습니다." 둘째, 당연한 일이지만 그는 역사의 역할을 다음과 같이 강조했다.

> 저는 사람들이 배우는 역사가 무엇보다도 수세기 동안 사람들이 살아온 역사, 정의와 자유 그리고 권리를 향한 지대한 노력의 역사이기를 바랍니다. …… 그것은 말하자면, 프랑스 역사가 프랑스 시민을 만든 것처럼 프랑스 시민의 권리와 의무를 다루는 시민교육에 대한 계기가 될 것입니다.

그의 세 번째 논점은, 의무를 가르치는 일이 우선되어야 한다는 점을 주장하면서도, 시민적 권리를 가르쳐야 한다는 점을 강조하는 데 두어졌다. 권리교육은 "이러한 권리와 명예는 거저 얻어지는 것이 아니라 국가에 대한 의무를 이행함으로써 누릴 수 있는 것"이라는 점에 대한 이해로 나아가는 것이어야 했다. 그의 네 번째 논점은, 학교수업에 어느 정도의 시간이 할애되어야 하는가, 그리고 초등학교를 졸업하고 청소년이 되는 연령이 언제가 좋은가 하는 실제적인 문제에 대한 것이었다. 그리하여 그는 이렇게 역설한다.

> 선생님들이 귀한 시간을 내서 '방과 후 수업'에서 시민교육을 하고 있으며, 덕분에 프랑스 전역에서 시민교육이 이루어지고 있다는 점이 매우 중요합니다.

······ 저는 우리의 젊은이들에게 조국을 사랑할 그리고 조국에 대한 의무를 이행할 구체적인 이유를 제공하는 것만이 프랑스를 구하는 길이라고 깊이 확신하고 있습니다(Buisson and Farrington, 1920: 106, 107, 108).

라비스는 페리의 절친한 동료였을 뿐만 아니라 수업자료를 만드는 일에도 관여했다. 웨버는 라비스가 펴낸 설화집과 역사책들이 '호전적'이라고 묘사하고 있다. 즉 "아버지의 복수를 하는 것이 아들의 의무이며, 과거의 패배를 복수하는 것이 아이의 의무였다"(Weber, 1976: 335). 1884년에 출간된 『프랑스 역사 원년(First Year of French History)』에서 라비스는 젊은 독자들에게 "당신은 당신 아버지에게 무엇을 빚졌는지, 그리고 왜 당신의 첫 번째 의무가 그 누구보다도 조국 즉 아버지의 나라를 사랑하는 것인지를 알게 될 것입니다"(Weber, 1976: 334)라고 말한다. 3년 후 그는 한 훈계용 책자에서 자신과 자녀의 교육을 보증하며, 조국을 위해 병역의무를 이행하고 목숨을 바칠 각오를 하며, 세금을 납부하고, 최선의 정치후보들에게 투표하는 것(Weber, 1976: 336 참조)을 시민의 네 가지 책무로 규정했다.

병역의무가 포함된 시민권 개념을 청소년들에게 전수하고 있는 점에 유의하자. 이는 결코 라비스의 책에 국한된 것이 아니었다. 지리과목도 이러한 목적에 이용되었다. 1884년의 교사용 자료집은 지리과목의 핵심부분은 "방비와 요새 그리고 포대배치 등의 국경방어"에 대해 가르치는 것이라고 주장하고 있다(Ozouf, 1963: 125 재인용). 심지어 아주 어린아이들까지 용감한 군인이 되는 것을 내용으로 하는 「학도병」이라는 제목의 노래를 배웠다(Ozouf, 1963: 122, 124 참조). 프랑스 혁명의 이상을 회복하고 국민적 단합을 달성하며(혁명으로까지 거슬러갈 수 있는 목표임. 2장 참조), 프랑스를 굳건하게 지키고 조국의 적들에게 복수를 하도록 결의를 북돋우는 것이 1882년 이후의 교과서들이 시민교육, 그리고 그 밀접한 동반자인 역사교육의 주요 주제로 가르치고자 한 내용이었다. 이 시기의 교과서들을 검토한 연후에, 웨버는 "국민통합과 복수라는 주제는 불가피하게도 종종 뒤섞일 수밖에 없긴 했지만, 그들이 지지한 애국주의는 국민통합을 첫 번째 자리에 놓았고 복수는 다만 두 번째 자리에 놓았다"라는 인상을 받았다고 말한다(Weber, 1976: 335~356).

지금껏 살펴본 프랑스 시민교육의 성격은 분명 프랑스가 프로이센과의 전쟁에서 패한 것에 많은 부분 기인한다. 이와 유사하게, 1차 대전 종전부터 2차 대전 발발 이전의 기간에는 1차 대전이 안겨준 시련이 시민교육의 기조에 큰 영향을 끼쳤다. 1926~1928년 기간 동안 프랑스를 방문한 미국의 역사학자 헤이즈는 프랑스가 스스로를 '애국자의 나라'로 인식하고 있다고 언급하면서, 이러한 의식의 형성에 학교가 기여하는 바를 생생하게 묘사했다. 그 후 미국의 어느 학자는 헤이즈의 연구를 요약하면서 이렇게 쓰고 있다.

> 학습과정에서 동일한 주제가 계속해서 되풀이되는 것 — 모든 이가 국가주의의 미사여구를 과다하게 주입받는 일 — 은 가장 완고한 사람들의 머릿속에 읽기, 쓰기, 셈하기, 그리고 나라사랑 등의 기초내용이 반복적으로 주입되도록 할 의도에서 행해진 일이었다(Talbott, 1969: 26).

헤이즈의 연구에 들어 있는 구체적인 내용들을 살펴보자. 6~13세 아동은 의무적으로 학교에 다녀야 했다. 학생들은 12과목을 배웠는데, 헤이즈는 이들 중 7과목을 '국민' 과목으로 분류했다. 도덕과 프랑스 시민 자격을 다루는 명시적인 수업이 이루어졌을 뿐만 아니라, 시간표상으로 프랑스어에 할애된 시간도 많은 부분이 이 범주에 해당했으며, 그 실제 내용도 매우 정치적이었다(Hayes, 1930: 39, 43 참조). 16세까지 고등중학교에서 공부를 계속하는 학생들을 위한 교육과정 편성도 마찬가지였다. 언어수업이 애국주의적 목적을 위해 활용되었다면, 도덕·시민과목은 자연히 훨씬 더 노골적으로 이런 목적을 위해 활용되었다.

교육과정에서의 이러한 과도한 국민 - 애국주의 색채에 대한 (교사 중 일부 급진주의자가 시도했던) 반발은 접어두고라도, 교사 개개인이 이를 적절히 조절할 여지도 많지 않았다. 이러한 제약은 부분적으로 정부가 제시한 교수요목이 매우 구체적인 사항까지 지시하고 있던 데 기인했으며, 또 부분적으로는 교과서의 내용과 방식에 기인했다. 동일한 도덕적 교화라 하더라고 교과서는 이를 그저 전달하는 방식으로 구성되었을 뿐만 아니라 단원들의 구조와 내용도 천편일률적이었다. 다음 구절에서 헤이즈가 받은 전반적인 인상을 알 수 있다.

> 교재는 전반적으로 공식적인 교육과정보다 훨씬 더 국민주의적이다. 거의 모든 교재가 소년소녀들이 자신들이 살고 있는 나라의 역사와 언어 그리고 제도를 익히게 하기 위해서뿐만 아니라 자부심과 종교적 열정으로 그 대상들을 사랑하게 만들기 위해 집필된 것으로 보인다. ……
> 우리는 그중에서도 프랑스 교과서들이 전반적으로 무언가 말하지 않고 있는 것에 깊은 인상을 받았다. 교과서들은 이를 빠뜨림으로써 프랑스 청소년이 프랑스의 제도나 행동에 대해 비판적으로 되거나 혹은 다른 나라들이 프랑스에 제공하는 지원을 파악하기 어렵게 만든다. …… 단순화와 의인화에 의해, 모든

당파적 차이와 지역적 차이가 누락되고 간과되고 있다(Hayes, 1930: 55).

그는 또 1차 대전에 관한 내용을 담고 있는 역사교과서에서 다음 구절을 인용하고 있는데, 이 교과서는 1926년에 24판이 발간되었다.

어린아이와 여자, 노인들은 불구가 되고 고문을 당하고 포로가 되었다. 마을이 파괴되었고 도시들은 수난을 당했다. 아라스와 랭스는 소이탄 공격으로 파괴되었다. 공장은 모두 약탈당했고 나무는 잘려나갔으며 광산은 쓸모없게 되었다. …… 하지만 우리의 영웅적인 군인들은 독일군에게 이겼다(Hayes, 1930: 344 재인용).

6~7세 아동용 교과서의 내용이다!

게다가 성인들도 라디오와 신문, 영화 그리고 ― 그중에서도 사람들을 정서적으로 가장 왜곡시키는 ― 수많은 의례와 의식, 기념식 등 끊임없이 애국심을 상기시키는 환경 속에서 살았다(Hayes, 1930: 6, 7, 9장 참조).

사실상 애국심과 동의어로 간주된 시민권은 공동체의 일에 실제로 참여하려는 의무감을 청소년에게 불어넣을 여지를 거의 남기지 않았다. 2차 대전 이후에 이루어진 발전은 프랑스 시민교육이 지닌 이러한 결점을 백일하에 드러나게 했다. 중등학교체계 운영에 대한 불만은 교육체계가 덜 엘리트주의적으로 되어야 하며 학생 - 교사관계가 좀 더 편안해져야 한다는 요구로 이어졌다. 후자의 요구는 1968년 학생소요 기간 동안 파리의 고등학생들에게서 격렬히 제기되었다(예를 들어 Archer, 1977: 117~118; Ardagh, 1982: 481~483 참조). 이들 요구는 좀 더 민주적인 학교에 대한 요구이자, 그런 학교를 만드는 데 참여하고자 하는 의지의 표출이었다. 사실 프랑스 (공립)고등학교(lycée)의 엄격한 형식주의는 1968년 사건의 여파로 상당한 정도로 완화되었다.

하지만 다른 한편, 프랑스 교육의 엄격한 관행들은 다른 방식으로 매우 확고하게 구축된 채로 남아 있었다. 학교는 사회적 공동체가 아니라 수업이 이루어지는 작업장이었다. 1968년 이후 교육부장관 포르(Edgar Faure)는 모든 고등학교에 '사회교육공간(foyer socio-éducatif)', 즉 학생 주도의 활동영역을 마련하라고 촉구했지만 이런 구상에서 얻은 것은 거의 없었다. 사회적 전통도 습관을 변화시키는 데 기여하지 못했다. 10여 년 후 한 영국 언론인은 이렇게 쓰고 있다.

> 학부모들은 학교를 학문 연마의 장으로 보며, 충성심을 기르는 주된 역할을 놓고 학교가 학부모와 경쟁해서는 안 된다고 생각한다. 만일 학교가 지도력이나 시민적 책임감을 함양하려고 시도한다면, 이는 학부모의 고유영역에 대한 침해로서 분개의 대상이 될 것이다. …… 아동이 살아 있는 공동체의 일부를 느끼거나 공동체에 대한 책임을 공유하도록 학교가 돕고자 하는 시도는 여전히 거의 없는 상태이다(Ardagh, 1982: 489).

그 결과, 1980년경 프랑스의 시민론 과목은 영국의 경우보다 학생들의 삶에서 훨씬 더 유리되었다. 위에서 언급한 영국 언론인과의 대화에서 한 프랑스 교사는 이렇게 설명한다.

> 우리는 학생들에게 의회와 지자체가 어떻게 일하는지를 가르치지만, 그 일을

실제로 시도할 기회는 거의 제공하지 않습니다. '우리'는 그들에게 '책임자(préfets)'에 대해 가르칩니다. '당신들'은 학생들을 책임자로 만듭니다. 아마도 영국에서는 학교의 책임자들이 너무 많은 권한을 가질 것입니다. 여기서는 학생들이 그럴 기회를 충분히 갖지 못합니다(Ardagh, 1982: 488 재인용).

아마도 좀 지나치게 경구조로 말한 것이겠지만, 이러한 비교는 생각을 하게끔 만든다.

사실 이 논평이 있었던 당시에 프랑스에서는 이미 변화가 진행되고 있었다. 1977년에 '시민론 수업(civic instruction)'이라는 용어가 '시민교육(civic education)'으로 바뀌었는데 이는 학교에서의 시민교육방식이 달라지기 시작했음을 보여주는 신호탄이었다. 1985년에는 교육부장관령으로 시민교육 관련 교과목을 필수과목으로 지정했으며 이후 구체적인 지침도 마련되었다. 1~10학년의 초중등학교 전 학년에 걸쳐 주당 1시간이 편성되었으며, 역사, 지리, 프랑스어 교사들이 수업을 담당했다(교수요목에 대해서는 Starkey, 1992: 88~96 참조).

초등학교 시민론 수업은 교사들에게 "일상적인 사건과 행동을 교육적 사례로 활용하며, 협동을 강조하고, 아동들이 평등한 권리를 실천하고 국내·국제적 자선행사와 인도주의 기구의 활동에 참여하도록 권장'(Starkey, 1992: 87~88 재인용)할 것을 요구하는 내용이 포함되었다. 일반중학교 콜레주 과정용 교수요목에서도 이와 유사한 내용을 볼 수 있다(Starkey, 1992: 90, 91~92 참조). 사실 15세 학생용 교수요목에서조차 "시민교육은 공식적으로 배우는 내용만큼 경험도 수반되어야 하기 때문에 견학, 조사, 다른 교과목과의 연계 과제 등이 가능하도록 시간표가 유연하게 편성되어야 한다"(Starkey, 1992:

93 재인용)라는 구절이 들어 있다. 학부모와 중앙정부는 지금까지 행해진 것보다 더욱 광범위하고 자유롭게 해석된 시민교육을 더욱 지지하게 되었으며, 이 분야와 관련된 자원봉사단체의 활동도 여기에 덧붙일 수 있을 것이다. 헤이즈와 아더프(J. Ardagh)가 묘사했던 광경에서 얼마나 많이 바뀌었는가! 예를 들어, 1980년경 영국의 시민교육과 프랑스의 시민교육을 비교했던 프랑스 교사의 이야기와 10년 후 영국의 교육자가 이야기한 다음 내용이 어떻게 다른지 살펴보자.

> 거의 틀림없이 프랑스 국민의 대다수가 시민교육을 학교교육에서 우선적으로 다룰 분야에 포함시킨다고 할 수 있다. 이와 대조적으로, 대부분의 영국 국민은 시민교육이 무엇을 의미하는지에 대해 분명한 생각을 지니고 있을 것 같지 않다(Starkey, 1992: 100).

하지만 아래에서 보게 되듯이, 아마도 또다시 10년이 지나면 영국도 프랑스를 따라잡게 될 것이다.

3. 영국: 급진주의에서 제국으로

프랑스와 달리, 영국에는 격렬한 종교적인 도전도 없었고 또한 페리의 개혁과 같이 시민교육계획을 시행하도록 밀어붙인 혁명적 자극도 없었다. 프랑스의 교육부장관이 자신의 의지를 밀고 나갈 수 있었던 중앙집권적인 교육통제력도 영국 정부에는 없었다. 역사가 텐*은 프랑스의 교육부장관은 자기 시계를 들여다보면 학생들이 어느 책 몇 쪽을 공부하고 있는지 알 수 있었다고 촌평했는데, 이는 영국에서는 상상할 수 없는 일이었다. 19, 20세기 영국의 시민교육은 이웃 나라 프랑스에 비해 사실 혼란스럽고 모호했다. 그럼에도 불구하고 이 명백한 혼란 속에서도 다음과 같은 다섯 가지 요인으로 이루어진 모종의 유형을 찾을 수 있다(Heater, 2001 참조). 첫째, 바로 위에서 말한 것처럼 중앙정부의 지침이 결여되었으며, 그 결과 교사들은 민간부문의 주도에 의존했다. 둘째, 참정권 확대, 그리고 청소년들이 정치문제를 이해할 정도로 성숙한가, 적절한 시민교육은 어떤 것인가를 놓고 논쟁이 벌어졌다. 셋째, 학생의 사회적 수준에 따라 상이한 학교교육을 받고 또 상이한 시험을 치르며, 이러한 차이가 기존의 시민교육방식을 어떻게 결정지어 왔는가 하는 문제들이 있었다. 넷째, 일부 교사는 전쟁과 평화의 문제에 대해 가르치는 데 관심을 가졌다. 다섯째, 영국의 제국주의적 팽창은 자연스레 영국 청소년들에게 제국의 자부심이 주입되어야 한다는 믿음으로 나아갔는데, 나중에는 예전 식민지 지역에서 수많은 이민이 유입되면서 시민교육이 다양한 문화적 배경을 가진 사람들에게 맞게 조절될 필요가 생겼다. 여기 3절과 다음 4절에서는 이들 요인을 분석하기보다는 시대순으로 논의가 진행되긴 하겠지만, 이들 요인 중 하나를 제외하고는 대략적인 내용을 보게 될 것이다. 제외된 하나는 전쟁과 평화와 관련된 요인인데, 그에 대해서는 6장에서 좀 더 자세히 다루게 될 것이다.

이 장에서는 앞 장의 논의에서 다루었던 시기 바로 다음부터 시기순으로 살펴볼 텐데, 내용을 이런 식으로 구분하여 논의를 전개하는 것은 다소 자

---

* 텐(Hippolyte Adolphe Taine, 1828~1893): 프랑스의 철학자·역사가·평론가. 실증주의 철학을 바탕으로 과학적 비평론을 수립했으며, 『영국 문학사』, 『현대 프랑스의 기원』, 『예술 철학』 등의 저서가 있다. — 옮긴이

의적이라 할 수 있을 것이다. 18세기 말~19세기 초 영국 시민교육의 사상과 실제에서 주요 특징 세 가지를 찾을 수 있다.

첫째, 우리가 살펴볼 장면의 배경이 되는 것으로서, 학교교육이 지독히도 소홀히 여겨졌다는 점이다. 휘그파 정치인 브로엄 경(Lord Brougham)의 열정적인 헌신에 힘입어 1816년에 의회 내에 '평민의 교육에 대한 탐구를 위한' 위원회가 설치되었다. 이 위원회는 수많은 통계자료를 수집했는데, 1820년에 브로엄은 위원회의 자료에 기초하여 영국이 유럽에서 교육여건이 가장 열악한 나라라는 결론을 끌어냈다. 학교 설치는 산업혁명의 수준을 따라가지 못했고, 여하튼 교육은 하층민이 자신들의 생활수준에 불만을 갖게 만들 수도 있을 거라는 생각이 널리 퍼져 있었다. 1807년에 토리당 소속의 총리는 다음과 같이 입장을 표명했다.

> 교육은 그들이 자신들의 도덕과 행복에 대해 편견을 갖게 하고, 자신들의 처지를 혐오하도록 가르칠 것이다. …… 교육은 그들에게 복종을 가르치는 대신에 까다롭고 완고하게 만들 것이다. …… 교육은 그들이 선동적인 문건과 사악한 책 그리고 반기독교 출판물을 읽을 수 있도록 만들 것이다(Brennan, 1981: 32).

이런 상황에서 영국 대중을 위한 시민교육이 진전될 기회는 거의 없었다.

다른 한편, 두 번째 특징으로, 계몽주의와 급진주의 전통이 지속되고 있던 이 시기에 브로엄 같은 개혁가들은 매우 다른 견해를 지니고 있었다. 예를 들어 그의 절친한 벗 밀(James Mill)은, 덜 과장된 형태이긴 하지만, 진보라는 용어의 가장 넓은 의미에서 교육이 지니는 지대한 잠재력에 대해 엘베시우스와 같은 생각이었다. 하지만 밀은 순응을 요구하는 사회적 압력을 뿌리치는 것은 거의 불가능하다는 점을 인정했다. 그는 1818년의 『브리태니커 백과사전』에 포함된 그의 논문 「교육론」에서 이러한 견해를 피력했다. 그는 다음과 같이 자신의 주장을 펼쳐나갔다. 그 글에서 그는 정치교육이 교육의 '핵심요소(key-stone of the arch)'라 보았다(Cavanagh, 1931: 72). 하지만 그가 '정치교육'을 말할 때 의미한 바는 학교에서 배우는 것이 아니라 '정치기구'의 논조와 기대에 의해 품성이 형성되는 것이었다[밀이 '기구(machine)'라는 용어를 사용하는 방식은 벤저민 러시의 용법과 비교될 수 있다. 2장 참조]. 그는 1835년에 이렇게 쓰고 있다.

> 개혁가들의 관심을 촉구하는 대상들 중 최상의 자리에 교육이 포함된다. 사람들의 사고방식 형성에 가장 큰 영향을 끼치는 것은 정치기구의 작용이라는 점이 간과되어서는 결코 안 되겠지만 말이다(Burston, 1973: 226 재인용).

그는 국교회가, 오늘날의 용어로 표현하자면, 좋은 교육에 해롭다고 확신했으며 그리하여 교육개혁은 정치개혁에 달려 있다고 생각했다. 그는 사회일반의 정치적 기풍을 개조하는 데 기여할 정치교육을 제공할 수 있는 학교의 잠재력을 확실히 의식하고 있었다. 그의 아들 존 스튜어트 밀(John Stuart Mill)은 정치교육이 가져올 좋은 결과에 대한 자기 아버지의 신념을 다음과 같이 기록하고 있다.

> 모든 국민이 읽기를 배우게 된다면, 그들이 온갖 종류의 의견들을 말과 글로 나타낼 수 있다면, 그리고 참정권을 갖게 된다면, 그들은 자신들의 의견을 실현시킬 의원을 선출할 수 있을 것이다(Silver, 1975: 26 재인용).

밀 부자는 철학적 급진주의에 속했다. 19세기에 관한 우리의 논의에서 18세기와 관련되는 세 번째 특징은, 학교가 좀 더 민주적인 정치체제 창조에 기여해야 한다고 생각한 프리스틀리 같은 인물들의 정치적 급진주의 사상이 지속되고 있었다는 점이다. 이런 전통은 특히 차티스트 운동가들에 의해 유지되었는데, 그들은 노동계급은 국가가 제공하는 교육체제에 자신들이 교화되도록 놓아두어서는 안 된다고 생각한 점에서 고드윈과 맥을 같이했다. 예를 들어, 저명한 차티스트 운동 웅변가 빈센트(Henry Vincent)는 근본적으로 아동을 위한 좀 더 광범위한 교육이 이루어져야 한다고 주장했다. 그가 의회에 진출하려 했을 때 제창한 강령의 주요 항목 중 하나는 "정직한 빈곤층의 자녀는 정신적·도덕적·정치적·사회적 이익을 증진시키는 데 필수적인 모든 것을 훈련받아야 한다"(Briggs, 1960: 167 재인용)라는 것이었다.

차티스트 운동가들이 의회개혁을 위한 6개조의 인민헌장을 입안하기로 결정한 데에는 1832년의 1차 개정 선거법에 대한 노동계급의 실망이 원인으로 작용했다. 그들은 열렬하게 선거법 개정운동을 벌였지만, 막상 법률이 통과되었을 때에는 성인 남성의 20%만이 선거권을 갖는 것으로 드러났다. 우리의 관심을 끄는 것은 선거법 개정을 위한 운동이 벌어졌던 기간(주된 활동기간은 1832~1848년이었음) 전체를 통틀어 볼 때 시민양성을 위한 교육이 운동의 부차적 목표들 중에서 중요한 위치를 차지하고 있었다는 점이다. 어느 역사가의 언급에 따르면, "런던의 일부 선동가집단은 이를 계속 염두에 두었으며 많은 분파가 이를 열정적으로 지지했다. ……《개혁가(The Reformer)》는 기고문에서 '대중교육이 우리 관심의 많은 부분을 차지하게 될 것'이라고 전망했다"(Silver, 1975: 77 재인용). '런던 차티스트 운동'의 저명한 지도자는 내각 구성을 담당했던 러벗(William Lovett)이었다. 그는 단지 런던에서만 중요한 인물이 아니라 그 운동의 주요 이론가이기도 했다.

버밍엄의 차티스트 운동을 이끈 데 대한 처벌로 러벗은 워윅 교도소에 수감되었다. 수감 중에 그는 동료운동가 콜린스(John Collins)의 도움을 받아서 『차티스트 운동: 인민의 정치·사회적 교육과 개선을 위한 계획을 지닌 새로운 인민기구(A New Organization of the People Embracing a Plan for the Education and Improvement of the People Politically and Socially)』라는 제목의 책을 썼다(Simon, 1972: 229~286 참조). 1840년에 첫 출간된 이 책은 인민 스스로가 구축하는 학교체계를 위한 청사진이자 중류·노동계급을 위해 그런 체계를 수립하는 사회적·정치적 근거에 대한 주장이다. 3Rs(읽기, 쓰기, 산수)나 고전에 국한되지 않는 전인교육 — 남자아이뿐만 아니라 여자아이에 대해서도 — 에 강조점이 두어졌다. 이 책에서 제안하는 교육과정은 매우 충실하다. 예비학교(중학교 수준)의 경우, 정규 교과들에서 다루어지지 않는 주제에 대한 짧은 강연이나 설명을 위해 비정규 시간이 할애되도록 되었다. 그런 주제들의 목록에는 '정부, 법률, 권리, 책무의 본질 — 부의 창출'이 들어 있다(Simon, 1972: 280). 고등학교의 경우, 상류층 자녀들은 역사부터 배우는 데 비해, 하층민 자녀들은 법과 정부의 본질을 포함한 목록에서 선택하도록 되어 있다.

좀 더 관심이 가는 것은 교육과 정치의 관계에 대한 러벗의 견해이다. 그는 정부가 학교에 대해 행사하는 일체의 통제에 반대한 고드윈의 입장을 따르고 있다. 그는 아예 대놓고 이렇게 말한다.

> 대륙의 이웃 나라들이 그렇듯 자유압살정책을 취하는 우리 정부의 성향을 보건대, 우리는 정부가 일단 우리의 자녀를 교육할 권한을 갖게 되면 아이들도

정부의 목적에 맞게 주조하는 과정을 추구하게 될 것이라고 두려워할 이유가 충분히 있다. …… 그들 나라 중 많은 경우에, 권리나 정의에 대해 말하는 것 — 자유주의가 깃든 신문 혹은 자유의 원리를 고취하는 책을 읽는 것 — 은 추방이나 감금의 처벌을 초래하는 일이다(Simon, 1972: 247).

그리하여 러벗은, 당시의 모든 급진주의자·혁명가와 마찬가지로, 자신이 생각한 시민교육이 정부 주도의 대중교육에서는 맹렬히 비난받고 거부될 것이라는 두려움을 많이 가졌다. 하지만 그는 단지 대중이 현재의 공공사안에 대해 알지 못한다고 참정권이 거부되는 것은 정당화되지 않는다는 신념을 굳건하게 견지했다. 책의 바로 첫머리에서 러벗과 콜린스는 독자에게 주의를 촉구한다.

노동계급은 '참정권을 갖기에는 너무 무지하다'고 생각하는 '교육자들'에게 우리가 동의한다는 생각을 당분간은 하지 않아야 한다. 그처럼 부당하고 자유파괴적인 생각을 지지하는 데서 멀찌감치 떨어져, 우리는 노동계급을 깨우치고 개선하는 가장 효과적인 수단은 그들이 다른 계급과 정치적으로 평등한 지위에 놓이게 되는 것이라고 생각한다(Simon, 1972: 229).

이 구절은 러벗이 (남성의) 보통선거(헌장의 첫 번째 조항)가 보통교육의 확립보다 우선되어야 한다고 믿었음을 보여준다. 하지만 그는 이에 만족하지 않았다. 이상적으로는 정치개혁과 교육개혁이 병행하여 나아가야 한다고 보았다.

왜냐하면 사람들은 자유의 완전한 결실과 축복을 누릴 수 있기 전에, 여전히 지식을 획득해야 하고 우리가 이야기한 감정들을 계발해야 할 것이기 때문이다. …… '참된 자유'는 의회의 법률에 의해 부여될 수 있는 것이 아니라 …… 대중의 계몽과 덕성과 더불어 싹트는 것이라는 점은 사려 깊은 관찰자라면 누구에게나 틀림없이 분명할 것이다(Simon, 1972: 235, 또한 234도 참조).

러벗은 이에 더해, 정치는 지저분한 일이며 시민의 도덕성을 기르는 대중교육만이 이런 결함을 상쇄할 수 있다고 덧붙인다.

차티스트 운동가들이 두 집단으로 분열되었다는 지적이 종종 있어왔다. 즉 폭력적 행위를 옹호하는 (그리고 실행에 옮기는) '강경파'와 논변에 주로 의존하는 '온건파'로 분파가 나뉘었는데, 오코너(Feargus O'Connor)가 전자를 이끌었고 러벗이 후자를 이끌었다. 전자의 집단은 차티스트 운동의 정치적 목표를 달성하는 수단으로서의 교육에 대해 경멸적이었던 데 비해, 후자의 집단은 교육의 본질적인 가치를 믿었다. 이런 해석에서 간단한 유형이 도출될 수 있다. 즉 온건파는 대중을 위한 교육이 선거권 확대의 토대를 제공하며 또한 이를 정당화할 것이라 주장한 데 비해, 강경파는 그 반대의 순서를 주장했다(예를 들어 Vaughan and Archer, 1971: 90~92 참조).

하지만 상반되는 주장들을 이런 식으로 정리하는 것은 지나치게 초보적이다. 규모가 큰 집단이라면 전술을 둘러싼 논쟁이 있기 마련이다. 그리고 우선순위 선택의 문제 ― 정치개혁을 위해 대중교육을 할 것인가 아니면 대중교육을 위해 정치개혁을 할 것인가 ― 는, 이 장의 시작부분에서 언급되었듯이, 결코 차티스트 운동에 국한된 문제가 아니라 광범위하게 논의된 어려운 문제였다. 사실 불같은 성격의 오코너는 자신의 기관지 《북극성(Northern

Star)》을 통해, 교육을 포함해서 어떤 사회개혁도 대중의 선거권 획득보다 선행될 수 없다고 단호히 주장했다. 그리고 그와 같은 생각이었던 마르크스주의자 하니(Julian Harney)도 그에 못지않게 과격한 주장을 펼쳤다.

> 오만한 귀족과 부유한 착취자 그리고 타락한 성직자, 한마디로 수백만 명의 권리와 자유 그리고 행복의 적인 이들은 인민을 교육하고 도덕성을 함양하는 일이 정당하다는 데 겉으로는 동의할 것이다. 인민의 정치적 권리가 보류되는 한, 인민의 적들이 묵인하는 바에 부응하는 어떤 교육체계도 인민의 노예상태를 영속화하는 것을 그 목표로 삼게 될 것이다(Vaughan and Archer, 1971: 91 재인용).

그럼에도 불구하고 앞에서 보았듯이 러벗의 입장은 좀 더 미묘하다. 그는 보통교육이 이루어진 연후에만 보통선거가 정당화될 수 있을 것이라는 점을 부정했다. 그보다는, 교육이 좀 더 광범위하게 이루어지면 투표권이 더욱 지적으로 활용될 것이라고 보았다. 결과적으로, 그는 정치적 압력과 교육개혁은 병행하여 진행되어야 한다고 주장했다. 그는 "(차티스트 운동가들이) '헌장'을 획득하려고 애쓰는 동안 그들은 스스로를 가르치게 될 것이며, 그리하여 헌장을 쟁취했을 때는 그 모든 이득을 실현하게 될 것"이라고 했다(Simon, 1970: 234). 그는 닭이 먼저냐 달걀이 먼저냐의 문제를 푸는 일을 피하려고 애썼다. 그런 입장을 실제로 견지할 수 있는지 의문이긴 하지만. 즉 '강경파'의 지도자들이 거세게 주장한 것처럼 지배계급의 적대감에 맞서, 어떻게 정부재정으로 이루어지고 대중이 관리하는 학교체계가 투표권을 갈망하는 사람들을 만족시킬 수 있는 시공간 내에서 고안될 수 있겠는가? 이에 더해, 교육받지 못한 대중에게 참정권을 허용하는 데 반대한 이들에는 비단 지배계급뿐만 아니라 여론주도층도 포함되었다는 점을 덧붙일 수도 있을 것이다. 그리하여 《맨체스터 가디언》의 편집자는 1838년에 이렇게 공언했다. "인민들이 좋은 교육을 받게 하고 그런 교육이 촉진하는 습관을 갖게 하여 금품이나 향응의 위력이 약해지도록 하라. 그렇게 될 때까지는 선거권이 안전하게 확대될 수 없을 것이다"(Briggs, 1960: 39 재인용).

이러한 주장은 한 세대가 지난 후에 2차 선거법 개정으로 선거권이 확대되던 때에도 다시금 들렸다. 이 법안이 통과된 지 3년이 지난 후, 고드윈과 제임스 밀 그리고 차티스트 운동가들이 두려워했던 바가 다가왔다. 즉 법안 승인과 점검의 임시조치기간이 지나고 1870년에 포스터 교육법(Forster Education Act)이 시행되면서 초등교육에 정부가 전면적으로 개입했다. 그 이전에는 빈곤층과 부유층 모두 사교육에 의존했다. 시민교육의 관점에서 보면, 이 조치로 인해 노동계급 성인들은 정치적 판단력을 갖출 수 있게 되었고 부유층 자녀들은 엘리트 시민으로 양성될 수 있게 되었다. 따라서 1870년대 이후로 나아가기 전에 지금까지 우리를 붙잡았던 이론적 맥락의 기저를 살펴보고, 아울러 19세기 초 영국에서 시민교육이 실제로 행해진 사례들을 개괄적으로 논의해야겠다.

19세기가 시작될 때부터 노동계급 사람들은 자조교육(self-help education)을 상당한 정도로 조직했다(예를 들어 주일학교, 야간학교, 기계공 학원 등). 이러한 노력이 전부 시민교육과 관련된 것은 아니었지만, 정치의식을 고양시키는 데 영향을 주기에는 충분했다. 게다가 문맹문제에 접근하면서 점점 더 많은 노동계급 사람(특히 남성)이 당시에 쏟아지다시피 발행된 수많은 신문과 책자를 읽음으로써 정치적으로 각성할 수 있게 되었다. 성인과 아동 모두 기존의 학교체계 바깥에서 이런저런 방식으로 이러한 발전의 혜택을 받았다. 예를 들어, 랭커셔 지방의 급진주의자 뱀포드(Samuel Bamford)는 나폴레옹 전쟁이 막을 내릴 즈음 주일학교들은 "충분한 재능을 지닌 많은 노동자가 의회개혁을 위한 마을회의에서 독자와 저자 그리고 연사가 되게 했다"라고 보았다(Silver, 1975: 67 재인용). 그리 오래 가진 못했지만 주목할 만한 실험이 1830년대에 전국노동자연맹(National Union of the Working Classes: NUWC)에 의해 행해졌다. 러벗이 지도자로서 빛을 발했던 이 조직은 의회개혁을 위해 전국에 걸쳐 결성된 조직이었지만, 지역별로 정치문제 토의와 학습을 위한 학급을 편성하도록 요구받았다.

따라서 러벗은 단순히 시민양성 목적을 위한 대중교육을 주장한 것이 아니었다. 그는 또한 차티스트 운동이 있기 전에 성인 수준에서 그런 공부를 할 환경을 조성하는 데에도 기여한 것이다. 더욱이 그의 주장에 크게 고무된 운동가들이 시민교육에 특별한 기여를 했는데, 이는 영국에서 거의 유례를 찾을 수 없는 일이다. 그들이 만든 조직이 존속했던 짧은 기간 동안 그들은 노동자들이 스스로를 교육할 광범위한 기회를 창출했으며, 차티스트 운동의 핵심적인 정치적 목적에 비추어볼 때 그런 교육의 정치적 내용도 없지 않았다. 정치경제학자이자 1816~1846년 기간의 중요한 역사에 대한 저서를 펴낸 마티노(Harriet Martineau)는 차티스트 운동 시기의 노동자들에 대해 다음과 같이 논평을 했다.

국가가 제공하지 않는 교육을 증진하고자 그들은 어렵게 번 돈과 여가시간 그리고 잠잘 시간과 건강까지 할애하였다. 그들은 경이로운 노력을 기울여 학교와 학원, 강연장과 독서실을 건립했으며, 생각할 수 있는 모든 방식으로 동료들끼리 지식을 교류했다(Silver, 1975: 85 재인용).

19세기 전체에 걸쳐 이질적인 단체들이 성장하면서 이런 일들을 계속해 나갔으며, 마침내 1903년에 '노동자교육연합(Workers Education Association)'으로 결합되었다.

1870년대 이전에 하층민 자녀들이 학교교육을 받을 수 있었던 것은 두 종교단체 덕분이었다. 1833년에 정부는 이들 단체에 매년 교부금을 지급하기로 결정했다. 1839년에는 교부금을 관리하기 위해 추밀원 특별위원회가 구성되었다. 학교운영을 감독하기 위해 국왕 직속의 장학관이 임명되었는데, 이들 장학관 중 가장 저명한 인물은 1851~1886년 동안 재임했던 (앞에서 이미 언급한 바 있는) 아놀드이다. 그는 럭비 중학교(Rugby School: 럭비 시에 있는 남자 사립중학교 — 옮긴이) 교장이었던 토머스 아놀드(Thomas Arnold)의 아들이었으며, 공립 '기숙학교' 설립을 내용으로 하는 유명한 '포스터 교육법'을 발의했던 포스터(W. E. Forster)와 처남매부지간이었다.

우리가 여기서 관심을 갖는 것은 교부금과 장학체계 그리고 시민교육의 관계이다. 이를 위해 우리는 1859년에 추밀원 부의장 즉 교육부장관이 된 로우를 거명하지 않을 수 없다. 1862년에 그는 '결과에 따른 지출'이라 불리게 된 바를 실현하고자 '개정 교육법'을 발의했다. 이 법안은 학생들의 3Rs(읽기, 쓰기, 산수) 능력을 검사하고 이들 기본 기능의 실력 수준에 따라 학교에 교부금을 제공하는 것을 골자로 했다. 예를 들어, 국왕 직속 장학관을 만족시키려 시험공부에 매달리다 보니 도덕과 역사수업 — 아주 약간 시민교육을 다루는 영역 — 에는 결과적으로 교부금이 지원되지 않았다. 아놀드는 이를 개탄했다(Arnold, 1962: 215 참조). 그는 또한 읽기수업조차 매우 과장되게 보고되어 학생들이 거의 이해하지 못하는 실정이라고 지적했다. 그는 어느 장학관이 제출한 증거를 인용했는데, 특히 이러한 맥락에 잘 들어맞는다.

> 평균보다 훨씬 높은 수준의 읽기점수를 기록한 어느 학교에서, …… 나는 그중 가장 나은 학급의 수준을 검사하려고 학생들에게 신문을 주고는 몇 단락을 크게 읽어보라고 했다. 학교마다 한 학급씩 검사했는데 해당 학급이 신문을 보자마자 읽을 수 있는 경우는 169개 학교 중 20개를 넘지 못했다(Arnold, 1962: 223 재인용).

영국 정부가 초창기 초등학교 운영에 관여해서 거둔 시민교육 성과에 대해서는 이 정도로 해두자.

다른 한편, 애초에 빈곤층 교육을 위해 설립되었던 사립중학교들이 19세기 말에 이르러서는 3세기 전 엘리엇이 말한 '통치자'(2장 참조)에 해당하는 빅토리아 시대의 특권층 자제들을 교육하는 곳이 되어가고 있었다(이들 학교에서 정치문제를 재미있고 도전적인 방식으로 가르치고 싶어 했던 교사들이 20세기에 들어서조차 직면했던 어려움에 대해서는 Gollancz, 1953: 4~6장 참조). 우리가 논의하는 19세기의 맥락에서는 시민 자질 교육이 사회 최상층 자제들이 공직에 복무하도록 교육하는 것으로 해석될 수도 있다는 점을 다시금 인정하자. 다음 인용구절은 빅토리아 시대에 학교교육의 형태를 어떻게 규정했는지를 정확히 보여준다. 이 구절은 1864년에 발간된 사립중학교위원회 보고서에서 발췌한 것이다.

> 그 학교들이 제공하는 교육내용 중 고전교육이 영국 교육의 주된 요소로 확실

하게 간주되어야 한다. …… 여전히 더 중요한 것으로, 둘째는 상류층 자제들을 위한 관리·훈육체계로서 …… 이는 국민으로서의 품성 형성과 사회생활에 끼치는 영향 측면에서 매우 중요한 것이었다고 인정된다. …… 이들 학교는 지금껏 우리의 정치가들을 양성하는 주요 기관이었다(Gaus, 1929: 148 재인용).

위원회에 따르면, 이 매력적인 교육방식을 특징짓는 고전과 품성 형성 과목이 지니는 수월성은 보편적으로 인정되어왔다. 글쎄, 그렇게 보편적이지는 않았을 것이다. 영국에서는 분명 그에 대한 우려들이 있었다. 이들 중 특별히 시민교육에 대한 언급을 하고 있는 것들을 살펴보자. 여타 과목들이 세계에 어떤 관련을 지니는지 언급하지 않은 채, 그들 과목을 배제하면서 그리스·라틴 어문학을 가르치는 것은 학생들이 균형 잡힌 교육을 받고 당대의 공공사안들에 주의를 기울이는 사고의 틀을 형성할 기회를 박탈했다. 교사와 반장이 매질을 하고 상급생이 하급생을 못살게 구는 행태는 (스파르타의 경우에는 미안한 말이지만) 진정한 고전적 기준에 의하면 시민 대 시민의 관계를 보여주는 것이랄 수 있는 평등주의와 사회적 조화에 거의 도움이 되지 않았다. 하지만 모든 학교가 차마 말로 표현할 수 없을 만큼 가혹한 처사로 볼썽사나운 상황은 아니었으며, 19세기 중반에 이르면서 그런 습관은 여하튼 줄어들고 있었다. 상대적으로 보통 수준에 있는 다수의 학생들 중 하위 집단에 속하는 학생들이 1851년에 말보로에서 교육체계의 비인간적이고 부당한 측면에 반기를 들고 봉기를 한 것 — 아마도 일종의 시민의식이 싹을 틔운 일이 아니겠는가! — 을 일례로 들 수 있다.

가장 저명한 사립중학교 교장 중 한 사람으로 아놀드를 들 수 있다. 그는 1827년부터 그가 작고한 1842년까지 럭비 중학교에서 교장으로 재직했다.

그에 대해서는 "아놀드가 주장했던 모든 교육적 이상은 기독교와 시민권 두 개념에 기초해 있다"(Vaughan and Archer, 1971: 110)라고 이야기되어왔다. 그가 시민권이라 할 때 그것은 사회적 의무감, 양심적인 투표권 행사와 책임 있는 지도력을 의미했다. 학교의 전반적인 기풍을 통해 이루어지는 도덕교육은 이런 목적을 달성하는 적절하고도 효과적인 방법이었다. 첫 번째이자 가장 중요한 것으로, 도덕적 시민권은 기독교적 시민권이어야 했다. 그는 사립중학교 학생들뿐만 아니라 모든 젊은이를 위한 교육을 주장했다.

하지만 이에 더해, 아놀드는 시민양성을 위한 고전의 역할 ― 제대로 가르친다면 ― 을 확고하게 믿었다. 예를 들어 영국에서뿐만 아니라 프랑스에서도, 영국의 사립·공립중학교에서 그리고 프랑스의 경우 대입자격시험을 준비하는 고등학교에서 고전수업을 하는 것을 놓고 열띤 논쟁이 벌어지던 차였다. 시민으로 자라는 준비라는 관점에서 세 가지 질문이 제기되었다. 고전공부 그 자체가 나라의 지도자를 기르는 가장 적절한 방법이라는 일반적인 생각이 타당했던가? 고전은 '근대적' 교과목, 특히 과학으로 보충해야 하는가? 그리고 고전은 당면한 문제들을 조망하는 명시적인 목적으로 가르쳐야 하는가? 아놀드는 자신의 입장을 분명하게 밝혔다. 고전은 교육과정의 기초로 남아 있어야 하지만 시대에 맞게 가르쳐야 한다는 것이었다. 그가 1834년에 쓴 글을 보자.

> 과거의 지식이 전적으로 그 자체에 국한된다면, 우리 주위의 사물들과 관련지어 제시되는 대신 전적으로 그로부터 유리된다면, 그리하여 모호함과 오해로 위장되어 주위 사물들을 설명할 수 없는 것으로 비친다면, 그런 지식은 힘만 들인 헛수고보다 하등 나을 것이 없을 것이다(Bamford, 1960: 69 재인용).

그리스와 로마는 우리 자신의 근대문명의 수준을 가늠하는 척도가 되어야 한다. 그는 이렇게 덧붙인다.

> 왜냐하면 아리스토텔레스와 플라톤 그리고 투키디데스와 키케로, 타키투스 …… 그들은 우리의 동포나 동시대인은 아니지만, 그들의 주장과 견해는 보통 사람들이 닿을 수 없는 영역에서 이루어졌고 우리 스스로는 볼 수 없는 것을 우리의 눈을 통해 본 것처럼 제시되어왔다는 이점을 지니며 또한 그들이 내린 결론은 우리 자신의 상황과 관련이 있기 때문이다(Boyd, 1932: 397 재인용).

그가 보기에 고전적 공화주의 시민권의 원리들을 전달함에서 고대의 저자들을 선정하는 것보다 더 나은 대안을 찾기란 거의 불가능했다.

아놀드는 또한 가장 바람직한 영국의 학교구조에 대해서도 생각했는데, 그는 하층민을 위한 국가 주도의 초등학교를 주장했다. 이는, 앞에서 보았듯이, 포스터법이 통과될 때까지 실현되지 못했다. 2차 선거법 개정이 있은 지 3년 후 이 혁명적인 조치가 등장하자 첫째, 그 교육법이 개정 선거법에 대한 대응인가, 그리고 둘째, 기숙학교에서 어떻게 국가가 시민교육에 영향을 행사하는가 하는 물음이 불가피하게 제시되었다.

1867년의 개정 선거법은 유권자의 수를 대략 250만 명이나 증가시켰는데, 이는 거의 성인 남성 셋 중 하나에 해당하는 수치였다. 이 장의 앞부분에서 보았듯이, 로우는 몇몇 동료의 견해에 신경질적으로 혐오감을 나타냈다. 그는 "이제 궁핍과 불만에 맞서 분투하는 다수의 손에서 헌정질서를 구하기 위해 남아 있는 것이 무엇인가?"(Briggs, 1959: 511 재인용)라고 물었다. 좀 더 잘 알려진 이야기를 하자면, 그는 "우리는 교장들을 교육해야 한다"라고 천명한 것으로 전해진다. 정확히 그가 한 이야기는 "나는 당신들이 미래의 교장들이 자신의 직분을 깨닫도록 설득하는 일이 절대적으로 필요할 것이라고 믿는다"(Stewart, 1986: 101 참조)라는 내용이었다. 따라서 글래드스턴 정부가 초등교육법안을 발의함에서 2차 선거법 개정안 제정이 매우 중요한 요인이었다는 점이 빈번하고도 자연스럽게 주장되었다(예를 들어 Frazer, 2000: 92 참조). 하지만 그런 가정은 전적으로 확실하지는 않다. 총리 자신이 그런 조치에 제한적인 관심만 가졌던 데다(Morley, 1903: 298~299 참조), 소장파 체임벌린(Joseph Chamberlain)이 주도한 전국교육연맹 같은 압력단체는 1869년에 가서야 결성되었다. 더욱이 한 역사가는 정반대 경우를 거론하면서 그 두 법안 간에 관련이 있다는 가정에 대해 다음과 같이 주장한다.

> 새로 국민이 되는 사람 모두에게 선거권을 부여하게 되면 정치인들은 그들 새로운 국민이 유권자로서 적합한지 우려하게 될 것이라는 논거에서, 혹은 새로운 유권자들이 교육에 대한 모종의 조치를 요구하게 될 것이라는 논거에서 이런 주장을 견지하기에는 증거가 충분치 않다. 다른 것은 접어두고라도 개정 선거법과 교육법 간의 시간적 간격이 너무 짧은 것으로 보인다. 그보다는 대중교육 관련 조치의 추진과 의회개혁의 추진은 공통의 뿌리를 지닌 것으로 보인다(Sutherland, 1971: 27).

다른 한편, 1868년에 글래드스턴 총리에 의해 추밀원 부의장으로 임명되었으며 교육법안이 상정되도록 막후에서 열정적으로 힘을 쏟은 포스터는 이렇게 천명했다.

나는 우리 헌정체계의 이익과 안정적인 운용이 이 즉각적인 조치에 의존한다고 전적으로 믿는다. 명예롭게도 의회는 최근에 영국이 장차 국민대중의 정부에 의해 통치되도록 결정했다. …… 이렇게 국민에게 정치권력을 부여했다면 우리는 더 이상 그들에게 교육을 제공하는 일을 기다려서는 안 된다(Brennan, 1981: 33 재인용).

자발적인 초등교육체계에 존재하는 역력한 격차를 줄이고 비효율성을 개선할 국가의 책임을 인정하는 일은 확실히 오랫동안 지체되었다. 개정 선거법이 이를 정당화하는 데 힘을 실어준 것이다.

학생들에게 '읽기·쓰기'를 가르쳐야 한다고 한 로우의 언명과 별도로, 기숙학교들은 어떤 의미에서 시민 자질 함양이라는 자신들의 임무를 준비했던가? 1914년으로 가보면, 개정 교육법이 초기에 유발했던 부작용에도 불구하고 시민교육 분야에서 모종의 성과가 있었음을 알 수 있다. 예를 들어, 사회학자 스펜서(Herbert Spencer)가 1850년대에 했던 논평과 1870년대 이후부터 새로운 교과서에 대한 요구가 제기된 것을 비교해보자. 스펜서는 "교육의 여러 과정에 공통적으로 편성되어 있는 지식 중 시민으로서의 행동을 안내하는 데 도움이 될 만한 것은 거의 없다"(Spencer, 1929: 34)라고 했다. 그로부터 20~30년 후에 발간된 두 종의 교과서는 특히 성공적이었다. 하나는 『영국의 헌법과 정부(The British Constitution and Government)』라는 제목의 것으로 런던교육위원회에 의해 채택되었다. 다른 하나는 『시민 독본(Citizen Reader)』이라는 제목의 것으로 1885~1916년 동안 25만 부가 판매되었다(Heater, 2001: 106 참조).

런던 교육위원회의 적극적인 조치는 눈여겨볼 만하다. 중앙정부(1899년부터 해당 부서는 교육위원회(Board of Education)로 불렸다)는 때때로 교사용 지침서를 발행하기도 했다. 그중 1914년판을 보면, 초등학교의 목적은 학생들이 '지적으로뿐만 아니라 실제적으로도 일상의 업무를 수행할 능력을 갖추도록' 돕는 것이라고 밝히고 있다. 1910년판에는 두 가지 교육적인 언급이 포함되어 있다. 첫째는 '잠재적 교육과정'이라 불리게 된 학교의 '교풍'으로부터 시민들의 습관이 길러져야 한다는 권고와 관련되어 있다.

> 교사의 중요한 기능은 아동이 좋은 시민으로 살 수 있도록 준비시키며 근로자로서의 적성을 키우며 …… 동료 간의 의리, 제도에 대한 충성, 이타심 그리고 규율 있는 마음가짐같이 학교생활의 영향을 아주 많이 받는 요소들을 함양하는 데 있다(Brennan, 1981: 34 재인용).

둘째는 절제에 엄청나게 많은 분량이 할애되고 있는데, 흥미롭게도 이 항목은 (앞에서 보았듯이) 당시 프랑스의 교수요목에도 포함되어 있다. 달리 말해, 보통의 시민은 건강한 근로자가 되도록 배워야 한다는 것이었다.

이러한 태도는 시민교육에 적합하다고 여겨진 내용에 관한 문제를 제기한다. 1882년에 역사가이자 교육자이며 교육개혁가였던 토인비(Arnold Toynbee)는 성인들을 대상으로 한 정치, 산업, 위생과목 수업을 권고했다(Toynbee, 1969: 226~230 참조). 토인비 자신이 인정했듯이, 이런 내용은 매우 지루할 수 있다는 난점이 있었다. 하지만 시민교육을 어떻게 개선할지에 대해서는 거의 합의된 바가 없었다. 이러한 난관은 1924년에 발간된 피셔(H. A. L. Fisher)의 책 『공공복리(The Common Weal)』에 들어 있는 논평에 잘 요약되어 있다. 그는 주제목록에 '음식물 위생'을 포함시켰지만, 정치인이나 세무공무원 같은 상이한 공무원들의 역할에 대한 설명을 한두 세대 앞서 서술한 교과서들에 대해 런던 정경대 정치학 교수 월러스(Graham Wallas)는 "서가에 자리를 차지하는 인쇄물 중 아마 가장 쓸모없는 소장품일 것"이라고 악평을 쏟아 부었고, 피셔도 이 점을 시인했다(Gaus, 1929: 146, 165 재인용). 그는 시민양성의 목적으로 가르치기에 가장 적절한 과목으로 역사를 꼽았다.

물론 여기에는 독창적인 것이라고는 아무것도 없으며, 시민으로서의 자부심과 애국심을 기르고자 하는 교육은 종종 클리오(Clio: 그리스 신화에 등장하는 역사의 여신 — 옮긴이)의 손에 맡겨져 왔다. 이것이 19세기 중반 영국 공립학교의 실정이었다. 즉 1862년의 개정 교육법은 영국사 교수요목에서 1820년 조지 3세의 사망을 3대 사건으로 다루도록 했다. 불행히도, 1900년경 당시 새롭게 성장하던 중등학교에서는 소수의 학생만을 대상으로 하긴 했지만 역사과목이 필수였던 것에 비해, 초등학교의 경우에는 1/4가량만이 역사를 가르쳤다. 게다가 당시 '터무니없는 것을 연달아' 지겹도록 가르치는 역사과목에 대한 반작용은 학교에서 역사과목을 변모시키는 쪽으로 나아갔다. 즉 역사는 현재를 설명해야 한다는 것이다. 이러한 변형의 의미는 다음과 같이 설명되어왔다. "새로운 기법을 통해서만이 역사는 도덕적 훈련뿐만 아니라 애국심과 선량한 시민의식 고취라는 고유의 목적을 달성할 수 있었다"(Mackenzie, 1984: 177; Steele, 1976: 1~222 참조).

결국 20세기에 들어 공립학교에서의 '애국심 고취'는 제국주의적 긍지의 고취가 되었다. 1904년에는 고 빅토리아 여왕의 생일이 제국의 날로 선포되었으며, 경축행사가 특히 학교에 권장되었다. 그러나 공립학교들이 역사교육에서 뒤처지게 되면서, 제국주의 의식을 함양하는 일에서도 뒤처졌다. 비록 1차 대전과 2차 대전 사이의 20년 동안 그동안 뒤처진 부분을 만회하긴 했지만. 어느 미국인 학자가 1925년에 영국을 방문한 후에 발간한 책에서 언급한 바로는, 런던 시평의회에서는 교사들에게 이날은 학교에 다니는 "아동들의 마음속에 자신들이 제국의 아동으로 물려받은 것에 부합하는 참된 책임감 그리고 모든 영국 신민 사이에 존재하는 친밀한 가족적 유대감을 고취"(Gaus, 1929: 178 n.10 재인용)하도록 유념하라고 당부했다.

그렇지만 앞에서 보았듯이, 이미 이 시기 이전에 사립중학교들은 학생들에게 제국주의 의식을 불어넣는 선전운동을 행하고 있었다. 선전운동으로서 간주되기보다는, 식민지 신민들보다 인종적·종교적·행정적으로 우월한 데서 오는 영국의 제국적 운명에 대한 진리로 간주되었다. 어떤 저자는 사립중학교에 '서로 맞물린 네 개의 사회·정치적 의식영역', 즉 국가에 대한 헌신, 인종적 우월감, 제국주의적 자민족 중심주의, 그리고 집단적 가치에 대한 무비판적 동조가 존재했다고 규정한 바 있다(MacKenzie, 1986: 116). 사립중학교에 개인적·인종적 우월감이 존재하며 '하층신분'과 '하층인종'에 대한 생색내기가 매우 공격적이라고 본 비평가들이 19세기 말과 20세기 초에도 있었지만, 20세기의 두 번째 사반세기에 들어서는 더욱더 많아졌다. 그럼에도 불구하고 교장들 중 많은 이가 (극단주의자로 알려진) 해로(Harrow) 중학교 교장의 이야기에 깊이 공감했다.

> 오늘의 청소년들은 내일의 정치인·행정가입니다. …… 원기, 활력, 불굴, 좋은 품성, 자제력, 규율, 협동, 단체정신 등 크리켓이나 축구에서 승리를 할 수 있게 하는 이런 자질들은 바로 전쟁과 평화를 가르는 데서 승리할 수 있도록 해주는 자질들입니다. 이런 자질들을 갖춘 사람들 즉 차분하고 결점 없는 시민

들이 아니라, 의지와 정신 그리고 기사도를 지닌 사람들이 플라시와 퀘벡을 정복한 사람들입니다(MacKenzie, 1986: 121 재인용).

이 장면은 분명 군국주의적 색채를 띠고 있으며, 곧잘 인용되는 웰링턴 공작의 경구 "워털루 전투의 승리는 이튼(Eton)의 운동장에서 쟁취되었다"라는 말을 생각나게 한다. 수많은 군사적·종교적·세속적 운동이 무성하게 펼쳐졌는데, 민간 청소년운동의 군사적 맥락이 모종의 관심을 유발하긴 했지만, 군사적·제국주의적·애국적·도덕적 그리고 시민적 목적에 대한 강조의 정도도 다양하게 나타났다. 그럼에도 불구하고 이들 운동단체가 계층을 망라해서 대중성을 확보했던 점은 부인될 수 없다. 어떤 권위자는 1901~1920년 기간 동안 소년·청년의 40%가 이들 운동단체 중 한두 곳에 소속되었다고 평가한 바 있다. 또 다른 평가에 따르면 1900~1980년 기간 동안 청년층의 60%가 일정 시기에 제복을 착용하는 단체에 가입한 경험이 있다. 두 번째 경우의 비율에는 보이스카우트나 걸스카우트에 소속되었던 약 1,300만 명이 포함된다.

이들 단체 중 스카우트 운동이 가장 대중적인 단체였다(사실 서유럽과 미국 그리고 영연방 자치령과 식민지를 비롯해 많은 다른 나라들로 확대되어나갔다). 1908년에 스카우트 단체를 창설한 베이든-파월(Robert Baden-Powell)이 그의 책 『보이스카우트로 활동하기(Scouting for Boys)』에서 그 목적과 원칙을 정의하고 있듯이, 그 운동은 창설자 자신이 제국의 여러 지역에서 장교로 근무했던 경험에 상당 부분 의거했다. 사실 그 책은 "처음부터 '훌륭한 시민 양성을 위한 지침서'라는 부제를 달고 있는 데서 알 수 있듯이, 제국주의적·군사적 맥락에서 출간된 매우 제국주의적이고 애국주의적이며 사회진

화론적인 문건"(MacKenzie, 1984: 243)으로 묘사되어왔다. 그리고 시민권의 특징 중 하나가 시민이 선출한 대표가 주장하는 정책들을 점검하는 것이라면, 베이든-파월은 영국의 총리들을 비난의 대상인 '정상배(politicians)'와 칭송의 대상인 '정치가(statesmen)'로 양분함으로써 시민의 역할을 단순화했다. 그에 따르면, 첫 번째 범주는 '육군과 해군을 감축해서 예산을 절감하고자 하는' 이들로서 선거에서 대중의 인기는 얻지만, 그 결과 나라를 약하게 만들고 식민지를 위험에 빠뜨린다. 두 번째 범주는 '더 나은 사람들'로서 대중의 인기에 연연해하지 않고 나라의 안전을 지키는 데 우선순위를 둔다(MacKenzie, 1984: 244~245 참조). 1910년에 베이든-파월과 그의 누이 아그네스가 걸가이드(Girl Guides)를 창설함으로써 소년들뿐만 아니라 소녀들도 이런 방식으로 영향을 받았다.

청소년단체들은 본질적으로 훌륭한 시민 자질이 건전한 생활 그리고 제국에 대한 긍지에 있다고 해석함으로써 학교에서 전수되어오던 이들 요소를 강화했다. 하지만 1960~1970년대에 와서는 두 가지 요소 모두 전적으로 시대에 뒤떨어진 것이 되었다. 이제는 민주적 참여를 위해 필요한 것이 된 적극적인 사회·정치적 분별력은 '건전한 생활'을 가르치는 수업을 통해서는 가르쳐질 수 없게 되었다. 그리고 '제국에 대한 긍지' 아래에 놓여 있는 인종적 기만은 영연방 지역에서 이주해오는 사람들 — 어떤 정의관이나 도덕관에서 보더라도 열등한 사람들로 대해질 수 없는 — 이 늘어남으로써 새롭게 요구되는 시민권 형식과 잘 맞지 않게 되었다. 이제 이렇게 질문해야 한다. 1차 대전 이후 반세기 동안 시민교육의 실제에서 지배적인 태도는 어떤 것이었나? 그러면, 이 질문에 따라, 제대로 된 시민권 연구와 경험을 학교교육 과정 속에 구축하고자 오랜 기간 동안 분투해온 과정을 살펴보자.

4. 영국: 국가수준 교육과정에 이르는 느린 행보

1918년의 4차 선거법 개정은 21세 이상의 모든 남성 그리고 30세 이상의 여성 모두에게 투표권을 부여했다. 하지만 이 조치는 시민교육에 대한 공식적인 태도에는 별다른 변화를 가져오지 못했다. 즉 사회적 순응과 정치적 충성은 여전히 당시의 질서 그대로 남아 있었다. 심지어 1930년대, 1940년대의 정부간행물을 보더라도, 국교회가 학교에서 이루어지는 일체의 그리고 직접적인 시민교육을 떠안는 것을 얼마나 ― 두려워한 것은 아닐지라도 ― 주저했는지를 알 수 있다. 그 문건 중 다섯을 골라 몇 가지 상이한 접근 방식을 살펴보도록 하자.

1938년에 중등교육에 관한 스펜스(Spens) 보고서(관례대로, 초안을 작성한 자문위원회 위원장의 이름을 따서 명명되었음)가 간행되었다. 보고서는 시민권을 직접 가르치는 것에서 거리를 두었으며, 그보다는 16세 이하의 학생들에 대한 시민교육의 목적으로 특히 근세사를 활용할 것을 주장했다.

> 상이한 관점을 인정하며 양측 모두의 장점을 볼 수 있는…… 균형 잡힌 태도를 유도하기 위해 근세사를 가르칠 수 있다. 교사들은 이런 방식으로, 즉 역사에서 교훈을 얻거나 폭넓게 공감함으로써 학생들이 근대 민주사회의 시민이 되게끔 가장 잘 교육할 수 있다(Brennan, 1981: 38~39 재인용).

5년 후에 노우드(Dr Cyril Norwood) 보고서는 이런 입장을 더욱 귀에 거슬리게 표명했다. 보고서는 이렇게 단언한다.

우리 생각으로는, 미성숙한 학생들이 성인의 경험을 내포하는 사안들에 관심을 갖게 하려고 시도해서는 해로운 결과만 초래될 것이다. 관심을 갖도록 강제한다는 점에서 학생들에게 직접 해가 되고, 학생이 바람직하지 못한 반응을 보일 경우를 감안하면 장기적으로 교육의 목적에 해가 된다(Brennan, 1981: 39 재인용).

하지만 보고서의 저자들은 다음과 같은 단호한 경고와 더불어 시민교육을 명시적으로 언급하고 있다.

우리는 시민교육이 소년소녀들이 시민으로서의 삶을 준비하도록 한다는 점에서 매우 중요하다고 생각한다. …… 그럼에도 불구하고 공공사안에 할애되는 단원들은 좀 더 성숙한 소년소녀들(15, 16세 이상)에게 제대로 적용될 수 있다(Brennan, 1981: 39 재인용).

다음해에 교사양성에 관한 맥네어(McNair) 보고서가 간행되었는데, 조심스럽게 양면적인 입장을 보였다. 한편으로는 각급 학교에 특별히 사회봉사와 정부기구를 공부한 교사들이 어느 정도 있는 것이 바람직하다고 하면서, 다른 한편으로는 "시민권은 도덕적 반성의 습관 그리고 높은 의무감과 별도의 근거를 갖는 것이 아니다"라고 표명함으로써 시민권의 성격을 엄격히 제한하는 입장을 보였다(Board of Education, 1944: 218).

2차 대전 직후에 발표된 교육부의 권고는 1947년에 간행된 『새로운 중등교육(The New Secondary Education)』, 그리고 그로부터 2년 후에 간행된 『성장하는 시민들(Citizens Growing Up)』이라는 책자에 각각 한 단락을 차지했다. 전자는 조심스레 경계하는 태도를 버리고 지방정부와 중앙정부, 조세, 사법체계, 그리고 영연방 나아가 국제연합까지 다루는 '시민권' 혹은 '시민론' 수업을 권고했다. 후자는 정부의 공식적인 입장으로는 전례 없이, 그리고 앞으로 보게 되듯이 1990년에 이르기까지 유례를 찾을 수 없는 방식으로, 시민교육의 중요성을 인정한 책자였다. 『성장하는 시민들』은 학교가 하는 일이 너무 없으며 너무 비효율적이라고 비판한다. 하지만 그 책자에서 개략적으로 제시하는 처방은, 1947년 책자에서 열거된 목록에 살을 붙이지 못하고, 스펜스 보고서와 맥네어 보고서로 회귀하고 있다. 그 책자는 시민권이 '품성의 문제'라고 단언하면서 다음과 같은 사실에 기뻐하고 있다.

> 교직의 어느 분야에나 겸손, 봉사, 자제 그리고 인격존중과 같이 전통적인 소박한 덕성을 기꺼이 재해석하고자 하는 진취적인 인물들이 존재한다. 학교가 학생들에게 이런 자질을 고취할 수 있다면 우리는 건강한 민주사회의 조건을 충족시킬 수 있을 것이다(Crick and Heater, 1977: 28 재인용).

진취적인 인물들이 전통적인 소박한 덕성을 각종 제도와 법규, 권리와 시사문제를 이해하고자 하는 현대적 필요와 균형을 맞출 생각을 하지 못한다면, 그들은 어떻게 전통주의자들과 대비될 수 있을까?

1930~1950년대 영국에서 시민교육이라는 주제를 둘러싸고 있었던 난점들은 시민교육협회(Association for Education in Citizenship: AEC)의 역사에 고스란히 남아 있다. 사실 휏마시(Guy Whitmarsh)가 아주 잘 묘사한 것처럼 (Whitmarsh, 1972, 1974), 이 단체가 지나온 날들은 근대 이후 많은 나라에서 시민교육을 따라다니는 문제들에 대해 많은 것을 이야기해준다. 여기서

잠깐 그 일화를 좀 자세히 살펴보는 것이 좋겠다.

AEC는 1934년 사이먼 경(Sir Ernest Simon)과 허백 여사(Mrs Eva Hubback)가 "시민권 공부와 훈련을 촉진하기 위해"(AEC, 1936: 267) 설립했다. 그리고 교육위원회 의장, 즉 교육부장관인 스탠리(Oliver Stanley)는 협회 스스로 천명한 것처럼 협회의 과제가 "시민권을 직접 가르치는 것은 좀 더 일반적으로 행해질 수 있으며 또 그래야 하는 교과목"이라는 믿음에서 도출된다고 설명했다. 그는 계속해서 이렇게 해설한다.

> 제 생각으로는, 시민교육의 가능성을 확신한다면 그리고 그런 교육이 지닐 수 있는 형태를 명확하게 조망할 수 있다면, 이런 견해에 동의하지 않는 사람은 거의 없을 것입니다. ……
> 그 교과목의 성격이 분명치 않은 점 그리고 그에 대해 격렬한 논쟁이 벌어지고 있다는 점이 경륜 있는 교사로 하여금 그 같은 막중한 과업을 떠맡기를 꺼리게 만들고 있습니다(AEC, 1936: v~vi).

AEC가 내놓은 해결책은 두 가지 경로로 도달하게끔 되어 있었다. 하나는 어떻게 시민권이 수용 가능하면서도 효율적으로 '직접' 가르칠 수 있는지 출판물을 통해 보여주는 것이었다. '직접'이라는 단어에 유의하자.

그들은 시민권이 마치 교육과정상의 주요 교과목 중 하나인 것처럼, 그리고 진보적 교수법에 의해 가르칠 수 있기를 원했다. 그들은 자신들이 '간접적' 시민교육방식이라 부른 것 즉 전통적인 교과목을 통한, 그리고 학교의 전반적인 기풍을 통한 교육방식과 자신들의 구상 사이에 극명한 차이가 있다고 생각했다

(Whitmarsh, 1974: 135).

두 번째 경로는 정치인들 그리고 여타의 유력 인사들에게 자신들의 구상이 가치 있으면서도 실천 가능하다고 설득하고자 하는 목표를 지닌 압력집단으로서 행동하는 것이었다. 이 두 번째 경로로 나아가는 것이 상대적으로 쉬운 길인 것처럼 보였는데 다음 세 가지 이유에서이다. 첫째, 자유민주주의를 위협하는 공산주의와 파시즘, 나치즘이 등장하면서 교화를 통한 그들 나름의 효율적인 시민교육을 시도했는데(5장 참조), 이는 영국의 많은 사람에게 국가의 정치적 가치와 문화 및 전통을 방어할 보루를 구축할 모종의 시민교육이 당장 필요하다는 경각심을 불러일으켰다. 둘째, AEC는 관계와 교육계의 기라성 같은 인사들을 이사회의 부의장과 이사로 영입하는 데 성공했다(AEC, 1936: 265 참조). 셋째, 사이먼 자신은 말할 것도 없고, 이들 중 상당수가 권력층에 압력을 행사하는 일에 경험도 있었고 또 능숙하기도 했다.

하지만 — 이 일화의 교훈이기도 하다 — 매우 유망한 여건에서 동원된 이들 전문가의 활동조차 공무원의 의구심과 타성을 극복할 수는 없었다. 결정적인 시험은 스펜스 위원회의 보고서 초안 작성 때 있었는데, 이 위원회 담당자는 당시 교육위원회의 사무차관이었다. 휫마시는 이렇게 설명한다.

사무차관인 홈즈 경(Sir Maurice Holmes)은 학교에서의 정치에 반감을 갖고 있었다. 그는 학내 정치가 학교에 편견이 횡행하게 하며 교사가 정당의 하수인이 되게 한다고 생각했다. 그의 선임자들과 마찬가지로, 그는 교육위원회를 담당하는 공직자들이 교육내용에 관한 공공논쟁의 변덕에 노정되는 것을 원치 않았다. 의장인 스펜스는 자신의 관점에 입각해서 직접교육을 고수하는 것은 영향력 행사를 바라는 시민교육학회의 희망에 재앙이 된다는 점을 분명히 했다 (Whitmarsh, 1974: 137).

그 보고서가 어떻게 간접적 접근을 강조했는지는 앞에서 보았다.

게다가 AEC의 이사회 자체에도 (위에서 본) 노우드 박사를 위시하여 숨어 있는 트로이 목마들이 다수 있었다는 점을 언급해야겠다. 이에 더해, AEC가 좌파적 정치색을 띤다는 비판에 대처하기 위해 1938년에는 막 총리를 지낸 볼드윈(Stanley Baldwin)을 의장으로 영입하는 등 자타가 공인하는 보수인사들을 영입했다. 그 결과 "협회는 사실상 철저히 친정부 인사들이 깊이 침투한 상황에 이르렀다"(Whitmarsh, 1974: 138). 공직자의 보수화를 극복하려 했던 사이먼의 시도에 대해 휫마시는 스스로의 계획을 실제로는 파괴한 '매우 순진한'(Whitmarsh, 1974: 139) 일이라 평가한다.

1962~1972년의 기간은 1930년대와 1940년대 20년 동안과 비교할 때 유사한 부분도 많고 또 구체적으로 살펴보면 흥미로운 차이점도 많이 드러난다 (1930년대와 1940년대에 대해서는 Crick & Heater, 1977; Davies et al., 1999; Fogelman, 1991; Harber, 1987 참조). 이러한 비교는 네 가지 항목으로 구분해서 하는 것이 유용할 것이다.

첫째, 각 시기마다 정치적 정당화 작업이 존재했다. 1930년대와 1940년대에는 전체주의의 도전에 대응하기 위해 정당화가 수반되었다. 나중에 1970년에 가서는 선거권 연령을 21세에서 18세로 극적으로 낮추는 일이 벌어졌는데, 이는 새로운 선거시대의 개막을 알리는 것으로 보였다.

타블로이드판 신문 《데일리 미러(Daily Mirror)》의 컬러 증보판의 1면이 "누가 미혼여성의 투표를 두려워하는가?"라는 제목으로 장식되었다. 그에 딸린 사진을 보면 유모차에 앉아 있는 비키니 차림의 18세 소녀를 의원 후보자가 상냥하게 어루만지고 있는데 그의 눈빛은 그녀의 정치적 처녀성 박탈을 즐기는 것처럼 보인다(Crick & Heater, 1977: 70).

학교가 이런 사태를 예방하는 정도는 아닐지라도 분별 있는 정치교육을 할 책임이 있다는 주장을 제기하는 것은 어려운 일이 아니었다.

둘째, 시민교육을 둘러싼 논쟁은 국가 주도 교육에서의 기대 혹은 계획된 변화를 배경으로 하여 이루어졌다. 1930년대와 1940년대에 주된 관심사는 학생 모두에게 중등교육을 제공하는 것이었다. 1960년대에는 학교를 졸업하는 연령을 16세로 높이는 데 주된 관심이 두어졌고 이는 1972~1973년에 실행되었다. 의무교육연한 종료시점에 근접한 학생들조차 너무 미성숙해서 시민교육을 받기에 부적합하다는 주장은 이제, 특히 최연소 졸업자조차 투표권연령에 겨우 두 살 미달하게 되는 수준에 이르자, 눈에 띄게 약해졌다.

비교의 세 번째 요소는 정부 당국이 간행한 출판물이다. 1930, 1940년대에는 위에서 언급한 보고서와 홍보책자를 들 수 있고 1960, 1970년대에는 정부 산하 중앙자문위원회 그리고 중앙과 지방정부의 전문직 인사들로 구성된 독립된 교육평의회가 발행한 문건을 들 수 있다. 이들 기구 중 중앙자문위원회는 1963년에 뉴점(Newsom) 보고서를 발행했다. 「우리 미래의 절반(Half Our Future)」이라는 제목의 이 보고서는 평균 및 평균 이하의 능력을 지닌 13~16세 학생들의 교육을 내용으로 하고 있다. 세계문제를 가르침으로써 개개인을 진정 '자유인'으로 만들 것을 권고하고 있긴 하지만, 이 보고서는 기존의 정부보고서들이 그랬듯이 여전히 무기력하고 우유부단한 모습을 보이고 있다(Crick & Heater, 1977: 30 참조). 학교졸업연령 상향조정을 내용으로 하는 교육평의회 실무보고서는 시민교육에 대해 좀 더 적극적이고 분명한 지지를 표명했다. 이 보고서 중 1965년에 간행된 제2호의 집필진은 1930~1940년대의 출판물을 집필한 인사들과는 전혀 다른 관점의 세계에 살고 있었다. 1960~1970년대 인사들은 젊은이들이 정치적 추상화에 대처할 수 없다는 생각에 코웃음을 쳤다. 그들은 문명사회 구성원들이라면 법의 지배, 소수견해 존중, 표현의 자유, 신뢰와 책임, (국민의) 동의에 의한 정부 같은 이념들을 이해해야 하며 또 배워야 한다고 주장했다(Crick & Heater, 1977: 31; Brennan, 1981: 43 참조).

학교졸업연령이 상향조정되었을 즈음에, 정치협회(Politics Association)가 설립되었는데, 이를 AEC와 비교하는 것이 네 번째 비교요소이다. 정치협회는 크릭(Bernard Crick) 교수의 교육자로서의 관심과 구상이 학자로서의 이해관심 및 추진력과 결합된 데서 비롯된 결실이었다. 크릭 교수의 이름은 계속 등장할 것이다. 학문적 차원이 아니라 대중적 수준에서 정치를 가르치는 일의 위상과 효율을 높이기 위해 전문가단체를 만드는 것이 협회의 계획이었다. 1969년에 설립된 이 협회는 정치적 교양이 널리 보급되고 개선될 필요가 있다는 의식을 고양하는 데 성공했다. 중요한 결실 중 하나로 크릭이 주도한 연구기획을 들 수 있는데, 이는 『정치교육과 정치적 교양(Political Education and Political Literacy)』의 발간으로 이어졌다(Crick & Porter, 1978). 하지만 정치협회는 AEC에 비해 비중이 작다 보니 학교에서의 시민교육을 공고히 하는 데 전기를 마련하지는 못했다. 협회의 업무는 16~18세 수준에서 정치를 가르치는 일을 지원하는 데 국한되었다. 이것도 그 자체는 가치있는 일이지만 협회를 설립한 인사들의 목표와는 전적으로 어긋나는 것이었다(Crick & Heater, 1977: 63~66; Brennan, 1981: 45~48, 53~57 참조).

하지만 그리고 시기순으로 보면, 공식적 견해의 분위기는 점진적으로 바뀌고 있었다. 정치교육이 '평화탐구'의 개입 없이 양심적인 시민을 기르는 데 초점을 맞추는 한에서는, 정치교육이라는 구상에 대한 공공연한 적대감이 줄어들었다. 1980년대에 들면서 영국을 다문화사회로 볼 것인가 하는 특별한 쟁점이 부각되면서 정치교육의 문제가 전면에 대두되었다(예를 들어 Lister, 1991 참조. 다문화사회를 위한 교육이라는 보편적 문제에 대해서는 이 책의 6장 참조). 도심에서 발생한 폭동들, 그중에서도 런던 남부의 브릭스턴에서 발생한 1981년의 폭동은 영국이 탈제국주의 시대에 걸맞은 결속력 있는 시민의식을 아직 확보하지 못했음을 보여주었다. 이 문제는 교육적 차원을 수반하는 것이었다. 이 문제를 다루기 위해 스완 경(Lord Swann)을 의장으로 하는 위원회가 위촉되었는데, 위원회가 작성한 보고서에는 의미심장하게 「모두를 위한 교육(Education for All)」이라는 제목이 붙여졌다. 보고서는 "모든 학교와 모든 교사는 학생들이 다원주의 사회에서 살아갈 수 있도록 준비시킬 직무상의 책임을 진다"(DES, 1985: 560)라고 아주 단호하게 진술한다. 하지만 이 보고서의 권고사항을 실행에 옮기는 일은 쉽지 않았다. 일부 소수종족 비평가들은 편견에 맞서 싸울 적극적인 반인종주의 수업을 요청했으며, 세기가 바뀔 무렵에는 학교의 인적 구성에 인종·종족적 비율을 반영하는 정책에 관한 주장이 개진되었다. 단일종교학교들의 숫자가 증가하고 있었는데, 이는 가령 영국 국교회, 로마 가톨릭, 유대인과 이슬람교도 자녀 간의 문화적 차이를 공고히 하는, 즉 다원주의 정책을 강화하는 일이었다. 북아일랜드의 불행한 역사가 보여주듯이, 이러한 학교들이 공동사회 내부의 긴장을 가속화시킬 수 있다는 두려움을 느끼면서 사람들은 다중종교학교를 소리 높여 지지하게 되었다.

시민교육 일반에 관한 주류 논쟁으로 돌아가보면, 1980년대 후반 들어 시민교육에 대한 관심이 증대되었다. 정치적 측면에서 볼 때 좌파에 비해 우파가 시민교육을 학교에 맡기기가 더욱 어려웠기 때문에, 1988년에 보수당이 당의 색채를 새롭게 하기 위해 갑작스레 '능동적 시민권' 개념을 채택한 것은 아주 획기적인 사건이었다. 애초에 교육과 관련된 것은 아니었지만, 책임 있는 시민권이 일정한 지식과 분별력 그리고 도덕적 신념을 요구하며, 이는 18세 이전에 최선을 다해 배워야 하는 것이라는 점을 부인하기는 어려웠다. 사실 보수당의 일시적 유행은 지속되지 못했지만 시민권의 개념은 다시금 살아났다. 보수당이 '능동적 시민권'의 기치를 내걸었던 그해에, 하원의장은 '능동적 시민권을 장려하고 계발하며 인식할 최상의 방도'를 모색하기 위한 시민권위원회를 발족시켰다.

그 위원회의 보고서에는 학교에서 시민권을 가르치는 데 대한 권고들이 포함되어 있었다(Commission on Citizenship, 1990: ix, 101~105). 이 권고사항들은 국가교육과정위원회(National Curriculum Council: NCC)로 보내졌는데, NCC는 영국 역사상 처음이자 그동안 고수해오던 전통과는 사뭇 다르게, 모든 공립학교에 공통적으로 적용될 교육과정을 편성하는 일을 지원하기 위해 설립된 기구였다. 1988년 교육개혁법에는 국가수준의 교육과정이 편성되어야 한다는 규정이 포함되었다. 그에 더해 1989년에 교육과정의 윤곽이 잡히면서, 부차적인 형태이긴 하지만 시민권 관련 내용이 포함되어야 한다는 조항이 만들어졌다. 중등학교 수준에서 시민권 관련 내용이 필수과목이 되어 AEC의 목표가 달성되기까지는 또다시 13년의 세월이 소요되어야 했다. 이러한 목표는 어떻게 달성되었나? 어떤 난관이 있었으며 또 어떤 형태로 이루어졌나?

1997년에 노동당이 집권하면서 교육노동부장관이 된 블런킷(David Blunkett)은 하원의장 직속위원회의 위원이었다가 해촉된 적이 있었다. 그는 시민교육을 학교의 주요 교과목으로 편성하기로 결정했다. 그리하여 우선 다음과 같은 사항들을 관장하기 위한 시민권 자문단을 구성했다.

> 학교에서의 효과적인 시민교육에 대한 권고를 제공한다. 민주주의의 본질과 참여의 실제, 시민으로서 개개인이 지니는 의무와 책임 그리고 권리, 공동체 활동이 개인과 사회에 대해 갖는 가치 등이 시민교육의 내용에 포함되도록 한다(Advisory Group on Citizenship, 1998: 4 재인용).

블런킷은 저명한 학자이자 그에 못지않게 열정적 신념까지 지닌 크릭 교수를 자문단 의장으로 위촉했다. 교육과 관련한 크릭의 활동은 이미 언급한 바 있다. 여러 면에서 분위기가 좋아서 이러한 구상은 성공적으로 진행되었다(Davies et al., 1999: 16, 22~23; Crick, 2002: 492~495, 503~504 n.15). 앞서 보았듯이, 이미 보수당이 '능동적 시민권'이라는 기치를 내걸었던 배경이 있었고, 범죄에 대해 좀 더 많은 국민이 관심을 갖게 되었으며, 유권자들의 투표율이 낮은 데 대해 정치인과 학자들 그리고 언론매체들이 더욱 관심을 갖게 되었다. 게다가 아리스토텔레스에 연원을 두고 있는 가정에 따르면, 젊은이들은 공적인 사안들에 관심을 가질 능력이 없으며 심지어 그런 사안들을 이해할 수조차 없다. 하지만 이런 가정은 교사들 그중에서도 특히 시민권재단의 지원을 받은 이들의 연구와 활동에 의해 허물어지고 있었다. 이 민간단체는 1989년에 필립스(Andrew Phillips)가 설립했는데, 그는 나중에 자유민주당 소속 상원의원이 되었다.

그렇긴 해도, 여전히 장애물들이 있었기 때문에, 블런킷과 크릭의 뛰어난 지도력이 없었다면 목표가 달성될 수 없었을 것이다(예를 들어 Kerr, 1999: 204~225 참조). 정치적 측면에서는, 시민교육이 사리에 맞는가 하는 의구심이 좀처럼 수그러들지 않았다. 교육적 측면에서는, 토대가 거의 마련되어 있지 않았다. 내용도 별로 없었고 시민교육을 제대로 이행할 학교도 몇 개에 지나지 않았다. 제대로 훈련받은 교사가 부족하다는 점이 사정을 더욱 어렵게 만드는 요인이었다. 사실 서식을 작성하고 시험을 치러야 하는 일이 계속 늘어나 의기소침해지고 과중한 부담을 느끼는 교사들의 입장에서 볼 때 시민교육까지 더해져서 기가 꺾일 지경이었을 것이다. 게다가 시민교육은 학문적·교육적으로 존중받을 만한 것으로 규정되어야 했으며 동시에 위에 언급한 장애물들을 극복하고 실제로 적용될 수 있어야 했다.

자문단은 대담함과 실용성을 융합했다. 보고서 앞부분에는 대담함이 보인다.

> 우리는 이 나라의 정치문화를 전국적 차원과 지역적 차원 모두에서 바꾸고자 한다. 우리는 사람들이 스스로를 능동적 시민으로 생각하며 그럴 의지를 지니게 만들고자 한다. 또한 공공생활에 영향력을 행사할 수 있도록 하며, 말하고 행동하기에 앞서 증거를 가늠할 비판적 능력을 갖추도록 만들고자 한다. 지역사회와 공공서비스의 전통 중 최상의 것을 발판으로 삼으며 이런 전통이 젊은이들에게 확대되게 하고자 한다. 그리고 젊은이들 개개인이 참여와 행동의 새로운 형태를 찾는 일에 자신감을 갖도록 만들고자 한다(Advisory Group on Citizenship, 1998: 1.5).

실용성의 요소는 크릭이 학교교육내용의 '주요 골자'(Crick, 2000: 117)라 생각한 것에 들어 있다. 구체적이지는 않지만 요구사항이 담겨 있는 교수요 목이다. 11~16세를 대상으로 하는 이 교수요목의 기본 구조는 도덕·사회 적 책임, 공동체 참여, 그리고 정치적 판단력의 세 부분으로 이루어져 있다. 조금 달리 표현하자면, 현명한 시민이 되는 데 관한 지식과 분별력, 탐구와 의사소통을 하는 기능의 개발, 참여하고 책임 있게 행동하는 기능의 학습이 라 할 수 있다. 영국의 헌정체제에 대한 판에 박은 학습에서 한참 더 나아가 는 것이다. 게다가 크릭이 말한 것처럼, '공동체 활동'과 '민주주의 참여'를 포함시킨 것은 "이들 개념이 정치교육에서 더 나아가 시민교육으로 확대되 게 만들었다"(Crick, 2002: 497)라는 함의를 지닌다.

이러한 기본 구조에서 15~16개의 구체적인 주제 그리고 그 주제들을 학 습하는 접근법이 도출된다. 학습주제에는 법적·정치적·종교적·사회경 제적 제도와 체제들이 두루 포함되며, 지역적·국가적 그리고 전 지구적 차 원에서 다루어진다(DfEE/QCA, 1999 참조). 시민권 관련 내용이 11세 이하 및 16세 이상 수준에서도 교과목으로 채택되긴 했지만, 11~16세라는 핵심연령 층에 대해 2002년 이후 법정 필수과목으로 지정되었다는 점이 매우 중요하 다. 크릭의 말처럼 "잉글랜드(스코틀랜드, 웨일즈, 북아일랜드의 경우는 여전히 아니지만)는 유럽(사실 미국과 구 영연방까지 포함해서)에서 시민권이 마지막 까지 국가교육과정에 교과목으로 포함되지 않은 나라였다"(Crick, 2002: 488). 그는 이 나라가 다른 나라들과 같은 반열에 오르게 했다. 어떤 점에서 는 미국보다 앞서는 측면도 있다.

제4장

자유민주주의 교육 2

1. 미국: 복잡한 사회, 불확실한 교육

　미국을 창건한 인사들 즉 제헌의원들이 유산으로 남긴 시민교육의 바람직한 유형은 본질에서는 매우 단순했다. 즉 아이들은 국가적 목표인 선량한 공화주의자로서의 시민도덕을 지니도록 양육되어야 하며, 이는 지역 및 주 차원에서 관리되는 학교에서 가르쳐야 한다는 것이었다. 19세기에 복잡한 사회변동의 영향으로 말미암아 이 단순한 모형에 이런저런 요구사항이 더해졌으며 압력이 점차 가중되었다. 그 결과 시민교육을 수행할 학교의 과업도 제헌의원들이 생각할 수 있었던 것보다 더 어려워졌다. 복잡한 사회상황을 구체적으로 검토하는 일은 어떤 것들이 권장되고 또 학교에서 실제로 행해졌는지를 살펴보려는 우리의 목적을 희미하게 만들 것이기 때문에 분명 여기서 우리가 할 일은 아니다. 그럼에도 불구하고 교사들이 시민양성이라는 임무를 수행해야 했던 당시의 여건을 이해하기 위해서는 이러한 배경에 대한 개략적인 언급이 필요하다(자세한 분석으로는 Butts, 1989: 91~182 참조).

그래서 이 절에서는 이러한 맥락상의 요인들을 개략적으로 살펴보고 19세기 전체에 걸쳐 학교의 업무가 어떻게 수시로 변해왔는지를 보게 될 것이다. 20세기 초에 사회교과의 교육과정 구조가 등장했는데 이에 대해서는 별도의 절에서 다루게 될 것이다.

사회가 점차 복잡해진 요인은 산업화, 이민, 민주화, 영토 확대의 네 가지로 나누어볼 수 있다. 이들 네 가지 요인은 함께 어우러져 미국의 성격을 바꾸었으며, 또한 그 각각이 시민교육에 대한 접근방법에 영향을 주었다.

경제적 진보, 특히 북부지방의 산업혁명은 불가피하게 도시에 노동력이 집중되는 것을 의미했다. 이러한 도시화는 18세기 후반에 시작해서 특히 1830년대에 가속화되었다. 시민교육의 관점에서 보면 이러한 발전과정에는 역설적인 면이 있었다. 즉 학교에서 시민교육을 가르칠 필요가 더욱 커졌는데도 시민교육이 이루어지는 정도는 오히려 줄어든 것이다. 두 가지 이유에서 학교를 지원하는 일이 필요하다는 인식이 생겼다. 새로 등장한 산업노동자들은 이전에 농촌사회에서 지녔던 공동체의식을 잃어버리게 되었다. 또한 가난에 시달리던 도시노동자계급은 사회적 유대감을 갖지 못했는데 이는 사회적 불안정을 야기할 수 있는 잠재적인 요인이었다. 하지만 이런 부정적인 경향을 보완할 수 있는 학교의 능력은 두 가지 방식으로 약화되었다. 19세기 초에는, 부분적으로는 아동노동으로 인해 학교에 다니는 아동의 비율이 떨어졌다. 뉴잉글랜드 지방의 경우 공장노동자의 절반이 아동이었다. 더욱이 도시경제의 다양한 부분에서 취업기회가 늘어나면서 3Rs(읽기, 쓰기, 산수) 이외의 과목 대신에 직업교육을 해야 한다는 요구가 제기되었다.

사회가 복잡해진 두 번째 요인은 이민이었다. 이민의 규모와 '용광로' 해법은 잘 알려져 있다. 그러나 그 대략적인 숫자는 시기별로 그리고 지역적으로 구분해서 고려되어야 한다. 버츠(Robert Freeman Butts)의 연구는 생생하게 시기별로 비교한 자료를 보여준다. 1826~1876년의 50년 동안에는 900만 명의 이민이 유입되었는데, 1876~1926년의 50년 동안에는 2,700만 명이 유입되었다(Butts, 1989: 106 참조). 물론 이민자의 숫자가 전체 인구에서 차지하는 비율로 보면 오히려 덜 놀랄 만하다고 할 수도 있다. 지리적 분석에 입각해서 보면 1880년경부터 남동유럽 출신이 차지하는 비율이 점차 커져서 북서유럽 출신에 견줄 정도가 되었다(예를 들어 Marquette & Mineshima, 2002: 542 참조). 이민자들의 출신지에서 나타난 이러한 변화가 시민교육에 대해 갖는 의미에 대해 1907년에 선도적인 교육자 커벌리(Ellwood Cubberley)는 이렇게 표현했다.

> 이들 남동유럽 출신자는 그들에 앞서 이주한 북서유럽 출신자와 그 유형이 아주 다르다. 그들은 문맹에다 고분고분하며 자립심과 결단력이 약하고, 앵글로-튜턴 사람들이 법과 질서 및 정부에 대해 갖고 있는 그런 관념이 없다. 그들의 유입은 우리의 국가적 자산을 크게 약화시키고 우리의 시민적 삶을 타락시키는 데 일조할 것이다. 우리의 과업은 …… 할 수 있는 한 그들의 자녀에게 옳음, 법과 질서, 국민정부에 대한 앵글로-색슨 관념을 주입하고, 그들에게 우리의 민주적 제도들, 그리고 우리가 국민으로서 가치 있게 여기는 국민생활의 요소들에 대한 공경심을 일깨우는 것이다(Macedo, 2000: 91 재인용).

예를 들어 이탈리아인과 폴란드인이 초기의 아일랜드와 남부독일 출신 이민자들에 더해져서 로마 가톨릭교도의 숫자가 늘어났는데, 19세기 중반이 되자 가톨릭교도가 상당수에 이른다는 것이 심각한 문제가 되었다.

1830~1860년 기간 동안 북부 주들은 이른바 '보통학교(공립초등학교, common schools)'를 설립했다. 그들의 목적은 출신을 막론하고 모든 아동이 선량한 미국인이 되기 위한 기초교육을 받게 하는 데 있었다. 선량한 미국인이란 시민으로서의 도덕을 지니며 애국적이고 영어를 구사하는 개신교도를 의미했다(Kaestle, 1983 참조). 이런 정책은 당연히 가톨릭교도들로서는 받아들일 수 없는 것이었다. 어떻게 했어야 하는가? 학교마다 제각기 지니고 있는 종교적 색채를 둘러싼 타협은 불가능한 것으로 드러났고 가톨릭학교에 별도로 공적 재원을 사용하는 것은 격렬한 논쟁을 불러일으켰다. 1840년대에는 말 그대로 폭동까지 일어났다. 이런 점에서 보통학교가 동질적인 시민들을 길러내는 핵심기관이 될 것이라고 생각했던 굳건한 믿음은 포기되어야 했다(다문화주의 문제에 대한 논의로는 이 책의 6장 참조. 미국의 경우, 모든 시민이 학교에서 영어 사용자가 되도록 배워야 하는지를 둘러싼 딜레마가 20세기 후반까지 지속되었다).

독자들은 커벌리가 이민자를 흡수하기 위해 학교가 할 일의 목록에 민주적 제도를 언급한 점을 기억할 것이다. 이는 미국 사회를 복잡하게 만든 요인들 중 세 번째 항목으로 나아가게 한다. 미국은 진정 민주적인 정치체가 되려고 했던가? 19세기의 전반 반세기 동안의 경향은 분명했다. 1856년이 될 때까지 애초의 13개 주 모두가 보통선거 참정권에 대한 재산상의 자격요건을 폐지했다. 1840년의 대통령선거에는 1824년 선거 때보다 7배나 많은 시민이 투표에 참가했다. 재산자격요건 폐지는 시민교육이 처한 상황을 결정적으로 바꾸어놓았다. 전통적으로 재산소유 정도가 시민으로서의 완전한 권리 행사에 해당하는 지표가 되었던 관행이 폐지되었다면, 이제 무엇이 이를 대체할 수 있겠는가? 분명 교육만이 그 대체물이 될 수 있을 것이다. 하지만 민주화 과정은 보통교육체제에 기초해야 한다는 원칙은 복잡한 문제를 야기했다. 그런 교육은 무상이며 의무교육이어야 하는가? 여성, 흑인, 멕시코계, 중국계, 미국 원주민 등 정치적으로 불이익을 받아왔던 사람들은 교육혜택과 교육과정 내용 측면에서 어떻게 대우받아야 하는가?

이런 배경 검토에서 우리가 논의하는 마지막 요인은 상대적으로 비중이 작다. 이는 자의식의 산물로서, 19세기 중반 이후 이른바 '명백한 운명(Manifest Destiny)'의 원칙으로 대표되는 국가주의에 고무된 영토 확장이었다. 이 요인은 점점 더 강화되어 특히 19세기 말에 이르러서는 학교에서 강한 애국주의를 가르치고 표현하여 이런 분위기를 반영할 것이 요구되었다.

19세기 미국의 다소 혼란스런 시민교육을 묘사하기 위해서 사안을 세 개의 주제로 나누도록 하겠다. 태도 표명과 권고 공표, 관련 교과목, 그리고 교사들이 입수할 수 있는 교과서 종류를 포함한 교육방법이 그 주제들이다. '태도'는 대중의 전반적인 분위기, 그리고 시민양성의 책임을 학교가 이행하는 것이 바람직한가와 관련하여 교육에 대한 여론을 주도하는 이들의 분위기를 의미한다. '권고 공표(publication of recommendations)'는 시민교육의 문제에 대한 생각과 제안을 제시하는 개인과 집단을 의미한다.

혁명기의 열정이 사라지고 나서는 무상 공교육이 공화국에 헌신하는 시민을 양성하는 길이라는 생각에 대해 냉담함이나 심지어는 적개심을 보이는 시기가 뒤따랐다. 아주 많은 개별적 이해관계 집단이 민간학교 운영체제를 설립하고자 했는데, 이는 공교육의 이상이 실현될 수 없도록 만드는 것이었다. 하지만 1830년대에 이르러 교육개혁가들이 전기를 마련했다. 공립학교체제 권위자의 말을 들어보자.

1830년대 북미지역에서 사회변동의 속도가 빨라지면서, 무상의무교육을 주장하는 교육자들이 도덕교육과 시민양성에 전념했다. 그것은 사회개혁의 영역이었으며, 보통학교 개혁가들이 전면에 나섰다(Kaestle, 1983: 75).

하지만 이 간략한 설명은 몇 가지 부연설명이 필요하다. 첫째, 이 시기에 시민교육에 대한 대중의 지지가 없었다면 시민양성을 위해 학교를 설립하는 일에서 교육개혁가들이 그 같은 진보를 이룰 수 없었을 것이다. 둘째, 놀랄 것도 없이 보통학교는 처음에는 매우 기초적인 내용을 가르쳤지만 ― 시민양성 부분은 철저한 지식보다는 열성적인 권고에 의존했다 ― 차근차근 대중의 요구사항에 부응했으며 시민양성에 적합한 교과목들이 추가되어나갔다. 그 결과,

> 1820~1860년 기간 동안 교육활동 중 가장 특징적인 것 하나는 범위가 더 넓어졌다는 점이다. 철자법, 지리, 역사, 정부론, 헌법, 그리고 여타 다수의 과목이 시민양성을 위해 요구되었다(Butts & Cremin, 1953: 213).

셋째, 학교 밖의 일이긴 하지만 개신교 교파들이 민주주의의 이상을 전파하기 위해 봉사활동과 회합 그리고 수련원 시설을 활용한 것은 기성세대뿐만 아니라 젊은이들에게도 분명 영향을 끼쳤다. 1839년에 어떤 프랑스인은 미국의 수련원 회합을 '민주주의의 축제'로 묘사하기도 했다(Macedo, 2000: 56 참조). 하지만 넷째, 1830년대에 시민교육의 목적에 대해 모두가 긍정적이거나 지지했던 것은 아니다. 미국의 산업이 위험에 맞닥뜨린 것이다. 주기적인 불경기는 경제위기로 이어졌고 마침내 '공황'에 이르렀다. 1837년의

공황은 가혹했으며 노동계급의 고통은 1837~1838년 겨울의 혹독한 날씨로 인해 더욱 악화되었다. 시민교육은 접어두고라도 노동계급 자녀들을 위한 기초교육조차도 사치였다. 시민교육에 대한 생각과 지원은 중산층이나 할 수 있는 일로 위축되었다(예를 들어 Smith, 1997: 217).

1840~1850년대에 와서는 보통학교의 기여가 시민교육에 대한 논쟁의 초점이 될 정도로 보통학교들이 충분히 확고한 위상을 정립했다. 젊은이들이 애국자로 자라나야 한다는 원리, 그리고 참정권 부여가 제한적임에도 불구하고, 교사들이 헌법을 해설하는 데 그치며 또 논쟁적인 문제들을 다루지 않는 한에서는, 민주주의에 입문할 준비를 해야 한다는 기본 원리가 널리 받아들여졌다. 하지만 이러한 목적들을 달성할 가능성을 높이고자 보통학교체제를 구축하려던 시도는 두 가지 형태의 저항에 부딪혔다.

민감한 사안 하나는 보통학교가 어느 정도로 일반적이어야 하는가 하는 것이었다. 앞에서 지적했듯이, 특히 로마 가톨릭교도는 자신들 스스로의 학교를 원했으며, 국가가 관장하는 동질적인 교육이 아니라 자신들이 운영하는 학교와 교육을 주장했다. 여론이 이처럼 갈라진 데는 흑인이 백인과 같은 학교에서 교육받아야 하는가 하는 또 다른 측면이 있었다(여론이 갈라진 것은 북부지방에 해당하는 것이었다. 물론 남부지방에서는 논쟁이 있을 수 없었다). 통합교육에 대한 반대는 흑인과 백인 모두에게서 나타났다. 하지만 통합을 지지하는 쪽이 우세했다. 특히 1844년에 매사추세츠 주 세일럼 시의 검찰관 플레처(Richard Fletcher)가 통합지지론을 설득력 있게 제시했고 교육위원회가 그의 주장을 수용했다. 그의 주장에 따르면, 학교체제의 핵심은 평등인데 흑인이 다니는 학교는 백인이 다니는 학교보다 열악하다. 또한 흑인도 세금을 내며 백인과 마찬가지로 투표권을 갖는다. 세금은 공립학교

(public schools)에만 적법하게 사용될 수 있는데 분리주의 학교는 공립학교가 아니다(Kaestle, 1983: 177 참조). 매사추세츠 주의 몇몇 도시는 1840년대와 1850년대에 통합교육을 도입했다. 사실 매사추세츠 주에서는 분리주의가, 로버츠 대 보스턴 사건(Roberts v. Boston)에 대한 1849년의 법원판결에도 불구하고, 1855년부터 위법적인 것이 되었다. 매사추세츠 주 대법원의 이 판결은 '분리되지만 평등한' 학교교육 원칙을 제시했는데, 이 원칙은 아래에서 다시 보게 되듯이 한 세기 동안 학교배정문제에 줄곧 따라다녔다. 말할 나위도 없이, 미국 전체에 걸쳐 종교적 통합이건 인종적 통합이건 실제로는 널리 받아들여지지 않았다. 결과적으로 평등한 공동체생활의 경험이라는 의미에서의 시민교육은 단지 매우 제한적인 범위에서만 이루어졌으며, 이 사안은 지속적인 문제로 남게 되었다.

19세기 중엽의 또 다른 논쟁적인 문제는 교육과정과 관련된 것이었다. 학교에서 가르칠 교과목의 숫자를 늘리는 것을 지지하며 주장하는 움직임이 많았는데, 이는 교육 전반과 시민교육 모두의 측면에서 학생들의 학습부담을 증대시키고자 하는 압력으로 작용했다. 이런 움직임들은 쓸모없는 것이라는 이유로 반대에 부딪혔다. 아이들에게 필요한 것은 말하자면 '성경과 무화과'가 전부라는 것이었다(Butts & Cremin, 1953: 218).

교육개혁과 개선 그리고 진보를 위해 활동한 일군의 저명인사들이 부분적으로는 이러한 논쟁들에 대응했고 또 부분적으로는 논쟁을 촉발시켰는데, 그들은 종종 보통학교를 위한 '십자군'으로 여겨졌다. 이들 중에서도 두드러진 인물로 맨(Horace Mann)을 들 수 있는데, 사실 그는 19세기 미국의 교육사상가이자 개혁가 중 가장 뛰어난 인물일 것이다.

맨은 1837부터 1849년까지 매사추세츠 주 교육부장관을 지냈다. 재임 중에 그는 유명한 보고서 두 편을 썼고 이를 묶어서 『보통학교 회보(Common School Journal)』로 펴냈다. 게다가 그가 말로는 무덤덤하게 '정치교육'이라고 부르면서도 이를 설명하는 데 깊은 신념을 가졌던 것을 생각하면 우리의 논의에서 진정 중요한 인물이다. 그는 미국과 유럽의 학교체제 모두에 대한 지식이 해박했으며 미국의 정치구조와 사회적 상황을 잘 이해하고 있었다. 이러한 지식과 이해에 기초하여 그는 당시의 상황에 적합하고도 통일성 있는 사회·교육이론을 구축했다. 그는 격렬한 분쟁에 맞서 사회조직을 보호하기 위해 자유주의 교수법을 신봉했다. 또한 그는 정치적 민주주의의 가치를 낙관적으로 믿었으며, 그런 정치적 이상을 위해 준비하고 또 이를 뒷받침하는 데 교육이 매우 중요한 역할을 한다고 믿었다. "그의 철학은 …… 미국의 교육이 자유민주주의를 수행하는 기관이 되게 만드는 데 커다란 기여를 했다"(Welter, 1962: 98)라고 곧잘 이야기된다.

시민교육에 대한 맨의 접근에는 시민으로서의 도덕성을 개발하는 것과 헌법에 대한 지식을 갖추는 것 모두 필수적이라는 인식이 들어 있었는데, 현대적인 용어로 표현하자면 정의적 측면의 학습과 인지적 측면의 학습 모두 필수적이라고 본 것이다. 그는 또한 이러한 학습이 가능하도록 보장하는 것은 정부의 책임이라고 주장했다. 그 자신의 이야기를 들어보자.

> 나는 …… 어떤 정부든지 교육이 사람들 모두에게 제공되도록 하는 것이 그 의무라고 생각한다. …… 공화정부하에서는, 이러한 교육은 적어도 …… 시민 각자가 자신에게 요청되는 시민적·사회적 의무를 수행할 능력을 갖출 수 있도록 하는 수준까지는 이루어져야 한다는 점이 분명해 보인다(Butts, 1989: 104~105 재인용).

1830년대와 1840년대에 뉴잉글랜드 지방에서 공교육 대 사교육의 문제를 둘러싸고 아일랜드·독일계 가톨릭교도 이민자들이 야기한 종교적인 흥분과 산업화가 초래한 사회적 혼란은, 그가 보통학교 그리고 보통학교가 담당할 수 있는 시민양성이 중요하고도 긴박하다고 인식하게 했다. 그는 또한 이 사안이 정치적으로 긴박하게 필요하다는 점을 다소 웅변적으로 역설했다.

> 지금껏 인간공동체에 존재해왔던 것보다 더욱 통찰력 있는 지성과 순수한 도덕성을 …… 보통학교가 만들어내기 이전에는, 지혜로움은 결코 입법을 관장하지 못할 것이며 그 심오한 발언도 법령집에 기록되지 못할 것이다 (Marquette & Mineshima, 2002: 541 재인용).

그러면, 맨은 시민으로서의 도덕성을 함양하기 위한 교육에 대해 무슨 말을 해야 했던가? 교실 분위기가 이 과업에 도움이 되어야 한다는 그의 근본적인 믿음을 설명하는 데서 출발하자. 전제정의 정치도덕이 공화정의 정치도덕과 다른 것과 마찬가지로, 젊은이들은 전제적인 교수법이 지배하는 교실에서는 공화주의 도덕을 배울 수 없다. 그는 "스물한 살이 될 때까지 노예처럼 살아온 사람은 그 이후로도 독립된 시민이 될 수 없다"(Welter, 1962: 98 인용)라고 역설했다. 긴장이 아니라 조화(concord)가 교실을 지배해야 하며, 이런 분위기는 특히 음악과 노래를 통해 고취될 수 있을 것이다. 흥미롭게도 아리스토텔레스를 연상시키는 이 대목에서(1장 참조), 맨은 "음악과 노래가 조화와 조정을 이루어내는 경향이 있으며, 평화와 희망, 사랑과 관대함, 자비심과 헌신을 진작"(Kaestle, 1983: 96 재인용)한다고 했다.

그에 의하면, 학교 담장 바깥의 사회적·정치적 투쟁의 소리가 교실 안에서 들리게 해서도 안 된다. 그리하여 당파적인 수업으로 나아갈 수 있는 논쟁적인 사안은 다루어져서는 안 된다. 그는 그것이 반드시 교육적으로 권장하지 못할 만한 것이어서가 아니라, 보통학교체제 전부를 위험에 빠뜨리게 될 것이기 때문이라 보았다. 그런 결과는 그로서는 상상조차 할 수 없는 것이었다. 이 시기의 불안정에 대해 언급하면서 맨은 분명한 어조로 질문한다.

> 이들 상충하는 세력들이 서로에게 격분하는 경우에 그 격정을 누가 완화할 것인가? 그리고 아동의 소중한 관심사가 사나운 소동에 소진되는 것을 누가 막을 것인가? 부모들이 자기 자녀가 그들이 말하는 정치적 이단을 주입받는다는 것을 알게 되면 자녀를 학교에 못 다니게 하지 않겠는가? 그리고 부모들이 자녀를 학교에 못 다니게 한다면, 자신들이 아무런 이득도 볼 수 없는 학교에 지원하는 예산 일체에 반대하지 않겠는가?(Butts, 1988: 53 재인용)

중립적인 교육이 없이는 세금부과도 있을 수 없다는 것이다.

맨의 해결책은 정치교육을 헌법교육으로 정의하는 것으로, 이는 일종의 기초수준의 시민교육이었다. 그는 정치교육 일체를 배제하는 것과 학교를 '당파정치의 무대'로 만드는 것, 이 두 극단 사이에 (비유하자면) '중용의 길(via media)', 즉 "사리를 분별할 수 있는 모든 사람, 모든 애국자, 그리고 모든 진정한 공화주의자가 인정해야 할"(Butts, 1989: 121 재인용) 중도의 방식이 있다고 보았다. 간단히 말해 "미국 연방헌법과 개개인이 속한 주의 헌법이 공립학교에서 공부할 내용이어야" 한다는 것이다. 그는 특히 다음과 같이 강조했다.

법치주의하에서 모든 시민은 아직 진위가 밝혀지지 않은 일체의 권리침해사건에 대해 자력 구제를 감행하는 대신 법원에 구제를 청구해야 하는 의무를 지니며, 국민이 권력의 정당한 원천인 정부하에서는, 모반이 아니라 투표에 의해 법률을 개정하고 통치자를 교체하는 것이 시민의 의무라는 점을 모든 아동이 충분히 이해할 때까지 가르쳐야 한다(Butts, 1988: 52~53 재인용).

여기서 인민봉기에 대한 분명한 두려움을 볼 수 있다. 헌법은 맨의 표현을 빌리자면, 뛰어난 '조정' 방식이다. 그는 젊은 세대가 이러한 진리를 깨닫게 하는 것이 보통학교의 첫째가는 책임이라고 보았다.

1830년대에 교사교육 분야에서 영향력 있는 저술가였던 테일러(J. Orville Taylor)는 보통학교 없이는 자유로운 시민이 있을 수 없다며 보통학교에 최고의 찬사를 보냈다. 그는 "오늘날 보통학교의 담장 안에서 400만 명의 주권자가 교육을 받고 있는데, 그들 하나하나가 시민군주가 될 사람이다"(Welter, 1962: 43 재인용)라고 설파했다. 개혁과 희망의 흥분으로 어지러웠던 그 시절에 어울리는 과장된 표현으로 보면 될 듯싶다.

테일러가 이런 표현을 구사한 때로부터 22년이 지난 후에 남북전쟁의 첫 총성이 울렸다. 그 20여 년 동안 사회통합의 밑거름이 되고자 했던 보통학교체제의 야심은 맨과 테일러 같은 인물들의 기대만큼 이루어지지는 않았다는 점이 점점 더 분명해졌다. 북부지방에서는 흑인과 백인 아동이 점점 더 분리되었는데, 일부 주에서는 흑백분리가 법으로 강제되었고 여타 주에서는 사실상 그렇게 되었다. 이 문제에 대해서는 이 절과 다음 절에서 다시 보기로 하자. 그러는 동안 남부지방에서는 보통학교계획이 백인 아동에게조차 거의 시행되지 않았다. 시민들 간의 갈등의 근저에 놓인 인종적·지역적 분리는 교육환경에서도 이미 분명한 것이었다.

끔찍하고도 깊은 갈등의 상처를 남긴 1861~1865년의 남북전쟁은 미국으로 하여금 '다수로 이루어진 하나(e plubris unum)'라는 신조, 즉 덕을 지닌 시민공화주의적 시민과 시민들의 조화를 자아내는 보통학교 덕분에 나라가 시민들의 나라로 쉽게 건설될 것이라고 믿었던 자기만족적인 신조에 대해 흔들리게 만들었다. 그럼에도 불구하고 심지어 전쟁 중에도, 그리고 전쟁 이후 '남부재건(Reconstruction)'으로 알려진 개혁과 복구의 오랜 기간 동안에도, 교육이 시민들에게 갖는 유익한 힘에 대한 신뢰는 여전히 지속되었다. 어느 미국인 학자의 언급에 따르면, "전쟁기간과 초기 남부재건기간 동안 통치권을 행사했던 국가주의적 자유공화주의는 국가 전체에 걸쳐 괄목할 만한 교육적 진보가 이루어지게 했다"(Smith, 1997: 320). 몇 가지 지표를 보면 교육의 급속한 성장에 대한 묘사를 확인할 수 있다. 1860~1870년 동안 교육부분에 대한 공공지출은 연간 2,000만 달러에서 6,200만 파운드로 증가했다. 남부지방의 경우 전쟁으로 인해 황폐해진데다 개혁에 대한 저항까지 있었기 때문에 북부지방에 비해 재정지출의 효과가 느리게 나타났지만, 가령 (남부에 속하는) 사우스캐롤라이나 주의 취학아동 비율이 1869~1876년 사이에 백인은 12%에서 50%로 흑인은 8%에서 41%로 크게 증가했다(Smith, 1997: 321, 322 참조).

노예해방문제가 남북전쟁의 원인 중 하나였으며 1862년에 링컨이 그들의 자유를 선언했다는 점에 비추어보면, 학교의 인종분리주의 문제가 전쟁 이후에 다시 등장하는 것은 불가피한 일이었다. 그에 대한 반응이 북부와 남부에서 서로 다르게 나타나는 것도 불가피했다. 북부 주들은 점진적으로 분리주의를 금지해나간 데 비해, 남부 주들은 분리주의 시행을 금지하는 법률

(Black Codes)을 재빨리 통과시켰다. 미국의 사회학자 섬너(William Graham Sumner)는 한 세대 전에 플레처가 했던 주장(앞부분 참조)을 반영하여, 1872년에 분리주의에 반대하는 글을 썼다.

> 분리주의 학교가 보통학교와 동등하기란 불가능하다. …… 그런 학교는 성격상 공화주의적이지 않다. …… 모든 사람이 권리에서 평등하다고 가르치는 본보기가 얼마나 소중한가! 그러나 이는 모두가 동등한 시민으로서 함께 어울리는 속에서만 가능한 것처럼 함께 어울리는 보통학교에서만 가능하다(Butts, 1989: 110 재인용).

점진적 진보의 결과이긴 하지만 여성들도 혜택을 보았다. 1819년에 저명한 교육자 윌라드(Emma Willard)는 여성들의 교육기회를 증대시키기 위한 운동에 착수했는데, 이는 특히 여성들이 교직에 진출할 수 있도록 하려는 의도를 담고 있었다(Pangle & Pangle, 1993: 104 참조). 그 결과, 남북전쟁 직후에는 학교에 소속된 학생과 교사 모두 여성의 수가 남성의 수를 능가했다. 이러한 진전과 더불어, 1869년에 와이오밍 준주(territory)가 여성의 참정권을 인정하면서 여성의 참정권 획득운동이 첫 결실을 보게 되었다.

이처럼 시민들의 소양을 향상하는 데 주안점을 두었던 교육활동은 어느 정도까지 성장했는가? 간단히 말해, 결코 정치인들과 교육자들의 의식수준에서 더 나아가지 못했다. 두 가지 사례를 보도록 하자. 남북전쟁 초기인 1862년에 일리노이 주 교육감은 공립학교의 목적을 이렇게 설명했다. "주된 목적은 좋은 시민들을 길러내는 데 있다. 조숙한 학자로 키우거나 …… 부를 획득하는 비법을 전수하거나 …… 전문직으로 성공하는 데 요구되는 자격을 갖추게 하는 데 있는 것이 아니라 …… 단지 좋은 시민으로 키우는 데 있다"(Kaestle, 1983: 98 재인용). 5년 후, 오랫동안 교육운동이 행해진 덕분에, 많은 지역에서 적잖은 우려가 있었지만, 연방정부에 교육부가 만들어졌다. 제2대 교육 담당 국장 이튼(John Eaton)은 1874년에 자신의 후원하에 교육계 권위자들이 편찬한 『미국의 교육이론(Statements of the Theory of Education in the United States of America)』을 배포했다. 그 문건의 주요 논지는 미국의 모든 아동은, 예전에 흔히 강조되었던 것처럼 국가의 산업발전을 위해서가 아니라, 정치적 목적을 위해 학교에 다녀야 한다는 것이었다. 문건의 논지는 다음 요약문에서 볼 수 있듯이 거의 광적으로 느껴질 만큼 절박한 논조를 띠고 있다. "만약 공립학교가 시민들 — 특히 이민자 그리고 남부지방의 가난하고 무지한 흑인과 백인들 — 의 소양을 향상시키고 또 그들 간의 조화를 자아내지 못한다면 공화국의 존재는 불가능해질 것이다"(Smith, 1997: 322).

이튼이 이런 비관적인 생각을 가진 데는 여러 이유가 있었는데, 우선 개혁의 기세가 이내 꺾였기 때문이다. 교육부가 만들어진 지 고작 2년이 지난 1869년에 예산이 삭감되면서 내무부 자문국 산하 조직으로 격하되었다. 북부지방에서도 주 교육예산이 줄어들었고, 남부지방에서는 1870년대 후반에 이르러 교육에 대한 편견과 흑인에 대한 편견 때문에 백인과 흑인 모두 취학비율이 줄어들었다. 게다가 19세기 말 특히 1896년 플레시 대 퍼거슨(Plessey v. Ferguson) 사건에 대한 판결에서 브라운 대법관이 판시한 '분리되지만 평등한' 학교라는 문제가 다시금 대두되었다. 그의 판결문 주석은 학교에 대한 것이 아니었다. 그것은 타고난 인종적 차이로 인해 흑인은 나중에 '2급 시민(second-class citizenship)'이라 불리게 된 그런 수준에 놓이게 된다는 브라운 대법관의 생각을 피력한 것이었고 결과적으로 분리주의자들의 입장을 강화시켰다.

그렇긴 해도 세기가 바뀌면서 개혁론이 진보주의라는 모습으로 다시 등장했다. 이 시기가 정확히 언제인가에 대해서는 역사가들마다 다양하게 정의하지만, 대략 1차 세계대전이 발발하기 전의 10여 년에 해당한다. 새로운 분위기는 미국인들의 삶의 여타 영역만큼이나 교육에도 영향을 주었다. 오늘날의 권위자 중 한 사람의 말을 빌리면, "이 시기는 미국 시민교육의 역사에서 엄청나게 중요한 나날들이었다"(Smith, 1997: 463). 당시의 새로운 교육사조를 요약하여 책을 펴낸 해리스(William Torrey Harris)는 시 교육장으로 오랜 기간 재임했고 1889~1906년에는 연방교육국장으로 재임했다. 해리스의 사상과 저작은 호레이스 맨과 곧잘 비교되곤 하는데, 해리스의 기본적인 의도는 시민교육을 통해 미국의 민주주의와 안정성을 강화하는 데 있었다. 영국의 한 학자는 그의 중요성을 이렇게 평가한다.

> 해리스가 이러한 입장 — 즉 직업교육과 대비되는 인간미 있는 교양교육 — 을 지지하기 위해 개진한 이유들은 흥미롭고도 중요하다. 그는 격렬한 파업이 빈번하게 행해져 산업계의 불안이 가중되던 시기에 자신의 입장을 피력한 것이다. 아동이 타인과 관련된 행동을 잘할 수 있도록 도우며, 참정권을 행사할 시민으로 자라나도록 하기 위해서는 더욱 광범위한 교육이 필수적이라는 것이었다. 그런 교육은 또한 아동이 글을 읽을 줄 알게 하고 그리하여 문명이 낳은 일체의 제도들을 거세게 공격하는 '야만적인 선동음모'에 저항할 수 있도록 하기 위해서도 필요하다(Holmes, 1956: 60~61).

해리스가 교육국장직을 맡았을 때 그의 관심사를 감안하면 호레이스 맨이 품었던 목표를 추진하려 했다는 점이 분명하다. 하지만 두 가지의 제도적 발전을 보면, 19세기 말에 이루어진 진보 중 일부는 맨이 생각했던 것과 다른 영역에서 이루어졌음을 알 수 있다. 하나는 애초의 보통학교가 염두에 두었던 것보다 상위 연령층의 학생들을 위한 중등교육이 성장했다는 점이다. 이들은 연령이 높아서 아마도 성인 시민의 지위와 역할을 더 잘 이해할 수 있었을 것이다. 중등학교 교육은 1870년경부터 시작되었는데, 1900년이 되었을 때에는 대략 1,500만 명의 청소년들이 K-8(유치원~8학년) 과정을 이수하는 수준에 이르렀다.

또 하나의 제도적 발전은 교사가 전문직으로서 지니는 위상이 높아지고 교사들의 결속력이 향상되었다는 점이다. 1857년에 전미교사협회(National Teachers' Association: NTA)가 설립되었고, 다른 단체들과의 합병을 통해 1870년에는 전미교육협회(National Education Association: NEA)로 명칭이 바뀌었다. NEA가 10인위원회를 위촉한 1892년에는 조직이 굳건하게 자리를 잡았으며, 1906년에는 회원의 수가 62만 7,836명에 이르렀다(Callahan, 1964: 424~425 참조).

NEA는 10인위원회의 회합과 실적을 통해 교육과정 개발 분야에서 영향력 있는 단체가 되었다. 하지만 시민교육에 대한 입장은 다소 모호했다. 1880년대와 1890년대에는 협회가 시민교육에 헌신할 것을 촉구하는 주장들이 있었다. 회원 중 한 사람은 "지금 여기서 우리의 입장은 공립학교의 진정한 목적은 젊은이들이 법을 존중하고 준수하는 시민이 되도록 가르치고 지도하는 것이어야 하며 필요하다면 강제로라도 그렇게 해야 한다는 것"(Welter, 1962: 158)이라고 역설했다. 나아가 1895년에 개최된 NEA 전국대회는 애국심을 고취하는 행사들을 엄수할 것을 권고했다. 하지만 1893년에 간행된 10인위원회의 중등학교 교육과정 관련 보고서는 학문적 기준의 향상이 중요하다는 점을 강조했다. 그리하여, 예를 들어 역사과목은 좋은 시민을 양성하는 수단이 아니라 학문영역으로서 가르쳐야 한다는 점을 강조했다(이에 대해서는 아래에서 다시 보게 될 것이다). 그럼에도 불구하고 나중에 가서 교육에 대한 그들의 생각에 변화가 생겨 1910년대에 와서는 NEA와 10인위원회는 사회교과(Social Studies)가 탄생하는 데 도움을 주었다. 사회교과는 시민교육이라는 목적을 확고하게 내포하고 있었으며 그 후 20세기 내내 미국 전체에 걸쳐 표준이 되었다. 그 전환점에 대해서는 다음 절에서 보기로 하겠다.

이제 시기를 거슬러올라 가서 19세기에 시민교육의 수단으로 활용되었던 과목들을 보아야겠다. 젊은이들이 시민으로서의 자격을 갖추도록 준비시키는 데 동원된 세 개의 과목영역은 도덕/종교, 역사 그리고 시민론(혹은 공민, civics)이다.

19세기 전체에 걸쳐 시민교육의 한 방법으로서의 도덕수업은 그 지지자들에게 심각한 딜레마를 던졌는데, 이는 특히 19세기 중엽에 그들을 난감하게 만들었다. 문제는 다음과 같이 등장했다. 도덕교육문제에 관해 유력한 사상가 모두가 받아들였으며 또한 식민지 시대와 혁명기의 전통에 의해 공고해진 미국의 전반적인 기풍은 보존되어야 할 윤리적 사슬로 존재했다. 이러한 사슬은 세 개의 고리로 이루어져 있었다. 하나는 공화주의적 시민이라는 정치적 교의로서, 이는 충직한 신념과 참여에 대한 기대를 나타내는 것이었다. 다른 하나는 학생들을 이러한 시민으로 기르는 교육에 강력한 도덕적 요소가 필요하다는 것이었다. 그리고 또 하나의 고리는 확고한 종교적 기초 없이는 도덕교육은 생각할 수 없다는 믿음이었다. 당시에 의문의 여지가 없던 생각들을 감안하면 여기까지는 분명하다. 하지만 여기서 딜레마가 나타난다. 그렇게 기독교 종파가 많고도 다양한 나라에서 종교교육과 사실상 구별되지 않는 방식으로 어떻게 도덕적 교훈을 가르칠 수 있는가?

우리는 앞에서 호레이스 맨이 보통학교에서 비종파적 기독교 교육의 형태를 제시함으로써 이러한 난점을 피하고자 했던 것을 보았다. 이런 생각은 유대인들도 받아들일 수 있을 것이다. 단일한 기반을 지닌 종교들은 모두 일정한 핵심진리를 신봉하며, 그런 진리는 이론상으로는 어떤 부모에게도 상처를 주지 않으면서 모든 아동에게 가르칠 수 있다는 것이다(예를 들어 Macedo, 2000: 57~58 참조).

그렇다 해도, 특히 수많은 가톨릭교도의 마음은 누그러질 수 없었다. 결과적으로 19세기가 진행되면서 도덕교육이 종교적 내용을 줄이고 세속주의적인 시민양성 목적에 직접 초점을 맞추게 하는 것 말고는 달리 방법이 없었다. 성경이 여전히 주된 기본 '교재'이긴 했지만, 이러한 상황변화는 확실히 윤리적 사슬의 세 번째 핵심고리를 약화시켰다. 다른 한편, 만일 종교의 다양성 때문에 종교적 고리 그 자체가 시민교육을 강화시키기보다는 약화시키는 것이었다면, 이성적 사고의 사슬은 아마도 진부한 것이 되었을 것이다. 혹은 달리 생각해보면, 도덕교육의 종교적·시민적 기능이 별개로 인식되는 쪽으로 진행되었다고 할 수도 있다. 도덕교육에 대한 종교의 영향을 정치 외적 차원과 정치적 차원 모두에서 규정하는 것이 가능했기 때문이다. 1870년대에 두 사람이 한 말을 들어보자. 에드먼스 상원의원은 종교교육이, 종교적인 교의와는 별개로, "사람이 사람에게 지는 의무, 진리와 순결, 자비심, 덕성과 지성, 청결과 명예에 대한 책무"(Macedo, 2000: 65 재인용)를 가르치는 것이라 정의했다. 이에 비해 펜실베이니아 주 교육감 위커셤(James P.

Wickersham)은 이렇게 역설했다. "교육의 한 요소로서 종교는 다른 어떤 형태의 정부보다 공화국에서 더욱 필요하다. 종교 없이는 자치정부가 불가능하기 때문이다"(Marquette & Mineshim, 2002: 540 재인용). 사실 신학적인 면에서는 종교적인 내용이 옅어지긴 했지만, 종교적 원리가 시민의 삶에서 갖는 가치는 19세기 말에도 여전히 유지되고 있었다(예를 들어 Macedo, 2000: 74 참조). 그런 한편, 탈종교적 맥락에서 시민 자격에 접근하는 방식도 가능해져서, 20세기 초에 와서는 헌법교육도 이루어지고 좀 더 상상력이 풍부한 시민론 과목도 등장하게 되었다.

19세기의 상당 기간 동안 역사는 시민 자격 함양을 위한 주요 과목이었다. 이 과목은 영웅적인 행위들, 이를테면 초기 이민자, 독립전쟁, 공화국 수립, 서부 진출 및 국토 확장에 얽힌 일화들을 설명이 아니라 이야기 방식으로 가르쳤다. 즉 분석이 아니라 서사로서, 그리고 객관적 이해능력을 기르기 위해서가 아니라 애국심을 고취하기 위해서 가르쳤다. 시민의 자질에 애국심이 포함되는 한에서는 이런 교육은 시민교육이었다. 시민 자질이 비판적 판단력을 세련되게 구사할 수 있는 것을 내포하는 한에서는, 이런 교육은 시민교육이 아니었다. 이처럼 19세기 말에 역사의 위상이 약화되면서 역사학자들이 우려의 목소리를 내게 되었는데, 이는 특히 1884년에 미국역사학회(American Historical Association: AHA)가 결성되면서부터이다. 그 결과 역사학자들은 10인위원회 산하 역사・정부론・정치경제 분과위원회 위원으로 (위에서 본) NEA 활동에 참여했다. 그들은 7~12학년의 경우 이 분과영역 중 역사에 더 많은 시간이 할애되어야 한다고 상당히 분명한 어조로 권고했다. 1899년에는 중등수준에 대해 그리고 1909년에는 초등수준에 대해 역사 과목 수업을 권고하기 위해 AHA 자체 내에 위원회가 각각 설치되었다. 또한 1909년에는 《역사교사회보(History Teachers Magazine)》가 창간되었다. 놀랄 것도 없이, 역사학자들은 1차 자료를 활용하고 증거를 비판적으로 평가하며 역사학습 경험으로부터 진정한 역사적 이해에 이르게 할 것을 권고하는 등, 학교에서의 역사수업을 개선하기 시작했다. 통합적인 애국심을 고취하기 위해서도 아니고 의식적으로 시민교육을 행하기 위해 역사를 활용하기 위해서도 아니라, 역사 그 자체를 위한 역사를 추구한 것이다. 아래에서 보게 되듯이 이런 추세는 오래 지속되지 못했다. 여하튼, 여기 이 두 가지 목적 사이에는 이상한 모순 혹은 긴장이 존재했다. 오늘날 미국에서 이 분야의 권위자로 꼽히는 인물의 말을 빌리자면, "역사학자들이 시민교육에 대한 강조를 일반적으로 받아들인다고 할 때 이는 …… 적어도 1880년대 이후로는 시민들이 살아가는 정치적 환경에 대한 지식을 요청하는 것이다"(Morrissett, 1981: 48).

그로부터 시민교육은, 강조의 정도는 덜해지긴 했지만, 명백하게 정치적인 내용을 가르치는 데 특히 의존하게 되었다. 사실 버츠(1988)의 글에서 알 수 있듯이, 다양한 방식으로 해석되긴 했지만 헌법수업이 19세기 전체에 걸쳐 일반적으로 행해졌다. 19세기 중엽에 이를 때까지 아주 통상적으로 행해지던 교육방식대로, 초창기 헌법수업은 교리문답 공부처럼 헌법조문을 기계적으로 암기하는 방식으로 행해졌다. 과정이 아니라 구조를 배웠다. 권력분립원칙의 이행을 공부하다 보니 권리장전에 대해 알 기회가 없었다. 또한 연방정부와 주정부의 역학관계나 적절한 균형에 대해 알려주거나 그런 내용을 잘 보여주는 사례에 대해 토의하는 일은 분명 없었다. 버츠의 말을 들어보자.

헌법의 의미에 대한 의견들이 아무리 다양하다 해도, 초기의 연방주의자건 공화주의자건, 과도기의 휘그당원이건 민주당원이건, 혹은 나중의 공화당원이건 민주당원이건 간에, 그와 상관없이 헌법에 대한 일정 수준의 지식과 굳건한 충성이 대부분의 시민에게 요구되는 것으로 보였다(Butts, 1988: 52).

호레이스 맨은 당연히 이처럼 이념적 편향이 배제된 헌법공부를 강력하게 지지하는 입장이었으며, (위에서 보았듯이) 종교교육과 마찬가지로 헌법교육에서도 '중도주의(via media)' 전술을 지지했다.

19세기 후반에서 20세기 초 사이에 학문적 성격을 좀 더 강화하는 쪽으로 진행된 역사교육 개혁은 헌법교육에도 영향을 주었고, 그리하여 헌법교육 분야에서도 역사교육 분야와 유사한 변화가 나타나게 되었다. 중등학교 역사수업의 교수요목과 교수법이 개편되는 과정에서, 예전에 종종 역사수업에 포함되어왔던 헌법영역은 이제 역사교육과정 전체에서 차지하는 비중이 대폭 줄어들게 되었다. 정치학을 비롯한 사회과학 전체가 학문적 위상이 높아지고 있긴 했지만, 자타가 공인했던 역사교육의 시민양성 기능이 역사교육영역에서 (일시적으로) 밀려나면서 생긴 빈자리를 사회과학이 채우기까지는 시간이 더 지나야 했다. 1903년에 창립된 미국정치학회(American Political Science Association: APSA)는 즉각 학교교육에 관심을 가졌다. 특히 1905년에 일부 대학생들을 대상으로 한 조사에서 젊은이들이 정부체계에 대해 심각할 정도로 무지하다는 것이 밝혀지면서 이런 관심은 더욱 높아졌다(Butts, 1988: 55 참조). APSA는 곧장 (숫자로 표시하는 당시 유행에 따라) '중등학교 미국 정부론 수업 5인위원회'를 위촉했다. 이 위원회는 1908년에 발간한 보고서에서 진보의 시대에 걸맞은 '새로운 시민론'을 권고했다. 그들은 이 과목이 8학년과 12학년 두 차례에 걸쳐 미국 정부에 대해 배우는 필수과목으로 설치되어 20세기에 적합한 체계적인 시민교육을 구축하는 데 기여하게 되기를 기대했다.

교과목의 내용과 교수학습방식은 교과서와 공생관계에 있다. 혁신적인 교과서는 교사가 교육내용과 방법을 바꾸도록 자극을 주기도 하지만, 교과서는 대체로 교사들이 원하는 도구를 제공하기 위해 집필된다. 따라서 시민교육을 위해 사용된 교과서들의 성격을 살펴보면 교실에서 어떤 일이 일어났는지를 알 수 있다. 19세기의 미국 교과서를 연구한 두 명의 미국 저자들의 글에서 인용한 다음 구절은 당시의 미국 교육에 대한 유익한 일반화를 제공한다.

> 1780년대의 웹스터에서 1860년대의 윌라드에 이르기까지, 미국의 교과서 저자들은 국민성 같은 그 무엇이 있으며 자신들은 그런 국민성을 형성하고 강화할 의무가 있다고 굳게 믿었다. 그들은 공화국 미국을 위해 활용할 수 있는 과거를 창조하는 데 착수했다. 이제는 그런 과거를 가리켜 합의된 국가적 신화라 말해도 될 것이다(England, 1963: 191).

오늘날의 많은 교과서와 달리, 19세기의 교과서들은 중립적인 척도 하지 않았다. 교과서들은 당시 심각한 논쟁의 대상이 되던 쟁점들을 피하면서도 기본적인 신념의 문제에 대해서는 확고하고도 일치된 입장을 취했다. 가치판단은 교과서의 도구(stock-in-trade)인 셈이다(Butts, 1989: 118~119 재인용).

국민성을 함양하고 논쟁을 회피하는 것은 북부와 남부 간의 차이를 무시하며 연방주의에 기초한 미국 헌법을 지키는 것을 의미했다. 물론 남북전쟁은 무시될 수 없다. 하지만 북부에서 출간된 교과서들이 남부의 학교들에서 사용되면서 다음과 같은 이상한 결과를 낳았다.

남부의 교사들에게는 남북전쟁과 남부재건에 대해 북부 사람들이 이야기해놓은 부분을 수업할 때 교과서의 해당 부분에 핀을 꽂아두어 학생들이 그 부분은 건너뛴 채 교사가 전해주는 진실을 듣도록 하려는 것이 공통된 관습이었다(Butts, 1989: 119).

자유와 국가적 운명이라는 두 가지 주제가 강조되었다. 예를 들어 1854년에 출간된 『학교와 가정에서 그림으로 보는 미국사(A Pictorial History of the United States for Schools Families)』는 미국에 "자유에 대한 사랑의 …… 싹이 나고 꽃이 피어났다. …… 이곳에는 왕의 통치도 성직자의 지배도 설 자리가 없었으며, 인민의 의지가 웅대하게 존재하는 이곳에서 목사들은 항상 미약한 존재였다"(England, 1963: 191~192 재인용)라고 서술하고 있다. 신의 의지에 대한 복종으로 위대한 땅에 정착하고 또 이를 발전시키는 것이 미국인들의 운명이라는 점 또한 교과서에서 배울 수 있었다. 윌라드는 1860년에 출간된 역사교과서에서 뉴잉글랜드의 원주민들이 역병으로 모두 죽었다고 설명하면서, 이어서 "그리하여 신의 섭리는 다른 이들, 즉 좀 더 문명화된 인종에게 길을 열어준 것"(England, 1963: 196 재인용)이라고 서술했다. 맥거피(William McGuffey)가 펴낸 읽기 책을 보면 확신에 찬 국가주의적 논조가 만연해 있음을 알 수 있는데, 이 책은 1830년대 이후 반세기 동안 대략 100만 부나 팔려나갔다.

1880년대에 와서 '시민론(civics)'이라는 용어가 사용되었고 1885~1900년

동안 9학년 시민론 수업용으로 대략 25종의 교과서가 출간되었는데, 당시에는 학생들이 9학년으로 학교교육을 마치는 것이 대부분의 경우였다. AHA와 APSA, 그리고 나중에 NCSS(전미사회교과협의회, National Council for the Social Studies)가 설립되기 전까지는, 교사들이 융통성 없는 입헌주의와 과장된 국가주의를 회피할 수 있도록 해주는 교과서는 만들어지지 않았다. 그런 교과서로 볼 수 있는 것 중에서 특히 시민교육에 초점을 맞추었으며 교육자들에게 환영을 받은 것으로 1907년에 출간된 던(Arthur W. Dunn)의 『공동체와 시민(The Community and the Citizen)』을 들 수 있다.

하지만 시민교육은 결코 교과서로만 학습되는 것이 아니다. 미국의 경우 19세기 말 이래로 의식거행이 강력한 영향을 끼쳐왔다. 1880년대 후반에는 학교에서 학생들에게 시민적 정체성을 고취하기 위해 국기게양이 통상적인 방법으로 사용되었지만, 얼마 지나지 않아 충성심을 말로 표현하는 것이 좀 더 효과적이라고 인식되었다. 게다가 학생들이 영어를 제대로 구사하지 못하면 이 방법은 실행될 수 없었다. 결과적으로 당시의 그런 의식들은 출신에 상관없이 모든 학생을 대상으로 한 교육은 영어로 이루어져야 한다는 압력이 광범위하고도 강해지도록 했다. 1892년에 NEA 의장 벨러미(Francis Bellamy)는 그 유명한 「국기에 대한 맹세(Pledge of Allegiance to flag)」를 지었다(Marquette & Mineshima, 2002: 544~545 참조). "나는 나의 국기와 그 국기가 표상하는 공화국 그리고 분리될 수 없는 하나의 국민 앞에서 모든 이를 위한 자유와 정의를 지킬 것을 맹세합니다." 그 후에 '나의 국기'는 '미합중국 국기'로 바뀌었고 '하나의 국민' 다음에 '하느님 아래에서'가 더해졌다. 뒤의 추가부분은 냉전시대에 만들어졌는데, 이 기간 동안에는 국가에 대한 충성심을 고취하는 교육이 학교의 1차적인 과업이 되었다. 냉전시대에 대해서는 다음 절에서 살펴볼 것이다.

2. 미국: 시민교육의 구축

1916년은 미국 시민교육의 역사에서 전환점이었다. 그해에 미국 정치학회 학교 정부론 수업 7인위원회의 보고서, NEA 중등교육재건위원회의 보고서 「중등교육에서의 사회교과(Social Studies in Secondary Education)」, 그리고 듀이의 『민주주의와 교육(Democracy and Education)』 같은 문헌들이 발간되었다. 진보주의 정치사조에 걸맞게 학교가 민주주의와 공동체에 매우 중요하다고 생각하는 입장이 이들 세 문헌의 공통된 특징이긴 하지만, 이들 중 특히 두 번째와 세 번째 것이 영향력이 컸다.

NEA 보고서는 '사회교과'라는 용어를 채택하면서 이것이 시민교육을 전승하는 수단으로서 다학문적 분야라고 규정했다. 그 후 몇십 년 동안 이런저런 우려도 있었고 변화가 있었음에도 불구하고, 보고서의 권고사항은 채택되었으며 그 이후에도 시민교육의 지속적인 구조로 남게 되었다. 따라서 「중등교육에서의 사회교과」는 좀 더 구체적으로 분석될 필요가 있다(다음 내용은 Butts, 1989에 주로 의거했음). 이 문건의 논조 그리고 그 중요성은 위원회 의장이 작성한 예비보고서에서 어느 정도 알 수 있다.

좋은 시민으로서의 자질을 기르는 것이 고등학교 사회교과의 목적이 되어야 한다. …… 거의 정부기구에 대해서만 공부하는 기존의 시민론은 인류의 삶을 개선하기 위한 사회적 노력의 방식들을 공부하는 새로운 시민론에 길을 비켜주어야 한다. 학생들이 대통령이 어떻게 선출되는지를 아는 것은 자기 지역 보건 담당자의 의무가 무엇인지를 이해하는 것만큼 중요하지는 않다.

그는 취사선택하여 본인도 인정하듯이 특이한 목록을 계속해서 제시하는데, 학생들이 이해하는 현실과 밀접하게 관련되는 지역의 일에 집중되어 있긴 하지만, 가령 "인권 대 재산권, 폭도들의 충동적 행위, 전통의 이기적 보수주의"(Butts, 1989: 126 재인용)와 같이 꽤 광범위한 주제들도 포함되어 있다. 솔직히 말해 이상한 잡동사니로 보인다. 이런 주제들이 졸업반인 9학년용 시민론 내용에 들어 있었다.

위에서 본 1907년의 교과서 저자인 던이 주도하여 작성한 이 보고서는 미국 전체에 걸쳐 고등학교가 시민 자격과 현실 적합성 그리고 '문제 중심 접근'을 강조하는 관련 분야들로 구성된 사회교과 교육과정을 추구하도록 길을 열었다. 보고서는 "모든 과목이 좋은 시민을 기르는 데 기여해야 하지만, 사회교과 — 지리, 역사, 시민론, 경제 — 는 시민양성을 첫째가는 목적으로 삼아야 한다"(Butts, 1989: 127 재인용)라고 천명했다. 그리고 이 모든 과목은 학문 그 자체를 위한 방식으로 가르쳐야 하는 것이 아니라 개개인의 삶을 둘러싸고 있는 현재의 문제들을 이해하는 데 기여하는 방식으로 가르쳐야 한다. 교육목표의 이 같은 변화는 불가피하게 기존의 수업방식에 의문을 갖게 했다. 즉 학생들을 막대한 양의 사실과 자료에 직면하게 하는 대신에, 여러 학문 분야에서 학생들이 해결하도록 선정된 문제들을 제시해야 한다는 것이었다. 이러한 혁명적인 변화는 또 다른 NEA 문건 「중등교육의 주요원리(Cardinal Principles of Secondary Education)」에 분명하게 진술되어 있다. 앞의 보고서가 발간되고 2년 후에 나온 이 보고서는 "학급 전체가 집합적인 책임감을 키워나갈 수 있도록 학생들을 여러 모둠으로 편성해서 모둠별로 협력해서 해결해야 하는 과제와 문제를 부과할 것"(Butts, 1989: 128 재인용)을 권고했다.

NEA의 권고사항 중 또 다른 두 가지 특징은 그들이 시민교육에 대해 생각했던 개념과 관련되어 있는데, 이를 교내 및 교외의 민주적 참여라 부를 수 있을 것이다. 「주요 원리(Cardinal Principes)」라는 제목의 보고서는 이들 중 첫 번째 것에 대해 이렇게 설명하고 있다. "학생과 교사, 학생과 학생 그리고 교사와 교사 간의 협력관계뿐만 아니라 학교 그 자체의 민주적 구성과 운영도 필수불가결한 요소이다"(Butts, 1989: 128 재인용). 교외 차원의 민주적 참여란 교실에서의 학습이 지역사회에서의 사회적 행위에 적용되어, 이를테면 학생들이 가령 공원이나 철도 혹은 우체국이 더 많이 만들어지고 순수식품 관련 법률이 더 많이 제정되는 것을 지지하게 되는 것을 가리킨다. 당시에는 교통과 보건 같은 사안이 매우 중요했다는 점에 유의할 필요가 있다.

혁명은, 설령 교육과 관련된 것이라 할지라도, 단지 현상유지에 불만을 품은 소수의 행위 때문에 발발하지는 않는다. 따라서 NEA 소속 교사들이 내세운 목적이 지지를 받은 것은 미국이 세계대전에 개입하기 직전에 미국의 민주주의 수준에 대한 관심이 광범위하게 조성된 덕분이었다. 또한 교육철학자들의 혁신적인 사상도 한 몫 했는데, 그들 중 듀이가 두드러진 존재였다.

시민교육의 역사에서 듀이는 매우 중요한 인물이어서 그에 대해 상당한 지면을 할애해야겠다. 그는 매우 다재다능했으며, 철학자·심리학자·교육자로서 탁월한 인물이었다. 그는 또한 놀라운 활동력을 타고나서, 매우 독창적인 수많은 책을 저술했으며 교육자문가로서 세계를 누비고 다녔는데, 구소련의 교육 담당 인민위원 루나차르스키(A. V. Lunacharsky)에게 상당한 영향력을 행사한 것이 한 예에 해당한다(5장 참조). 나이가 들어서도 그의 힘은 소진되지 않았다. 그는 87세에 재혼을 해서 자식까지 보았고, 그로부터 3년이 지난 90세에는 마지막 책을 공저로 펴내기까지 했다. 그에 대해 이렇게들 이야기했다.

> 그가 교육 분야에서 이룬 업적의 모든 과정에는 두 가지의 두드러진 신념이 작용했는데, 하나는 전통적인 학교교육은 알맹이가 없고 효과도 없다는 것이었으며, 훨씬 확고한 신념인 또 하나는 사람들의 일상생활은 무제한의 자연적이고도 역동적인 '학습상황'을 제공한다는 것이었다(Curtis & Boultwood, 1956: 463).

듀이가 1896년 시카고에 설립한 대학실험학교(The University Laboratory School)는 그가 자신의 구상을 실천에 옮길 수 있도록 해주었고 나아가 그에게 커다란 명성을 안겨주었다. 그의 많은 저작과 어우러져 이 활동은 초등학교의 학습을 혁명적으로 바꾸는 데, 즉 지루하게 교훈을 늘어놓는 방식의 기존 교육체제에서 아이들(그리고 교사들)을 해방시키는 데 도움을 주었다.

우리가 여기서 주로 관심을 갖는 것은 그의 『민주주의와 교육』이다. 하지만 그 책에 대해 논의하기 전에, 그의 철학이 전반적으로 어떤 논지를 지니는지를 규정해야겠다. 그의 주요 개념은 민주주의, 공동체, 의사소통, 책임과 진보 등인데, 이들은 서로 관련되어 있다.

그는 민주주의란 결코 단순히 제도의 문제가 아니라고 굳게 믿었다. 그는 1927년에 출간된 『대중과 그 문제들(The Public and Its Problems)』에서 "민주주의는 집에서 시작되어야 하며, 민주주의의 집은 바로 이웃한 공동체"(Curtis & Boultwood, 1956: 492 재인용)라고 역설했다. 교사들이 젊은이에게 서로 주고받는 민주적 협력의 경험을 제공한다는 듀이의 원칙을 따른다면 학교도 중요한 역할을 행한다. 아니 그래야 한다. 공동체의 경우 듀이는, 단지 학교나 지역에 속해 있다는 감정이 아니라, 수많은 문화와 전통을 포괄하는 거대한 공동체의 구성원이라는 개방적인 의식을 의미했으며, 이러한 의식은 교육에 의해서만 계발될 수 있는 것이었다. 하지만 공동체는 의사소통에 의존하며, 상호이해는 언어적인 상호작용 없이는 불가능하다. 이 모든 것은 학교에서 길러져야 하는 덕성인 책임감을 함축한다. 『나의 교육신조(My Pedagogical Creed)』에서 그는 교사들에게 학생들이 "사회생활에서 할 수 있는 바가 무엇인가 하는 관점에서 해석될 수 있도록"(Curtis & Boultwood, 1956: 481 재인용) 학생들의 학습능력과 관심 그리고 습관을 이해할 것을 촉구한다. 그렇게 된다면, 그는 『대중과 그 문제들』에서, 학생들이 성인이 되었을 때 완전한 고전적 의미에서의 시민으로서, 즉 '공직수행자(officers of the public)'로서 행동하게 될 것이라고 주장한다. 그럼에도 불구하고 학생들의 마음가짐이 미래에 맞추어지지 않는다면, 즉 과거의 잘못을 돌이켜보고 다가오는 세대들을 위한 위대한 공동체를 재건하기 위해 젊은 이들의 활력을 이용할 필요성을 배우지 못한다면, 교육을 통한 풍속(moeurs)의 혁명적인 변화는 성취될 수 없다.

이제 『민주주의와 교육』으로 가보자. 이 책은 (듀이 생각으로는, 제대로 이해된) 진보주의 교육과 민주주의는 서로 얽혀 있는 불가분의 관계에 있다는 논지에 기초해 있다. 어느 미국인 학자가 말한 다음 구절만큼 듀이의 생각을 간결하게 표현한 것은 없을 것이다. "듀이가 상술한 바와 같이, 진보주의 교육방법은 민주적 목적을 위해 사회재건에 참여할 지성을 지닌 자유인을 길러내기 위한 것이었다"(Welter, 1962: 279. 여기서의 분석은 그의 책에 크게 의존한다). 민주주의는 생각할 능력(capacity)을 요구한다. 학교는 이런 능력 그리고 사회적 목적에 대한 인식능력을 계발해야 한다. 하지만 겉으로는 간단해 보이는 이 명제는 다음과 같은 근본적인 함의를 지닌다. 즉 학교의 목적은 일차적으로, (위에서 보았듯이) 맨의 생각처럼 안정과 조화가 아니라, 민주주의를 위한 재건에 있다. 이러한 비교에 오해의 소지가 있어서는 안 되겠다. 이는 전면적인 반명제로서 의도된 것이 아니다. 즉 듀이는 안정을 저해하는 변화를 지지할 어떤 의도도 없었다. 그의 글에 의하면 민주적인 사회에는 "개인들로 하여금 사회적 관계와 지배에 개인적 관심을 가질 수 있게 하며, 또한 혼란을 초래하지 않고서도 사회변화를 확보할 수 있는 마음가짐을 지니게 하는 교육방식이 반드시 있어야 한다"(Dewey, 1961: 99).

듀이는 이 기념비적인 저작에서 자신이 말하는 소질과 마음가짐을 지닌 젊은이들을 길러내기 위해 학교가 어떤 교육과정을 제시해야 한다고 주장하는가? 첫째, 교육체계는 다음과 같은 일을 해서는 안 된다.

> 대중을 염두에 둘 때에는 협소한 실용적 목적을 고려하고, 소수의 고등교육을 염두에 둘 때에는 전문지식계층의 전통을 가르쳐야 한다는 입장이 교육내용 선정에 주된 영향으로 작용하는 곳에서는 민주주의가 번성할 수 없다. 초등교육의 '핵심'은 3Rs, 즉 읽기, 쓰기, 산수를 기계적으로 다루는 데 있다는 생각은 민주주의의 이상에 필요한 핵심이 무엇인지 모르는 무지에 근거해 있다. 그런 생각에는 민주주의의 이상이 실현 불가능하다는 가정이 무의식적으로 배어 있다(Dewey, 1961: 192).

둘째, 교육체계가 해야 하는 것은 듀이가 말하는 '시민적 효율성' 혹은 '좋은 시민 자질'을 함양하는 일이다. 그는 이 용어가 모호하다는 점을 인정한다. 그러나 기본적으로 시민적 효율성은 "대체로 행해질 필요가 있는 것이란 사람과 사람과의 관계와 관련되는 그런 것들이라는 사실에 …… 주의를 촉구한다"(Dewey, 1961: 120). 셋째, 노동계층이 계속해서 종속적인 상황에 놓이지 않도록 완벽한 교육이 제공되어야 하며, 그런 교육의 교육과정에는 "미래의 노동자가 당대의 문제들과 다양한 개선책을 접할 수 있도록 경제와 시민론 그리고 정치 공부"(Dewey, 1961: 318)가 포함되어야 한다.

마지막으로, 듀이는 이 책의 결론에서 도덕교육이라는 주요 사안에 대해 논의한다. (사실 다른 사람들도 그래온 것처럼) 그는 "아시아에 어떤 산들이 있는지를 알려주듯이 정보를 제공하는 것 이상으로는 성격에 아무런 영향도 주지 못하는" 도덕수업을 분명하게 거부한다. 말하자면, 권위주의 체제하의 권위주의적 방법에서 벗어나야 한다는 것이다. "민주주의 사회에서의 도덕에 대한 수업에서 그와 유사한 (즉 권위주의적인) 결과를 얻고자 하는 것은 감상적인 마술에 의존하는 일이다"(Dewey, 1961: 354). 도덕성은 무언가를 위해 좋은 사람이 되려고 하는 삶을 통해 학습된다는 것이다.

> 사람이 좋은 사람이 되려고 하게 만드는 그 무엇은 바로 사회 구성원으로서 살아갈 수 있는 능력이다. 그 덕분에 사람이 타인들과 함께 사는 데서 얻는 바와 자신이 기여하는 바가 균형을 이룬다. …… 그리고 교육은 단지 그런 삶을 위한 수단이 아니다. 교육은 바로 그런 삶이다(Dewey, 1961: 359~360).

그런데 그 당시 교실의 실제 상황은 어떠했나? 교육지침들이 느슨한데다

상이한 방식으로 해석되었기 때문에 일반화하기가 어렵다. 지침 자체가 교사들에게 도달하는 방식도 세 가지로 서로 달랐다.

하나는 NEA 활동의 산물로 등장한 사회교과였는데, 이는 새롭게 설립된 전문가단체인 NCSS에 의해 발전해나갔다. 3~12학년 과정에서 특히 시민교육과 밀접하게 관련되는 단원들을 보면, 지역사회 시민, 국가의 시민, 미국사 및 정부론 등이 있다. 이 교과의 대표적인 특징 중 하나는 같은 주제들이 상이한 학년에서 반복되는 순환적인 방식으로 구성되어 있다는 점이다. 1916년의 NEA 보고서는 그 이유를 이렇게 설명한다.

> 7~9학년 사회과목에서 다루어지는 내용이 10~12학년에서 비슷하게 다시 다루어지는 순환방식으로 구성되어 있으며, 그 이전의 초등수준 6개 학년에서도 비슷한 순환방식으로 구성될 수 있다. 이처럼 학교수준을 몇 개로 구분하는 것은 대체로 청소년기의 심리적 주기와 일치하긴 하지만, 그보다는 상당수의 아동들이 6학년 졸업으로 학교교육을 마치며 또 다른 상당수는 8~9학년까지 다닌다는 현실적인 고려에 주로 기초해 있다. 이 보고서에서 권고되는 사회과목의 목적은 시기(연령대)별로 포괄적으로 사회를 공부하는 과목, 어떤 의미에서는 단계별로 사회공부를 완전히 마친 수 있는 과목을 제공하는 데 있다 (Morrissett, 1981: 39 재인용).

학생들이 학교를 졸업할 무렵이면 그동안의 사회변화로 인해 교육내용이 진부해질 수 있음에도 불구하고 이런 내용 구성방식은 타성에 빠져 수년간 지속되었다.

다른 일련의 지침들은 주 입법에 의해 마련되었다. 미국의 1차 세계대전

참전으로 애국주의가 고조되었으며, 학교가 애국심 고취라는 분명한 목적 하에 역사적·정치적 주제를 가르치는 데 더욱 노력해야 한다는 요구가 쏟아져 나왔다. 여러 주들이 학교에 시민교육을 요구하는 법률들을 1917년부터 서서히 제정해나갔다. 모든 주에서 그런 법률이 통과되는 데 10년이 채 걸리지 않았다. 그리하여 시민교육은 미국에서 보편적인 것이 되었고 법령을 준수하지 못할 경우의 처벌 또한 가혹했다.

> 위반할 경우에는 100달러 이상 500달러 이하의 벌금 또는 30일 이상 6개월 이하의 시군교도소 수감에 처해지거나 두 처벌 모두 부과되었다. 교사가 불법행위를 저질렀을 경우에는 해고 또는 파면되었으며, 학교(재단법인의 경우)는 설립인가가 취소되었다(Pierce, 1930: 231 n. 2).

이들 주는 그들의 자녀들을 꼬마 공화주의자로 만드는 방법을 가지고 있었던 셈이다!

시민 자질과 애국심을 기르는 교육이 필수가 되면서, 다수의 주 교육감 및 시군교육 당국들이 교과목을 편성하거나 안내서를 간행했는데, 이것이 세 번째 범주의 지침이다. 1920년대에 이들 문건을 검토한 피어스(Bessie Pierce)는 그 문건들을 다음과 같이 묘사하고 있다.

> 정치문제 혹은 시민론 수업의 목표로 제시된 내용들은 공통적으로 '좋은' 혹은 '지성적인 시민 자질'을 내세우고 있었다. 이런 용어들은 거의 정의되지 않았기 때문에 대개의 경우 무슨 의미인지 모르게 모호한 상태로 교사들에게 제시되었다. 교사에 따라 상이한 해석이 가능했던 만큼 이들 용어는 분명 여러 상

이한 개념으로 학생들에게 전달될 수도 있었을 것이다(Pierce, 1930: 243).

이 인용부분을 그로부터 반세기 후에 출간된 사회교과수업 관련 서적의 다음 구절과 비교해볼 수도 있다. "과목의 명칭을 보고 그 과목에서 실제로 무엇을 가르치는지를 예측하기란 쉽지 않다. …… 아마도 특정 학생이 어떤 과목에서 접하는 내용을 가늠하기에 가장 믿을 만한 척도는 해당 교과목의 교과서일 것이다"(Jarolimek, 1981: 4). 그것 말고도 더 있겠지만 말이다.

이들 안내서의 분위기를 보여주는 세 가지 상이한 예를 살펴보자(Pierce, 1930: 244, 246, 249 재인용). 이 중 첫 번째 것은 미주리 주에서 초등학교 시민교육용으로 발행된 것이다.

> 모든 국민에게 봉사한다는 정부의 위대한 목적이 여기서 강조되어야 한다. 지방과 전국 수준에서 더 이상의 개선은 이루어질 수 없다는 거짓 견해로 학생들을 오도하려는 어떤 시도도 행해져서는 안 되며, 민주정부의 모든 것 그리고 정부와의 충실한 협력이 필요하다는 점이 계속해서 제시되어야 한다.

두 번째 인용부분은 아이다호 주의 미국사 안내서에 들어 있는 구절이다.

> 우리의 국가적 이상 중 가장 위대한 애국주의는 나머지의 모든 것을 포괄한다. 나라사랑은 세계의 모든 국민과 모든 연령층에 공통된 감정이지만, 어떤 나라도 우리 미국만큼 자기 국민에게 소중한 곳은 여태껏 없었다. 어떤 국가도 미국보다 더 고무적인 역사를 지니고 있지 않으며, 어떤 나라도 미국보다 더 애국심의 대상이 될 만한 제도들을 가지고 있지 않다.

세 번째 예는 세인트루이스 시에서 발행한 책자에 있는 내용인데, 여기서는 1920년대에 행해진 교육과정 개편으로 '세계공동체 구성원 의식 계발'이라는 목적이 새롭게 포함되었다. 첫 번째와 세 번째의 예가 시민교육에 대한 맹목적인 접근을 피하려는 신선한 시도를 보여주는 데 비해, 아이다호 주의 자기만족적인 애국주의는 훨씬 더 대중적이었던 것 같다. 그것은 분명 이 시기 대다수 교과서의 논조였다.

20세기 첫 사반세기에 교과서 제목으로 어떤 것들이 사용되었는지는 위에서 언급된 피어스의 책『미국 교과서에 나타난 시민적 태도(Civic Attitudes in American School Textbooks)』에서 알 수 있다. 그는 거의 70종에 달하는 교과서를 시민론·사회학·경제학·정치문제의 범주로 구분해서 분석했는데, 그중 15종의 교과서가 제목에 '시민론' 혹은 '시민권'이라는 용어를 포함하고 있었으며, 좀 더 눈길을 끄는 제목의 교과서도 있었다[『미래의 미국 유권자가 될 소년을 위한 정치학 책(The Boy's Own Book of Politics for Uncle Sam's Young Voters)』이 그 예이다. Uncle Sam은 미국(United States)의 앞 글자를 바꾸어서 만든 말로 미국 혹은 미국인을 가리킴 — 옮긴이]. 이들 교과서에서는 금권선거와 뇌물제공같이 시민으로서 지양해야 할 일들이 용인되는 경우도 볼 수 있다(Pierce, 1930: 146 참조). 그럼에도 불구하고 교과서 저자 중 다수가 가르치고 싶어 한(아니면 설교하고 싶어 한?) 것은 미국의 전통과 제도들의 실질적인 완성이었다. 한 예로 1920년에 초등학교 상급학년용 교과서인 브라이언트(Sara Cone Bryant)의『나는 미국인(I am a American)』이 출간되었다. 이 책을 들여다보면 기분을 고조시키고 자랑스러워하는 분위기를 발견할 수 있다.

나는 미국인이다. 우리나라는 지구상에서 가장 자유롭고 가장 부유하며 가장 아름다운 곳이다.

우리 국기는 완전무결하다. 우리의 해군은 정복당하지 않는다. 우리 군대는 세계의 자유를 지킨다. ……

모든 인종이 미국 시민이라는 하나의 끈으로 결속되어 있다. 그것은 충성이라는 끈이다.

나는 미국의 자녀라는 특권을 가질 수 있는 것에 대해 하느님께 감사한다. …… 감사하는 마음과 고상한 목적으로, 그리고 마음과 손 그리고 머리에서 우러나는 사랑으로 나라에 봉사할 것을 다짐하는

나는 미국인이다

(Pierce, 1930: 171 재인용).

다소 '진실의 일부만 얘기한다는' 느낌이 들긴 하지만, 그 당시 다른 나라들에서도 많은 교과서가 그랬다. 이 얼마나 열렬한 웅변인가? 교과서 검열이 시도되던 시절에 사회과목 수업에 사용되는 교과서의 대부분이 애국주의적인 글귀를 담고 있었던 것은 놀랄 일이 못 된다. 예를 들어, 1923년에 오리건 주는 "건국 시조(제헌의원)들 혹은 국가에 기여한 인물들에 대해 불경스럽게 서술하거나 그들의 업적을 과소평가하는"(Pierce, 1930: 233 재인용) 책의 사용을 금지하는 법률을 통과시켰다. 하지만 이러한 법률들은 이내 권리장전* 1조에 보장된 언론·출판의 자유에 근거한 반발을 불러왔다. 그렇

---

* 미국 연방헌법은 '헌법'과 '수정헌법'(혹은 수정조항)으로 구분된다. 1787년 5월~9월에 필라델피아에 55명의 대표가 모여 제헌회의(Constitutional Convention)가 열려 '헌법'이 채택되었다. 이 헌법은 이어서 각 주에 회부되어 13개 주 중 9개 주가 비준을 완료

지만 그 의도는 유지되었다.

위 내용에서 알 수 있는 것은 대략 1925년이 될 무렵에 시민교육이 미국의 학교들에 확고하게 자리를 잡았으며 여기에는 전문가들의 조언, 각 주의 입법, 교과서 발간 등이 힘을 발휘했는데, 이런 진전은 구체적으로 무엇을 어떻게 가르칠지를 — 혁신을 시도할 것인지 아니면 학교에 제공되는 '교과서'에 단순하게 의존하여 현실에 안주할 것인지 — 교사들이 선택할 수 있는 느슨한 구조 속에서 이루어졌다는 점이다.

그리하여 1920년대 중반이 되어서는 미국의 학교들이 시민교육에 참여할 것이라고 기대하는 데는 아무런 의심도 있을 수 없었다. 따라서 이 시기부터는 미국 청소년들이 시민이 된다는 것이 무엇을 의미하는지를 학교에서 효과적으로 배웠을 것이라고 생각할 수 있다. 하지만 20세기의 나머지 기간

함으로써 헌법으로서의 효력을 발생하게 되었다. 이 헌법에 따라 워싱턴이 초대 대통령으로 취임하고 연방정부가 정식으로 출범했다. 이 헌법은 오늘날까지도 수정 없이 보존되고 있어 세계에서 가장 오래된 헌법이라 할 수 있다. 이 헌법은 국가기관 구성, 주와 주 그리고 연방과의 관계, 헌법개정절차, 헌법의 위상 및 헌법비준에 대한 7개조로 이루어져 있다. 기본권에 대한 규정이 없다는 점에 착안하여 1789년에 발의되고 1791년에 발효된 수정조항 10개조를 비롯하여 이후의 정치·경제·사회적 변화에 따라 계속 수정조항이 추가되고 있으며, 1992년에 수정 27조가 추가되어 오늘에 이르고 있다. 수정조항 중 1791년의 10개조를 보통 미국의 '권리장전(Bill of Rights)'이라 부른다. 따라서 본문에서 권리장전 1조라고 하는 것은 곧 수정 1조를 가리키는데 그 내용은 다음과 같다.

"수정 1조[종교, 언론 및 출판의 자유와 집회 및 청원의 권리]: 연방의회는 국교를 창설하거나 또는 자유로운 종교활동을 금지하는 법률을 제정할 수 없다. 또한 언론·출판의 자유나 평화롭게 집회할 수 있는 권리 및 불만사항 구제를 위해 정부에 청원할 수 있는 권리를 제한하는 법률을 제정할 수 없다." — 옮긴이

동안 사회교과의 역사를 특징짓는 끊임없는 불만과 관심 표명 그리고 개선을 위한 시도들을 살펴보노라면, 그런 가정은 심각하게 잘못된 것임을 알 수 있을 것이다. 다음 두 진술을 비교해보자.

> 주목할 만한 예외가 많이 있긴 하지만, 역사·경제·정부론 등 사회과학의 다양한 분야를 가르치는 것은 시민교육의 관점에서 볼 때 태도, 교과목 내용 그리고 내용 간의 상호관계 등에서 고려되어야 할 많은 과제를 안겨준다. ……
> 우리의 시민적 행동이 낮은 수준에 머물러 있는 데에는 시민교육에 존재하는 패배주의가 상당 부분 책임이 있다(Merriam, 1934: xiii, xv).

다른 한 비평가는, "우리는 미국이 건국된 이래로 200년 동안 시민교육에서 특별히 변한 것이 없다고 생각할 수도 있다(그리고 그간의 증거들은 이를 강력하게 뒷받침한다)"(Turner, 1981: 56)라고 주장한다. 첫 번째 인용문은 1934년의 AHA 사회교과 조사보고서에 있는 내용이며, 두 번째 인용문은 그로부터 거의 반세기 후에 사회과학교육 분야의 권위자가 자신의 판단을 나타낸 글이다.

20세기의 두 번째에서 네 번째 사반세기에 이르는 기간은 몇 부분으로 나누어서 살펴보는 것이 좋을 듯하다. 첫 번째 기간은 대략 1930년에서 1960년에 이르는 기간이다. 시민교육을 개선하려는 시도들을 살펴보기 전에, 다른 두 가지 문제에 대해 언급할 필요가 있는데 이들 둘은 서로 관련되어 있다. 하나는 학교에서의 인종분리문제이고, 다른 하나는 인종문제와 더불어 정치적 사건과 분위기가 시민교육에 끼치는 영향이다.

30년 간격으로 일어난 두 사건이 인종분리문제를 잘 보여준다. 첫 번째 것은 1924년에 출간된 캘런(Horace Kallen)의 『미국의 문화와 민주주의(Culture and Democracy in the United States)』이다. 두 번째 것은 1954년 '브라운 대 교육위원회 사건(Brown v. Board of Education)'에 대한 연방대법원의 판결이다. 캘런은 1915년의 논문에서 '문화적 다원주의'라는 용어를 고안해 냈고 위에서 언급된 책에서 이 개념을 발전시켰다. 그는 미국이 그 국민들이 '단일성 속의 복합성' 같은 존재라는 사실을 받아들여야 하며 공립학교는 모든 인종집단을 함께 교육함으로써 이런 현실에 대해 더 잘 이해하도록 만들어야 한다고 주장했다(Macedo, 2000: 103~107 참조). 하지만 1954년의 대법원 판결이 있기 전까지는, 아칸소 주 리틀록의 긴박한 사건이 계기가 되어 흑백분리취학을 철폐하는 것이 국법이 되지 못했다.

시민교육의 성격에 불가피하게 영향을 끼쳤던 이 시기의 정치적 사건들과 분위기는 매우 명백했다. 1차 세계대전 기간과 그 이후의 몇 년 동안 거세게 불붙었던 애국주의는 1920년대 후반이 되면서 열기가 가라앉았다. 그에 이은 대공황과 뉴딜 시대에는 경제·사회문제로 관심이 돌려졌다. 2차 세계대전이 발발하면서 애국주의의 분위기가 다시 등장했는데, 이는 매카시주의자들의 반공주의 광풍으로 빛이 바랬다. 냉전시대에 벌어진 이 사건은 두려움과 교만함이 뒤섞이게 만들었다. 이런 배경을 뒤로 하고 시민교육의 수준을 개선하고자 하는 수많은 시도가 행해졌다. 버츠의 말을 들어보자.

> 20세기 중반에 좀 더 효과적인 시민교육을 고안하기 위한 제안과 기획들이 쏟아져 나왔는데, 이들을 소개하는 데만도 책이 몇 권은 필요할 것이다. 구체적인 내용들은 무한정 다양하지만 여러 기관이나 단체들이 제시하는 목표의 목록들은 거의 동일하다(Butts, 1989: 185).

이들 관련 단체들을 몇 개만 나열해보면 APSA, AHA, AASA, NEA, NCSS, 교육정책위원회(EPC), 컬럼비아 대학, 연방교육국 등이 있는데, 그 명칭을 들으면 활동범위를 짐작할 수 있다. 부분적으로 카네기 재단의 출연으로 설립된 AHA는 1932~1937년에 사회교과교육에 관한 17권의 서적을 출간했는데, 앞에서 인용된 메리엄(Charles Merriam)의 『미국의 시민교육(Civic Education in the United States)』도 이에 포함된다. 잘 알려진 것처럼 EPC는 1938년에 교육의 네 가지 목표 중 하나로 '시민적 책임'을 제시했다(Butts, 1989: 190 참조). 1949년에 연방교육국은 『모든 젊은이를 위한 인생적응교육(Life Adjustment Education for Every Youth)』이라는 제목의 매우 영향력 있는 소책자를 발행했다. 이 소책자는 다음과 같이 끝을 맺고 있다.

> (전문직에 종사할 사람뿐만 아니라) 모든 젊은이가 그런 지식과 이해 그리고 기능을 개발하도록 하기 위해서는, 고등학교가 시민으로서의 능력 개발을 위해 일반적으로 사용되어온 것보다 더욱 다양한 방법과 수단을 구사하는 것이 필요할 것이다(Robinson, 1976: 33 재인용).

이러한 기획들에 추진력을 제공해준 저명 교육자와 사회과학자들은 '사회적 개척자'로 불렸다. 그들은 학교가 학생들의 시민 자질을 기를 책임이 있다고 여기도록 설득하는 일에 어느 정도 성공을 거두었다. 물론 이는 분명히 매우 힘든 과제였다. 하지만 그런 발전조차도 1960년경에 이르러서는 잠시 멈추어야 했다. 다음 글은 당시의 상황을 묘사한 것이다.

> 그러나 1960년대 이전의 30여 년 동안 행해졌던 시도들이 지녔던 좋은 의도는

그 후의 급속한 변화의 와중에 거의 사라져버린 것처럼 보였다. 1950년대 후반에 들어, 국방교육법(National Defense Education Act)의 통과와 더불어, 교육의 강조점이 과학과 수학 그리고 외국어로 옮겨갔다. …… 과학에 노력을 기울여야 한다는 커다란 아우성 속에서 시민교육에 대한 강조의 목소리는 점점 줄어들었다(Robinson, 1976: 34).

우주공간과 미사일 분야에서 소련과의 경쟁이 계속되면서 이 분야에서의 발전이 시민교육보다 훨씬 더 긴박한 우선순위에 있다는 것이 자명해 보였다.

1960년대와 1970년대는 정치적 측면에서나 교육과정 측면에서나 극적인 시기였다. 베트남전 수행은 많은 반성을 하게 만들었고 또한 진심으로 정부 정책에 대한 반감을 갖게 만들었다. 베트남전이 종료되기 1년 전에 워터게이트 사건이라는 놀라운 일이 터졌고 이는 1974년 닉슨 대통령의 수치스러운 사임으로 이어졌는데, 결과적으로 정치체계에 대한 냉소주의와 환멸을 불러왔다. 이와 동시에 시민교육도 혼란에 빠졌다. 어떤 권위자는 당시의 상황에 대해 "사회교과가 1970년대 초에 혼란에 빠졌다고 말하는 것은 관대한 평가일 것"(Jarolimek, 1981: 9)이라고 간결하면서도 신랄하게 묘사했다. 1969~1976년에 교육평가원(National Assessment of Educational Progress: NAEP)이 행한 조사결과를 보면 그의 판단이 결코 부당한 것이 아니었음이 확인될 수도 있을 것이다. 이 조사에서는, 예를 들어 13세 학생의 1/3이 연방의회 내 하원의 상대편이 상원이라는 것을 답하지 못했다. 게다가 학생들의 점수가 7년 동안 점점 내려갔다. 사태의 심각성을 인식한 두 민간재단이 상황을 타개하기 위한 권고안을 검토하고 작성할 연구진을 구성했다. 여기서 작성된 보고서는 문제를 명쾌하게 서술하고 있기에 다소 길더라도 인용할 가치가 있다.

학교의 시민교육이 그동안 오랫동안 소홀히 다루어져 온 영역이긴 하지만, 지금은 지적으로 황폐해졌다고 할 만큼 심각한 상태에 있다. 초등학교의 경우 시민교육이라는 주제는 좀 더 유행에 민감한 관심거리의 이면으로 사라져갔다. 일관된 교육과정을 구축하는 힘든 일을 시도하기보다는 지역사회가 그때그때 소리 높여 요구하는 사항들을 충족시키는 데 급급하다 보니, 초등교육과정 담당자들은 마약, 성, 사회병리 같은 단원을 우선적으로 편성하고 시민교육은 대신 옆으로 제쳐놓아야 했다. 최근 들어서는 진로교육이 …… 초등학교 심지어 유치원에서조차 행해지고 있다.

중등수준의 경우, 시민교육이라는 주요 과업이 8학년 혹은 9학년 사회교과의 한 부분인 협소하고도 지루한 시민론 과목에 맡겨져 있다. 이처럼 열악한 상황은 시민론 수업을 담당하는 교사가 육상부 감독인 경우가 많다는 사실로 인해 가중된다. 그들은 방과 후에 육상부를 지도해야 하기 때문에 부담이 덜 되는 시간표를 원하며, 따라서 그만큼 수업에 성의를 갖기가 힘들 수밖에 없다 (Brown, 1977: 2).

(상황이 이렇게 비참한 지경에까지 이르게 된 과정에 대한 자세한 설명은 Butts, 1989: 199~202 참조)

그러던 차에 18세부터 선거권을 부여받도록 하는 헌법 수정 26조가 1971년에 통과되면서 상황을 개선하려는 활동에 또 다른 물결이 밀려왔는데, 이제 상황은 긴박하기까지 했다. 관심 있는 교육자와 학자들은 세 가지 난관에 부딪혔다. 시민교육의 중요성을 교사와 학부모, 학교 당국에 설득하는 일, 교육내용에서 국가수준에서 일관된 형태를 다시 만드는 일, 그리고 이처럼 시민교육을 조직적으로 부흥시키는 데 도움이 되는 새로운 교육자료들을 만드는 일이 그것이었다. 전통적으로 지역단위에서 교육과정이 정해지던 사정을 감안하더라도, 일관성 결여는 핵심적인 문제였다. 1960년대와 1970년대에 교사들이 제각기 자신이 내키는 대로 가르치는 위세를 부린 탓에 20세기 초에 공들인 노력이 물거품이 되었다. 이런 해체과정을 되돌리는 데는 얼마간 시간이 걸렸다. 그런 시도의 하나가 주요 학문 분야의 탐구과정을 가르칠 것을 주창한 '새로운 사회교과(신사회과)' 운동이었는데, 결코 전폭적인 지지를 얻지는 못했다.

이보다 더 유익했던 것은 1970년대 10여 년 동안 교과서를 개선하고자 했던 학계의 성과물이었다(예를 들어 Butts, 1989: 200~204 참조). 위에서 보았듯이, 미국의 교사들은 항상 교과서에 많이 의존해왔다. 1970년에 시작된 한 공동연구에서는 당시의 교과서들에 대한 비판적인 검토가 이루어졌다(Turner, 연도 표시 없음). 이 연구보고서의 서론 부분을 쓴 인디애나 대학의 패트릭(John Patrick)은 멜링거(Howard Mehlinger)와 함께 『미국인의 정치행태(American Political Behavior)』(1972)라는 제목의 매우 성공적인 책을 썼다. 멜링거는 당시의 상황에 대해 나중에 '시민교육의 위기'(Brown, 1977: 69~82)라고 묘사했다. 그 책은 1966년에 설립된 인디애나 대학 사회교과개발원이 출판을 앞둔 다수의 교과서들을 엄격하게 검토한 연구가 더욱 발전해서 탄생한 것이었다. 그 책은 또한 학습내용을 중등학교 학생들에게 재미있고도 쉽게 이해될 수 있는 방식으로 제시하는 길을 열었다(Mehlinger & Patrick, 1972, 감사의 글 참조; Morrissett & Williams, 1981: 81~82). 이는 개선된 교수학습 자료를 통해 시민교육을 위기에서 구하고자 한 진지한 노력의 한 가지 예이다.

20세기의 마지막 20년 동안 시민교육과 관련된 미국 사회의 모든 요소는 제각기 학교가 시민을 기르는 좀 더 효과적인 기관 — 연방정부, 주정부, 대학, 연구소, 출판사 등 참된 의미에서의 기관(institution) — 이 되도록 만들고자 애썼다(Butts, 1989: 205~225 참조). 그중에서도 가장 두드러진 것으로, 1983년 연방교육부가 「위기에 처한 국가(A Nation at Risk)」라는 제목의 보고서를 발간한 것을 계기로 교육개혁이 절실히 필요한가를 놓고 장기간의 첨예한 논쟁이 펼쳐지게 된 일을 들 수 있다. 그 보고서는 여섯 개의 목표를 설정했는데, 그중 두 가지가 시민교육과 관련된 것이었다. 하나는 "미국의 모든 학교는 모든 학생이 자신들의 마음을 다스리는 법을 배움으로써 책임 있는 시민이 되고 더 깊이 공부하며 현대경제에 적합한 유능한 인재가 될 준비를 할 수 있도록 뒷받침해야 한다"라는 내용이다. 다른 하나는 "모든 성인 미국인은 읽고 쓸 줄 알며 세계화 시대의 경제현실에 대처하는 데 필요한 지식과 기능을 갖추며 시민으로서의 권리를 행사하고 책임을 질 줄 알아야 한다"라고 되어 있다(Cogan & Derricott, 2000: 84 재인용).

1990년대에는 의미 있는 발전이 많이 이루어졌다. 시민교육원(Center for Civic Education)이 설립되었고, 시민교육 분야의 체계적인 교수학습을 장려하기 위한 전국시민교육진흥운동(National Campaign to Promote Civic Education)이 발족했으며, 이를 뒷받침할 교육과정 모형으로 '시민공동체: 시민교육의 기본 구조(CIVITAS: A Framework for Civic Education)'가 만들어진 것이 그런 발전을 보여주는 사례들이다. 그렇긴 해도, 더 나은 시민교육을 지지하는 이들은 그것에 의구심을 지니거나 적대적인 세력들에 맞서 분투를 계속해야 했다. 시민으로서의 마음가짐이란 것에 의문을 제기하기를 좋아하는 무비판적 애국주의(예를 들어 Janowitz, 1983; Turner, 1981 참조), 그리고 "협소한 노동시장 관점에 입각해서 공교육의 시민양성 기능을 제거하고자 하는" (Giroux, 1987: 72) 시도가 대표적인 보기이다. 물론 이들 두 가지가 결코 그 기간에만 국한된 것이 아니라는 점은 앞에서 이미 보았다.

미국의 학교들에서 시민교육이 어떻게 행해지고 있는지에 대한 연구가 1990년대 이후에 매우 많이 이루어진 덕분에 현재의 상황에 대한 일반적인 묘사를 할 기초가 될 만한 정보가 많이 확보되어 있다. 첫째, "전부는 아니지만 대부분의 학생이 14, 15세 이전에 민주주의와 정치제도 그리고 시민의 권리와 책임에 대해 어느 정도 공식적인 수업을 받게 될 것"(Hahn, 1999: 590)이라고 할 수 있다. 둘째, 확고하게 수립된 체계적인 지침들이 없어서 구체적인 일반화를 도출하기는 여전히 어려운 실정이다. 미국의 선도적인 연구자 중 한 사람의 말을 빌리면, 주에 따라 상당한 차이가 있는 것은 접어두고라도 "같은 학교에 근무하는 교사들이 같은 교육과정을 따르는 경우에조차, 그 내용이 다루어지는 방식이 상이한 경우가 흔히 있다"(Hahn, 1999: 589). 이 권위자에 따르면, 다른 한편으로는 상당 부분 공통된 내용을 담고 있는 교육프로그램의 윤곽을 그리는 일이 가능하다.

초등학교 저학년 학생들의 경우, 애국심을 고취시키는 노래들을 배우고 대통령선거일과 추수감사절같은 국경일에 미술작품이나 글짓기를 통해 이를 기념하며 매일 국기에 대한 경례를 하는 것이 전형적인 방식이다. 그들은 종종 경찰이나 소방관 같은 '공동체 도우미들' 그리고 규칙과 법의 필요성에 대해 공부한다. 4~6학년 학생들은 보통 미국의 역사 그리고 권리장전 및 미국헌법의 기본 원리들을 배우게 된다. 대부분의 고등학생들은 1년 과정의 미국사 및 한

학기 과정의 정부론을 이수한다. …… 다수의 주에서는 주 역사, 경제, 법, 시민론 과목도 일반적으로 가르치고 있다(C. L. Hahn, 1998: 17).

하지만 이는 20세기 말에 이르러 시민교육의 내용과 교수방식에 대한 논쟁이 해결되었다거나 교육학계의 전문적인 수준에서 다루어졌다는 말은 아니다. 다문화주의를 강조할 것인가 국민의 결속력을 강조할 것인가, 국민으로서의 시민인가 세계시민인가(이 책의 6장 참조), 학문의 구조를 다룰 것인가 민주주의에 대한 접근방식들이 지닌 문제들을 다룰 것인가(Cogan & Derricott, 2000: 81~83), 제도에 대해 배우는 것이 중요한가 시민으로서의 행동을 배우는 것이 중요한가, 그리고 학문 중심의 공부를 강조할 것인가 공동체에 대한 봉사를 강조할 것인가를 놓고 논쟁이 계속되었다. 영국의 한 신문보도에서 발췌한 다음 구절이 보여주듯이, 충성서약조차 논쟁의 대상이 되었다.

> 어제 법원이 충성서약이 위헌이라는 판결을 내리자 미국은 온통 난리가 났다. 샌프란시스코 제9연방항소법원은 아이들에게 매일 '하느님 아래 하나의 국민'이라고 말하도록 하는 충성서약을 요구하는 것은 정교분리를 규정한 헌법의 이른바 국교창설금지조항(수정 1조 — 옮긴이) 위반이라고 판시했다(Guardian, 2002).

IEA의 전면적인 조사에 참여한 어느 연구자(이 책의 다른 곳에서 언급된 바 있음)의 결론에 따르면, 미국의 많은 교육자는 학교에서 행해지는 시민교육은 "너무 미약해서 아무것도 이룰 수 없다"(Cogan & Derricott, 2000: 87)라고 비판한다. 미국만큼 정치인과 교육자들로부터 원칙적으로 그렇게 오랫동안 시민교육이 지지를 받아온 나라는 거의 없지만, 진전을 이루는 데에서 미국만큼 많은 난관에 부딪혔던 나라도 거의 없다.

3. 식민지 경험

유럽의 열강들이 추진했던 제국주의 팽창정책은 근본적으로 시민권의 개념과 양립할 수 없는 것이었다. 식민지 당국이 식민지에 교육시설을 세우는 데 미약하고도 주저하는 모습을 보인 것이 이런 판단을 내리게 하는 분명한 지표가 된다. 더욱이 아프리카와 아시아 지역의 많은 국가가 독립 후에 의미 있는 형태의 시민권과 시민교육을 구축하는 데서 겪은 어려움들은 적어도 부분적으로는 이런 (시민권과 관련된) 취약한 기반이 그 원인으로 작용했다. 또 하나의 강력한 요인은 서구와는 현저하게 다른 그들 자신의 사회적·정치적 전통을 본질적으로 서구적인 이상과 제도인 시민권(그리고 시민교육)에 부합하도록 만드는 데 따르는 문제였다. 이 절에서는 먼저 제국주의 시대에 식민지배를 겪었던 나라들의 역사에 뚜렷하게 존재하는 문제들을 분석할 것이다. 이런 대략적인 윤곽을 따라 주요 제국주의 열강이 시민권 성장을 촉진하는 과정에서 폈던 제한적인 정책들을 간략하게 비교할 것이다.

근대 제국주의 체제는 서로 모순되는 요소들을 내포하고 있어서 완전한 의미에서의 시민권 발전과 기본적으로 조화를 이룰 수 없다고 생각하는 주장들을 살펴보는 것이 도움이 될 듯싶다. 그중에서도 가장 근본적인 것을 먼저 보면, 제국주의 정책의 수행은 기독교 지역을 포함한 서구 문명으로부터 아메리카(이 절에서 아메리카의 경우는 다루지 않을 것이지만)의 미개한 주민들과 아프리카의 부족들, 그리고 문명이 쇠퇴한 아시아 지역에 소중한 혜택을 가져다준다는 분명한 명제에 입각해 있다. 프랑스의 한 권위자는 이런 사고방식을 다음과 같이 설명한다.

> 식민통치는 식민지 주민들을 약탈하는 것이 아니다. 왜냐하면 식민통치 당국은 식민지의 '연약한' 주민들을 떠맡을 그리고 그들을 '발전시킬' 의무를 지니기 때문이다. 당국은 …… 간단히 말해, 그 주민들이 공동의 영역을 관리하고 개발하며 수익을 올리는 일에 동참하도록 준비시켜야 한다(Grimal, 1965: 28).

식민통치 당국은 또한 손댈 수 없을 정도로 호전적인 원주민들에게 평화를 전수한다. 영국인들은 로마인들을 흉내 내서 팍스 브리태니카(pax Britannica)라고 자랑스럽게 큰소리를 쳤다. 이런 사고방식은 시민권의 의미와 거리가 한참 멀다. 이는 우월성의 확신이며 온정주의 정책이지, 시민으로서의 삶에 평등하게 참여하는 자격으로서의 시민권에 대한 올바른 생각이 아니다. 예견할 수 있는 수준에서는 미래에도 그럴 것이다.

그러나 식민지배자들은 시민권보다는 신민이라는 관점에서 생각했다는 점에서는 이해될 수도 있을 것이다. 아시아와 아프리카는 전통과 구조 그리고 충성심의 내용이 시민권이 전개되어온 유럽의 환경과는 매우 달랐기 때문이다. 이는 또 다른 모순이다. 식민지배자들은 왜 자신들이 서구의 전통을 즉각 이식할 수 있을 거라고 여겨야 하는가? 그리고 왜 토착민들이 외래 관념에 적응하려 배우기를 원해야 하는가? 이런 물음과 더불어 우리는 또 다른 모순 혹은 모호함과 마주치게 된다. 제국주의 체제하에 있는 신민들도 엘리트냐 일반대중이냐에 따라서 설령 제국주의 통치로부터의 해방이라는 수단을 통한다 해도, 시민이라는 지위를 획득하는 것을 바라지 않을 각각의 이유가 있었다. 프랑스의 한 권위자는, 1931년에 인도차이나 지역에 대해 쓴 글에서, 토착 엘리트 계층은 프랑스로부터 독립하는 것이 "전적으로 어리석은 일이며 기껏해야 불합리한 일"(Grimal, 1965: 29 재인용)이라 여긴다고 설파했다. 일반대중의 경우, 알제리의 정신과 의사이자 혁명가인 파농(Franz Fanon)은 그들을 '세상의 비참한 존재'라고 묘사하면서 그들은 식민지배로 억압을 받은 탓에 모든 정치적 기대를 빼앗기고 열등감과 절망감의 심리상태에 빠져 있다고 주장했다(Fanon, 1967: 74 참조).

그럼에도 불구하고 제국주의 열강은 식민지에 교육기관을 설립할 책임을 전적으로 부인하지는 않았다. 비록 시민교육의 관점에서 볼 때 서로 모순되는 혹은 우선순위를 놓고 다투는 사항들이 더 있긴 하지만. 이들 교육기관은 식민지의 토착 엘리트 시민들을 양성하기 위한 것인가 아니면 모든 주민이 공공사안에 대해 어느 정도 이해할 수 있도록 기본적인 학교교육을 제공하기 위한 것인가? 그리고 이런 형태의 교육이 성공을 거둔다면 그 효과는 식민지 본국에 대한 헌신이 증진되는 쪽으로 나타날까, 아니면 주민들이 시민으로서 지니는 지위가 불완전하다는 데 기인한 불만이 심화되는 쪽으로 나타날까? 이런 물음들이 우리의 관심 한가운데에 있기에 논의를 좀 더 할 필요가 있다.

아래에서 보게 되듯이, 제국주의자들이 이런 물음에 대해 느끼는 일종의 양심이랄까 하는 것은 그 정도가 매우 다양하게 나타났으며, 때로는 존재 여부를 식별할 수 없는 경우도 있었다. 여하튼 그들의 양심은 그들이 '뒤떨어진' 신민들을 위한 모종의 교육을 제공하도록 만들었다. 그런 생각이 가장 잘 드러난 경우를 미국의 어느 학자는 다음과 같이 요약해서 서술했다.

교육의 주안점이 읽기·쓰기에 두어진 한에서는 그리고 3Rs(읽기, 쓰기, 산수) 훈련은 도덕성 향상을 수반한다는 생각이 만연했던 한에서는, 모든 상황에서 유익하다고 여겨온 형태의 교육을 다른 문명에 이식하는 일이 어느 정도 정당화되었다(Kandel, 1960: 139).

이와 동시에, 주민들이 정치적 각성을 하게 되는 결과가 나타나면서 이에 불안을 느낀 식민지 본국은 그런 교육정책을 계속 수행하는 데 주저하게 되었다. 캐나다의 한 학자는 이에 대해 다음과 같이 점잖게 서술하고 있다.

제국주의 국가의 예산항목 중 교육이 낮은 비중을 차지하는 데 머물렀다면, 이는 부분적으로는 식민지의 교육을 골치 아픈 일로 생각하며 또 그에 대해 불편한 감정을 지닌 사람들이 있었기 때문이다. 그들은 상식과 타협, 수용이 명백한 덕목이라고 생각하지 않았으며 그런 것을 배우려고 하지 않았다. 제국주의자들은 이러한 난제를 다루는 일을 가능한 한 오랫동안 미뤘다(Thornton, 1978: 63).

충실한 교육이 가져올 정치적 역효과에 대해 식민지 본국이 이처럼 불안을 느낀 것이 식민지 지역들에서 대다수 주민의 교육수준이 전반적으로 느리게 향상된 이유 중 하나였다. 프랑스의 한 비평가는 네덜란드가 동인도 지역에서 폈던 정책에 대해 네덜란드인들은 "토착주민들의 무지에 대한 자신들의 우월성을 확인시키고"(Grimal, 1965: 83 재인용) 싶어 했다고 딱 부러지게 말했다. 인도네시아의 경우 심지어 독립 후인 1960년대에조차 주민의 90% 이상이 문맹인 것으로 밝혀졌다. 하지만 교육부문에서 진보가 이루어지지 않은 데에는 정치외적인 이유도 있었다. 다른 문화에서 탄생한 교육방식을 이식하는 데 따르는 어려움도 있었고 언어의 문제도 있었다. 식민지마다 대표언어와 방언이 뒤섞여 사용되어 (지금도 그렇다) 혼란스런 경우가 많았는데, 네덜란드가 지배했던 동인도 지역의 예를 다시 들면, 대략 300여 개의 언어가 있었다. 원주민들을 '문명화'한다는 목표에서 그렇게 하기도 했지만 실무적인 목적에서도 식민지 본국의 언어를 가르치도록 명령했다. 그렇지만 다른 언어를 배우는 일 그 자체가 읽기·쓰기 능력의 습득에 장애가 되었다.

  제국주의 본국의 언어를 능숙하게 구사하는 것은 자연히 토착 엘리트 시민집단이 형성되는 데 필수조건이 되었다. 본국은 식민지의 엘리트 시민들이 식민지 행정기구의 하위층을 맡아서 통치가 원활하게 이루어지게 할 필요가 있었다. 교육을 받아 공무원이나 교사, 법률가가 될 사람들이 이런 자리를 채워야 했는데 여기에 식민지 본국의 딜레마가 있었다. 본국이 식민지를 계속 장악하는 것은 효율적인 행정에 달려 있었으며, 효율적인 행정은 토착주민 중 지적 수준이 가장 높으면서도 야심을 가진 이들을 교육하는 데 달려 있었다. 이들은 자신들의 낮은 지위에 곧장 불만을 가질 수 있는데다가, 본국의 문헌을 통해 자유와 민주주의, 민족자결 등의 원리를 배워, 자신들이 받은 교육의 성과를 독립(진정한 시민권) 요구에 활용할 수 있을 것이었다. 그리하여 자신들이 유지하기 위해 교육받았던 바로 그 체제를 허물어뜨리게 되는 것이다. 학교에서 알파벳 기초 읽기를 배운 사람들은 나중에 독학을 통해 취향에 따라 부하린(N. I. Bukharin)의 『공산주의 입문(ABC of Communism)』이나 밀의 『자유론(On Liberty)』을 읽을 수 있었다. 이처럼 안정을 위해 행했던 교육이 전복을 위한 교육으로 변질되는 예기치 못한 결과를 가장 잘 보여주는 예는 튀니지의 경우일 것이다. 1920년에 제정된 국민당의 강령을 보자.

> 의회는 평등권과 보통선거에 기초하여 프랑스인과 튀니지인으로 구성된다. 정부는 의회에 책임을 진다. 입법부, 행정부, 사법부는 분리된다. 공무원은 튀니지인으로 충원된다. 프랑스인과 튀니지인 모두 근로에 대해 동등한 임금을 받는다. 지방의회는 선거를 통해 구성된다. 언론과 결사의 자유가 보장된다. 의무교육제도가 확립된다.

이 구절의 출처가 되는 책을 쓴 역사가 자신의 논평을 빌면, "그들이 사용하는 언어에 포함된 모든 개념은 바로 그 언어의 발생에 근간이 되는 제국주의적 맥락에서 비롯된 것들이다"(Thornton, 1978: 66).

대부분의 경우에 이처럼 정치의식을 지닌 적극적인 사람들은 시민권의 의미를 배웠다. 그렇지만 제국주의 국가들은 식민지 주민 중 일부는, 그 비율이 아무리 미미하다 해도, 완전하고도 적절한 의미에서 시민이 되도록 교육받을 수 있다는 생각을 전적으로 거부하지는 않았다. 하지만 이것이 현실로 될 경우에는 헌법적인 문제가 결정되어야 했다. 자격을 취득한 사람들은 식민지의 시민이 되어야 하는가 아니면 전체 제국의 시민이 되어야 하는가, 예를 들어 가나의 시민이 되어야 하는가 아니면 대영제국의 시민이 되어야 하는가? 이러한 물음에서 비롯된 논의를 보면, 제국주의 국가들 사이에도 정도 차이는 있었지만, 시민권의 문제가 진지하게 고려되었다는 것은 분명하다. 이제 우리는 제국 시민권에 대한 찬반과 식민지 시민권에 대한 찬반이라는 상충하는 주장들을 살펴보아야 하게 되었다.

제국 시민권이라는 개념은 로마 시민권이 확대 적용되었던 선례가 있는 데다, 아래에서 보게 되듯이 중앙집권적인 프랑스 공화국과 군주제인 대영제국의 경우를 참고할 수 있다. 제국의 성원권(membership)이라는 것이 무언가 의미가 있고 또 충성심을 유발하는 것이라면, 시민권은 그런 정치적인 전체와 관련되어야 하며 교육은 그런 목적에 부응해야 할 것이다. 다른 한편, 근대 제국의 식민지들은 본국에 비해 인구는 많았지만 빈곤한 편이었다. 따라서 제국이 민주적인 선거제도를 운영하는 경우에 본국인 유럽국가에 거주하는 시민들의 정치적 기대는 다른 대륙에 거주하는 시민들의 기대에 압도당하게 될 것이다. 게다가 시민권이 복지에 대한 권리를 포함한다면 사회경제적 수준의 평등은 실현하기가 거의 불가능할 것이다. 이렇듯 제국의 시민이 되는 것을 가르치는 일은 위험스런 실망으로 나아갔을 것이라는 결론이 도출된다. 지역 혹은 식민지 시민으로서의 시민권은 정의상 작은 규모의 사안이었으며 따라서 실현 가능성이 좀 더 높았다. 가능한 예로 세네갈의 경우를 보면, 세네갈 내에서만 해당하는 동등한 시민권에 대한 요구는 5개 대륙에 걸쳐 있는 프랑스 제국 내에서 동등한 시민권을 요구하는 것과 비교할 때 즉각 실행에 옮길 수 있어 흡인력이 강하다. 하지만 그럴 경우 식민지마다 제각기 독자적인 처우를 요구하게 될 것이다. 그렇게 되면 토착주민들에게 전면적인 시민권을 부여하는 것은, 교육을 통해 그 효과가 강화되어 제국 시민권의 경우보다 더 강력한 민족자결주의 사상을 고취하게 될 것이다.

이제 제국주의 열강들이 식민지 주민들에게 시민적 권리를 부여하기 위해 실제로 어떤 정책들을 추진했는지 살펴볼 필요가 있다. 일반적으로 세 가지 사항이 언급될 수 있다. 첫째, 식민지 본국 정부들의 접근방식 간에는 상당한 차이가 있었다. 둘째, 일부 국가는 입헌주의 제도를 강구했지만, 그렇지 않은 국가들도 있었다. 셋째, 우리의 논의에 가장 관련이 큰 것으로, 정책 수립에서 교육이 핵심적인 사안이었다. 그 이유는 모든 식민지 본국 정부들의 초점은 위에서 언급된 이유들로 인해 식민지의 엘리트 시민집단의 교육에 맞추어져 있었기 때문이다. 즉 그런 교육의 목표는 식민지의 엘리트 계층을 모국 시민들의 복제품으로 만드는 데 있었다. 프랑스와 벨기에는 식민지의 엘리트가 프랑스인·벨기에인으로 거듭나서 진화인(évolués, 유럽식 아프리카인)이 되기를 바랐으며, 포르투갈은 식민지의 엘리트가 포르투갈의 문화에 동화되어 동화인(assimilados)이 되기를 바랐다. 영국의 경우에는 거창하지 않고 간결하게 표현되었는데, 그들은 식민지의 엘리트를 왁스[WOGS, 서구화된 동양신사(westernized oriental gentlemen)]로 양성하는 데 교육의 목표를 두었다(왁스는 특히 인도의 경우에 해당하는 용어였는데 나중에는 대체로 경멸조로 사용되었다).

주요 제국주의 열강 다섯 나라 중 프랑스와 영국만이 식민지 주민들을 교육하는 데 상당한 노력을 기울였다(아메리카 지역 중 스페인 통치하에 있던 지역이 해방된 이후의 기간에 대한 논의이며, 러시아의 팽창은 논외로 한다. 이들 두 경우 모두 사뭇 역사가 다르다). 식민지 주민의 교육이라는 문제는 네덜란드와 포르투갈에서도 그리고 식민지의 통치 담당자와 공무원 및 교사들 사이에서도 특히 20세기 초중반에 광범위한 논쟁거리였지만, 이들 국가가 성취한 것은 거의 없다. 네덜란드가 지배했던 동인도 지역의 문맹률이 심각했다는 것은 앞에서 이미 보았다. 아래에서 보게 되듯이 포르투갈의 경우도 이론상으로는 프랑스와 유사한 정책을 펼쳐 식민지들도 전체 포르투갈 연방의 일부로 간주되었다. 그런 정책이 실제에서 지녔던 취약성은 앙골라와 모잠비크가 독립하기 13년 전에 간행된 다음 문건에 잘 요약되어 있다.

아프리카 식민지의 경우 공식적으로는 교육이 동화를 촉진하는 데 중요하다는 입장이 표방되었다. 이는 아마도 식민지의 일반대중을 대상으로 하는 교육이 포르투갈의 이익에 암묵적인 위협이 된다고 여긴 무의식적인 감정 때문일 것이다. 또한 교회와 국가 모두 앙골라와 모잠비크에서 주민의 극소수에서 더 나아가 일반대중까지 대상으로 하는 교육체계를 구축할 능력이 없었기 때문이기도 하다. …… 살라자르 정부는 20년 동안 우왕좌왕하면서 계획을 수립했지만 무엇 하나 제대로 이루어진 것이 없었다. 다만 마지막 10년 동안 이 지역의 문맹률이 대략 99%에서 다소 떨어지기 시작했다(Duffy, 1962: 173~174).

콩고가 독립하던 1960년 당시 벨기에가 콩고에 남긴 유산은 훨씬 더 비참한 상황이었다. 1959년이 될 때까지 독립은 생각조차 할 수 없다는 것이 벨기에 정부의 입장이었다.* 이 신생독립국에서 시민교육 혹은 시민으로서의 경험 제공은, 엘리트 시민양성의 측면에서조차, 의도와 목적 그 어느 것을 살펴봐도 없었다. 영국인 학자의 말을 들어보자.

---

* 아프리카 중서부의 콩고 지역은 벨기에의 지배를 받았던 벨기에령 콩고와 프랑스의 지배를 받았던 프랑스령 콩고로 구분된다. 벨기에령 콩고는 독립 후에 벨기에 국왕의 이름을 따서 잠시 레오폴드콩고로 불리다가 수도의 이름을 따서 킨샤사콩고로도 불렸으며, 1971~1997년에는 자이르(Zaire)라는 명칭이 사용되었고 현재는 콩고민주공화국이 정식 명칭으로 사용되고 있다. 이에 비해 프랑스 지배를 받았던 지역은 수도의 이름을 딴 브라자빌콩고로 불렸으며, 정식 명칭은 콩고인민공화국이었다가 지금은 콩고공화국이라는 명칭이 사용되고 있다. 저자는 콩고민주공화국은 그냥 '콩고'로, 콩고공화국은 '브라자빌콩고'로 구별하고 있는데, 번역본에서는 이를 각각 '콩고'와 '콩고 공화국'으로 표기하도록 한다. ― 옮긴이

콩고에서 처음으로 시행된 총선은 독립일로부터 불과 몇 주 전에 치러졌다. 당시 콩고에는 대학 졸업생이 거의 없었고, 하위 공무원이나 초등학교 교사 이외에는 책임 있는 자리를 콩고인이 채우지 못했으며, 군대의 장교자리도 모두 벨기에인으로 채워져 있었다(Hanna, 1961: 32).

프랑스 식민지 지역에서의 시민권 및 시민교육의 역사는 1789년에 시작되었는데, 명료한 것을 워낙 좋아했던 혁명론자들은 한 세기 반 동안 위선적인 혼란상을 연출했다고 이야기해야겠다. 출발점은 프랑스는 '하나의 불가분의 국가'이며 모든 프랑스인은 시민이라는 지위를 부여받는다는 원리이다. 그리고 시민이라는 지위는 모든 사람이 사회화와 교육을 통해 그 무엇과도 비할 바 없는 프랑스 문화의 혜택을 받을 수 있다는 가정에 의해 성취하고 수용할 수 있는 지위로 간주된다. 게다가 식민지는 단순히 본국 프랑스가 확장된 것, 즉 해외의 프랑스(France d'Outre Mer)로 여겨졌기 때문에, 이들 영토의 주민들도 이런 원리의 예외로 간주될 수 없었다. 이것이 사실이라 해도, 그 주민들은 문명사절단(mission civilisatrice)에 의해 일정 기준까지 교육을 받을 필요가 있었을 것이다.

그에 따라 1794년에 국민의회는 식민지 전체에서의 흑인노예제 폐지를 선포했다. 그에 이어서 식민지에 거주하는 모든 사람은 피부색에 상관없이 프랑스 시민이며 헌법에 의해 보장되는 모든 권리를 향유하게 된다는 법령을 포고했다(Hunt, 1996: 116 재인용).

다음 내용을 보면 이러한 원리가 20세기까지 지속되었음을 알 수 있다.

1921년에 프랑스의 어느 학자는 "동화정책은 분리가 아니라 그 반대로 식민지와 본국 간의 결합을 더욱 긴밀하게 만든다. …… 식민지는 이론상 모국이 단지 확장된 것으로 간주된다"(Betts, 1991: 17 재인용)라고 설명한 바 있다. 제4공화국 헌법은 프랑스 연합을, 그리고 제5공화국 헌법은 프랑스 공동체를 언급하는 방식으로 이런 관계를 확인했다. 제5공화국 헌법 77조는 이렇게 규정하고 있다. "오직 하나의 공동체 시민권이 있을 뿐이다."

그런데 프랑스 식민정책의 실제는 어떠했을까? 실제는 이상적인 계획과 확실히 매우 달랐다. 따라서 흔히 이야기되는 공식이 여기에도 해당한다. "많이 정복하면 자율성은 거의 없고 동화를 추구하는 기색만 있다"(Grimal, 1965: 64 재인용). 여기에는 많은 이유가 있을 수 있다. 첫째는 사하라 지역과 북아프리카 지역 특히 알제리의 주민이 이슬람교도라는 점과 관련이 있다. 1870년경 이후의 기간에 대해 글을 쓴 영국의 어느 학자는 이렇게 설명한다.

> 투표가 허용된 유일한 토착 공동체는 유대인들이었다. …… 아랍인들도 귀화를 통해 프랑스 시민으로서의 모든 권리를 획득할 수 있었다. 그들에게 요구된 것은 이슬람법에 규정된 자신들의 지위를 포기하는 것 즉 일부일처제를 받아들이고 프랑스 민법전의 모든 원리를 받아들이는 것이었다. 간단히 말해, 그들의 기준으로 보면 이슬람교도이기를 그만두어야 했던 것이다(Brogan, 1940: 222).

분명 프랑스 시민이란 것이 언어를 포함하는 문화에 의거해서 프랑스인이 되는 것이었다면, 알제리의 이슬람교도는 프랑스어를 배울 수 있었다. 그러나 위의 비평에서 볼 수 있듯이, 이슬람 신념을 지닌 이들 중 전면적으로 문화적인 의미에서 다른 사람이 되겠다고 하는 사람은 거의 없었으며, 대다수의 주민은 자기 자녀가 이슬람계 학교에 다니기를 바랐다.

하지만 서인도제도나 서아프리카 지역 같은 다른 식민지의 주민들은 프랑스 문화에 대한 교육을 좀 더 기꺼이 받아들이려 했다. 다른 한편, 효과적인 시민교육이 이루어지는 데에, 그리고 식민지 주민의 일부를 제외하고는 그런 시민교육에서 배운 대로 시민권을 행사할 기회를 누리는 데에 두 가지 주된 장애가 있었다. 하나는 백인 통치자들이 정치체제를 지배했다는 점이다. 서인도제도의 경우, "대의제도는 단순히 유색인 유권자들이 상냥하고 솔직한 최고 입찰자에게 표를 파는 것을 의미했다"(Brogan, 1940:222). 다른 장애요인은 본국 프랑스가 식민지에 정말 효과적인 학교체계를 구축하고 재정지원을 하거나 시민 참여를 장려할 열정이 없었다는 점이다. 예전에 몇몇 식민지에 제한적인 수준의 시민권이 부여되었던 것을 제3공화국이 (제2제정 때 폐지되었던 것을) 되살리고, 나아가 1885년에는 식민지에 10개의 하원의석을 배정한 후에도 사정은 마찬가지였다.

드문 경우이긴 했지만, 식민지 토착주민 중 교육받은 사람 — 진화인(évolué) — 이 적극적인 엘리트 시민이 되는 일도 가능했다. 가장 대표적인 두 경우 중 한 사람은 코트디부아르의 우푸에 부아니(Félix Houphouct-Boigny: 1905?~1993. 1960~1993년 동안 코트디부아르의 대통령으로 재임하였음 — 옮긴이)로, 그는 서아프리카에서 교육을 받았으며 1956~1959년 동안 프랑스 정부에서 각료를 지냈다. 또 한 사람은 세네갈의 상고르(Léopold Senghor: 1906~2001. 세네갈의 초대 대통령. 쿠데타를 겪은 후 다시 대통령으로 선출되어 1980년까지 재임한 후 퇴임 — 옮긴이)인데, 그는 다카르와 파리에서 교육을 받았으며 하원의원이 되어 제4공화국 헌법을 기초하는 데 기여하기도 했다.

프랑스 식민지들에서 이루어진 교육을 전체적으로 묘사하기는 매우 어렵다. 장소와 시간에 따라 차이가 컸기 때문이다. 먼저 지역에 따른 차이를 보자. 18세기 이래로 프랑스에서는 교육에서 종교의 영향을 배제하는 것이 목표 중 하나였으며 많은 정치인이 같은 정책을 해외에서도 추진하고 싶어 했지만, 식민지의 경우에는 종교적 색채가 강한 학교들이 힘이 강해서 학교를 세속화하기가 불가능했다. 그리하여 사하라 이남 아프리카의 기독교계 학교, 북아프리카의 이슬람계 학교, 인도차이나의 불교계 학교는 계속 유지되었다. 또한 시민으로서의 권리를 누리는 수준과 범위에서 어떤 차이가 있었는지도 살펴보아야 한다.

세네갈은 프랑스가 아프리카에서 처음으로 확보한 식민지였으며 또한 예외적인 경우였다. 영국의 어느 역사가의 설명에 따르면, "1780년대 세네갈인들의 시민적 권리는 당시 일부 프랑스인의 경우보다 더욱 분명하게 인정되었다고 할 수 있다"(Hargreaves, 1967: 71). 이 시기는 프랑스 대혁명이 일어나기 전이었기 때문에, 아프리카에서 특이한 경우였다는 점 외에는 큰 의미를 둘 내용은 아닐 수도 있겠지만, 게다가 이 식민지는 정치적·교육적으로 계속 앞서 있었다.

시간이 흐름에 따라 교육상황이 달랐던 것은 구체적 정책들을 이행하는 데에서 프랑스 본국 정부와 식민지 총독들의 생각이 왔다 갔다 한 것과 주된 관련이 있다. 교육발전에서 내전 및 2차 세계대전 이후 상황이라는 두 가지 국면이 특히 중요한 의의가 있다. 1924년에 서아프리카 지역 최고 총독이었던 카르드(Jules Carde)는 (엘리트 교육과 대중교육이라는) 2중체제 원칙을 포기했지만, 그에 따른 대비는 제대로 이루어지지 않은 상태로 남아 있었다. 1935년 당시 프랑스령 서아프리카 전역에서 초등학교에 취학 중인 아동의 숫자는 5만 명을 약간 넘을 뿐이었다. 교사와 교육과정의 수준도 의문스러운 형편이었다. 학습내용의 적합성이 매우 떨어지긴 했지만, 이 경우에도 세네갈과 다오메이(오늘날의 베냉)의 상황이 그중 돋보이는 편이었다. 이는 분명 19세기 세네갈의 사례이긴 하지만, 그곳이 "초등학생들에게 메로빙거 왕조와 프랑스의 주교들에 대해 가르치는 것이 일반적으로 용인되었던 것으로 보인다"(Hargreaves, 1967: 84)라고 말할 정도로 프랑스 방식을 수용한 예라고 보는 것은 무리이다. 1945년 이후 교육 관련 조항에서 가장 두드러진 측면은 프랑스령 서아프리카 지역에서 고등교육이 장려됨과 더불어 학생들이 프랑스에서 고등교육을 받는 것이 장려되었다는 점이다. 1945~1960년 동안 프랑스 식민지들에서 정치의식이 급속히 성장하여 교육 분야에서 엘리트가 많이 배출되었다.

하지만 그동안의 논의를 되짚어보면서 지금껏 언급해온 다양한 사례에도 불구하고, 이 지역에서 독립 이전 세대들 전반에 걸쳐 일관되게 견지되었던 원리와 목표들을 검토해보아야겠다(예를 들어 Cowan et al., 1965: 8~9; Léon, 1991: 305~307 참조). 하나는 토착주민을 '문명화'하고 '도덕적으로 정복'한다는 것이었다. 다른 하나는 대중과 엘리트 모두에게 고용기회를 제공할 학교시설을 설립한다는 것이었다. 대중교육의 경우는 매우 기초적인 수준의 단기교육이었으며, 엘리트 교육은 프랑스 본국에서 받는 교육에 비견될 만한 수준이었다. 또 다른 하나의 일반적인 목적은 모든 종족집단이 함께 어울리는 이른바 '인종의 융합'이었다. 논쟁적인 사안이긴 하지만, 프랑스어의 보급은 '토착주민을 문명화'하는 임무의 일환일 뿐만 아니라 인종융합이라는 목표를 추구하는 일차적인 방편이기도 했다.

다른 나라들의 경우에도 그렇지만, 당시 세네갈에서 사용된 교과서의 내용과 초점 및 관점은 교실에서 어떤 논지가 전달되었는지를 꽤 정확히 가늠할 수 있게 해준다. 그 교과서들을 보면, 서문에서 인종융합을 지지하는 구절이 반복됨에도 불구하고, 교과서들은 "공통적으로 식민지 사회는 정적인 세계이며 종족 간에 특별한 갈등이나 진정한 교류도 없이 서로 분리되어 있는 사회라고 묘사"(Léon, 1991: 262)하고 있음을 분명히 알 수 있다. 예를 들어 1925~1952년 동안 14판이나 발행된 읽기 교과서『무사와 지글라(Moussa et Gi-Gla)』는 무사와 지글라라는 두 아이가 당시의 수단(오늘날의 말리)에서 다오메이(오늘날의 베냉)까지 가는 긴 여행을 이야기하고 있다. 그중 한 장면을 보면 백인과 흑인은 서로에게 이득이 되며 공존할 수 있는 기능들을 지니고 있다는 설명이 나온다.

> 백인은 …… 흑인보다 문명에서 앞서 있으며 …… 백인 덕분에 흑인은 …… 언젠가는 진정 유용한 존재가 된다. …… 흑인의 입장에서 보면, 그들은 일체의 노동을 통해 백인을 도움으로써 백인에게 봉사한다(Léon, 1991: 260 재인용).

(이는 위에서 언급된 파농의 주장을 떠올리게 하는 내용이다.)

사실 이미 언급되었듯이, 토착주민들의 가설상의 시민권을 프랑스 본국 주민들의 수준까지 끌어올리기 위해 제국 전체에 걸쳐 제대로 된 교육체계를 구축하고자 하는 열정이 거의 없었다. 프랑스가 이 일을 주저하게 된 데는 두 가지 주요한 이유가 있었으며 그 이유들이 전반적인 계획에 기본적인 결함으로 작용했다고 할 수 있다. 첫째, 이미 언급되었던 것인데 프랑스의 맥락에서 일반적인 사항을 되풀이하자면, 해외영토의 인구가 상대적으로 지나치게 많았다는 점이다. 상징적인 정치인이자 오랫동안 리용 시장으로 재직했던 에리오(Édouard Heriot)의 눈에는, 효과적인 동화정책은 본국 프랑스를 '식민지들의 식민지'로 만들게 될 것으로 보였다(Léon, 1991: 253 재인용). 둘째 이유는 식민지 교육정책의 핵심에 놓여 있는 근본적인 모호함에서 찾을 수 있다. 오늘날 프랑스의 한 권위자는 이를 다음과 같이 요약하고 있다.

> 학교는 사람들의 사고와 도덕규범을 형성함으로써 식민지 질서가 전적으로 수용 가능한 것이 되도록 하는 데 기여하지만, 다른 한편으로는 똑같은 과정이 민족감정을 일깨우며 그런 질서에 대해 의문을 갖도록 만들기도 한다. 학교는 외국의 지배하에 있는 나라를 해방시키는 데 참여할 역량을 지닌 엘리트 혹은 새로운 사회계층의 출현을 촉진함으로써 식민지 사회의 전면적인 불안정이 조성되는 데 관여한다. 좀 더 개인적인 차원에서, 학생은 이론상으로는 자신의 이중적인 언어적·문화적 양육으로부터 이득을 보아야 한다. 그렇지만 그는 학교가 자신의 뿌리를 무시 혹은 평가절하하며 그가 다른 사람들과 같은 시민이 되려는 꿈을 가지는 것을 거부하고 있다는 것을 알게 된다(Léon, 1991: 305).

2차 세계대전이 끝나갈 무렵 제국 내의 모든 사람이 평등하게 향유하는 시민권은 생각할 수 없으며 그 방안들은 양극화되어 있다는 것이 점점 더 분명해지고 있었다. 하나의 방안은 일반대중의 여건이 시민보다는 신민의 처지에 더 가까운 상태로 계속 남아 있는 것이었다. 다른 방안은 독립을 통해 국민으로서의 시민이 등장하는 것이었다. 알다시피 후자의 방안이 우세했다. 하지만 1951년에 자문위원회가 새 헌법에 입각해서 시민교육을 개혁하고자 시도했음에도 불구하고, 식민지 주민들의 교육은 이런 결과를 거의 이루어내지 못했다.

프랑스의 제국주의 정책은, 어느 정도 유사한 부분이 있긴 하지만, 종종 영국의 경우와 대비된다. 무엇보다도 영국은 단일 공화주의 정치체제라는 개념에 근거한 시민권의 전통이 없었다. 또한 영국은 식민지 주민들에 대해 오만한 입장이었음에도 불구하고, 교육을 통해 그들을 유색 영국인으로 탈바꿈시키겠다는 궁극적인 목표를 설정하지도 않았다. 그보다는 장기적인 관점에서 식민지 주민들이 준비한 것은 그들 자신의 전통에 적합한 방식으로 자치를 누리는 것이었으며, 심지어 완전한 독립까지 염두에 두었다. 영국이 시민교육과 관련하여 수행했던 제국주의 정책은 세 부분으로 나누어 살펴보는 것이 좋겠다. 하나는 전체 체계의 구조와 계획 및 실제이고, 다른 하나는 인도의 경우에 이들 항목이 어떤 내용을 지녔는가 하는 것이며, 또 다른 하나는 아프리카의 경우이다. 영국 본토에서 제국주의 교육이 어떻게 이루어졌는지는 3장에서 보았으며 나이지리아와 캐나다의 경우는 6장에서 보게 될 것이다.

영국 정부는 그들의 식민지 모두가 독립해야 한다는 점을 마지못해 인정하게 되었다. 영국의 지배하에 있던 지역들이 지도책에서는 모두 분홍색으로 표시되긴 하지만, 그 지역들은 서로 매우 달랐다. 1938년에 자치령·식민지 장관 맥도널드(Malcom MacDonald)는 자치의 정도가 다양하게 진행되도록 하는 정책에 대해 명확하게 언급했다.

대영제국의 위대한 목적은 세계 어느 곳에 살고 있든지 제국의 신민 모두에게 자유가 점진적으로 전파되도록 하는 데 있다. …… 어떤 나라의 경우는 다른 나라들보다 빠르게 진행된다. 제국의 일부 지역 즉 자치령들에서는 진화의 과정이 완수되었다. …… 일부 지역의 경우에는 자치를 획득하는 데 몇 세대 심지어 몇 세기가 걸릴 수도 있다. 그렇지만 아프리카의 가장 낙오된 주민들의 경우에조차, 언제든 그들 스스로의 힘으로 좀 더 잘 일어설 수 있도록 가르치고 장려하는 것이 우리 정책의 주요 부분이다(Hargreaves, 1976: 7 재인용).

자치라는 목적을 향한 진보는 두 가지 방법으로 성취될 수 있었다. 즉 영국 본국의 관리들이 직접 통치하는 방법도 있었고, 아니면 식민지의 토착귀족이나 장관들에게 통치를 맡기고 이를 본국의 관리들이 감독하는 간접적인 방법도 있었다. 인도는 영국 직할령과 속주로 구분되었기에 두 가지 장치 모두 작동한 경우이다. 19세기 중반부터 2차 세계대전 종전에 이르는 기간 동안 식민지 행정에서 가장 영향력 있었던 인물로 러가드(Frederick Lugard)를 들 수 있다. 20년 동안 나이지리아 총독을 지낸 그는 자신의 경험에 비추어 그가 '간접통치(Indirect Rule)' 혹은 '이중위임통치(Dual Mandate)'라고 불렀던 방식이 현명한 방법이라는 확고한 신념을 지니고 있었다. 최종적으로는 독립국가를 염두에 둔 이 정책의 함의는 시민교육이 각각의 식민지에 맞도록, 맥도널드의 말을 빌리면 그들 스스로의 힘으로 일어설 수 있게 가르치도록 설계되어야 한다는 것이었다. 즉 적절한 과정을 거쳐 그들 자신의 나라에서 주요한 그리고 완전한 시민이 되도록 가르쳐야 한다는 것이었다.

프랑스의 맥락에서 언급했듯이, 제국 전체를 하나의 정치적 단위로 생각하고 그에 걸맞은 시민을 양성하는 다른 대안도 있었다. 19세기 말 대영제국의 위세가 최고조에 이르렀을 때 이런 방식의 시민교육이 어떻게든 대영제국 내에서 이루어져야 한다는 생각이 논쟁거리가 되었다. 제국 내에서 태어난 모든 주민은 영국의 신민이라는 점이 일반적으로 받아들여진 것 말고는 다양한 법규와 관습이 다소 혼란스런 상태에 있었다. 이런 상황은 1914년의 제국법령에 의해 공식적으로 인정되었다.

그렇지만 제국의 신민과 구별되는 공통의 시민권은 어떻게 되었으며 그 의미는 어떤 것이었나? 1차 세계대전과 2차 세계대전 사이의 기간 동안 제국의 입장을 열렬히 지지한 인물로 영국의 정치인 에이머리(Leo Amery)와 남아프리카의 정치인 스머츠(Jan Smuts)가 있다. 에이머리는 1921년에 스머츠에게 보낸 편지에서 특히 남아프리카 자치령과 관련하여 이 문제에 대한 입장을 피력했다.

> 이들 독립적인 정치단위들은 똑같이 영국의 신민이며 따라서 공통된 그리고 불변의 시민권을 지닙니다. …… 이러한 시민공동체에 대해 귀하께서 한편으로는 남아프리카 장관이면서 다른 한편으로는 실제로 한동안 영국 전시내각의 일원이기도 했다는 사실보다 더 잘 보여주는 것은 없을 것입니다(Hall, 1971: 376~377 재인용).

사실 그 전에도 이런 예가 있었다. 1890년대에 두 명의 인도인이 하원의원으로 선출되어 영국 유권자들을 대표하는 영국 의회의 일원이 된 적이 있었다. 그럼에도 불구하고 영연방 시민권의 성격을 규정하려는 노력은 1948~1981년 동안 영국 국적 및 영연방 출신 이민자 관련 법률들이 이상한 모양새로 만들어지는 방향으로 가고 말았다['연방(Commonwealth)'이라는 용어는 1차 세계대전 중에 제국을 대체 혹은 보완하기 위해 사용되기 시작했다].

자치령과 식민지의 젊은이들에게 제국의 단결의식이 전수되고 장려되었는데, 특히 1, 2차 세계대전 중간 기간에 그랬다. 앞서 3장에서 '제국의 날'과

청소년단체 특히 스카우트 운동이 영국 본토에서 제국에 대한 교육을 하는 데서 수행했던 역할에 대해 살펴본 바 있다. 이들의 영향은 해외에서도 반복되었다. 영국의 한 역사가는 제국의 날 기념행사에 대해 이렇게 묘사했다. "제국 전역에 걸쳐 모든 학생이 유니언 잭(영국 국기) 아래에 모여서 제국주의자의 장광설을 경청하고 '희망과 영광의 나라'를 합창했다"(Cross, 1968: 186). 이에 더해, 1901년에 창립된 제국연맹은 제국 구성원 — 자치령이 강조되긴 했지만 — 의 일체감을 고취하기 위해 많은 일을 벌였다. 이 기구의 핵심적인 활동은 교사교류였다. 1924년 런던에서 영연방 전역의 교육자들을 대상으로 제국교육회의가 개최되었는데, 여기서 제시된 권고사항에 "공공생활과 문화의 표준에 영향을 끼치며 학생들에게 제국시민이 지니는 의무의 중요성을 일깨우기 위해"(Gauss, 1929: 85 인용, 97 n. 23도 참조) 좀 더 우수한 교사들이 양성되어야 한다는 내용도 들어 있었다.

유럽의 제국주의 국가들이 지배했던 식민지 중 지역 실정에 맞는 교육을 시행하기 위한 본국의 정책 수립에서 인도의 경우보다 더 크게 문제가 된 지역은 없었다. 인도는 큰 나라인데다 자체의 정치적·문화적 전통과 학교 체계가 확립되어 있었기 때문이다. 7년 전쟁이 끝난 때로부터 2차 세계대전이 끝난 때까지 2세기에 걸쳐 영국이 실질적으로 통치한 기간 동안 통치·행정상의 시도가 다양하게 행해졌지만 교육제도는 지극히 비체계적으로 쏟아져 나왔다. 일부 영국인이 열정적으로 개혁을 추진한데다 대다수의 인도인들이 체념한 듯 그에 복종했음에도 불구하고, 그들의 관계는 종종 지배자의 자기만족과 피지배자의 불만이 결합되는 양상으로 나타났다. 1898~1905년 동안 총독을 지낸 커존 경(Lord Curzon)은 특히 열렬한 교육개혁가였던 젊은 시절에 "세계 역사상 인류의 이익을 위한 도구로서 대영제국만큼 위대한 존재는 없었다"(Stewart, 1986: 44)라고 열변을 토했다. 이는 빅토리아 시대 사람들의 공통된 신념이었다. 서구식 교육을 받은 어느 인도인은 2차 세계대전 벽두에 교육에서 영국이 남긴 유산을 이렇게 묘사한 바 있다.

> 틀림없이 …… 역사상 가장 왜곡되고도 비합리적인 것 중 하나이다. 그런 교육의 목표는 지적 발전이나 품성 형성 혹은 시민 자질 함양 또는 교육에 익숙한 다른 어떤 '이상'의 실현이 아니라, 단지 중류층 인도인 청소년들에게 영국의 영광과 위엄을 주입하고 그들을 외국인 관료 지배의 유능한 하인으로 훈련시키는 데 있었다(Shelvankar, 1940: 43, 강조 표시는 저자).

독립 이전 인도의 시민교육에 대해 일반화하기는 여러 가지 이유로 인해 어렵다. 지역에 따라 교육시설과 정치의식의 수준이 달랐다. 또한 오랜 시간에 따른 변화도 불가피했다. 문화적 차이 특히 힌두교도와 이슬람교도 간의 차이도 중요한 변수였다. 게다가 영향력 있는 인물들이 교육정책에 대해 제각기 다른 의견을 제시했다. 이 마지막 요인과 관련하여, 영국의 정치인과 관리 중 일부는 인도인에게서 정치의식이 성장하는 것을 방지하기를 원했으며 다른 일부 인사는 제국에 대한 충성심과 더불어 일체감을 함양하기를 원했던 데 비해, 인도인이 독립국가를 준비하는 것이 현명하며 정의로운 일이라는 점을 받아들이는 인사들도 있었다. 이 문제에 대해 생각했던 지도층의 인도인 중 일부는 제국 시민권이라는 개념에 만족했지만, 어떤 이들은 인도를 근대 서구식의 국민국가로 탈바꿈시키기를 기대했다. 또 다른 이들은 이와 반대로 인도가 서구의 영향을 내던지고 전통문화로 복귀해서 이를 되살리기를 원했다. 다시 말하지만 이러한 차이들은 당연히 시간과 장소에 따라 다양하게 나타났다.

시민교육의 역사와 그 정치적 그리고 일반적인 교육적 배경을 되짚어보려면 전체 기간을 1858년 이전, 1858~1898년, 1898~1921년, 1921~1947년의 넷으로 구분하는 것이 유용할 것이다(19~20세기 인도 교육사에 대한 유용한 연구로 Naik & Nurullah, 1974 참조. 이하 몇 개 단락의 내용 중 일부는 이 책에 크게 의존했다).

1858년 이전에는 영국령 인도의 통치는 동인도회사의 손에 맡겨져 있었다. 1600년에 설립된 이 회사는 본질적으로 상업적 목적에 기반을 두고 있었기 때문에 교육에는 거의 관심이 없었다. 그렇긴 해도 그 회사 직원이었던 그랜트(Charles Grant)는 18세기 말에 다음과 같은 주장을 개진했다.

> 힌두 사람들에게 차츰차츰 영어를 가르치는 것이 이 나라에서 커다란 힘이 될 것이다. 그렇게 함으로써 그들이 우리의 쉬운 문장들을 익히고 …… 나아가 우리의 예술과 철학 및 종교 중 간단한 부분들을 익히게 해야 한다. 그렇게 되면 그들의 오류투성이 사회구조가 소리 없이 흔들려서 장기적으로는 전복될 것이다(MuCully, 1966: 12 재인용).

이 진술에는 교육적·정치적 함의가 들어 있다. 1813년에는 이 진술이 동인도회사 특허장 속에 되살아났는데, 이 특허장은 특히 인도에 교육을 전파하는 임무를 개시하며 동인도회사가 교육발전에 책임을 진다는 내용을 담고 있다(Naik & Nurullah, 1974: 55~57 참조).

1835년에 당시 동인도회사 소속으로 총독의 고문이기도 했던 영국의 저명한 역사가 매콜리(Thomas Macaulay)는 총독으로부터 교육 관련 보고서를 작성해달라는 요청을 받고는 그 유명한 '상세 보고서(Minute)'를 집필했다. 그는 그랜트가 예측한 데서 더 나아가 다음과 같은 제안을 했는데, 대단한 통찰력이 돋보인다.

> 우리의 체제하에서 인도의 공적인 사고방식이 성장하여 나중에는 우리를 능가할 수도 있게 해야 합니다. 좋은 정부의 모범을 보임으로써 우리의 신민들이 좀 더 나은 정부를 운영할 역량을 갖게 되도록 교육해야 합니다. 그들이 유럽의 지식을 배우고는 머지않은 미래에 유럽의 제도를 요구하도록 해야 합니다 (Somervell & Harvey, 1959: 242 재인용).

이제 인도의 문화를 고려한 교육을 지지하는 쪽과 그랜트의 입장을 선호하는 '영국주의자(Anglicist)'들 사이에 논쟁이 벌어졌다. 정치적인 고려를 한 매콜리는 영국주의자 편에 서지 않을 수 없었다. 사실 영향력 있는 그의 보고서가 정치적·교육적으로 효과가 있는가 하는 문제는 정치와 교육 그리고 역사서술의 측면에서 논쟁거리가 되었다. 1854년에 「우드 디스패치(Wood Despatch)」로 알려진 문건이 발행되었는데, 인도의 교육 전반에 대한 주도면밀한 권고사항을 담고 있는 이 문건은, 영어로 가르치는 것은 영어를 구사할 수 있는 소수에게는 매우 중요하긴 하지만 대다수 주민에게는 비현실적이라는 점을 인정했다. 그럼에도 불구하고 이 문건은 위에서 인용된 그랜트의 주장을 되풀이했다. 동인도회사는 이 문건의 권고사항 중 몇 가지를 실행에 옮겼지만, 1858년에 인도의 통치권이 영국 국왕에게 이양되고 말았다.

우리가 구분한 두 번째 기간인 그다음 40년 동안은, 사건이나 정책 면에서 볼 때 교육영역에서 거의 아무 일도 일어나지 않았다. 사실 이는 런던의 본국 정부도 캘커타의 인도 식민지 정부도 사립학교의 확충과 발전을 지원하고 영어학습을 장려하는 것 외에는 다른 일에 관심이 없었기 때문이다. 하지만 영국식 교육의 혜택을 누린 극소수의 주민 사이에는 영국에 반대하는 정치의식이 꾸준히 자라나고 있었다. 19세기의 마지막 사반세기 동안 민족주의 운동이 급속히 성장했다. 중요한 사건으로는 1876년에 캘커타에서 인도협회가 설립된 일과 1885년에 인도 국민의회가 행정체계를 개혁하고 인도인에게 좀 더 정의롭게 운영할 것을 촉구하는 운동을 펼친 일을 들 수 있다. 캘커타에 주재하던 영국 관리 코튼(Henry Cotton)은 이 시기의 후반부에 영국식 교육과 인도인의 민족의식 간의 관련을 이렇게 설명했다.

> 인도 주민들 내부의 다양한 세력을 통합하는 데 진작부터 기여하고 있는 것은 바로 교육이다. 그것도 영국 방식에 따른 그리고 서구화에 맞춘 교육이다. 다른 어떤 통합의 연결고리도 불가능했다. …… 이제 영어는 모든 인도인이 자신들의 공통된 이해관심과 소망을 표현하는 매개체로 확립되었다(McCully, 1966: 295 재인용).

앞에서 본 것처럼 그랜트의 주장이 있은 지 50여 년 후에 그와 마찬가지로 영어 보급을 지지한 매콜리의 상세보고서가 작성되었다. 여기 인용된 구절의 출처인 소책자도 매콜리의 보고서가 나온 뒤 다시 50여 년이 지나 발간되었으며, 매콜리와 마찬가지로 영어 보급의 결과에 대한 예측을 담고 있을 뿐만 아니라 그 기대효과에 대한 그의 입장도 함께 주장했다.

게다가 인도의 지식인들은 "영국 문명과 제도의 특징, 영국 신민들의 권리, 그리고 영국 시민권의 '인본주의적 영향'을 배웠다"(McCully, 1966: 226.

1877년의 힌두신문에 게재된 견해들을 요약한 것임). 그래서 인도 민족주의는 버크와 페인(T. Paine) 그리고 밀의 저작들에 힘입어 성장했다고 종종 이야기되어왔다. 다른 한편, 영어라는 매개체를 통해 교육을 받고 정치의식을 갖게 됨으로써 이들 엘리트 초기 시민들은 주민의 대다수와 유리되어 있는 실정이었다. 대다수의 주민은 대체로 교육받지 못했고 정치의식도 없었으며 각 지역 고유의 언어로 의사소통을 하는 상황에 머물러 있었다.

하지만 정치적인 이해력을 가져야 한다는 요구는, 종종 선동에 의해 맹렬한 기세를 보이기도 하면서, 영국의 통치권에 대한 관심을 촉발시키기 시작했다. 이를 가장 잘 의식하고 또 단호하게 대처한 인물은 커존 경이었다. 앞에서도 언급했듯이 그는 1898년 말에 캘커타에 총독으로 부임했다. 이제 우리가 넷으로 구분한 기간 중 세 번째 국면에 이르렀다. 커존이 지닌 중요한 의의는 다음과 같이 요약되어왔는데, 인용 표시된 구절은 그 자신이 이야기한 부분이다.

> 총독은 인도에서 교육이 지극히 중요하며 "아마도 모두에게 가장 시급하게 필요한 부분"이라고 생각했다. 이곳에서 교육은 일차적으로 문화의 도구나 학습의 원천으로서 요구된 것이 아니었기 때문이다. …… "교육은 지적인 요구이기보다는 사회적·정치적인 측면이 훨씬 강했다"(Basu, 1974: 6).

커존이 인도의 교육 요구에 부응하기 위해 다방면의 사업에 착수하고 교육 자체를 위한 교육으로서 개혁을 추진했지만, 당시 인도인들의 정치적 불만이 교육체계 특히 고등교육체계의 산물이라는 생각이 그의 머릿속에서 결코 사라지지 않았으며 그리하여 그의 개혁계획에 동기로 작용했다. 그는 인도의 정치적 불안의 첫 번째이자 가장 중요한 원인은 "영국이 인도인들에게 제공한 교육"(Basu, 1974: 9)이라고 확신했다. 다른 사람들도 같은 생각이었다. 당시의 국무장관은 커존에게 보낸 편지에서 "인도인들의 생각 그리고 그들이 영국에 대해 갖고 있는 증오심을 그들이 받은 교육과 훈련과정과 분리해서 생각하는 것은 불가능"(Basu, 1974: 9, 10~11)하다고 썼다. 제국 시민권의 개념을 굳건히 하기 위한 교육이 실패하고 있었던 것이다. 인도 사회의 상위 계층을 교육함으로써 인도의 시민권을 갖게 할 수 있을 것이라는 기대도 실현되기에는 너무나 시간이 오래 걸렸다.

정부가 국민의 기질을 개선하여 정치체에 대해 더욱 확고한 충성심을 갖게 되기를 바라는 경우에 흔히 그래왔듯이, 커존도 좀 더 나은 도덕교육을 주장했다. 그는 1904년에 출간된 『교육정책 해법(Resolution on Educational Policy)』에서 다음과 같이 자신의 관심과 입장을 표명했다.

> 위에서 언급된 나쁜 경향에 대한 치유책을 찾아야 하는데, 이 일은 도덕교과서나 윤리학입문을 가지고 행위를 가르치는 형식적인 방법에 의거하기보다는 제대로 훈련을 받고 엄선된 교사들 …… 그리고 위인전처럼 수업에서 본보기를 들기 좋도록 적절하게 선정된 교과서가 영향을 주는 방법에 의거해야 한다(Naik & Nurullah, 1974: 266).

그런 한편, 20세기 초에 더 많은 자치를 요구하는 목소리가 거세어져서 영국 정부는 어느 정도 양보를 해야 한다는 점을 받아들였다. 1917년에 국무장관은 원칙적인 정책을 선언했고 이를 이어 2년 후에 인도정부법(Government of India Act)이 제정되었는데, 이 법에 따라 양두체제가 개시되면서 권력분담에 근본적인 변화가 생기게 되었다. 이는 정치적 측면에서는 독립으로 나아가는 주요한 발걸음이었지만, 새로운 체제의 일환으로 각 지역에서 캘커타로 권력이 이동한 것이 교육 측면에서는 퇴보를 가져왔다. 1901년에 출범한 지방정부들이 교육에 대해 상대적으로 관대한 입장이었던 것이, 정체상의 혁신이 실행되면서 더 이상 지속되지 않았다.

정치적 요구의 목소리들이 들려왔고 그에 대한 대응책이 마련되는 한편, 인도가 국가수준의 교육방식을 갖출 필요가 있는지에 대한 고려도 상당한 정도로 이루어졌다. 그것이 무엇을 의미하는지에 대한 해석의 문제가 지속적으로 따라다니긴 했지만, 영국과 인도의 교육자들 모두 이를 지지했다. 영국의 사회개혁가이자 신지(神智)론자로서 나중에 인도자치연맹을 설립한 여걸 베산트 여사(Mrs. Annie Besant)가 1890년대 후반부터 민족주의 교육이 아닌 민족교육의 열렬한 지지자로 활동했다. 그녀는 이렇게 역설했다.

> 젊은이들의 교육을 외국세력의 지배하에 놓이게 하고 외국의 이상에 지배당하게 놓아두는 것보다 민족의 삶을 더 신속히 제거하며 또 민족의 특성을 더 확실하게 약화시킬 수 있는 것은 없다. …… 우리의 민족교육은 반드시 인도인의 지배하에 인도인에 의해 만들어지고 또 인도인에 의해 이행되어야 한다. 그것은 헌신과 지혜와 도덕성이라는 인도인의 이상을 지지해야 한다. ……
> 민족교육은 자부심과 영광스런 애국심의 분위기 속에 존재해야 한다(Rai, 1966: 6~7 재인용).

이 구절은 1918년에 어느 인도 교육자가 쓴 작은 책자에서 발췌한 것인데, 그는 인도문제에 대한 베산트 여사의 열정적인 관심을 칭송하면서도 여사가 인도의 전통에 초점을 맞추는 것에는 동의하지 않았다. 라이(Lala Lajpat Rai)가 쓴 이 책은 1960년대 당시 인도의 교육정책에 매우 적절한 것으로 여겨져 초판이 발행된 지 46년이 지난 후에 인도 정보방송부에 의해 재발행되었다(Rai, 1966: i ~ ii ; Naik & Nurullah, 1974: 354 참조). 라이는 여사와 반대로 "오늘날의 청소년은 미래의 시민"이라는 점을 인정하는 근대화된 민족교육을 주창하면서 "모든 삶은 사회적"이라고 주장했다(Rai, 1966: 16). 따라서 학생들이 필요로 하는 것은 전통적인 인도철학과 문학이 아니라 그와 정반대라는 것이다.

> 근대의 법률과 시민론 및 오늘날의 세계 그리고 다른 나라들의 정부형태와 정치·경제에 대한 공부는 미래의 진보가 제대로 이루어지는 데 필수요건이다. 이런 내용들은 모든 청소년에게 심지어 초등학교에서도 가르쳐야 한다. 그런 내용들이 광범위하게 보급되어야만 우리는 정치적으로 자의식과 경각심을 가질 수 있게 될 것이다(Rai, 1966: 30).

라이는 또한 애국심 고취에 대해서도 철저하고도 설득력 있는 주장을 펼쳤다(Rai, 1966: 특히 57~63).

이제 우리가 검토하는 기간 중 네 번째이자 마지막 국면, 즉 1921~1947년의 기간에 이르렀다. 이 기간 동안 정치적 측면의 중요한 내용을 보면, 런던에서 델리(인도의 새 수도)로 더 많은 권한이 위임되는 내용의 헌정개혁을 통해 독립을 향해 차츰차츰 나아가는 한편, 팽팽한 협상이 진행되었고 지방에서는 시위가 잇달았으며 힌두교도와 이슬람교도 간의 분열이 심화되고 있었다. 1935년의 개정 인도정부법에 따라 1937년에 양두체제가 막을 내렸다.

하지만 (인도정부법 제정에서부터 개정에 이르는) 16년 동안 교육에 대한 관심과 재정지원이 없었음에도 불구하고, 긍정적인 측면도 있었다. 교육의 질이 저하되긴 했지만 양적으로는 성장했기 때문이다. 예를 들어 초등학교 학생의 수가 6,100만 명에서 1억 2,000만 명으로 늘어났다. 교육에 대한 주민들의 열망이 두드러지게 증대했다. 1927년에 발족한 하톡(Hartog) 위원회가 제출한 교육문제 관련 보고서는 이에 대해 다음과 같이 언급했다.

> 교육부문의 성장에 대한 검토 결과, 인도의 정치적 미래에 근본적인 관심을 가질 만한 사항이 많이 있음을 알 수 있다. 초등학교 취학 학생 수가 크게 늘어난 것은 일반대중이 예전에 교육에 대해 가졌던 무관심이 사라지고 있음을 보여준다. 인도 여성들도 사회적·정치적으로 깨우치면서 자신들에게 이익이 되는 교육과 사회개혁을 요구해오고 있다(Naik & Nurullah, 1974: 325~326 재인용).

사실 이 시기에 대부분의 주들이 초등교육을 의무교육으로 규정하는 법률을 제정했다.

그렇지만 초등교육의 발전 정도를 보여주는 기본적인 지표이자 시민교육이 제대로 이루어지는 데 필수 불가결한 요건인 문자해독능력을 살펴보면, 이 기간의 통계자료는 우울한 실정이다. 문자해독률은 1921년에서 1931년까지는 7%로 계속 유지되었고 1947년에는 12.2%로 올라가긴 했지만, 초등교육에 대한 인도 국민의 열망이 증대한 것을 감안하면 이 정도 수치 상승은 국민의 기대에 거의 아무런 부응도 못한 것으로 보인다. 이런 실망스런 상황을 설명하는 데 두 가지 사항이 도움이 될 수도 있을 것이다. 첫째는 초등학교 수에 관한 것인데, 1881~1882년에 8만 2,916개이던 것이 1936~1937

년에는 19만 2,244개로 늘어났다가 1945~1946년에는 다시 16만 7,700개로 줄어들었다. 둘째는 간디(Mahatma Gandhi)가 말한 내용인데, 그는 "초등교육에 사용되는 돈은 거의 아무것도 가르치지 않는 것에, 그리고 곧 잊어버리게 되며 마을이나 도시의 입장에서 보면 거의 아무런 가치도 없는 일에 지출을 낭비하는 것"(Naik & Nurullah, 1974: 380, 통계부분은 375~357 참조)이라고 했다.

간디는 교육문제에 대해 많은 생각을 했으며, 기초교육(Basic Education)이라는 혁신적인 개념을 창안하여 이를 1937년에 인도 전체에 적용했다. 그해에 제1차 국민교육회의가 개최되었다. 이 기구는 기초교육을 위한 상세한 교수요목을 마련할 위원회를 위촉했는데 후세인(Zakir Hussein, 나중에 라이의 책에 찬사를 보낸 인물이다)이 위원장을 맡았다. 기초교육의 핵심은 학생들이 기능을 배워서 나중에 당당하게 살아갈 수 있도록 해야 하며 그들이 만든 제품의 판매수익이 학교의 운영재원이 되어야 한다는 것이었다. 위원회는 또한 이러한 접근이 시민교육 차원에서 갖는 함의를 간파하여 보고서에서 「교육계획에 함축된 시민권의 이상」이라는 제목으로 두 단락에 걸쳐 언급하고 있다. 보고서의 설명에 따르면,

> 학교에서 행해지는 일과 공동체의 일 사이에 존재하는 밀접한 관계는 …… 아이들이 학교에서 배운 전망과 태도를 좀 더 넓은 바깥세계에 적용할 수 있도록 할 것이다. 그리하여 우리가 주창하는 새로운 교육계획은 미래의 시민들에게 인간의 가치와 존엄 및 효율에 대한 예리한 감각을 갖게 하며 협동적 공동체 속에서 자기발전과 사회봉사를 하고자 하는 그들의 욕구를 강화시키는 데 목적을 둘 것이다(Naik & Nurullah, 1974: 385 재인용).

전쟁이 일어나고 민족주의자들의 시위가 격렬해지면서 독립 이전의 기간 동안 기초교육이 발전하는 데 악영향을 끼쳤으며, 기초교육의 잠재력이 널리 인정되긴 했지만 실천에 옮겨지기는 쉬운 일이 아니었다.

이 시기에는 성인교육의 문제도 다루어졌다. 예를 들어 1939년에 바이하르 주의 교육장관은 "성인 문맹자들에게 3Rs를 가르치고 그들의 일과 밀접하게 관련된 지식을 전수하여 그들이 당당한 시민이 되게 하는 데 성인교육 운동의 목표가 두어져야 한다"(Naik & Nurullah, 1974: 391 재인용)라고 했다. 그는 이에 더해 문자해독능력과 정치의 관계에 대한 레닌의 유명한 진술도 인용했다(5장 참조). 하지만 또다시 전쟁이 이런 활동을 방해했다.

그럼에도 불구하고 전쟁기간 동안 교육에 대한 열렬한 관심 그리고 여건을 개선하려는 결의 덕분에 수많은 발전계획이 만들어졌다. 이들 중 가장 중요한 것은 국가교육체계의 공식적인 계획을 담은 1944년의 「전후 인도의 교육발전(Post-War Educational Development in India)」이라는 보고서(Sargent Report)였다. 초중등교육의 수준에서는 일부 수정된 형태의 '기초교육'이 권고되었는데, 미래의 시민을 위한 교육이라는 개념은 그대로 유지되었다. 학문 위주의 고등학교에서는 시민론이 교육과정에 포함되었다. 교육체계 전반에 걸쳐 수업에 사용되는 언어는 학생들의 모국어였다.

영국의 지배가 남긴 교육적 유산은 시간적으로 다소 상이한 두 기간의 특징으로 표현될 수 있다. 하나는 "1813~1937년 동안 인도에서의 교육정책은 '그럭저럭 성공으로 나아가는' 영국적 분위기가 특징이었다"(Naik & Nurullah, 1974: 406. 그런 성공은 분명 극히 일부에 국한되었지만). 다른 하나는 마지막 10년(1937~1947) 동안 통일성 있는 국가체계를 위한 계획들이 뒤늦게 만들어진 점이다. 인도가 1949년에 제정한 헌법은 성인 모두에게 선거권을 부여했으며 사람들 모두에게 적용되는 시민권의 평등을 강조했다. 시민 모두에게 그들의 시민적 역할을 효과적으로 수행할 기회를 제공하기 위해 해결되어야 할 거대한 교육적 과업이 신생국 앞에 여전히 놓여 있었다.

18세기 이후 동인도회사가 영국 정부의 방침에 따라 인도의 행정에 일부 인도인들이 참여하도록 장려한 것에 비해, 영국은 19세기 말이 될 때까지 아프리카에서는 실질적인 식민지를 확보하지 못했다. 그리하여 영국 정부가 식민지 주민들의 교육적 요구라든지 '사절단' 활동 보완의 적절성에 대해 진지하게 고려하기 시작한 것은 20세기 초에 들어서면서부터였다. 1923년에 식민지 장관 데본셔 공작(Duke of Devonshire)은 영국령 아프리카 열대지역 주민교육 자문위원회를 발족시켰다. 2년 후에 제출된 보고서는 정책추진 방향의 측면에서 그리고 권고사항 전반에 걸쳐 시민교육에 대한 관심이 반영된 점에서 매우 유익했다. 그 보고서의 지도원리는 다음과 같았다.

> 교육은 다양한 주민의 사회생활 곳곳에 내재된 건전한 요소들을 가능한 한 모두 보존하면서 그들의 정신과 태도, 직업 및 전통에 따라 적절히 변용되어야 한다. 필요한 경우에는 바뀐 상황과 진보적 이념에도 부응해야 한다. …… 그 목적은 개개인의 삶의 여건이 그 내용이 무엇이든 간에 더욱 효율적인 것이 되도록 하며, 시민권과 사회봉사의 참된 이상을 고취하는 등의 다양한 수단을 …… 통해 공동체 전체의 진전을 촉진하는 것이어야 한다(Crown et al., 1965: 46).

교육을 아프리카의 전통과 필요에 맞도록 이행하려는 이러한 관심은 영국의 지리 및 역사 교과서가 바뀌어야 한다는 요구에도 반영되었다. 하지만 시민교육과 관련된 논의의 주된 영역은 종교와 품성교육 분야였다(Crown et al., 1965: 46~47). 이들 지역은 전통적 권위와 신념에 유럽이 밀고 들어간 탓에 불안정한 상태에 놓여 있었기 때문에 교사양성과정에서 일상생활과 관련된 과목들도 똑같은 비중으로 다루어져야 했다. 이어서 보고서는 이러한 교사양성은 "자율 그리고 공동체에 대한 충성이 몸에 배도록 하는 데 주안점을 두어야" 한다고 말한다.

이러한 권고는 영국 사립중등학교의 전통과 매우 유사하다. 위원회의 구성원이 그 교육체제에서 배출된 인사들이었으니 놀랄 일도 아니다. 다음 구절이 이를 반영하고 있다.

> 역사는 모종의 정신적 이상에 대한 헌신이 공적 의무를 이행함에서 가장 심층적인 원천임을 보여준다. 학교생활 전반에 그런 영향들이 작용해야 하는데 그 중 하나는 근로봉사를 통한 훈육이다. 운동경기와 오락 그리고 교우관계도 최소한 교실수업만큼 중요하다.

위원회는 보이스카우트와 걸가이드 운동도 기여할 수 있다고 인정했지만, 최상의 결과는 학생들이 학교의 기풍에 동화되고 기숙학교에서 감독책임을 맡아봄으로써 성취될 것이라고 보았다. 이렇듯 식민지 관리국이 엘리트주의에 젖어 있다는 것은 공공연한 비밀이었으며, 그들의 관점은 일찌감치 "고위직뿐만 아니라 행정직·기술직에 임용될 사람들을 양성하는 데에서도 중요한 준거가 되었다"(Crown et al., 1965: 46~47).

중동과 인도에 대한 영국의 장악력은 양차 대전 중간에 약화되었으며, 아프리카에 대한 장악력은 2차 대전 후에 곧장 약화되었다. 하지만 전시의 연립정부나 전후의 노동당정부도 식민지 독립에 대한 일관성 있는 어떤 정책도 고안하지 못했다. 사실 2차 대전 후 애틀리 내각에서 부총리를 지낸 모리슨(Herbert Morrison)은, 전쟁 기간 중에 아프리카 식민지에 독립을 허용하는 것은 "10살짜리 어린아이에게 현관열쇠와 은행계좌, 엽총을 주는 것이나 마찬가지일 것"이라고 퉁명스럽게 단언한 바 있다. 1948년에 골드코스트(오늘날의 가나)의 수도 아크라에서 평화시위를 벌이던 대규모 군중에 당황한 소수의 경찰병력이 우발적으로 발포를 함으로써 격렬한 폭동이 3일간 지속되었는데, 이 사건으로 인해 영국 정부의 태도가 바뀌었다. 6년에 걸친 전쟁으로 쇠약해진 영국은 해방을 열망하는 민족주의자들의 요구에 대해 억압적인 제국주의 통치를 밀고 나갈 여력이 없었다. 12년이 지난 후 영국령 아프리카에는 독립국가들이 들어섰다.

그러는 동안, 매우 느린 속도임에도 불구하고 식민지들이 좀 더 많은 자율성을 감당할 수 있도록 교육받아야 한다는 점을 인정하면서 식민지 관리국과 식민지 교육자문위원회는 1946년에 시민교육분과위원회를 발족시켰다. 분과위원회에 맡겨진 일은 다음과 같다.

> 주민들이 책임을 맡을 준비를 시키는 데 필요한 기법을 연구하고, 공적 책임감과 관용성, 논의와 실천상의 객관성, 정치제도의 중요성 및 제도의 진화와 진보에 대한 이해력을 기르는 데 수반되는 문제 전반을 검토한다(Colonial Office, 1948: 3).

분과위원회는 최종적으로 자신들의 보고서가 아프리카에 대한 권고 제시에 국한되어야 한다는 데 합의했고, 또한 보고서 요약본에 '시민권'이라는 용어가 들어 있지는 않지만 그들은 이 용어가 자신들의 활동분야를 묘사하는 매우 중요한 용어라고 확신했다. 사실 보고서 내용 중 학교를 통한 시민교육에 대해 자세히 논의하고 있는 부분(41~73절)과 참고문헌을 보면, 분과위원회는 앞 장에서 언급된 AEC의 영향을 받은 것이 분명하다.

보고서는 1919년 이후 영국령 아프리카에서 학교와 극장, 라디오와 신문의 보급으로 시민의식이 성장한 것에 찬사를 보낸다. 그들은 그럼에도 불구하고 이러한 진보는 전후 세계의 전반적인 여건과 기대에 비해 너무 느렸다고 단언한다. 분과위원회의 설명에 따르면, "식민지 주민들은 민주적인 자치를 원했으며, 이 문제에서 …… 그들은 서구 선진국들이 두 세기 혹은 그 이상의 기간에 걸쳐 이룩한 발전을 한 세대 만에 이루어내는 과업을 스스로에게 부과하고 있다. 결과적으로, 이러한 급격한 이행의 시기에는 교육이 그 어느 때보다도 훨씬 중요하고도 절박하게 된다. 정치적 자유가 단지 혜택 받은 소수가 아니라 주민 모두에게 이익이 되기 위해서는 의식적으로 시민 자질을 함양하는 일이 필수적이다"(3, 4절).

그러면 어떻게 진행할 것인가? 첫째, 고유의 전통은 가능한 한 존중되고 유지되어야 한다. 그러나 '교실에서 배운 이론'은 실제에 적용되지 않으면 거의 무용지물이기 때문에 성인이 되면 특히 지방정부에서 책임을 맡을 새로운 기회를 가질 수 있어야 한다(38절). '주민 모두에게 이익'이 될 필요가 있다고 공언하고 있음에도 불구하고 이 진술은 분명 잘 교육받은 성인들을 가리키고 있다.

보고서의 내용 중 많은 부분은 여러 면에서 혜택 받은 소수 그리고 탈계급적 활동에 매우 어울리는 말이다. 다른 한편, 다양한 교과목의 기여 정도를 가늠함에서(지리와 역사의 중요성이 강조되었음), 분과위원회는 독자들에게 주의를 환기시키고 있긴 하지만 현실의 심각한 어려움을 헤아리지 못한 것이 아닌지 의아해지기도 한다.

우리는 많은 학교의 경우 아이들이 바깥세상을 어렴풋이나마 알 수 있게 해줄 교육자료가 현재로서는 전혀 없다는 점을 알고 있다. 책장 속의 교과서 말고는 사진도, 신문도, 잡지도 없고 다른 인쇄물도 없다. 이런 여건에서 아이들이 함께 어울려 하는 공부는 부득이하게 가령 마을시장 같은 데서 구전으로 얻을 수 있는 자료에 국한될 수밖에 없다(46절).

분과위원회 앞에 놓인 과제의 규모에 비해 보고서의 유용성에 의문을 가지게 만드는 또 다른 원인은 성인 문맹이라는 어렵고도 중요한 문제에 할당된 지면이 매우 적은 데 있다. 그들은 필요한 교육지원의 네 가지 범주 중 하나가 이 문제라고 보았지만, 상황이 심각한 것에 절망한 것으로 보인다. 그들의 결론은 이렇다.

많은 논의가 필요하기 때문에, 시민교육은 상대적으로 소수인 지도자 집단을 대상으로만 이루어질 수 있다. …… 우리는 가금류나 요리법 혹은 쟁기질을 보여주는 데서 효과를 거둘 수 있는 것과 같은 방식으로 다수의 학생을 대상으로 시민권이라는 다소 추상적일 수밖에 없는 내용을 다루는 것이 가능하다고는 생각지 않는다(80절).

그럼에도 불구하고 분과위원회의 목적이 진지했다는 점은 부인할 수 없다. 102절에 이르는 보고서 전체가 아프리카의 시민교육을 다루었다는 것은 불과 13년 전인 1925년의 보고서 이후로 괄목할 만한 진전이 있었음을 보여준다. 더욱이 이러한 진지한 관심은 보고서의 명쾌한 결론에 잘 나타나 있다.

> 시민교육이라는 이 과업은 …… 매우 방대하고도 긴급한 것이어서 식민지들이 현대사회에서 책임을 맡는 데 기여하고자 한다면 모든 사람을 필요로 할 것이다. 식민지 정부가 당면한 가장 긴급한 과제 중 하나는 그 영토 내에서 이 고귀한 노력에 기여할 수 있는 사람이면 누구든지 인종을 막론하고 결집시키는 것이다(102절).

하지만 1957년에 영국령 아프리카에 자치를 허용하는 과정이 (가나에서) 시작된 이래로, 효과적인 개혁이 많이 이루어지기에는 시간이 거의 없었다.

4. 독립 이후의 아시아와 아프리카 국가들

정치적 입장에서 보면, 중동과 아시아 그리고 아프리카의 식민지는 대부분 1945~1960년이라는 15년 동안에 독립이 허용되었거나 해방을 이룩한 것이어서, 어떤 곳에서도 토착 지도자들이 스스로의 교육체계를 계획할 시간이 거의 없었다. 하지만 이 지도자들 사이에는 교육 그리고 시민교육이 신생국에 중요한 필수사항이라는 확신이 널리 퍼져 있었다. 예를 들어 나중에 가나의 초대 대통령이 된 은크루마(Kwame Nkrumah)는 당시 골드코스트의 한 엘리트 학교에서 행한 연설에서, "모든 참된 교육의 목적은 좋은 시민을 양성하는 데 있다"(Nkrumah, 1961: 57)라고 아주 분명하게 말했다. 이러한 입장은 케냐아프리카민족연맹(Kenya African National Union: KANU)이 독립 후 추진하려고 한 교육정책의 개요에서 커다란 공명을 자아냈다.

교육의 첫째 목적은 동료들에게 봉사하려는 열망에 고무된 좋은 시민을 양성하는 데 있을 것이다. 우리가 만들어낼 민주주의는 법과 제도의 집합 그 이상이다. 우리의 민주주의가 성공할지 여부는 모든 국민의 민주적 참여에 대해 제대로 이해하는 데 달려 있게 될 것이다(Cowan et al., 1965: 123).

교육 분야에서 진전을 이루고자 노력하는 과정에서 정치인과 교육자들은 이익도 보았고 불이익도 보았다.

주된 이익은 독립을 자극한 것이었다. 많은 사람이 자신들의 정치적 독립을 환영했으며 자기 나라가 성공을 거두기 위해서는 좀 더 광범위한 교육이 중요하다는 점을 인식했다. 게다가 몇몇 나라는, 특히 아랍(그리고 그 밖의 몇몇 이슬람) 국가들은, 민족적 자의식과 충성심을 기르는 교육에 확고한 기반을 제공해줄 수 있는 문화적 결속력을 지니고 있었다. 프랑스의 어느 학자는 이 점을 매우 강조했다.

아랍 국가들의 교육에 영향을 끼치는 모든 요인 중에서 아동교육의 경우 민족주의가 주요한 이념적 요인이다. 아랍어와 그 잠재력이 강조되며, 특히 이슬람교 등장 이후의 역사가 가르쳐진다. …… 생물학이나 심리학 같은 과목이 없는 경우에조차도 그들의 정신에는 이러한 민족주의적 열정이 각인되어 있다(Szyliowicz, 1973: 47 재인용).

다른 한편, 대부분의 신생국은 그들을 느슨하게 묶고 있던 제국주의적 연대관계와 별도로 그 같은 문화적 연결고리를 지니고 있지 않았다. (아래에서 보게 될) 인도나 (6장에서 보게 될) 나이지리아와 (벨기에 치하에 있었던) 콩고

같은 큰 나라들은 문화적으로 매우 이질적이다. 그리고 빈곤의 문제도 있었다. 학교 건물과 교사, 새 교과서, 책걸상 그리고 그 밖의 시설들에 요구되는 경비를 확보하기가 매우 어려웠으며 좀 더 가난한 나라들의 경우에는 분명 그랬다. 아마도 가장 큰 불이익이자 우선적으로 해결되어야 할 가장 긴급한 과제는 문맹퇴치문제였을 것이다. 앞에서 제국주의 정책들을 살펴볼 때 이 점에 대해 몇 가지 지적을 한 바 있다. 읽기·쓰기 같은 기본적인 기능을 갖추지 못한 사람이 시민으로서의 자기 역할에 대해 배울 수 있는 방법은 언어적 의사소통이라는 가장 기초적인 것뿐이다. 현수막과 벽보, 전단지조차 대부분 이해할 수 없었다(5장에서 보게 될 초기 소비에트 정책과 비교해보라). 많은 나라에서 해방 이후에 이런 문제들이 곧장 뒤따랐다.

상대적으로 권위주의적인 통치의 역사를 지녀온 이슬람 국가들에 대해서는 특별한 고려가 필요하다. 불가피하게도 그들은 이슬람 연구에 중점을 두는 학교와 교육과정을 우대해왔다. 이슬람 연구란 이슬람교의 역사와 코란을 공부하는 것인데, 아랍어가 모국어가 아닌 경우에는 코란을 그 원래 언어로 제대로 해석하기 위해 아랍어를 공부하는 것까지 포함되었다. 국가와 정부가 세속주의적인 경우에조차 ― 현재는 이란이 유일하게 전면적인 신정국가이다 ― 이러한 학교교육은 정치적·법적 구조를 이해하기 위해 고안된 시민교육을 다소 등한시할 수도 있을 것이다. 게다가 전제정치가 존재해온 곳에서는 정치적 비판으로 나아갈 수 있는 그런 공부는 제지되었을 것이다. 인도네시아와 파키스탄의 역사는 이런 상황을 잘 보여주는 흥미로운 사례들이다.

인도네시아의 경우, 특히 자바에서는, 수카르노(Achmad Sukarno)가 대통령으로 재임한 기간(1945~1968년) 동안 이슬람 교육이 강력한 힘을 발휘하여 무슬림 교사모임이 중요한 정치운동이 되었다. 다른 한편, 수카르노 대통령의 이른바 '영도적 민주주의(guided democracy)' 정책은 독립된 시민적 사고를 억누르기 위해 고안된 것이었다. 이런 분위기가 학교에 끼친 영향은 어느 자바인이 호주 학자와 대화를 나누면서 언급한 다음 내용에서 잘 드러난다. "우리의 교과서, 특히 정치와 경제, 사회 분야 교과목 및 관련 교과목들의 교과서를 보면 가슴이 아프다. 수카르노주의가 난무하고 있다. 우리의 머릿속은 모종의 참된 사고로 새롭게 채워질 필요가 있다"(Grant, 1967: 172).

인도의 일부였다가 독립 후 파키스탄이 된 지역은 힌두교가 압도적으로 우세한 인도와 반대로 의식적으로 이슬람 국가로 건국되었다. 오늘날 대학 수준의 교육을 받은 사람들은 대체로 서구의 정치문헌을 우르두어(Urdu: 파키스탄의 공용어로 인도의 이슬람교도 사이에서도 사용됨 — 옮긴이)로 어느 정도 읽을 수 있게 되었지만, 힌두교도에 비해 이슬람교도는 대체로 민족의식을 발전시키는 과정이 더뎠다. 이러한 불균형은 다음과 같이 간결하게 설명되어왔다. "이슬람 민족주의가 더디고 둔하게 성장한 것은 상당 부분 교육 진보의 결여에 기인한다. ...... 초중고 및 대학들은 이슬람교도의 필요에 부응하지도 못했으며 또한 그들에게 요구되는 기준을 충족시키는 데에도 충분치 못했다"(Aziz, 1967: 132~133). 그렇긴 하지만 이러한 빈약한 유산에도 불구하고, 잘 개발된 사회과목 교수요목들이 작성되었다. 예를 들어 5학년에서는 헌법을 배우고, 6학년에서는 지방정부 및 공공부문의 자율적 권한을 배우며, 9학년에서는 역사와 전기를 통해 '파키스탄의 이념적 기초'를 배우도록 되어 있다(Muñoz, 1982: 부록 16). 교사들이 비판적 사고를 장려하기 위해, 특히 군부통치 기간 동안에, 교수요목을 어느 정도까지 활용했는지는 별개의 문제이긴 하지만.

국제연합이 창설된 이후 가입 국가의 숫자가 네 배로 증가했는데, 나중에 가입한 나라들의 대다수가 예전에 식민지였던 나라이다. 그리하여 이와 같은 책에서 그들 나라를 모두 다룬다는 것은 불가능하며, 사실 바람직하지도 않다. 따라서 해방 이후 새롭게 들어선 정권들이 시민교육에 인색했던 기존의 유산 위에서 교육문제를 어떻게 다루었는지를 보기 위해서, 예전에 프랑스 식민지였던 서부 및 중앙아프리카 지역의 경우를 살펴보게 될 것이며 영국의 통치하에 있었던 인도와 싱가포르를 이들 지역과 대비해보게 될 것이다.

프랑스어를 사용하는 나라들을 특징짓는 데에 다음 세 가지 조건이 언급된다. 식민지 경험의 유산이 강하고, 빈곤에 처해 있으며, 실제이든 아니든 정치적 불안을 딛고 새로운 국가를 세우려는 욕망이 강하다는 점이 그것이다. 이들 지역의 신생국들은 1958년에 독립한 기니를 제외하면 모두 1960년에 독립했으며, 따라서 그들 자체의 교육체제를 발전시키는 데 소요된 시간이 같다고 할 수 있다. 14개의 나라 모두를 다루는 것은 여전히 지루한 (그리고 어려운) 일이다. 그래서 이 지역의 시민교육이 지닌 주된 측면들을 가장 흥미로운 몇몇 경우에 국한해서 분석해나가도록 하겠다.

프랑스가 식민지를 복속시키고 프랑스처럼 변화시키는 데 얼마나 단호한 입장이었는지 이미 보았다. 이 지역 신생국들의 사정에 대해 두 명의 비평가가 하는 말을 들어보면, 프랑스 식민정책의 영향이 계속 남아 있었으며 그리하여 새로운 자율적 민족정체성의 확립에 장애로 작용했음을 잘 보여주는 것 같다. 그중 한 명은 "흑인은 백인보다 열등하며 백인에게 복종할 운명이라는 미신이 수많은 아프리카인의 머릿속에 오랫동안 깊이 박혀 있었다"라고 지적한다. 다른 한 명은 "예전에 프랑스 식민지였던 지역의 학교들

대부분은 여전히 프랑스에서 물려받은 모형과 기준에 따라 운영되며 프랑스식의 권위관념에 철저히 물들어 있는" 것으로 보았다(Harber, 1989: 142~143, 139 재인용). 이 중 두 번째의 인용문은 1979년에 출간된 것으로, 이 지역이 독립국이 된 지 거의 20년이 지난 때이다. 이는 주민들이 식민지 잔재에서 벗어나는 일이 그만큼 더디게 진행되었음을 보여준다. 다들 바라긴 했지만, 기니와 말리 두 나라만이 학교의 정치문화 변혁을 추진할 힘(이념적 힘이라고 해야겠다)을 가지고 있었다.

하지만 이들이 문제를 다룬 방식을 검토하기 전에, 몇몇 통계가 당시의 배경에 대해 유용한 자료가 될 것이다. 상대적으로 많이 발전되어 있던 예전의 프랑스령 서아프리카의 경우에조차, 독립 당시에는 적도지역 프랑스령의 경우는 별개로 하더라도, 초등학교 취학아동의 비율이 매우 상이했다. 아이보리코스트(코트디부아르), 토고, 다오메이(오늘날의 베냉)의 경우 거의 1/3에 달했던 데 비해 말리, 모리타니, 오트볼타(오늘날의 부르키나파소)와 니제르의 경우에는 1/10에도 못 미쳤다(Hargreaves, 1967: 12~13 참조). 교육에 대한 확고한 신념의 효과를 보여주는 지표는 말리의 경우인데, 초등학교 취학아동의 비율이 1960년의 8%이던 것이 1962년에는 12%로 그리고 1972년에는 20%까지 올라갔다(Toure, 1982: 192 참조).

말리가 독립하는 데 정치적 자극이 되었던 민족주의는 1960~1962년에 교육에 다시 초점을 맞추었다. 일차적인 고려사항은 "학교라는 매개체를 통해 국민들을 정치적·문화적으로 탈식민지화하는 것"(Toure, 1982: 191), 즉 프랑스 식민정책을 역이용하는 것이었다. 이러한 노력은 "성격과 목표에서 식민지 학교체제와 구별되는 말리식의 학교체제를 구축하는 성과를 거두었다. 탈식민지 시대에 교육은 국가건설과 발전 그리고 근대화의 확실한 무기로 여겨졌다"(Toure, 1982: 191). 즉각적으로 이루어진 기니의 개혁은 특별한 방식으로 진행되었다. 우리가 오늘날 공동체주의 교육방식이라고 부르는 것이 새롭게 강조되었다. 앞에서 말리의 경우에 인용했던 아프리카의 권위자를 다시 인용하면, "학생들은 국민의 삶과 고통, 관심, 투쟁과 기대 속으로 통합되어야 한다. ······ 우리는 개인은 죽지만 국민은 남아 있다는 점을 기억해야 한다"(Harber, 1989: 143 재인용). 이러한 목적을 위해 1961년에 두 개의 실질적인 조치가 행해졌다. 첫째, 모든 중등학생이 정치교육과정을 이수해야 했으며, 중등학교 이상의 수준에서는 장학금 혜택이 "PDG와 국가에 대한 충성"(Harber, 1989: 143 재인용)을 보이는 경우에 국한되었다. 당시 중등교육 해당 연령층의 1%만이 중등학교에 다녔기 때문에, 이러한 제한조치는 분명 극소수에게만 영향을 주었다. 물론 그 극소수는 미래의 엘리트 시민이 될 사람들이었지만. 둘째, PDG는 기니 민주당(Parti Democratique de Guinée)의 약자인데, 이는 그때 이후 유일하게 합법적인 정당이었기 때문에 PDG에 대한 지식이 상당 부분을 차지하고 있는 정치교육과정과 장학금 기준, 이 두 가지는 모두 중등학생이 실제로는 교화의 대상이었음을 의미했다.

집권층의 지도력이 프랑스의 영향을 탈피하기에(필수 불가결한 언어는 예외로 하고) 충분할 만큼 확실한 신생국에서는 국가건설과 이념적 교화가 사실상 동의어가 되었다. 게다가 부분적으로는 이것이 혁명적인 과정이었기 때문에 그리고 부분적으로는 프랑스 말고 도움을 줄 수 있는 곳은 공산주의 진영밖에 없었기 때문에, 교화는 좌파의 색채를 띠었다. 투레(Sékou Touré) 대통령이 오랫동안 이념적 추진력을 지녔던 말리의 경우, 교육의 '공동체주의적' 목적이란 것은 개인주의적 자본주의에 적대적인 정부정책과 밀접하게 관련되었다. 기니의 경우에는 실제로 이데올로기라는 과목이 초등에서 대학수준까지 필수과목으로 편성되었는데, 여기에는 교실수업 이외에 JDRA[아프리카혁명청소년(Jeunesse de la Révolution Africaine). '혁명'이라는 단어에 유의할 겟라는 청소년단체에 가입하는 것까지 포함되었다.

'정신적 탈식민지화' 과정을 성취하기 위한 교수요목을 마련하고 좌파적 쇄신을 추진하는 문제와 관련해서, 1980년을 전후하여 콩고 공화국에서 있었던 역사설계(history schemes)의 경우가 흥미로운 사례이다. 역사에 대한 이러한 접근법이 편향적이게 된 데는 소련과의 우호관계라든지 노동조합운동의 영향이 작용했다는 점에 유의해야 할 것이다. 그 편향성은 5개 주제로 구성된 초등학교 고학년용 교수요목에서 특히 분명하게 나타난다(Muñoz, 1982: 455 참조). '우리의 국기', '우리의 국가(國歌)'를 다루는 두 번째와 세 번째 주제도 이러한 편향성을 벗어날 수 없었다. 국기에 대한 수업내용에는 '단결, 평화, 우애'라는 국가적 교의뿐만 아니라 '노동자의 투쟁 일깨우기'에 대한 언급도 포함되었다. 그리고 국가(國歌)에는 여타 주제들 중 '노동조합'과 'PCT[콩고노동당(Parti congolais de travail), 사실상 유일한 정당] 설립' 내용이 들어 있다. 다른 세 개의 주제는 개척청년운동, PCT, 그리고 기타 대중운동에 대한 내용이다.

프랑스의 영향이 남아 있는 나라 중 특수한 문제를 지닌 경우는 카메룬이다. 이 나라는 40년 동안 프랑스와 벨기에 식민지였던 지역으로 이루어져 있는데 그중 프랑스 지배하에 있었던 지역이 더 큰 비중을 차지한다. 따라서 언어 면에서는 바다 건너 캐나다와 정반대의 경우에 해당한다고 할 수 있다(캐나다의 경우에는 영국 식민지였던 지방들에 비해 프랑스 식민지였던 퀘벡지방이 전체에서 차지하는 비중이 작다 — 옮긴이). 게다가 카메룬은 어쩔 수 없이 두 개의 상이한 학교체제를 물려받았다. 따라서 학교를 국민 형성에 활용하려는 정책은 중요한 난제 두 가지를 해결해야 했다. 개혁의 선봉이 될 세 개의 교육과정연구원이 설립되었다. 이들 "기관은 전체 교육체계에 '기능주의'와 '실용주의' 개념을 적용하며 그렇게 함으로써 교육체계가 국가의 경제 혹은 생산체계에 부응하게 만들고자 했다"(Shu, 1982: 43).

프랑스 식민지였던 중서부아프리카 지역 중 일부는 다소 수정된 자유공화주의 시민권 개념에 기초한 프랑스식 교육정책을 계속 추진한 데 비해, 위에서 분명하게 드러난 것처럼 새로운 교육체제를 마련하려는 좀 더 강렬한 열정을 지녔던 나라들은 매우 급진적인 개혁계획을 추진했다(독자들은 자유민주주의 교육을 다루는 이 장에서 이 문제를 논의하는 것에 의문을 가질 수도 있겠지만, 이들 나라는 자유민주주의의 성격이 매우 강한 프랑스의 지배를 경험한 공통의 배경을 지니고 있다). 이들 나라 모두 어느 정도는 '전통적' 방식과 '근대적' 방식의 결합을 시도했지만(이 용어들의 구체적인 해석에 대해서는 예를 들어 Harber, 1989: 127, 140 n.1 참조), 콩고 공화국이나 카메룬의 교육과정 개혁이 아주 극명하게 보여주듯이, 주된 관심은 경제적인 것이었다. 시민교육에 경제적 이해력을 높이는 교육이 포함되어야 한다는 점이 오늘날 자유민주주의 국가들에서 점점 더 널리 받아들여지고 있는 점을 감안하면, 이들 아프리카 국가들의 사례는 우리의 논의에 관련되는 바가 매우 크다.

프랑스령 중서부아프리카에서 독립한 나라들은 교육 및 정치발전 수준에서 서로 다르긴 하지만, 영토와 부의 수준에서는 크게 다르지 않다. 예전에 영국의 지배하에 있었던 아시아 지역 국가들의 경우는 사정이 다르다. 이들 중 매우 크면서도 상대적으로 가난한 나라 인도와 매우 작으면서 아주 부유한 싱가포르를 비교해보는 것이 유익할 것이다. 고전적인 비유를 하자면,

한쪽은 제국이고 다른 한쪽은 현대판 도시국가인 셈이다. 비교를 위해 1970년대와 1980년대로 돌아가야겠는데, 이 시기는 두 나라 모두 독립 이후의 교육정책을 마련하려고 하던 때였다(인도는 1947년에 독립했고, 싱가포르는 우여곡절 끝에 1967년에 오늘날의 형태가 되었다).

첫째는 규모 면에서 대비가 된다. 1981년 인도의 인구통계를 보면 6억 8,400만 명으로 기록되어 있는데, 싱가포르의 경우에는 1982년에 250만 명이었다. 인도는 면적이 3,200만 km²인데, 싱가포르는 618km²이다. 인도는 엄청난 규모로 인해 불가피하게 연방제 정부형태를 취하고 있으며, 그 영향 때문인지 교육발전도 일부 주는 다른 주들에 비해 매우 빨리 이루어져왔다. 사실 같은 주 안에서도 도시지역과 농촌지역 간에 차이가 있고, 같은 도시에서도 구역 간에 차이가 있다. 마찬가지로 정치의식도 지역에 따라 매우 상이하게 나타나는 것을 볼 수 있다. 이와 반대로, 싱가포르는 다문화적 복합성에도 불구하고 정치적으로 질서정연한 나라이다. 싱가포르의 어떤 교육자는 이렇게 논평했다.

> 싱가포르는 규모가 작은 데 비해 대중매체가 넘쳐나다 보니 …… 수많은 사회기관이 중요한 역할을 해야 한다는 의미로 받아들여진다. 정부는 그 자체가 '위대한 교육자'이다. 20년 이상 동안 정부 지도자들은 호통치고 감언이설로 녹이고 설득하고 깨우치기 위해 대중매체를 널리 이용해왔다. …… 오늘날 사람들이 더 많은 개방에 대한 신념을 지니게 된 것이라든지 정부정책에 대한 평가의 반영이 제도화된 것이라든지, 국가적 의제 형성에 일반국민의 광범위한 참여가 이루어지게 된 것은 학교 밖 교육이 지속적으로 이루어져 왔음을 가리킨다(Gopinathan, 1988: 136).

폴리스의 규모를 제한해야 한다고 강조했던 아리스토텔레스의 다음 주장이 생각나게 한다. "너무 많은 사람으로 이루어진 국가는······ 참된 국가구성을 거의 가질 수 없다는 단순한 이유 때문에 진정한 국가가 되지 못할 것이다. 스텐토르의 목소리*를 지니지 않고서 누가 시민들에게 질서를 부여할 수 있겠는가?"(Aristotle, 1948: 1326b) 싱가포르 정부는 전체 국민에게 다가갈 수 있는 수단으로 대중매체를 이용함으로써 현대판 폴리스 전체에 정부의 입장을 쉽게 전달할 목소리를 가졌던 것이다.

이처럼 대중매체를 즉각 확보할 수 있었던 것은 섬나라 싱가포르의 경제력 덕분이었다. 1980년 싱가포르의 1인당 GDP는 6,515달러였다. 이를 인도의 240달러와 비교하면, 평균적인 수치에서는 매우 부유한 소수와 아주 가난한 다수 간에 격차가 크다는 것을 알 수 있다. 싱가포르 주민은 대중매체를 접할 제품을 구매하고 인쇄물을 충분히 이해할 수 있었다. 이러한 조건은 인도의 수많은 하층민 가정, 특히 농촌지역의 경우와 매우 다르다. 그들은 자녀를 일을 시키는 대신 학교에 보낼 형편이 되지 않았다. 인도 헌법에 초등의무교육이 명문으로 규정되어 있음에도 불구하고, 헌법이 제정된 지 사반세기가 지난 후에도 6세에 입학한 아동이 학교를 마치지 못하는 비율이 50%에 육박했다(Naik & Nurullah, 1974: 455~456 참조). 인도 주민들이 처한 어려운 여건이 교육의 성장을 가로막는 요인으로 작용했는데, 이에 더해 학교 교육에 대한 일반대중의 태도도 부정적 요인으로 작용했다. 뒤를 이어 들어선 정부들도 학교 수를 늘리는 데 상당한 예산을 지출했지만, 교사와 교육

---

* 스텐토르(Stentor)는 호메로스의 일리아드에 등장하는 전령으로, 50명의 목소리와 맞먹는 큰 목소리를 가졌다. ― 옮긴이

과정의 수준은 기대에 여전히 못 미쳤다. 하층민 학부모들 중 자녀를 학교에 보낼 수 있었던 이들은 자녀들이 공부를 지루해하고 향상이 매우 느리게 이루어지며, 그리하여 사회적 신분 상승을 이루려는 야망을 실현할 기회가 거의 없다는 것을 알게 되었다. 싱가포르와 비교하면 차이가 분명하게 나타난다. 싱가포르에서는 "정부와 개인 모두 거의 모든 것을 할 수 있게 해주는 교육의 가치에 거의 전적인 믿음을 가지고 있다"(Gopinathan, 1988: 134).

원칙적으로는 두 나라 정부 모두 시민의 자질 향상을 위한 교육이 매우 중요하다는 것에 생각을 같이했다. 그들이 달랐던 것은 필요한 교육이 어떤 것이라고 보았는가 하는 데 있었다. 그 차이의 주된 원인은 두 나라의 규모와 경제수준 차이에 있음을 보았다. 인도 정부는 읽기·쓰기 교육을 원했던 데 비해, 싱가포르는 도덕성 함양을 위한 교육을 원했다.

인도는 수억 명의 시민을 지닌 세계 최대의 민주주의 국가이다. 그러나 문맹이라는 문제가 이 나라 민주체제의 효율과 정의를 약화시켜왔다. 따라서 독립 이전부터 문맹퇴치라는 교육의 목표는 줄곧 주요 관심사였다. 그럼에도 그 정책은 아주 느린 속도로 추진되어왔다. 위에서 여러 차례 인용되었던 인도의 교육자 두 사람은 이렇게 개탄한다. "궁극적으로 지난 25년 동안 성인들에게 글을 깨우치게 하는 데서 그다지 많은 진전이 이루어지지 못했다. …… 이로 인해 가정에서도 자녀들을 학교에 보내려는 분위기가 조성되지 못했다"(Naik & Nurullah, 1974: 455, 457). 비문맹자 비율은 1971년에 29%이던 것이 1981년에는 36%로 분명한 향상을 보여준다. 하지만 이 기간 동안 인구가 1억 4,300만 명이 증가했기 때문에 문맹자의 실제 숫자는 줄어들지 않았다. 교육이 인구변동을 따라잡아야 했는데, 이는 계속해서 엄청난 과제였다.

싱가포르는 이런 문제를 겪지 않았다. 빈곤이 만연하지도 않았고 문맹을 걱정할 일도 없었다. 그러나 생활수준이 향상되면서 1970년대에는 도덕관념이 없는 듯한 서구의 청년문화가 유입되었다. "당시 싱가포르 청년들의 태도를 가리켜 정부는 공식적으로 물질주의적이고 국가를 위해 개인이 희생하기를 꺼려하며 심지어 불효막심하기까지 하다고 규정했는데, 타락이 이미 뿌리를 내렸다고 본 것이다"(Gopinathan, 1988: 134). 시민의 도덕성 함양을 위한 교육이 매우 긴박한 관심사가 되었다. 다음 구절은 여러 차례 인용된 고피나탄(S. Gopinathan) 박사가 1988년에 쓴 글에 있는 내용이다.

싱가포르는 지난 20년 동안 강조점과 논거를 수정해가면서 도덕교육문제와 씨름해왔다. 싱가포르는 가치교육이 본질적으로 사회통합과 합의를 도모하고 일련의 핵심가치를 정립하는 일이며 그런 가치는 싱가포르를 구성하는 종족집단의 전통에서 우선적으로 도출된다는 입장을 지녔다고 볼 수 있다. 국가의 존속은 바로 도덕교육의 성공 여부에 달려 있는 것으로 간주된다(Gopinathan, 1988: 130).

그에 따라, 1974년에는 도덕교육 분야의 교육과정 정책에 신중한 변화가 이루어졌다. 1967년에는 상당히 판에 박은 시민론 교수요목이 채택되었던 것이, 이제 생활교육(education for living: EFL)으로 대체되었다. 이것은 서로 잘 맞지 않는 동양과 서양의 전통이 싱가포르 사회에 존재하는 상태에서, 국가를 제대로 세우는 데 초점을 맞춘 도덕·사회교육을 위한 교수요목으로 설계되었다. 5년 후인 1979년에는 의회위원회에서 「도덕교육보고서(Report on Moral Education)」를 작성했는데, 이는 시민론 수업 그리고 교사와 학생 모두 도덕교육에 관심이 없다는 점에 대해 매우 비판적이었다. 그리하여 초등학교 및 중학교용 수업자료들이 개발되었는데, 그중에서도 위원회 보고서가 '개인적 행동, 사회적 책임, 국가에 대한 충성'을 한데 묶어서 강조했던 『존재와 변화(Being and Becoming)』라는 제목의 교수요목이 돋보인다. 이에 더해, 특히 중국어 사용자들을 대상으로 『좋은 시민(Good Citizen)』이라는 제목의 교수요목도 개발되었다(1980년의 조사에 따르면 인구의 75%가 중국계였다). 하지만 이들 교수요목을 실행하는 데는 여전히 현실적인 어려움이 남아 있었다(Gopinathan, 1988: 138, 141 참조).

본질적으로, 여기서 논의하고 있는 기간 동안, 싱가포르 사람이나 인도 사람들도 실제로 능동적인 방식으로 정치문제에 특별한 관심을 가지지 않았다. 싱가포르의 경우 위에 언급한 것처럼 참여의 수단은 분명 확보되어 있었지만, 고피나탄의 지적처럼 "서구식 민주주의의 장치들이 남아 있긴 했어도 주민들은 대체로 정치적 주장과 논쟁 및 반대가 경제성장과 국민통합이라는 좀 더 긴급한 사안을 불안정하게 만들고 손상시킨다는 생각에 젖어 대체로 정치적으로 무관심했다"(Gopinathan, 1988: 132). 인도의 경우, 스웨덴의 저명한 경제학자 미르달(Gunnar Myrdal)은 1971년에 이렇게 말했다.

> 인도는 보통선거 및 상대적으로 높은 투표참여율에 기반을 둔 의회정치가 확고하게 정립되어 있다. 그러나 이런 배경에도 불구하고 대중들은 정치의 주체이기보다는 객체이다. 그들은 수동적이고 소극적인 채로 남아 있다. …… 인도의 민주주의는 안정적임이 입증되었지만, 대체로 침체된 채로 안정상태에 있다(Myrdal, 1977: 125).

따라서 싱가포르 사람들과 인도 사람들은, 각기 다른 방식이긴 하지만, 적극적 시민의식을 거의 표현하지 못했다. 싱가포르의 경우에는 단념하도록 설득당했기 때문이고, 인도의 경우는 원래 수동적이었기 때문이라고 할 수 있다. 이런 상황에서 학교는 학생들에게 시민의 역할을 준비시키는 완전하고도 활기찬 교육을 행하는 데서 큰 진전을 이룰 수 없었다.

고대 그리스와 근대 세계 간의 관련성을 도출하는 일은 매력적이긴 하지만 잘못된 길로 나아갈 수 있다. 오랜 역사를 전체적으로 조망해보면 자유주의 국가들에서 전개되었던 시민권의 이론과 방식들은 아테네에서 기원하여 일정한 과정을 거쳐 민주적인 모습으로 발전했다고 볼 수도 있을 것이다. 자문기구가 발전하여 대의정치가 등장한 것, 이를테면 고대 앵글로색슨 의회가 발전하여 중세의 영국 의회가 탄생한 것은 로마의 공화주의적 이상에 대한 동경과 관련이 깊다고 보는 것이 더 옳은 해석일 수도 있다. 이와 비슷하게, 일부 호의적인 평가와 오도된 역사에도 불구하고, 고대 스파르타와 (다음 장의 주제인) 현대의 전체주의 간에는 아무런 직접적인 역사적 관련성이 없다. 전체주의는 오히려 19세기의 민족주의와 사회주의에 기원을 두고 있다. 그리고 우리가 오늘날의 정치형태와 관련된 시민교육방식들 사이에 모종의 분명한 대비가 존재한다는 것을 밝히기를 원한다 해도, 그 교육방식은 그에 상응하는 교육방식이 고대사회에 있었음에도 불구하고, 사실은 현대국가의 특별한 필요에 부응하기 위한 것이었다. 자유주의 시민권은 그 제도를 지지할 참여를 이끌어낼 교육을 요구해왔다. 반면에, 전체주의는 압제자들을 지지할 동원체제를 가능하게 할 교화를 요구해왔다.

제5장

전체주의와 그 이행

1. 말과 현실

'전체주의 시민교육(totalitarian citizenship education)'이라는 용어는 세 개의 단어로 이루어져 있는데, 그 각각을 병렬적으로 보면 참이 될 수 없다. 따라서 이 용어 자체는 전혀 타당성이 없다. 아니면 이렇게 주장할 수도 있겠다. 정치적 단어로서의 전체주의는 1920년대 그중에서도 주로 이탈리아 파시즘을 상세하게 해설한 무솔리니와 젠틸레(Giovanni Gentile)에 기원을 두고 있다(Schapiro, 1972: 13 참조). 그 후 전체주의는 일정한 이념을 앞세우는 독재체제의 공통된 특징들을 가리키는 것으로 확대되어, 파시스트 이탈리아, 나치 독일, 소련, 중국과 같이 서로 상당한 차이가 있음에도 불구하고 국민에 대한 '전체적' 통제를 시도하는 경우를 포괄하는 용어가 되었다. 그러나 이 용어를 닥치는 대로 갖다 붙이는 것은 이들 국가를 구별하는 중요한 차이들을 간과하며, 이른바 전체주의와 여타 형태의 권위주의 통치 간의 구분을 과장한다. 또한 이 용어의 무분별한 사용은, 해당 체제들이 꼭 그랬던 것도 아닌데, 그 체제들이 실제로 전체적인 통제를 아주 효율적으로 했다고 가정하는 우를 범한다.

다른 한편, 전체주의라는 용어에 반대해온 사람들조차도 적어도 나치 독일과 스탈린주의 소련 그리고 모택동주의 중국이 정치지향적 사회를 구축하려는 시도를 이념적으로 정당화해왔다는 점을 부인하지 못할 것이다. 하지만 시민권이 사회적·정치적 사안들에 대한 개인적 판단을 내리며 그런 독자적인 판단에 근거하여 모종의 영향력을 행사할 수 있는 능력을 전제한다면, 이처럼 제대로 된 의미에서의 시민권은 무시무시한 정치경찰과 엄격한 검열 그리고 정치선전이 공사를 막론하고 생활과 정신을 제약하는 그런 국가들에서는 존재할 수 없었을 것이다.

마찬가지로, 시민으로서의 기능을 함양하기 위한 교육도 이루어질 수 없었을 것이다. 물론 이 경우도 시민교육이라는 용어에 대한 올바른 이해를 전제로 한다. 그리고 사실 교육의 본질은 인성을 균형 있게 발달시키는 것, 특히 학생들이 객관적으로 생각하고 추론할 수 있도록 능력을 개발하는 것이라는 점을 전제로 한다. 이는 분명 위의 체제들에서 학교와 청년운동 및 정당의 목적으로 요구된 바가 아니다. 그들의 목적은 교육이 아니라 교화에 있었다. 영국의 어느 교육철학자가 말한 것처럼 수업은 학생들이 "어떤 명제 'p'가 참임을 믿도록" 만드는 방법으로 고안되었다(White, 1967: 181). 사실 전체주의와 교화의 관련성은 역사적으로 뿌리가 꽤 깊다는 것은 잘 알려진 사실이다. 영국의 어느 역사가는 18세기 프랑스 사상가들에서 20세기 독재자들에 이르기까지 교육에 대한 강조는 전체 주민에게 오로지 무비판적 기준을 가르치고 교화하여 정부의 권위를 지지하도록 만드는 데 목적이 있었다고 주장한 바 있다. 그에 의하면 19세기에 사람들이 자유민주주의에 이르는 길로서의 교육에 대해 지녔던 자유주의적 신념은 순진했다(Cobban, 1939: 227~229 참조).

조금 다른 방향에서 생각해보자. 시민이라고 느끼는 감정은 증오의 감정과 양립할 수 있는가? 시민권이 공동체의식, 그리고 동료시민들에 대한 상호 존중 의식을 의미한다면 둘은 양립할 수 없다. 하지만 전체주의 이데올로기의 바탕에는 증오가 깔려 있으며, 그 이데올로기가 시민들의 행동 그리고 시민들이 받아야 할 교육에 기대하는 내용에 스며든다. 두 가지 예가 있다. 소비에트 초등학교 교사용으로 승인된 교과서를 보면, "소비에트 학교의 학생들은 소비에트 애국심은 사회주의 사회의 적들에 대한 비타협적 증오로 충만해 있다는 점을 깨달아야 한다"(Counts, 1957: 122 재인용)라는 진술이 들어 있다. 또한 나치 시대 독일에서 출간된 초등학생용 교재에 대한 논평을 보면, "책장을 넘길 때마다 어린아이들에게 '독일의 적'에 대한 증오심을 주입하는 것 이외의 목적은 찾아볼 수 없다. 독일의 적이란 유대인 말고도 총통의 계획과 방법에 완전히 부응하지 않는 모든 사람을 가리킨다"(Mann, 1939: 54).

하지만 우리는 '전체주의적'이라는 말이 절대적인 용어로서보다는 상대적인 용어로 더 잘 이해될 수도 있다는 점을 고려해야 한다. 다음 두 인용문을 비교해보고 '전체주의 시민교육'이라는 표현이 타당한가 하는 문제에 대해 이 구절들이 시사하는 바를 생각해보자.

가톨릭국가의 교의를 가장 진지하게 적용한 경우는 젠틸레의 공교육 개혁이다. 공립학교는 다른 것들을 가르치는 것과 꼭 마찬가지로 종교를 가르쳐야 한다는 것이다. 정식 교사들이 가르치며 정규 교재가 지정된다. 교회는 교과서를 승인할 특권을 가질 수도 있다. 그렇지 않고서는 교육문제에 아무런 영향력도 행사할 수 없을 것이다. ……

물론 학교에서 종교를 가르치는 것은 성직자에 반대하는 이들에게는 심각한 충격이었다. 국내와 국외 모두에서 교육이 교회에 넘겨졌다는 외침이 전반적으로 높게 들렸다(Schneider, 1968: 221).

모택동 휘하의 급진파 부관들은 우리에게 교육 분야에서의 혁명의 일환으로 우리 자신의 교과서를 집필하라고 명령했다. ……
(이념적으로 파산선고를 받은 교수들과 비교할 때) 우리의 경우에는 무지가 미덕이었다. 그 교과서들이 혁명을 올바르게 전파하는 수단이 되도록 하기 위해 우리는 교과서 초고를, 교사들이 아니라 지방의 농부들에게 보여주곤 했다. 그들이야말로 정치적 타당성 여부를 가늠할 수 있게 해주는 방향계이기 때문이다. ……

『중국통사(A General History of China)』라는 웅장한 이름의 우리 교과서는 인민출판공사에서 발행될 예정이었다. …… 그들은 우리의 교과서가 전국적인 베스트셀러가 될 것이라고 장담했다. 그 밖의 모든 역사교과서는 선반에서 치워졌다(Wong, 1997: 127~128, 144).

첫 번째 인용문은 1926~1927년에 이탈리아에서 연구한 미국인 학자의 책에서 발췌한 것이다. 두 번째 인용문은 중국계 캐나다인의 책에서 발췌한 것인데, 모택동주의를 신봉한 그는 1972년에 중국으로 가서 베이징 대학에서 공부했다. 이 두 사례는 청소년들의 시민적 태도 함양에 영향을 끼칠 교과서에 대해 파시스트 이탈리아와 모택동의 중국이 얼마나 다른 태도를 지녔던가를 보여준다. 웡(Jan Wong)의 경우는 기본적인 학습과정이 중앙집권적인 이데올로기에 의해 왜곡된 사례이다. 슈나이더(Herbert Schneider)의 경우는 정치권력이 로마 가톨릭교회와 타협을 한 사례로서, 이를 통해 학교교육과정에 종교가 접합되고 교회가 교과서의 적합성 여부에 영향력을 행사할 수 있었다. 국가와 당이 이탈리아보다 중국에서 훨씬 더 무제한적인 통제력을 행사했다. 이탈리아의 경우, 교황 비오 11세는 일반적인 수준에서 '주관적' 전체주의와 '객관적' 전체주의를 구분했다. 주관적 전체주의는 "국가의 능력 내에 있는 모든 사안에 대해 시민 전체가 국가에 복종하며 의존"할 수 있도록 하는 점에서 허용될 수 있었다. 그러나 객관적 전체주의는 영적인 영역을 포함해서 시민의 삶 전부를 복속시키려 하기 때문에 '명백하게 불합리'하다고 보았다(Binchy, 1941: 330~331 재인용).

이 장의 주요 목적의 기반이 될 바로 그 개념을 적어도 부분적으로는 허물어뜨린 상태가 되었다. 따라서 이하의 논의를 정당화한다는 차원에서 이제 조각들을 다른 방식으로 새롭게 짜 맞추어보자.

첫째는 전체주의의 개념이다. 1950년대에 미국의 정치학자 프리드리히(Carl Friedrich)는 브레진스키(Zbigniew Brzezinski)와의 공저에서 전체주의가 타당한 분석도구로 사용될 수도 있게 정의를 내렸는데, 많은 독자가 호응을 보였다. 그에 의하면 파시스트와 나치, 스탈린주의와 모택동주의 국가들은 각각의 차이점에도 불구하고 사실은 일정한 특징을 공유하고 있다. 그는 이를 가리켜 상호 관련된 여섯 가지 특징으로 구성된 '증후군'이라 불렀는데, 이 용어는 그 국가들의 정치적 조건이 일종의 병리학적 현상에 해당한다는 함의를 담고 있다. 공식적인 이데올로기, 한 사람이 이끄는 유일한 대중정당, 공포감을 조성하는 경찰통제체제, 대중매체에 대한 기술적 통제, 일체의

무장투쟁수단에 대한 통제, 중앙통제경제가 그 국가들이 공유하는 특징들 이다(Friedrich & Brezezinski, 1956: 특히 3~13). 우리는 여기에다 학교와 청소년운동에서의 교화라는 일곱 번째 특징을 추가할 수도 있다. 나아가 프리드리히와 브레진스키는 전체주의가 '과거의 독재정치'와 구별되는 '새로운 종류의 통치'라고 주장했다(Friedrich & Brzezinski, 1956: 3).

1차 세계대전과 2차 세계대전 사이에 전체주의가 새로운 통치형태로 등장했다는 점을 인정한다고 해도, 전체주의가 새로운 형태의 시민권을 창조했는지, 그리고 그렇다면 그 형태는 솔직히 '시민권'이라는 명칭을 사용할 수 있는지 질문을 제기할 필요가 있다. 우리는 시민권을 어떤 특별한 종류의 시민적 행동으로, 즉 근대 자유주의적 의회민주주의를 위해 구상된 이상이라는 식으로 개념화하려는 유혹을 거부해야 제대로 된 논의를 할 수 있다. 아리스토텔레스가 정체에 따라 그에 맞는 시민교육을 권고했던 것을 기억하자. "시민이 속한 정체의 정신 속에서 이루어지는 교육은······ 과두정이든 민주정이든 그 정체가 존속할 수 있게끔 하는 행위를 시민이 행하는 데 있다"[Aristotle, 1948: 1310. 아리스토텔레스는 '정체(constitution)'에 정부형태뿐만 아니라 사회체제도 포함시켰음에 유의할 것. 1장 참조]. '과두정'을 '전체주의 체제'로 바꾸어서 생각하든지 아니면 질라스(Milovan Djilas)처럼 공산당이 과두정의 '새로운 계급'(Djilas, 1957)이라는 점을 인정한다면, 우리는 파시스트 이탈리아와 나치 독일, 제국주의 일본, 소련, 동유럽의 인민민주주의, 중화인민공화국에서 젊은이들에게 교화가 행해진 것은 그들 정체의 정신에 입각해서, 그리고 그들의 체제가 존속할 수 있도록 하려는 목적에서 젊은이들이 교육을 받은 것이라고 생각할 수 있다. 시민권에 대한 아리스토텔레스의 해석에는 또한 (정치체 속에서의 불일치보다는 조화를 의미하는) 호모노이아

(homonoia)의 필요성에 대한 생각도 들어 있었다(Aristotle, 1955: IX, 6 참조). 그리고 확실히 전체주의 국가들은 불일치를 억누르는 일에 아주 단호한 태도를 보였다! 혼합정부를 주장했던 아리스토텔레스는 분명 전체주의 정치경찰의 야만적인 방식과 중앙집권화 그리고 노동수용소에 근심 어린 눈길을 보내는 데 머물지는 않았을 것이다. 그럼에도 불구하고 나치의 대중선동 같은 장대한 행사들이 체제를 공고화했던 것에 대해서는 아마도 그런 통제 방식들을 수긍했을 것이다.

따라서 시민권의 본질이 객관적인 행동방식으로서가 아니라 시민이 살아가는 체제에 적합한 무엇인가로 이해되어야 한다면, 시민권은 전체주의 국가들에서도 존재해왔다고 할 수도 있다. 그리하여 소련에서는 '시민'이라는 명칭이 '노동자'라는 명칭만큼이나 고귀한 것으로 여겨졌다. 일례로 지방당 창건 16주년 기념행사에서 당 고위간부는 이렇게 선언했다. "소련 시민! 이 얼마나 자랑스럽고 위엄 있게 들리는가! 이 얼마나 명예롭고 책임 있는 명칭인가!"(Counts, 1975: 132 재인용)

게다가 이 책의 1장을 읽은 독자들이 스파르타인들의 엄격한 훈육이 시민교육으로 불릴 수 있다고 인정했다면, 그 용어가 아래에서 보게 될 나치와 소비에트 그리고 제국주의 일본의 교육강령에도 적용될 수 있음을 부인하기는 어려울 것이다. 사실 어떤 이는 (전체주의 시민교육은 해로운 것에 불과하다는 생각에 반대하는 주장에 경의를 표하지는 않지만) 파시스트와 나치 그리고 공산주의 체제가 자유민주주의 체제보다 더 효율적인 시민교육을 행해왔다고 주장하기까지 한다. 예를 들어 영국의 어느 역사가는 1943년에 동유럽에 대한 글에서 "그들은 의회정치와 헌법의 복잡한 절차들을 이해하지 못한다. 그들은 시민교육을 진정으로 필요로 한다"(Seton-Watson, 1962: 265)라고 했다. 사실은 그와 반대로, 파시스트는 학교에서 정치가 핵심이라고 믿었으며 무지나 무관심을 묵과하지 않으려 했다. 그리하여 젠틸레는 1925년에 "정치에서 파시스트이면서 …… 학교에서 파시스트가 아니기는 불가능하다"(Schapiro, 1972: 36 재인용)라고 역설했다.

그럼에도 불구하고 교육과 교화 사이에는 여전히 구분이 존재한다. 사실 이는 간단한 반대명제를 제시해서 주장할 수 있는 것보다 훨씬 더 복잡한 문제이다. 학습내용은 상이한 방식으로 선정되며 해석되고 제시될 수 있으며 또한 교사에 따라 상이한 방식으로 다루어질 수 있다. 교사는 자신의 견해를 배제하면서도 분명히 구별되는 다양한 관점에 입각에서 균형감 있고도 개방적인 방식으로 학습내용을 제시할 수 있다. 하지만 교사는 그러한 중립적인 입장은 학생들이 옳고 그름 그리고 도덕적인 신념·행위와 비도덕적인 것을 구별하여 배우도록 인도할 의무를 저버리는 결과를 초래할 수도 있다고 생각할 수 있다. 따라서 교사는 이런 상황에서는 도덕적 선에 대해 편견을 가지게 될 것이다. 그러나 선과 악은 객관적으로 규정할 수 있는 것이 아닐 수도 있다. 게다가 객관적이고자 애쓰는 양심적인 교사조차도, 무지나 시간부족 혹은 교과서의 결함으로 인해 편견을 배제하기가 어렵다고 생각할 수 있다. 어떤 경우든 위에서 인용했던 화이트(John White)의 정의를 따른다면, 학생들에게 편향된 관점을 강요하려는 의도가 없는 편견은 의도적인 교화와 동일시되어서는 안 된다.

시민교육과 관련된 이 미묘한 차이들은 주로 세 가지 이유에서 발생한다. 첫째, 논쟁적인 문제들에 대한 논의가 시민교육의 일부를 차지한다. 둘째, 동료시민들에게 시민으로서 좋은 행동을 해야 한다는 도덕적 요청이 학생들을 이기적이고 반사회적인 행동을 삼가도록 인도한다. 셋째, 시민교육은 그것이 행해지는 국가와 세계의 본질 같은 정치적 맥락을 배제할 수 없다. 전체주의 체제가 아닌 국가에서조차 편견이 완전히 배제된 시민교육은 결코 기대된 적도 없고 행해진 적도 없다. 미국의 아이들은 공화주의 덕목과 국기존중 의무를 배워왔으며, 영국의 아이들은 대영제국의 위대함을 배워왔다. 프랑스의 아이들은 자유·평등·박애의 지고한 가치를 배워왔다. 이런 교육이 편견의 사례인가? 혹은 온건한 교화인가? 전체주의적 교화는 이러한 습관을 훨씬 더 철저하게 확대 적용하는 것에 불과한가? 아니면 자유주의적 편견과 사악한 전체주의적 교화 사이에는 의도와 행동상의 결과로 가늠할 수 있는 진정한 질적 차이가 존재하는가? 영국의 어느 학자가 소련의 경우에 대해 비평한 다음 글을 보면 이런 질문들에 대해 생각하는 데 도움이 될 것이다.

> 그들은 여타 체제가 그 목적에서 비정치적이라는 주장들에 대해, 레닌의 말을 빌려, '위선이자 거짓'이라고 반박한다. 대부분의 비공산주의 국가는 학교에서 종교를 가르친다. 즉 특정한 세계관에 입각해서 학생들을 교화하고 있다. 또한 명시적이든 암묵적이든 간에 모든 곳에서 국민의 단합과 애국심을 고취하고 있다는 점도 덧붙일 수 있다. 소련의 관점에서 볼 때, 그들 자신의 교화는 다른 체제들에 비해 더 솔직하고 철저하며 좀 더 광범위한 분야에 걸쳐 행해지고 있다(Grant, 1964: 24~25).

이 장에서는 소련과 독일 그리고 일본의 역사를 살펴보면서 전체주의 시민교육의 본질을 검토할 것이다. 또한 이들 나라가 전체주의에서 자유민주주의로 전환했을 때(소련의 경우 러시아가 이를 계승한 나라라고 보고) 시민교육의 방식이 어떻게 변했는지도 보게 될 것이다. 이들 나라의 경험들은 세부사항에서 서로 다르며 따라서 이 장의 기본 주제와 관련해서 다양한 변형을 보여준다. 독일은 제3제국이 들어서기 전인 1919~1933년에 바이마르 공화국 시절에 짧게나마 자유주의 국가의 경험이 있었다. 전체주의에서 자유주의 정체로 이행하는 과정도 두 단계에 걸쳐 이루어졌는데, 2차 세계대전 이후 독일연방공화국(서독)과 동독으로 나뉘어 있던 기간과 동독이 서독에 통합된 1990년 이후의 기간으로 구분된다. 소련의 경우는 좀 더 단순하다. 1917년에 공산국가가 세워져 당과 정부가 모든 것을 통제하던 시절을 거쳐 1991년에 대통령과 의회가 통치하는 체제로 이행했다. 일본은 또 다르다. '전체주의'가 융통성 있는 용어라는 점을 인정하더라도 일본은 통상적으로 이 범주에 포함되지 않는데, 이는 부분적으로는 천황이 신으로 간주되며 정당구조가 취약한 것과 같은 일본 고유의 동양적 전통에 기인한다. 그럼에도 불구하고 2차 세계대전 종전까지의 히로히토 천황시절 특히 도조 장군이 총리로 재임했던 1941~1944년은 파시스트 국가로 규정되어왔다. 따라서 일본을 이 장에 포함시키는 것은 어느 정도 정당화된다. 게다가 일본이 1945년 이후 자유주의 정부형태로 전환한 것을 같은 시기 서독의 경우와 비교하는 것도 흥미로운 일이다.

2. 소비에트 정책

혁명에서 공산주의의 몰락에 이르기까지, 소련의 정치인들과 관료들은 교육이 그들의 공산주의 이상향으로 나아가게 하는 주요 수단이라 여기고 매우 중시했다. 사실 그들은 천천히 시작했으며, 구체적인 정책변화도 상당

부분 (공산주의 시절이었던) 거의 75년 전체에 걸쳐 진행되었다. 그럼에도 불구하고 일련의 원리는 당의 전체 강령에 확고하게 남아 있었다. 그 원리들은 다음과 같은 네 가지 기본 신념에 기초했다. 첫째, 공산주의는 도덕적·정치적으로 우월한 존재인 '새로운 인간' — '새로운 소비에트 인간' — 의 창조를 함축한다. 둘째, 교육에 전념하지 않고서는 혁명이 완수될 수 없다. 셋째, 소비에트 체제의 혁명정신과 이념에 비추어볼 때 교육과 정치는 불가분의 관계로 서로 얽혀 있다. 넷째, 국가와 사회를 변혁해야 할 긴박한 필요성 때문에 교육은 교화로서 행해져야 한다.

레닌 자신이 교육체제의 재구축에 개인적으로 깊은 관심을 지속적으로 가지고 있었으며(Fitzpatrick, 1970: 특히 xiii, 188~203 참조), "우리는 교육이 정치의 바깥에 있다고 생각하지 않으며 아주 솔직히 말해 교육을 우리의 정치적 목적에 복속시킨다"(Harper, 1929: xiii 재인용)라고 천명하기까지 했다. 게다가 1918년의 제8차 공산당의회에 제출된 교육정책목표 목록에는 "공산주의 이념을 널리 보급할 선전수단을 개발하며 이를 위해 국가의 자원과 설비를 활용한다"(Bereday et al., 1960: 54)라는 항목이 포함되어 있었다. 달리 도리가 없었을 것이다. 마르크스주의의 관점에서 볼 때, 교육은 지배계급에 의해 결정되는 사회적·정치적 상부구조의 일부이기 때문에, 정치와 무관한 교육이란 것은 모순이었다. 그러므로 공산주의 교육은 반부르주아적이고 반자본가적인 것이어야 했다(예를 들어 Short, 1947 참조). 게다가 공산주의자들에게는 도덕도 정치적으로 해석되었다. 따라서 도덕교육(vospitanie), 즉 말 그대로 '양육'은 이런 함의를 지녔다. 레닌은 1920년에 "오늘날 청소년교육 전체가 제기해야 할 질문은 공산주의 도덕교육이어야 한다"(Counts, 1957: 109 재인용)라는 발언으로 도덕교육의 중요성을 천명했다. 마침내 도덕교육은 국가와 노동에 대한 사랑 그리고 타인 존중을 포함하는 복합적인 교육으로서 시민교육과 거의 동의어가 되었다(Muckle, 1987: 2~3 참조).

이처럼 교육의 방향을 근본적으로 다시 설정하는 것이 엄청난 일이었음은 말할 나위도 없다. 게다가 수많은 문제가 이 일의 시작을 가로막았다. 곧장 닥친 명백한 문제는 소련 내전이었는데, 내전으로 인해 1921년까지 나라는 온통 혼란에 빠졌으며 다른 일에는 관심을 쏟을 수도 없었다. 러시아어 및 러시아 제도 연구자인 미국의 하퍼(Samuel Harper) 교수는 1926년의 소련 방문 후 출간한 책에서 1921년이 중요한 전환점이었음을 밝혀냈다.

> 최근에 교육과 문화발전 전반이 그중에서도 특히 시민양성과 정치교육이 혁명의 '제3전선'으로 불리게 되었다. …… 다른 두 전선 — 군사부문과 정치부문 — 은 1921년에 최종적인 승리를 거두었다. ……
> 적대적인 경제 이데올로기의 성장이 지닌 위험은 …… 시민양성이 즉각 행해져야 할 중요한 문제가 되게 만들었다. …… 1921년 이후 몇 년 동안 소비에트 시민은 삶의 모든 국면에서 자신의 '시민적 책무'와 직면하게 되었다. 시민적 활동을 장려하고 촉구하기 위한 매우 신중하고도 광범위한 노력들이 전개되었다(Harper, 1929: xii~xiii).

시민 교화에 전념하는 일이 늦추어지게 된 데에는 내전 이외에 다른 난관들도 작용했다. 이들 중 다섯 가지에 대해 언급할까 한다. 첫째, 1917~1929년 동안 인민위원회 교육 담당위원(교육부장관)이었던 루나차르스키는 지식인이기는 했지만 마르크스-레닌주의에 대한 열의는 약한 편이었다(Fitzpatrick, 1970: 특히 1~10 참조). 둘째, 인민위원회 참모와 다수의 교사 자신들이 아직 교화가 되지 않았다. 셋째, 레닌의 아내인 크루프스카야(N. K. Krupskaya)를 위시해서 유력 인사 다수가 교육이론에 관심을 보였는데 주로 실험형식의 학습을 선호했다. 그들의 관심은 돌턴(Dalton)과 듀이 같은 미국 교육자들이 주장한 활동과 기획을 포함하는 교화에 반드시 유리하게 작용하지는 않았다. 말이 난 김에 이야기하자면, 크루프스카야는 저명한 마르크스주의 교육이론가였다(예를 들어 Zajda, 1980: 26~27 참조). 넷째, 당장 해결해야 할 시급한 과제는 보육원에서 대학에 이르기까지 모든 수준의 교육을 누구나 무상으로 접할 수 있도록 전체 교육체제를 재건하는 일이었다. 마지막으로 다섯째, 인민위원회는 문맹률이 매우 높다는 현실문제에 직면했다.

하지만 이 다섯 번째 난관은 '문맹타파'라는 적극적인 운동으로 이어졌는데 사실은 정치적인 목적에서 교화수단으로 행해진 것이었다. 그 운동은 실제로 상당수 주민이 읽을 수 없다면 러시아 인민이 완전하게 소비에트 시민으로 거듭날 수 없을 것이라는 아주 분명한 이유에 근거한 것이었다는 점에서 정치적 목적이 수반된 것이었다. 구호를 게시하는 소비에트 선전의 기본 수단인 벽보와 현수막조차 그 내용이 이해될 수 없다면 무용지물이었을 것이다(여기서 잠깐 '러시아'라는 단어가 사용된 것을 설명해야겠다. 이는 우리의 관심이 이 거대한 중심부의 가장자리에 있는 공화국들은 논외로 하고 현재의 러시아 연방에 우선적으로 집중되기 때문이다). 문맹퇴치운동은 1919년 말의 포고령으로 개시되었는데, 그 포고령은 8~50세의 모든 주민은 러시아어 혹은 그들의 고유어로 읽고 쓸 수 있어야 한다는 내용을 담고 있었다. '문맹퇴치(Doloy negramotnost)'라는 명칭의 출판기관이 설립되었다. 1919~1939년의 20년 동안 차근차근 진전이 이루어졌다. 1939년에 소련은 남성과 여성의 문자해독률이 각각 95%와 83%라고 발표했다.

레닌의 견해 표명은 문맹퇴치운동의 정치적 목적을 확인시켜주었다. 그가 발표한 성명 중 인상적인 두 가지를 보자. "문맹자와 더불어서는 공산주의 국가를 건설할 수 없다." "문맹자는 제외되어야 한다. 그는 ABC부터 배워야 한다. 문맹퇴치 없이는 정치도 있을 수 없다. 문맹퇴치 없이는 소문과 잡담, 이야깃거리와 편견이 있을 뿐이며 정치는 존재하지 않는다"(Bereday et al., 1960: 58. 이와 별도로 영국의 교육에 대해 1867년에 로우가 비평한 내용, 그리고 앞의 4장에서 아시아·아프리카의 유럽 식민지의 역사에 대해 언급한 내용과 레닌의 견해를 비교해보는 것도 흥미로운 일이다). 또한 하퍼의 지적은 나아가 성인을 위한 읽기·쓰기 교육에 대해서도 다음과 같이 이어진다.

우선 이 교육은 읽기·쓰기를 배우는 성인들이 동시에 좀 더 의식적이고 능동적인 시민으로 만들어질 수 있도록 하기 위해 그 내용이 성격상 항상 정치적이다. 그리고 소수민족의 경우 문맹퇴치는 민족언어에 대한 강조와 병행해서 추진되는데, 민족언어는 소비에트 시민 중 좀 더 시대에 뒤떨어진 이들에게 시민의식을 일깨우기 위한 수단의 하나이기 때문이다(Harper, 1929: 273).

물론 문맹자들도 가령 자신의 직장동료라든지 나라의 정치적 분위기로부터 정치가 어떻게 돌아가는지 어느 정도 알 수 있다. 그리하여 문맹퇴치운동이 막 시작되어 주로 붉은 군대 진영에서만 성과를 거두고 있던 1926년에 소련의 국가원수(러시아 소비에트회의 중앙집행위원회 위원장)로 교육문제에 온 힘을 쏟았던 칼리닌(Mikhail Ivanovich Kalinin)은 이렇게 천명했다. "정치교육과 대중의 정치활동, 그리고 정치의 일상화에서 우리 소련은 유럽과 비유럽을 막론하고 모든 나라에 앞서 있는 것 같다"(Bereday et al., 1960: 60 재인용).

하퍼가 말하는 '능동적 시민'과 '시민의식' 그리고 칼리닌이 말하는 '대중의 정치활동'은, 특히 '농민'과 '노동자' 같은 기능적 명칭이 아주 널리 사용되던 소련에서 '시민'이라는 용어가 어떤 의미를 지녔던가 하는 물음을 제기하게 만든다. 계급적·경제적 함의를 지닌 이 단어들은 사실 1917년에 '시민'이라는 명칭이 도입되었을 때 그 기초가 되었다. 일정한 방식으로 자신이 '생산적'임을 입증할 수 있는 사람들만이 시민으로서의 권리를 부여받았으며 또 생산양식이라는 맥락에서 시민으로서 기능을 수행할 수 있을 것으로 기대되었다. 집안일과 '정신적 생산성'도 인정되긴 했지만 그다지 환영받지는 못했으며 다소 열등한 종류의 일로 여겨졌다. 농민과 노동자 그리고 지식인 집단이 헌법상 우대받는 존재로 규정되었지만, 이는 1936년에 시민의 권리와 의무가 구체적으로 규정된 헌법이 채택될 때까지였다. 이때에도 '임금노동자'라는 용어가 새롭게 끼어들었다. 인간본성의 측면에서 볼 때, 어떤 시민들은 다른 이보다 시민으로서의 기능을 더 성실하게 수행하는 것이 시민 자질의 특징 중 한 가지였다. 소련의 경우, 시민 자질의 유형과 신념수준을 규정하며 나아가 개인을 시민이라는 지위에 걸맞게 기르는 교육의 과정을 검사하는 일이 국가와 당의 긴밀한 상호 관련으로 인해 복잡한 양상을 띠었다. 소련이 급속하게 전체주의 정치체제가 된데다 스탈린 시절에는 철권통치가 더 강해졌기 때문에, 조종당했으리라고 냉소적으로 말할 수는 없지만 국가구조 속에서 능동적 시민이 될 기회는 심각하게 제한되었다. 현실참여를 하려면 당원이 되어야 했다. 그리고 당원이 된다는 것은 이데올로기 주입을 수반했으며 당원으로서 시민적 활동을 할 기회를 갖기 위해서는 이데올로기가 진리라는 신념을 표출해야 했기 때문에, 특별히 능동적인 부류의 시민이 되려면 사회주의 사회에서 자신의 위치를 인식하고 마르크스주의 원리를 성공적으로 학습하는 것이 관건이었다.

소련이 전체주의적 성격을 지닌다는 점, 즉 계급 이데올로기에 기초해 있으며 당이 지도적 역할을 행사한다는 점으로 인해 시민권의 유형이 더욱 복합적으로 되었고, 그리하여 역설적으로 시민교육의 과업은 생각보다 단순한 것이 되었다. 이제 시민권은 신념과 헌신으로 무장한 이상적인 당원에서부터 시민으로서의 권리 일체를 부인당한 반혁명적 부르주아까지 모두 아우르는 일종의 연속체로 묘사되었다. 그리하여 교육에서는, 이 연속선의 양쪽 끝에 있는 두 유형의 개인들은 각각 모방의 표상과 증오의 표상이 되었다.

학교를 개혁하겠다는 실험적이고도 야심찬 계획은 포기되거나 희석되어, 교화의 기회는 더 많아졌지만 더디게 진행되었다. 영국의 어느 학자의 말처럼 "평범한 학교들은 1920년대 후반 심지어 그 뒤로도 정치적으로 조직되지 않았다"(Nettl, 1967: 112). 하지만 스탈린이 개인독재를 공고히 하고 자신의 '일국 사회주의'를 고안해내면서 교화 담당기관들은 스탈린 우상화에 열을 올렸고, 국내외 정치상황에 대한 그의 해석과 (민족주의 역사라고 할 수는 없는) 민족의 역사를 점점 더 강조했다. 1938년에 발간된 역사교과서에 들어 있는 다음 구절을 보자. 그리고 다른 어떤 해석도 접하지 못하는 학생들의 마음속에 이 구절이 어떤 영향을 주었을지 상상해보자.

> 인민의 비열한 적이자 파시스트의 하수인인 트로츠키와 그 일당은…… 소련 내에 살인자·약탈자·간첩 조직을 결성했다. 소련이 자본주의 국가들에 둘러싸여 있는 한, 간첩과 약탈자들은 우리나라에 침투해서 피해를 주려고 계속해서 안간힘을 쓸 것이다(Bereday et al., 1960: 75 재인용).

책임감 있는 젊은 시민의 의무는 분명했다. 1930년대와 1940년대에는 도덕교육 그중에서도 특히 애국주의 요소가 학교의 일차적 의무였다. 사실 나중에 교육부장관이 된 카이로프(Ivan Andreyevich Kairov)가 1940년대에 엮은 것으로 교육이론 및 실제 분야에서 표준이 된 책은 이 주제에 7개 장을 할애했다(Counts, 1957: 117, 117~123 참조). 1930년대 중반과 1940년대에 소련 헌법 공부가 학교교육과정에 도입되었는데 이는, 카이로프의 말을 빌리면, 젊은 시민들이 "국가의 사회·정치적 삶에 의식적으로 참여할 수 있도록"(Counts, 1957: 95 재인용) 하기 위한 것이었다. 이와 같은 정치적 지식의 중요성에 대한 강조는 1930년대 콤소몰(Komsomol, 공산청년동맹)과 개척단의 방향 설정에도 반영되었다(Counts, 1957: 106 참조).

스탈린이 사망한 1953년 이후 특히 '스탈린주의 탈피' 과정이 시작된 1956년 이후에는 스탈린의 존재를 덜 부각시키고 스탈린의 마르크스주의 해석이 별로 타당하지 않은 것이 되게 하기 위해 역사교과서가 다시 서술되었다. 게다가 1954~1964년 10년 동안 학교의 교화 프로그램들이 눈에 띄게 느슨해졌는데, 이는 부분적으로는 소련이 점점 더 서구적 방식을 수용한 데 기인한다. 이런 변화의 징후는 멋 내기(stilyagi) 광풍이 불어 닥친 데서 찾아볼 수 있다. 이 현상을 서구에 처음 보도한 크랭크쇼(Edward Crankshaw)는 이러한 '따라 하기'를 "온갖 욕구를 자이브 음악과 화려한 옷에 쏟아 부음으로써 자신들의 환경 전반에 반항하는 젊은이들"로 묘사했다. 그들의 복장은 미국의 주트 수트(zoot suit: 1940년대 유행한 남성복. 상의는 어깨가 넓고 길며 하의는 아랫자락이 좁고 통이 넓음 — 옮긴이)와 영국 테디 보이(Teddy Boy: 20세기 초의 복장을 애용하는 반항적 청소년 — 옮긴이)의 화려한 복장을 그대로 베낀 것이나 다름없었다(Crankshaw, 1959: 133).

좀 더 심각한 것은 폭력행위의 증가였다. 그에 대한 대응으로 1961년에 당의 강령이 개정되어, 공산주의 건설 및 시민의식 함양이라는 학교의 역할에 상당한 비중을 부여했다. 당과 이데올로기 그리고 조국에 대한 젊은이들의 열정적인 헌신을 되살리는 일이 모든 교육기관의 우선적인 과업이 되었다. 교사용 도서『교육학(Sovestskaia Pedagogika)』은 이에 대해 다음과 같이 역설했다.

> 앞으로 20년 내에 공교육을 발전시킨다는 장대한 계획을 추진함에서 공산당은 학교에 위대한 과업을 부여한다. 학교는 공산주의에 투철하며 높은 수준의 교육을 받은 인민을 교육하고 훈련시키는 일을 성취해야 한다. 그런 인민은 육체노동과 정신노동 모두 할 수 있어야 하며, 공공생활과 정부부문 그리고 과학과 문화 등 여러 분야에서 능동적으로 일할 수 있어야 한다(Ablin, 1963: 18).

더욱이 소비에트 지도자 흐루시초프는 마르크스와 엥겔스 그리고 레닌의 가르침에 대한 이해만으로는 부족하다고 일갈했다(Ablin, 1963: 156 참조). 1964년에 시작된 학교교육과정 연구는 정치교육이 강화되어야 한다는 입장을 재천명했다. 1961년의 당 강령은 교화를 위한 교육이 추진되어야 한다고 결정했는데, 다음 예가 그에 해당한다. 이 새로운 강령이 제정된 지 10년 후에 소비에트 교육에 관한 책이 영국에서 출간되었는데, 그 책을 보면 "오늘날 정치적 신념은 약해진 것이 아니라 그 어느 때보다도 강해졌다"(Tomiak, 1972: 124)라고 판단한 대목을 발견할 수 있다. 미국의 어느 언론인은 소비에트 사회를 3년간 밀착 취재한 내용을 1957년에 출간했는데, 다소 부드럽긴 하지만 앞의 사례와 비슷한 인상을 준다.

보육원, 유치원과 학교에서 행하는 선전의 정치적 내용, 그중에서도 레닌에 기초한 내용은 대부분의 서구인을 망연자실하게 만든다. 러시아인은 스탈린 시절보다 덜 억압적이고 덜 야만적이라고 말한다. 스탈린 시절에 아이들은 교과서에 초상화가 실린 고위간부 중 스탈린에게 숙청당한 인물의 경우 그림 속의 눈을 긁거나 까맣게 칠하거나 독재자를 경배하는 노래를 부르곤 했다. 냉전이 한창일 때에는 서방을 비난하는 구호 섞인 노래를 배우기도 했다(Smith, 1976: 201~202).

1982년에 사망한 브레즈네프는 사망 전 1년 동안 정치교육의 지속이 여전히 필수적이라는 입장을 계속해서 피력했다. 1976년에 개최된 제25차 전당대회에서 그는 지난 5년간 "이념교육에서 제기되는 질문들, 그리고 공산주의의 소중한 역군인 새로운 인간 형성의 문제들이 우리의 과업에서 커다란 비중을 차지해왔다"(Morrison, 1983: 145 재인용)라고 보고했다. 하지만 행해져야 할 것이 더 많았다. 3년 후 당 중앙위원회는 당과 교육부 간부들에게 젊은이들의 정치적 지식과 신념을 함양하기 위한 좀 더 효과적인 조치를 취하라는 명령을 내렸다. 그 후 1985년의 제26차 전당대회에서 브레즈네프는 이 주제로 되돌아와서, 교화활동을 좀 더 흥미롭고 덜 이론적으로 만들 필요가 있다고 강조했다. 바깥세상에 대해 더 많이 알게 되면서 조국과 공산주의에 대한 신념이 여전히 약화되고 있다는 것이 주요 관심사 중 하나였다(이 기간에 대해서는 Morrison, 1983: 144~152 참조). 폭력행위가 여전히 잦았다는 것은 말할 나위도 없다.

3. 소비에트 정책 이행기관

전체주의 이데올로기에 기초한 체제는 학교에 시민교육을 전담시키는 데 절대 만족할 수 없다. 이러한 사실로 인해 그동안 시민교육에 어떤 방법이 다양하게 사용되었으며 어떤 기관이 관여했는지 살펴볼 필요가 있다. 첫째는 분명 국가가 관장하는 학교들이었다. 둘째는 붉은 군대 병사들에 대한 정치교육이었다. 셋째는 성인들을 교육하는 다양한 방법이었다. 넷째는 중앙위원회 선전선동부가 주관하는 당 활동의 일환으로 다양한 매체, 그중에서도 미술을 통해 정치선전을 전파하는 간접적 교수법을 들 수 있다. 다섯째는 당의 활동이 모든 영역에 걸쳐 행해졌음을 알 수 있게 해주는 것으로, 청년운동의 대대적인 활성화가 있다. 우리는 소련 시민들이 공산주의 이데올로기를 통해 제공되는 시민적 지식과 분별력을 학습했던 이 다섯 가지 방식을 차례로 살펴볼 것이다.

하지만 이런 분석으로 들어가기 전에, 두 가지 사항에 주의를 기울일 필요가 있다. 하나는 우리가 설정한 이 다섯 가지 범주가, 편의상의 구분이라 하더라도, 다소 인위적이라는 점이다. 다른 하나는, 이중적 권력이라는 소비에트 체제에서 비롯되는 것으로, 시민교육 수행에서 국가와 당의 관계라고 하는 중요한 사안이다. 처음부터 당은 우위를 점하고자 했다. 교육 담당 인민위원이었던 루나차르스키조차도 이런 상대적 권위가 절대적으로 필요하다는 점을 당연하다고 여겼으며, 심지어 자신이 관장하는 인민위원회 부서가 당에 포함되어야 한다고까지 했다. 1921년 어느 때인가 그는 "당 중앙위원회가 모든 기구를 장악해야 한다. …… 당은 성서에서 하느님의 성령이 그렇듯 모든 곳에 존재해야 한다"(Fitzpatrick, 1970: 244~245)라고 말했다. 그의 견해는 너무 급진적이어서 당시에도 받아들이기 어렵긴 했다. 그럼에도 불구하고 교육정책의 주도권은 당에 있었으며, 당은 교육부에서 동네학교에 이르기까지 모든 수준에서 영향력을 행사했다. 어느 전문가의 말을 빌리면, "1930년대에 당은 교육과 관련된 모든 문제에서 전지전능한 존재임을 표방했다"(Zajda, 1980: 25). 모든 정책은 당 중앙위원회에서 입안되었으며 행정적·법적 조치를 위해 정부로 이송되었다(예를 들어 Pennar, 1960: 45~56 참조).

시민교육의 다섯 가지 맥락에 대한 검토를 학교에서부터 시작하자. 그런데 이 부분에 대한 논의로 들어가기 전에 세 가지 사항에 유의해야 한다. 첫째, 학교에 대한 당의 개입은 당의 전반적인 역할을 논의하는 부분에서 다루어질 것이라는 점이다. 둘째, 반복되는 말이지만 마르크스주의 변증법은 삶과 사회에 대한 전체적인 이해를 표방한다. 마찬가지로 소비에트 교육학은, 모든 학교 교과목과 활동은 젊은이들이 이데올로기를 무조건 받아들이고 존중하도록 양성한다는 목적에 충실할 것을 요구했다는 점을 염두에 두어야 한다. 따라서 학교의 시민교육 활동이라는 주제를 별개의 요소로 분리하는 것은 어떤 의미에서는 인위적인 일이다. 특히 인문교육과 정치교육 그리고 노동체험은 원래부터 하나의 교육적 과정으로 통합된 것으로 여겨졌다. 레닌은 "삶과 정치와 유리된 학교는 거짓이자 위선"(Zajda, 1980: 14 재인용)이라고 설파했다. 셋째, 우리가 검토 대상으로 삼는 기간 동안 학교편제와 교육과정 편성이 숱하게 바뀌었기 때문에 일반화를 하기가 곤란하다. 둘째 사항에서 단서를 달았음에도 불구하고, 우리는 편의상 소비에트 학교들이 여섯 가지 관념적인 표제하에 시민교육을 추진한 것으로 설정하려는 유혹에 빠지게 된다. 전체로서의 교육과정 편성, 역사교육, (정치를 포함한) 사회교과 교육, 마르크스 이론 교육, 군사훈련, 그리고 애국심 고취가 그 표제들이다.

혁명 직후 얼마간은, 마르크스 자신이 권고했던 것처럼, 학교를 경제적 환경과 관련짓는 데 모두가 일치된 노력을 기울였다(예를 들어 Zajda, 1980: 202 참조). 단체관람과 견학 그리고 노동은 학생들의 학교생활에 필수적인 부분이 되었다. 하퍼의 지적은 간결한 예를 보여준다.

> 어른들은 노동자 클럽이나 위원회의 정기적인 모임에 아이들을 데려간다. 나이가 좀 든 아이들은 근처 공장이나 작업장 혹은 국영농장의 일과에 실제로 참여해서 글자를 가르치거나 탁아소를 설립하는 일을 돕는다. …… 노동에 대한 강조는 노동과정과 조직 구성방법을 공부하는 것뿐만 아니라 특정 연령의 신체적·정신적 수준이 허용하는 선에서 실제로 노동에 참여하는 것까지 의미한다(Harper, 1929: 254~245).

1920년대 후반에 목공과 철강 작업장을 갖춘 '기술학교'들이 설립되었는데, 이는 특히 크루프스카야가 선호했던 학교체제였다. 기술학교는 학문적 표준 향상이라는 스탈린의 교시로 인해 쇠퇴의 길에 접어들었지만, 1950년대에 흐루시초프가 집권하면서 다시금 힘을 얻었다. 흐루시초프는 학교와 작업환경의 긴밀한 관련을 되살리는 일도 강조했다.

1966년 이후의 20년은 교육과정 개혁이 집중적으로 이루어진 기간인데, 소비에트 교육사의 지속적인 주제였던 네 가지 원리가 이 기간 동안 다시 강조되었다. 네 가지 원리는 첫째, 학교에서 접하는 모든 경험은 공산주의 인간 형성에 기여해야 하며, 둘째, 이 과정에서 근본적인 것은 초등학교 기간이며, 셋째, 시간표상의 모든 과목은 이 과정에 기여해야 한다는 내용이다 (예를 들어 Morrison, 1983: 157; Zajda, 1980: 139~142 참조). 그리고 역사와 사회 교과가 가장 커다란 기여를 할 수 있다는 내용도 있다. 이 중 마지막 것은 아래에서 보게 될 것이어서 잠시 논외로 하면, 초중등교육에 대한 언급이 흥미로울 수도 있겠다. 초등수준(7~11세)에서는 공산주의 도덕의 주입이 필수사항 중 하나이다. 7살짜리 아이들에게 "정의와 솔직함, 충성과 애국심 그리고 국제주의 같은 개념을 이야기 형식으로 가르쳤다"(Zajda, 1980: 135, 전반적인 내용에 대해서는 131~138 참조). 중등수준에 관해서는 1970년에 발의된 중등교육법의 경우를 보도록 하자. 그 법령에는 세 가지 주요 과업이 제시되어 있는데 그중 두 번째 것의 내용은 이렇다.

> 젊은 세대에게 마르크스-레닌주의 세계관을 주입하고 학생들에게 소비에트 애국심을 고취하여 사회주의 조국을 수호하려는 의지뿐만 아니라 소련인민과 공산당에 대한 애정을 지니게 한다(Tomiak, 1972: 59 재인용).

어느 나라에서건 시민교육의 주요 과목 중 하나는 역사이다. 소련도 예외는 아니었다. 사실 마르크스주의 자체가 역사철학에 근거해 있기 때문에, 소련의 교육자들이 시민교육에 역사를 최대한 활용하지 않는다면 이상한 일일 것이다.

볼셰비키가 권력을 접수한 이후 내전으로 인해 분열이 심화되고 경제적 궁핍으로 인한 제약까지 겹쳐, '부르주아' 역사교과서를 다른 것으로 대체하는 일이 상당히 지체되었다. 해결책은 무엇이었을까? 역사수업은 기존의 '편향된' 과거해석을 직접 비판하고 파괴하는 방식으로 수행될 수 있었다.

대체 교과서의 표준이 된 책은 볼프슨(M. D. Volfson)이 쓴 『사회탐구 개요 (Outline of the Study of Society)』였는데, 이 책은 1926년에 벌써 10판이 발행되었다. 저자는 서론에서 "이 책이 젊은 세대에게 프롤레타리아 세계관이라 할 마르크스주의자의 무기를 제공한다면 기쁜 일이 될 것"(Harper, 1929: 260 재인용)이라고 역설하고 있는데, 17쪽에서 벌써 계급투쟁 개념이 등장한다. 역사가 교과목으로서 정치적 목적을 지닌다는 것이 명시적으로 드러난 경우는 1934년 그리고 20여 년이 지난 1959년의 일이다. 1959년에는 실질적인 교수요목 개편이 요청되었는데, 소련 역사 및 유럽 이외 지역 역사에 대한 과목이 도입되어야 한다는 점도 포함되어 있었다. 이와 동시에, 새롭게 개편된 역사교육을 위해 '정치적 지식의 주요 원리'에 관한 과목도 신설되었다. 당시 소련의 교육자 두 명이 《역사문제(Problems of History)》에 기고한 해설을 보면, 교육과정 개혁이 지닌 이데올로기적 목적이 잘 드러난다.

> 역사교육은 그 자체가 목적은 아니다. 역사교육은 공산주의를 건설한 인물형을 만드는 데 기여해야 한다. ……
> 소련 역사과목은 공산주의 건설자의 숭고한 정신과 고결한 도덕성을 보여줄 것이며 소련 인민의 도덕적 자질을 특징지을 것이다. ……
> 역사 및 정치적 지식의 새 교수요목이 지닌 주요 특징은 이 과목들이 젊은 세대가 조국의 생산적·사회적 삶에 의식적이고 능동적인 역할을 하도록 기르는 데 주된 역할을 할 것으로 기대된다는 점이다(Albin, 1963: 147, 148, 150).

새로운 교과서들이 개조된 역사 교수요목을 뒷받침하도록 서술되었다는 점은 말할 나위가 없다. 이 교과서들의 내용과 소련 학술원의 해설을 보면 교육과정 개편이 공고해지던 당시에 해당 교과목의 시민양성 목적이 강력했음을 분명하게 알 수 있다(1980년 무렵의 입장에 대해서는 Morrison, 1983: 158~160; Zajda, 1980: 142~144 참조). 특히 교과서들은 예전의 시기 대신 좀 더 최근의 역사를 다루는 경향을 보인다. 이에 더해, 일부 교수학습자료는 지적으로 상당한 수준의 요구를 담고 있는 것으로 보이기도 한다. 예를 들어 학생들은 마르크스에서 브레즈네프에 이르기까지 공산주의 해설가들의 저작을 이해하고 '자본주의'와 '착취' 같은 용어들을 파악해야 했다. 사실 공산주의 어휘사전에 있는 주요 용어들의 정의를 기계적으로 학습하는 것이 일반적인 실제 모습이긴 했지만.

당연한 일이겠지만, 역사와 더불어 여타 과목에서도 공산주의 역사를 가르치는 것이 또 하나의 일반적인 상황이었다. 사실 1926년에 하퍼가 지적했듯이, "학생들이 어떤 질문이든지 답변을 할 때 '마르크스주의자의 관점에서'라는 구절로 시작하는 것이 습관"이 되었다. 또한 이 미국인 학자는 저명한 소련 교육자에게 대접을 받는 자리에서 "미래의 소련 시민은 …… 변증법적 유물론자가 되어야 한다"라고 단언하는 것을 들었다(Harper, 1929: 268). 한 세대가 지난 후, 위에서 언급한 《역사문제》 해설 기고자들은 "역사교육은 마르크스-레닌 이론을 쉼 없이 전파하는 데 목적이 있다"(Albin, 1963: 147)라고 천명했다. 그럼에도 불구하고 마르크스-레닌 이론의 교의를 학습하는 것이 어려운 일이었기 때문에, 좀 더 이론적인 부분을 공부하는 것은 불가피하게 상위 연령층 수업에서 하도록 연기되었다.

역사과목 이외에도 사회과학 분야, 그중에서도 정치과목이 학교교육과정에 추가되면서, 이 과목들은 시민 자질을 직접적으로 기르는 데 활용될 교육내용을 제공했다. 소비에트 체제가 들어선 초창기에 '사회공부' 혹은 '사회·역사과학'이라는 제목의 중등학교 과목들은 법을 포함한 사회교과에 해당되었다. 하지만 위에서 언급한 바와 같이 1960~1961년에 '정치적 지식의 주요 원리'를 신설한 것이 중대한 진전이었다. 그 과목은 여러 학문영역에서 내용을 도출하고 실천적 활동과 결부시키기 위해 만들어졌다. 1960년대의 교육과정 개혁이 진행되면서 사회과학 관련 관목이 10학년용으로 개발되었다. 이 과목은 마르크스-레닌 이론과 정치 및 시사문제에 관한 내용으로 구성되었다. 그러다가 1980년 무렵 사회교과는 훨씬 더 전면적이고 좀 더 다양하게 시민교육에 기여하게 되었다(Morrison, 1983 참조). 예를 들어 '소비에트 국가와 법'에 관한 과목이 신설되었으며, 1977년 신헌법 제정도 정치수업의 새로운 내용이 되었다. 학생들은 특히 레닌이 일생 동안 몸소 보여준 당의 무한한 덕성과 부단한 업적을 통해 정치과목을 배웠다. 생물 및 지리교사들이 학생들에게 세계의 생태문제에 관심을 갖도록 독려한 것도 이 시기(1980년 무렵)였다. 이러한 진전은 세계시민교육에 새로운 관점을 도입하는 것이었다. 이는 세계의 한편에는 자본주의적 제국주의가 포진해 있고 다른 한편에는 공산혁명을 통해 제국주의의 족쇄와 착취에서 해방되고자 하는 세력이 포진하여 대치하고 있다고 보는 레닌주의 및 냉전적 해석에 입각해 있던 기존의 관점과는 전혀 다른 관점이었다.

소비에트의 교의에서 말하는 이러한 대결국면은 레닌식으로 표현하자면 상호 적대적인 두 진영이 존재하는 상황이었고, 스탈린식으로 표현하자면 소련이 '자본주의자들에게 포위되어' 위협을 받고 있는 상황이었다. 그리하여 학교는 학생들에게 세계의 실상에 대한 이러한 '정확한' 해석을 가르쳐야 할 뿐만 아니라 애국심을 고취하고 기초적인 군사훈련을 시킬 책임까지 있었다. 여하튼 국가에 대한 헌신과 국가 수호를 위한 기능이 시민의 개념과 위상에서 오랜 세월 동안 강조되었다. 로디나(Rodina, 조국)라는 단어가 도처에서 울려 퍼졌는데, 그렇다면 애국심을 고취하고 유지하는 것이 소비에트 교육의 강령과 해설에서 일관된 주제인지 궁금하다. 애국주의 교육과 도덕교육은 아주 완전히 겹친다. 1950년대 후반 어느 도덕교육 전문가는 "우리는 소비에트 국가의 미래 시민들이 공적 의무감에서 행동하며 조국에 대한 책임감을 가지기를 바란다"(Bereday et al., 1960: 410 재인용)라고 말한 바 있다. 역사수업에서 (내전과 세계대전에서 유례없이 표출되었던) 공산주의 애국심이 제정 러시아나 부르주아 국가들에서 볼 수 있는 애국심보다 훨씬 우월한 것으로 묘사되는 것은 불가피한 일이었다. 그럼에도 불구하고 공산주의 이전의 시대에조차도 러시아인들이 이타적 애국심이라는 훌륭한 전통을 갖고 있었음을 보여주기 위해 러시아의 역사와 문학이 활용되었다. 영웅적인 러시아 인민이 수세기 동안 적의 침략을 물리치지 않았기 때문인가?

교육에서 병역의무의 필요성에 대한 인식과 애국심은 분명, 특히 남학생의 경우에, 밀접하게 관련되기 십상이다. 소련의 경우에도 그랬다. 사실 학교교육과정이 지닌 이러한 특징에 대한 논의를 제대로 하려면 지금부터 살펴볼 군복무라는 맥락과 관련지어야 한다. 붉은 군대의 규모가 방대했기 때문에 군복무를 통한 시민교육의 중요성이 과소평가되어서는 안 된다. 수백만 명의 젊은이들이 군사훈련 및 병역의 의무를 이행했는데, 붉은 군대 창건 시절부터 군인을 '시민 전사'라고 불렀던 데서 시민양성과 관련된 군복무의 목적과 방식을 가늠할 수 있다. 붉은 군대 내 세 가지 요소 — 시민적 의식과 활동, 정치교육, 당의 역할 — 의 상호관계는 여러 가지 방식으로 살펴볼 수 있다. 학교교육과정과 공산청년동맹 활동에 군사훈련이 포함되어 군복무는 소비에트 남성 시민이 일생 동안 해야 할 일의 일부가 되었다. 군복무

기간 동안 군인은 아주 체계적인 정치교육을 받아야 했는데, 소련 초창기에는 부대회관과 '레닌 회의실'에서 벌어지는 저녁토론에 참여해야 했다. 군인들은 또한 소속 부대가 위치한 지역사회의 업무에도 참여하라는 권고를 받았으며, 나이에 따라 공산청년동맹이나 당에 가입하여 활동했다.

게다가 군은 소비에트 역사에서 특히 중요한 두 가지 문제에 대처할 필수기관이 되었다. 한 가지 문제는 소련이 다양한 문화로 구성되어 있었다는 점이다. 1938년에는 동질적인 민족으로 연대를 편성하던 기존의 군 조직방식이 폐기되었다. 프랑스의 어느 사회학자가 말한 것처럼, 그 결과 "군은 배타주의를 초월하는 일종의 용광로이자 러시아화 도구가 되었다"(Kerblay, 1983: 168). 또 하나의 문제는 2차 대전이라는 끔찍한 위기였다. 1942년에는 학교에서 군사훈련을 강화하고 애국심을 고양하기 위한 두 개의 포고령이 제정되었다. 이 포고령들은 학교가 학생들에게 "전장에 임할 미래의 전사에게 필요한 강한 의지와 인내심, 안정감 그리고 여타 도덕적 자질들"(Bereday et al., 1960: 82 재인용)을 불어넣지 못했다는 인식에서 비롯되었다. 달리 말해, 독일의 침공이라는 위기에 처하자 스파르타식 시민 자질이 결여되었다는 점이 부각되었다. 그런 자질이 있어야 소련이 독일과의 '애국전쟁'을 잘 치러낼 수 있을 텐데, 학교는 이 점에서 열정적이고 효율적으로 그 기능을 수행해내지 못했던 것이다. 이런 정책은 한 세대 후인 1970년경에 되풀이되었다. 1968년에는 15세 이상의 모든 소년이 병역의무 수행 이전에 군사훈련을 받아야 했는데, 학교가 이 분야에서 일정한 의무를 수행할 것을 지시하는 일련의 훈령이 내려졌다. 예를 들어 어떤 포고령에는 이런 목적들이 포함되어 있었다. "학생들에게 조국 방위를 위한 준비를 시키며, 학교와 군의 우호적인 관계를 강화시킨다"(Zajda, 1980: 209 재인용).

군복무 기간에 이루어지는 시민교육은 일종의 성인교육인데, 성인교육은 시민교육의 3차 기관이다. 군복무를 통한 시민교육과 병행하여 성인민간인에게 시민적 의무를 고취하려는 시도 또한 소련 초창기 시절부터 있었다. 취학연령을 넘어선 사람들을 문맹퇴치운동에 참여토록 했던 일은 앞에서 이미 언급한 바 있다. 하지만 하퍼의 설명처럼, 이러한 학습장소들은 "성인들을 단지 학교 외 교육활동에 입문시키는 정도에 그쳤다. 대도시들에는 약간 읽고 쓸 줄 아는 사람들을 위한 학교, 고학력 성인들을 위한 학교, 그리고 최종적으로는 노동자대학이 설립되어 야간과 휴일에 운영되었다." 이들 교육기관에서는 '사회와 정치 및 문학' 관련 과목들, 그중에서도 특히 계급투쟁과 공산당의 역사나 마르크스-레닌 이론을 다루는 과목이 강조되었다(Harper, 1929: 273). 반세기 후에는 학교 졸업 후(post-school) 교육의 기회가 훨씬 더 많아졌는데, 여기에는 당과 노조가 제공하는 교육도 포함되었다. 어느 학자는 "성인들을 위한 교육·문화작업의 목적 중 하나는 인민대중의 공산주의 의식을 고양하고 정치활동을 증대시키는 데 있다"(Tomiak, 1972: 103)라고 설명한 바 있다.

소련의 대학들도 시민교육의 수단이었다. 사실 정치학과 경제학 강좌는 전공을 불문하고 모든 학생에게 필수과목이었다(전형적인 시간배분에 대해서는 Tomiak, 1972: 95, 99 참조). 예를 들어 1974년에 제정된 교육기본법과 그 이후 몇 년간의 정책성명을 보면 이러한 과제들이 법규와 정책목적에 포함되어 있다.

> 마르크스-레닌주의 교의를 훈련받아 자질을 갖춘 전문가를 양성한다. ……
> 학생들에게 높은 도덕성과 공산주의 의식, 문화, 국제사회주의, 소비에트 애국심

과 조국방어 의지를 고취하며 신체를 단련시킨다(Zajda, 1980: 94 재인용).

이제 소련에서 시민교육이 수행된 네 번째 맥락으로 가보자. 학생들의 교육과정 외 활동, 견학 및 각종 행사, 그리고 대중매체의 역할 등 여러 방면의 잡다한 항목을 간략히 언급할 것이어서 맥락들의 집합이라고 해야 할 수도 있겠다. 소련은 전체주의 사회였기 때문에, 모든 연령의 시민들이 시민의식을 함양할 수 있도록 기회가 최대한 많이 제공되었을 것이라고 볼 수도 있다. 학교와 다양한 종류의 국가기관 그리고 당까지 모두 참여와 학습 및 선전을 위한 수많은 계획을 내놓았는데, 여기서는 아주 간단한 예만 소개하겠다(1920년대 초의 상황에 대한 내용은 Harper, 1929: 5, 7, 8, 9, 11, 14, 15장 참조). 신문, 잡지, 라디오, 극장, 영화관, 기념관, 노동조합 그리고 협동운동은 무한한 정보와 영감을 제공했으며 체제에 순응하도록 유도했다. 아마도 1920년대에 이루어진 발전 중 가장 두드러진 것은 견학 특히 기념관 견학이 널리 퍼져나간 일일 것이다. 농민단체, 공장노동자단체, 군인단체, 학생단체의 관람객이 계속해서 전시관에 몰려들었는데, 대부분의 경우 시민양성 및 이데올로기적 목적을 띠고 있었다.

학생들의 견학은 학교 자체적으로 그리고 학교 이외의 갖가지 기관들이 편성하는 교육과정 외 활동의 한 형태였다. 이러한 활동은 매우 포괄적인 교육과정 속에 꾸준히 편입되었다. 게다가 어느 미국인 관찰자의 말처럼, "전체 교육과정 외 활동의 주된 목적은 '애국심 그리고 학습과 노동 및 사회 활동에서의 상호 부조에 입각한 공산주의 아동양육'이었다"(Mareuil, 1960: 133). '노동'이라는 단어에 유의하자. 소비에트 역사를 통틀어 '노동', 그것도 되도록이면 육체노동에 참여하는 것이 시민에게 기대되는 덕목 중 하나였는데, 노동은 (1977년 헌법 제60조에 규정된 것처럼) 부분적으로는 집단훈육의 한 형태이기도 했다. 학교 안에서는 '동아리'가 관심거리를 많이 제공했고, 학교 밖에서는 야외활동을 위한 '거점'들이 있었으며, 많은 학생이 여름방학 수련회에 참가했다. 우리의 논의 목적에 특별히 관련되는 것으로 이른바 '붉은 소년단(Red Scouts)'을 들 수 있다. 소년단원들은 보호활동에 참여하고 농장일을 돕기도 했지만, 주로 소련의 영웅적 전통을 유지하는 일에 중점을 두었다. 일례로 혁명 60주년인 1977년에 1,400만 명의 소년단원은 "4만 개 이상의 역사박물관을 건립하고 군의 영광을 기리는 기념실을 설치하는 일에 착수했다. 그들은 2만 5,000건이 넘는 전쟁기록을 수집하고 보관했다"(Zajda, 1980: 214).

하지만 교육과정 외 시민교육을 가장 영향력 있게 실시한 것은 당이었다. 사실 혁명 이전 시절부터 당은 전체 인민에게 공산주의 교의를 교육하여 공산주의 생활방식으로 인도하는 것이 당의 가장 중요한 과업 중 하나라고 생각했다. 이런 활동에 대해 '선전(propaganda)'이라는 단어를 사용하는 경향이 있긴 하지만, 사실 플레하노프(G. V. Plekhanov)와 레닌은 당의 엘리트를 위한 '선전'과 전체 대중을 위한 '선동(agitation)'을 구별했다. 이 둘을 결합시킨 과업이 '선전선동(agitprop)'이었다. 표준 러시아어 사전은 '선전선동'을 "널리 대중을 정치적으로 교육하고 좀 더 중요한 사회적·정치적 과업으로 이끌기 위해 일정한 관념과 구호를 주입하고자 하는 구두·서술활동"(Carew Hunt, 1957: 3 재인용)으로 정의한다. 이는 공산주의자의 관점에서 볼 때 넓은 의미에서의 시민교육에 대한 매우 훌륭한 정의이다.

소련에서 성인 시민교육을 담당한 가장 강력한 기관 중 하나는 언론이었다. 사실 브레즈네프 시절에 당 중앙위원회는 "모든 소련 인민이 노동에 대해 양심적이고 창의적인 태도를 지니며 나라의 주인이라는 의식과 사회에 대한 높은 책임감을 갖도록 끊임없이 교육시키는 것"(Kaiser, 1977: 207~208 재인용)이 신문의 중요한 역할 중 하나라고 규정했다. 발행부수가 가장 많은 신문은 중앙위원회가 발행하는 《프라우다(Pravda)》였다.

공산당은, 정신무장에는 어릴 때 받는 교육과 영향이 가장 효율적으로 작용한다는 원리에 입각해서 학교에 막대한 영향력을 행사하는 한편 청년운동도 발족시켰다. 우리는 앞에서 어떤 과목을 어떻게 가르칠지를 정하는 데서 당이 교육부보다 더 강력한 힘을 갖게 되었다는 것을 익히 보았다. 1950년대 후반 미국의 어느 소련 전문가는 '당 통제력의 미로'에 대해 언급하면서 "소련의 교육체계는 공산당원들로 가득 차 있다"라고 평가했다(Pennar, 1960: 45, 47). 당 중앙위원회는 소련 전체에 걸쳐 자체적인 교육 담당부서를 갖추고 있었는데, 그 부서의 기능은 본질적으로 모든 교육기관에서 공산주의 원리를 효과적이고 '정확'하게 가르치게 하는 데 있었다. 그 부서가 작성하는 감시보고서에는 당연히 교과서 내용에 대한 철저한 조사가 포함되었다. 사회과학과목들은 불가피하게 특별히 민감한 분야였기에, 당원이 아니고서는 해당 과목을 가르칠 직책을 갖기 어려웠을 것이다. 이와 관련된 예로 남부 볼가 지역의 1957년 지령을 보면, "지역과 시, 구의 당 위원회는 사회과학과목에서 가르치는 이데올로기 내용에 대한 통제력을 증대시켜야 한다"(Pennar, 1960: 52 재인용)라는 구절이 들어 있다. 학교에 대한 당의 통제력 또한 공산청년동맹 회원들을 통해 현장에서 행사되었다.

소련이 존속한 기간 전체에 걸쳐 수억 명의 젊은이들이 공산주의 원리를 지도받았으며, 대체로 초중고 수준에 따라 학교단위로 구성된 3단계의 당 청년운동단체 회원이 되어 공산주의자로 성장했다. 1918년에 15~28세를 대상으로 하는 공산청년동맹이 맨 먼저 창설되었다. 1922년에는 그 바로 밑의 연령층(10~15세)을 대상으로 한 청년개척단이 설립되었다. 2년 후에는 7~10세의 아동을 대상으로 하는 '10월 당원(Octobrists)'이라는 기구가 설립되었다 (연령층 범위는 시기에 따라 달랐는데, 여기서 언급한 연령층은 1957년의 경우이다).

초중학생 연령층에 해당하는 둘을 먼저 살펴보자. '10월 당원'이 설립된 데에는 두 가지 주된 이유가 있었다. 하나는 아이들에게 (정치적 내용이 점차 많아진) 사회적 도덕을 가르치기 위한 것이었고, 또 하나는 청년개척단의 단원이 될 인력을 공급하기 위한 것이었다. 사실 10월 당원의 다섯 가지 규칙 중 첫 번째 것은 "10월 당원은 미래의 개척단원이다"라고 천명했다. 각각의 아동 스스로가 상위 단체의 회원이 될 자격이 있다는 것을 입증해야 하긴 했지만(Zajda, 1980: 148~154 참조). 개척단 입회를 허가받을 때에는 다음과 같은 선서를 하게 되어 있었다.

> 나는 소련의 청년개척단원으로서, 충심을 다하여 소비에트 조국을 사랑하며, 위대한 레닌 동지께서 명령하시고 공산당이 인도하는 대로 생활하고 학습하며 투쟁할 것을 동료들 앞에서 엄숙히 약속합니다(Tomiak, 1972: 86 재인용).

이 단체는 자발적인 조직이긴 했지만, 사회적 압력 그리고 단체가 제공하는 시설이 갖는 매력으로 인해 가입하지 않은 청소년은 소수에 불과했다. 예를 들어 1970년에 이 단체에 가입할 수 있는 연령층의 청소년 숫자가 2,970만 명이었는데(Kerblay, 1983: 29 참조), 그중 약 2,400만 명이 회원이었다(Tomiak, 1972: 85 참조). 개척단이 주는 주요 매력은 그들의 '궁전'과 '회관'이었다. 가능한 한 최대한 광범위하게 교육과정 외 활동이 이루어질 수 있도록 가장 규모가 크고 현대적인 건물들이 멋지고 인심 좋게 개척단을 위한 시설로 지정되었다. 이 모든 것이 직접적으로 시민양성을 목적으로 한 것이 아니었음은 사실이다. 그럼에도 불구하고 청소년운동의 바탕에는 언제나 사회화 기능이 아주 많이 깔려 있었다는 것은 분명했다(Zajda, 1980: 154~163 참조).

공산청년동맹은 개척단에 비해 해당 연령층이 회원으로 가입한 비율은 낮았지만, 청소년을 대상으로 한 조직적인 기구의 중추였다. 여기에는 두 가지 이유가 있다. 첫째, 고정적 요인의 측면에서, 가입허가 기준이 개척단에 비해 더 엄격했다. 둘째, 가변적 요인의 경우 청소년의 이데올로기적 열정 그리고 동맹의 엄격한 체제에 헌신하고자 하는 의지가 그 기준이었는데, 이는 해당 시점의 사회적·정치적 여건과 분위기에 따라 다소 유동적이었다. 공산청년동맹이 (그 밖에도 많은 기능을 수행했지만) 시민교육에서 수행한 기능은 스스로를 교육하는 것과 다른 사람들을 교육하는 것의 이중적인 양상을 띠었다. 레닌주의 용어로 말하자면, 당은 프롤레타리아의 선봉이었다. 당이 공산주의 이상향으로 가는 길에서 올바른 지도력을 발휘하고자 한다면 특별히 마르크스주의 철학에 아주 정통해야 했다. 따라서 당의 생도인 공산청년동맹은 사회적·시민적으로 유용한 일들을 실천하는 데서 경험과 학습을 쌓을 뿐만 아니라, 마르크스주의 철학의 원리에 대한 확고한 기초를 지닐 필요가 있었다. 1920년에 레닌이 공산청년동맹 전체 회의에서 강연했을 때, 그 주요 논지는 "공부, 공부, 계속 공부하라"(Harper, 1929: 44 재인용)라는 것이었다. 사실 공산청년동맹의 헌장에는 "마르크스-레닌주의를 주의 깊게 공부한다"라는 항목이 들어 있다. 또한 "당의 정책을 널리 청년대중에게 설명한다"라는 지시사항도 들어 있다(Bereday et al., 1960: 397 재인용).

공산청년동맹은 이렇게 공산주의 신조를 학습하고 또 선전했다. 사실 1971년에 브레즈네프는 선전이라는 목적을 '중심 과업'(Tomiak, 1972: 87 재인용)으로 규정했다. 공산청년동맹은 이러한 의무를 어떻게 이행했는가? 출판과 동맹 의회 그리고 회원의 교육기관 방문, 이 세 가지가 주된 방식이었다. 동맹은 젊은이들을 위한 수많은 도서를 발행했으며, 개척단과 동맹을 위한 신문도 발행했는데 그중 가장 유명한 것은 당의 주요 기관지의 청소년판인 《콤소몰스카야 프라우다(Komsomolskaya Pravda)》였다. 공산청년동맹 의회 대표들은 교육 관련 사안들을 토의하고 자신들의 결정과 지침을 하부 조직으로 전달했다. 학교에서 그들이 가진 영향력은 다음 인용문에 잘 요약되어 있다. "학교 지부는 …… 특별활동반을 지원할 위원회를 선출한다. 위원회는 토의와 회의를 진행하고 훈육과 도덕교육 문제를 논의하며 …… 개척단의 지도자로 활동한다"(Grant, 1964: 72). 이 모든 맥락에서 그들은 공산주의자 특히 당의 대행자로서 수용 가능한 협동적 행동의 교의를 전파했다. 그들은 고등교육기관에서도 활발하게 활동하여 더욱 큰 권위를 행사했다(Zajda, 1980: 163~174 참조).

시민교육의 과정에서 청년조직들은 매우 중요한 역할을 수행했다. 이 분야의 어느 권위자는 이렇게 말한 바 있다. "소비에트의 아동들이 10월 딩원에서 개척단 그리고 공산청년동맹을 거치는 과정에서, 젊은이들을 공산주의 체제에 전적으로 헌신하게 만들고자 하는 목적에 입각한 정치사회화가 일련의 정교한 단계에 따라 진행된다"(Zajda, 1980: 176). 하지만 소련이 해체되고 새로 들어선 러시아에서는 1990년경부터 공산주의와 당에 대한 반감이 분출되면서, 이러한 조직들이 존속할 여지가 없었다.

4. 새로운 러시아 방식

하지만 사실 변화의 분위기는 이미 1980년대 중반에 시작된 고르바초프 시절부터 분명하게 있었다. 고르바초프는 1984년에 학교개혁위원회 위원장이 되었으며, 1985~1991년 동안에는 소련공산당 서기장을 지냈다. 그가 이끈 위원회가 제시한 권고사항의 요점은 노동훈련과 작업체험을 강화하는 것이었다. 그렇지만 그 대신 마르크스 - 레닌주의 신조에 대한 교육이 약화되어야 한다는 것은 아니었음에 유의해야 한다(Morison, 1987: 24 참조). 이 새로운 소비에트 교육개혁은 1985년에 법률로 제정되었다. 다음해에 개최된 제27차 소련공산당 대회는 정치교육의 8대 목표를 규정하는 성명을 통과시켰다. 그 성명은 소비에트 시민교육의 성격에 대해 매우 포괄적으로 묘사하고 있는데, 마르크스 - 레닌주의 교육, 공동선을 위한 근로, 공산당 도덕, 애국심과 국제공산주의, 법의 존중, 무신론 - 유물론 철학, 적대적 이데올로기와의 투쟁, 부르주아 이데올로기에 대항하는 소비에트의 역할에 대한 이해 등의 내용을 담고 있다(Morison, 1987: 26~27 참조).

고르바초프는 서기장이 되면서 '개방(glasnost)'과 '개혁(perestroika)'으로 상징되는 개혁계획에 착수했다. 정부와 당의 통제력을 감축하고자 하는 이러한 의제는 삶의 다른 측면들뿐만 아니라 교육에도 영향을 주었다. 실제로 1987년에 고르바초프는 『개혁』이라는 책에서 "젊은이들과 공산청년동맹에 최대한의 관심을 가져야 한다"(Gorbachev, 1987: 115)라고 역설했다. 불행히도 (역사적으로 혁명의 서막이 종종 그랬듯이) 통제력 감축은 몰락으로 이어졌다. 나라는 혼란에 빠졌고 1992년에는 실제로 위기에 빠졌다. 소련은 해체되어 러시아 연방이 되었지만, 예전에 한 울타리 안에 있던 소비에트 공화국들은 러시아 연방과 분리되어 독립국가로서 러시아 주위에 포진해 있다. 공산당의 권력도 몰락했으며 경제도 몰락했다. 정치적 헌신과 도덕은 무관심과 범죄에 길을 내주었다. 러시아에서 망명한 어느 학자의 표현을 빌리면, "소비에트 체제가 그 억압적인 기구와 함께 몰락한 이후에도, 많은 사람이 당연하게 생각했던 것처럼 시민의식이라든지 공공사안 참여가 증가하지는 않았으며 오히려 극적으로 감소했다"(Shalpentokh, 1998: 28). 1980년을 전후해서 소비에트 체제에 대한 불만과 환멸이 커지긴 했어도, 급격하게 이루어지는 변화는 매우 부정적인 효과를 초래했다. 하지만 러시아가 직면해 있는 불가항력적인 문제들은 접어두고도, 여건이 좋다 해도 전혀 다른 방식으로 시민의식을 재건하는 일은 쉽지 않았을 것이다.

교육에서 일어난 변화에는 학교와 고등교육기관에서 정부와 당의 영향력을 제거하는 것이 포함되었으며, 실제로 1992년의 교육법 제14조는 그런 조치를 요구했다. 이 계획에 들어 있는 용어들은 불행히도 종종 문자 그대로 '탈정치화', 심지어는 '탈이데올로기화'로 번역되어왔다(이제부터 이 책에서는 이 용어들이 더 이상 등장하지 않을 것이다). 하지만 이는 본질적으로 소극적인 과정이어서 자유민주주의 방식의 시민교육이 도입되기 전까지는 아주 불행한 균열로 귀결될 수 있다. 이처럼 초중고 및 대학에서 공산주의 이데올로기 체계를 해체하는 일은 주로 학교에서 청소년단체를 금지하고 마르크스-레닌사상에 대한 시험을 폐지하며 역사교과서를 다시 서술하는 것으로 나타났다(Sutherland, 1999: 137~140; Webber, 2000: 33~37 참조). 대부분의 러시아 교육자는 이런 변화로 인해 도덕교육의 틀까지 사라지지 않을까, 그리하여 나라 전체에 걸쳐 시민도덕이 무너져 내리지 않도록 교사들이 저지하기가 매우 어렵게 되지 않을까 걱정했다. 1993년에 모스크바 청소년연구원 원장은 이렇게 설명했다.

> 러시아의 청소년들은, 사회 전반과 마찬가지로, 가치의 위기를 겪고 있다. 전체주의의 몰락은 사람들의 내적 세계의 일부였던 …… 예전의 이상과 가치의 파괴를 초래했다. …… 정신적 진공상태가 조성된 것이다(Sutherland, 1999: 140~141 재인용).

10월 당원과 개척단 그리고 공산청년동맹은 학교에서 소비에트 방식의 도덕교육을 하는 데 상당한 기여를 했는데, 이제 그 단체들이 없어지자 학교 안팎을 막론하고 시민으로서의 학습활동에 심각한 공백이 생기게 된 것이다.

새로운 교수요목과 교과서, 교사용 지도서 및 교수법을 도입하는 과정은 느릿느릿 진행되었는데, 혼란스런 상황을 감안하면 불가피한 측면도 있었다. 1999년에 어느 교육자 모임에서는 이렇게 토로했다. "과거의 요소들이 계속해서 남아 있기도 하고 해서 새로운 방식으로 이행하기가 '매우 어렵다.' 예를 들어 교육계에 종사하는 이들 중 일부의 생각에는 여전히 '소비에트'니 '제국주의'니 하는 내용이 영향을 주고 있다"(Bogolubov et al., 1999: 524). 시민교육 분야에서 일할 교사로 충원된 이들의 대부분이 공산당원이었다는 점을 감안하면 별로 놀랄 일도 아니다. 1990년대에 '그라자다노베데니(grazhadanovedenie)'라는 이름의 새로운 계획이 도입되었는데, 이 용어는 종종 '시민론 연구(civic studies)'로 번역되었다. '그라자다닌(grazhadanin)'이 '시민'을 의미하기 때문에 '시민교육(citizenship education)'이 더 나은 번역이긴 하지만. 이 분야의 전문적인 교사단체가 결성되었으며, 러시아 교육학술원은 사회과학 관련 과목들의 9대 목표에 대한 초안을 마련했다(Bogolubov et al., 1999: 527~528 참조). 역사와 사회교과, 그리고 특히 시민교육 관련 과목의 새 교과서를 만드는 일에는 당연히 시간과 돈이 필요했다. 그럼에도 불구하고 1990년대 중반에 교사들은 《교사신문》에 매주 시민교육에 대한 부록을 기고한 것은 말할 것도 없고, 『정치와 법』・『사회과학 입문』・『인간, 사회, 시민론』 같은 책을 출간해서 비용을 충당하기 시작했다(Bogolubov et al., 1999: 534~538, 531 참조). 그러나 그때에도 책을 구입하는 일에 반드시 제약이 없는 것은 아니었다. 영국의 어느 학자는 다음과 같은 일화를 들려준다.

> 어느 교장이 …… 내게 말하기를, 수도에 있는 대형 출판사의 서점에 들렀는데, 출판이 되지 않아 학교에 배송해줄 수 없다는 말을 들었던 교과서 재고가 아주 많이 남아 있는 것을 보고 깜짝 놀랐다고 했다. 그가 알아낸 바로는 출판사가 …… 교과서의 일부를 높은 값으로 일반인에게 판매하는 한편 대부분을 비축해두는데, 이는 물가가 많이 올랐을 때 학교에 책을 넘기면 훨씬 더 큰 이윤을 남길 수 있을 것이라는 기대에서 그렇게 한다는 것이었다(Webber, 2000: 124).

사실 러시아에 강력한 시민사회의 토대가 없고 성인들에게도 시민의식이 결여되어 있는 한, 새로운 시민 자질을 가르치는 것은 여전히 어려운 과업일 것이다. 학생들은 그동안 무관심과 소외라는 환경 속에서 살아왔기 때문이다. 달리 비유하자면, 20세기의 끝자락에 러시아의 교사들은 덕을 지닌 시민집단이 성장하기를 간절하게 기대했다. 젊은 세대를 시민으로 기르는 시민교육은 나라의 분위기를 개선할 것이며, 이는 다시 학생들이 시민교육을 더욱 잘 받아들이도록 만들 것이다. 새로운 세기에 접어들면서 시민교육이 차근차근 개선된 만큼, 시민교육이라는 과업은 어느 정도 성과가 있다고 할 만하다.

5. 나치 체제와 그 배경

독일에서 시민권에 대한 관점이 전체주의적 방식과 자유주의적 방식 사이에서 동요를 거듭한 역사는, 러시아가 소비에트 체제를 거쳤다가 다시 러시아로 바뀐 경우보다 더 복잡하다. 이러한 차이에 대한 이유는 20세기 독일의 역사가 더 복잡하다는 사실에서 간단히 설명된다. 기본적인 사실들을 보자. 1918년에서 1933년까지 독일은 자유주의 정체인 바이마르 공화국 시절이었다. 1933년에서 1945년까지는 나치 제3제국이라는 전체주의 독재체제였다. 1945년에서 1949년까지는 국경이 축소된 데다 4개국의 점령지역으로 통치되었다. 1949년에서 1990년까지는 두 개의 독일, 즉 자유주의 체제의 독일연방공화국(서독)과 공산전체주의 체제의 독일민주공화국(동독)이 존재했다. 1990년 이후에는 이들 두 국가가 통일되어 확대된 독일연방공화국이 되었다.

20세기 독일 시민교육에 존재했던 자유주의 - 전체주의의 유형을 살펴보기 전에, 19세기의 전개과정을 간략하게 언급하는 것이 좋겠다. (우리가 2장에서 살펴본 기간에 이어서) 1815년부터 1차 대전까지 보도록 하자. 이 기간 중 1890년경까지 독일 정부는 정치적인 문제를 가르치는 것 일체에 대해 적대적인 태도를 지녔다. 이런 부류의 교육은 혁명 잠재력을 지닌다는 기미가 있었고, 그로 인해 메테르니히 시절에는 탄압으로 고초를 겪었다. 근대사와 입헌주의 체제를 가르치는 것도 사실상 금지되었다. 당국이 옳았는지도 모르겠다. 1830년과 1848년에 봉기가 일어났을 때에는 시민교육에 대한 요구도 수면 위로 떠올랐기 때문이다. 혁명 이후의 반동시대에는 불가피하게도 현상유지정책이 다시 등장했다. 당국이 이처럼 과민반응을 보인 결과에 대해 1906년에 프랑스의 어느 작가는 《르 피가로(Le Figaro)》에 실린 글에서 자신의 생각을 이렇게 밝혔다. "나는 처음에는 독일 중산층(기술자, 사업가, 상인)이 자기 나라 혹은 심지어 자기 지역의 정치제도에 대해 거의 전적으로 무지하다는 사실에 놀랐다"(Kosok, 1933: 131 재인용). 그 프랑스 작가가 독일을 방문한 것은 프랑스에서 페리가 교육부장관으로 있던 시절에 시민교육을 필수로 지정한 이른바 페리법이 제정된 지 20년 후의 일이었기 때문에(3장 참조), 그 작가가 느낀 차이가 클 수밖에 없었을 것이다.

  1871년 이후 제국주의 체제하의 독일에서 시민교육이 계속해서 금지된 주된 이유 중 하나는 사회·정치구조의 측면에서 사회민주주의 운동과 사회민주당(사민당)의 등장에 대한 거부감이 커졌다는 데 있다. 많은 교사가 사회주의자들의 개혁요구가 정당하다고 확신하고 있지 않나 하는 의혹이 제기되었다. 즉 시민론 수업이 허용된다면 좌파의 주의주장으로 심하게 오염될 수 있다는 것이었다. 하지만 역설적으로 빌헬름 2세가 참호포위정책(entrenched policy)을 파기하기로 결정한 것은 바로 사민당의 힘 때문이었다(사민당은 이미 1890년 제국의회에 35명의 하원의석을 확보했다). 그가 1889년에 선포한 칙령에 의하면 학교는 학생들에게 사회주의 교의의 해악을 경고함으로써 지금 막 자라나고 있는 사회주의 운동을 저지하는 데 기여해야 했다. 황제는 또한 학교가 프로이센과 독일의 역사를 세심하게 가르쳐서 제국과 호엔촐레른 왕가에 대한 충성심을 함양해야 한다는 적극적인 동기도 드러냈다.

이와 동시에, 시민교육이라는 사안을 전면으로 부각시키는 데 또 다른 형태의 압력도 작용했다. 교육사상가와 기업인들은 젊은이들이 공동체에서 좀 더 능동적인 역할을 수행할 필요가 있다고 인식하고 있었다. 이런 경향을 보여주는 사례를 두 영역 각각에서 몇 가지씩 살펴보자.

1901년에 바바리아의 교육자 케르셴슈타이너(Georg Kerschensteiner)는 「초등학교 졸업 후 군 입대 전까지의 기간 동안 청소년들이 시민 자질을 갖추도록 교육할 최상의 방법은 무엇일까?」라는 제목의 논문으로 상을 받았다. 게다가 이 논문은 출간되면서 영향력이 매우 커졌다. 케르셴슈타이너는 젊은이들이 육체노동을 하는 데 필요한 기능을 갖추는 것뿐만 아니라 시민으로서의 능력을 갖추는 것도 국가의 안위에 매우 중요하다면서 시민교육의 중요성을 역설했다. 달리 말해, 케르셴슈타이너는 교육에서 정치적 요소를 직업적 요소와 결부시킨 것인데 이는 당시에 아주 일반적으로 통용되던 생각이었다. 그의 논문에 들어 있는 다음 구절은 그의 논지를 잘 보여준다.

> 개인은 자신의 역량에 따라 국가유기체 속에서 자신의 위치를 설정할 수 있어야 하며 또 기꺼이 그렇게 하려는 자세를 지녀야 한다. …… 이를 위해 우리는 학생들에게 자신의 경제·사회적인 직업적 이해관계가 다른 시민 각자와 국가의 이해관계에 달려 있다는 점을 분명하고도 설득력 있게 설명해야 한다. …… 성실, 근면, 인내, 책임감, 의지력, 그리고 부지런한 삶에 대한 헌신 같은 기초적인 덕목이 함양되어야 한다(Englund, 1986: 133 재인용).

시민권이라는 정치적 개념을 노동이라는 경제적 개념과 결부시키는 것이 소련과 나치 독일에서 유사하게 해석되었다는 점이 흥미롭다. 기업인들의 후원으로 1909년에 시민훈련교육협회라는 단체가 설립되었으며 다음해에는 '학교의 시민양성을 위한 기업위원회'로 명칭이 바뀌었다.

이 모든 활동이 성과를 거뒀다. 1911년에 프로이센 주 교육부는 중등학교에서 시민론(Staatsbürgerkunde)을 가르치도록 하는 훈령을 발표했는데, 교실수업은 물론이고 공공기관 및 집회 참관도 교육내용에 포함되었다. 다음해에는 교사양성과정도 설치되었다. 바바리아 주도 이를 따랐지만 의무적인 성격은 덜했다. 하지만 교육의 기조는 황제의 기대에 맞추어졌다. 즉 권리보다는 의무가, 탐구심 함양보다는 주권자에 대한 충성이 우선되었다.

애국심 함양이라는 시민교육의 주제는 불가피하게 전쟁기간 동안 더욱 강화되었다. 사실 바이마르 공화국 말기에 어느 권위자는 "전쟁기간 동안 독일의 모든 학교는 애국주의 정치선전을 전파하는 가장 활동적인 기관이 되었다"라고 했다. 그는 계속해서 이렇게 쓰고 있다. "애국심을 고취하는 훈련과 경험으로 일관된 학교생활을 했던 세대가 자라서 이제 성인이 되었는데, 그들은 독일인의 정치적 삶이 국가주의 색채를 강하게 띠게 하는 데 기여하고 있다"(Kosok, 1933: 167~168). 1918년에 토마스 만은 "독일인의 인간성은 정치화 작업에 근본적으로 저항적이며, 독일인의 교육관에는 정치적인 요소가 전혀 없다"(H-J. Hahn, 1998: 27 재인용)라고 말할 수 있긴 했지만. 물론 당시 독일의 교육이 정치적이었는지 아닌지는 '정치적'이란 말을 어떻게 해석하는가에 따라 다르다.

바이마르 공화국은 제국주의 체제에 대한 반작용으로 그리고 전후의 혼란에 대처하기 위해 건립되었지만, 잘 알려져 있듯이 아쉽게도 열정적인 헌신을 불러일으키지 못해 실패하고 말았다. 그렇지만 바이마르 공화국은 학교가 이전의 제국주의 방식보다는 덜 국가주의적인 방식으로 시민적 충성심을 고취하게 하려고 노력했다. 학교 졸업생 각자에게 배부된 헌법에도 제148조에 이런 규정이 들어 있다.

> 제1항. 모든 학교는 시민으로서의 감성과 개인적·직업적 능력 그리고 독일국민의 정신과 국제평화주의를 함양하기 위해 노력한다.
> 제2항. 학교는 시민교육과 직업교육을 수행한다. 모든 학생은 의무교육을 마치는 시점에 헌법 책자를 교부받는다(Kosok, 1933: 172 재인용).

이러한 내용을 헌법에 포함시키는 것은 아주 특별한 경우였는데, 아마도 헌법 역사에서 유례가 없을 것이다. 분명, 현재 독일의 헌법(기본법)에는 이에 해당하는 조항이 없다. 지금까지 제정된 헌법 중 가장 포괄적인 남아프리카의 현행 헌법도 마찬가지이다.

그러나 헌법이 그 의도를 이행할 수단을 반드시 확보하는 것은 아니다. 바이마르 공화국에는 두 차례의 위협이 가해졌다. 하나는 1920년에 있었던 정부전복 시도였고 다른 하나는 1922년 반유대주의 민족주의자들이 라테나우 외무장관을 암살한 사건이었다. 이 사건들로 충격을 받은 정부가 취한 조치에 따라, 1920년대 중반에는 대부분의 교사양성과정에 시민론이 필수과목으로 포함되었으며, 다수의 주에서 교육과정 지침이 공포되었는데, 프로이센 주의 중등학교용 지침이 그중 가장 구체적인 경우에 해당한다. 그 지침들에 들어 있는 많은 과목 중 당연히 역사와 시민론이 (한데 묶어서) 가장 큰 역할을 하게 되어 있었다. 이들 문건에는 다음 인용문에서 강조 표시가 된 구절들 외에는 그다지 놀랄 만한 내용은 없다. 첫 번째 인용문은 역사와 시민론에 관한 일반적인 진술에서 발췌한 것이고, 두 번째 것은 프로이센 주의 지침 중 생물 관련 부분이다.

> (변방과 외국 거주 독일인을 포함하여) 독일 국민의 역사는 독일 인종의 정치적·사회적·경제적 그리고 정신적 삶의 전개과정을 표상하는 것으로서 국면에 따라 내용을 구성한다(Kosok, 1933: 174 재인용).

> 식민지 지역들의 동식물 생산이 그 경제적 가치와 관련되어 논의될 경우, 독일의 식민지 점령의 필요성이 분명해진다(Kosok, 1933: 177 재인용).

독일 민족(Volk)은 베르사이유 평화조약에서 확정된 독일 국경 바깥에 거주하는 구성원도 공유하는 '정신' 혹은 '초월적 본질'을 지닌다는 생각은 바로 히틀러가 그 조약을 폐기하면서 내세운 개념이었다. 그는 또한 독일의 식민지 박탈을 맹렬하게 비난했다. 사실 히틀러의 인기가 점점 올라간 것이라든지 교수요목 개요에 이 두 가지 항목이 들어 있었다는 것은 베르사이유 조약의 영토조항에 대한 불만이 고조되고 있었음을 잘 보여준다. 게다가 아래에서 보게 되듯이 새 교과서들이 발행되면서 그러한 생각이 퍼져나갔다.

하지만 헌법책자의 배포와 별개로, 이러한 전개과정 중 어느 것도 젊은이들을 특별히 바이마르 공화국과 결부시키려고 계획되지는 않았다. 1927년이 되어서 제헌절에 대대적인 경축행사를 개최하려는 의식적인 노력이 행해지면서 비로소 상황이 달라졌다. 그렇지만 교사들 중 바이마르 체제를 강력하게 지지하는 사람들이 소수에 그쳤기 때문에, 바이마르 공화국에 대한 충성을 강조하는 목소리는 불가피하게도 잠겨들고 말았다.

바이마르 공화국 기간 동안 젊은이들은 20세기 초에 급속히 퍼져나간 청소년단체와 운동을 통해 이런저런 형태의 시민양성 훈련을 받았으며 시민의식도 키워나갔다. 혁명기(1918~1919년)의 격동으로 이런 경향이 고조되어 바이마르 헌법은 선거권 연령 기준을 25세에서 21세로 낮추었다. 바이마르 공화국 말엽에는 청소년단체의 숫자가 대략 100만 개에 달하고 회원 숫자도 모두 합해 500만 명에 이르렀으며, 주요 관심분야도 교회에서 노동조합에 이르기까지 다양했다. 그들은 전반적으로 — 그렇지만 단체별로 자체의 간접적인 방식으로 — 국가에 대한 충성을 장려했다. 그중 대표적인 것으로 도보여행단체를 들 수 있는데, 그들은 종종 애국심을 자아내는 장소로 걸어가면서 길 위에서 애국심을 고취하는 노래를 부르곤 했다. 정치적인 의도를 지닌 청소년운동으로는 사회민주당 청소년 분과를 들 수 있다. 하지만 정부가 정치 그리고 특히 경제문제에 대처하는 방식에 환멸을 느끼는 이들이 점차 많아지면서 공산당과 나치당의 성인 회원들도 증가했으며, 그와 더불어 청소년 회원도 증가했다. 물론 이 운동들은 바이마르 체제를 허물어뜨리는 데 일조했는데, 이를 시민으로서의 목표라고 보기는 어려운 일이다.

나치의 청소년운동은 제3제국의 견고한 토대가 되었기 때문에, 바이마르 공화국 시절에 시작된 그 운동은 이 장의 주제와 밀접한 관련이 있다. 1922년에 히틀러는 당시 국가사회주의 청소년연맹(N. S.-Jugensbund)이라고 불린 단체를 창설했다. 여러 차례의 부침을 겪은 후에 그 운동은 히틀러 소년단(Hitlerjugend, 줄여서 HJ)으로 이름이 바뀌었으며 1929년에는 전면적인 조직을 갖추게 되었다. 2년 후 히틀러는 슈라크(Baldur von Schirach)라는 청년을 그 책임자로 앉혔다. 1933년에 정권을 잡은 히틀러는 청소년단체의 활동을 교육부가 책임지고 맡도록 했다. 3년 후에는 슈라크가 총통에게 직접 보고하는 내용의 법률이 제정되었는데, 그 법률에 따르면 소년단 단원이 되어야만 청소년활동에 참여할 수 있었으며 그 밖의 모든 단체는 소년단에 복속되거나 폐지되었다. 히틀러는 성인과 청소년들이 바이마르의 자유주의 정치색에 물들지 않고 전체주의적인 국가사회주의에 밀착하게 만드는 일을 무엇보다도 우선시했다. 히틀러 소년단의 활동을 슈라크에게 담당하도록 한 것에 더해, 히틀러는 시민교육의 성격을 바꾸는 일을 루스트(Bernhard Rust) 휘하의 과학·교육·국가문화부가 책임지도록 했다. 나치 체제하에서 일반적으로 그랬던 것처럼 이 두 부서가 조화를 이루어 일을 진행하지는 못했지만, 슈라크는 "미래의 청년 지도자와 교육자는 국가사회주의 신조를 전파하는 사제이자 국가사회주의 업무의 집행자가 될 것"(Bracher, 1978: 330 재인용)이라는 이상적인 목표를 소리 높여 외쳤다. 게다가 괴벨스(Paul Joseph Goebbels)가 장관인 선전계몽부의 조작, 그리고 케를(Hans Kerrl)이 장관인 성직부의 통제는 성인들의 생각에 손을 뻗쳤다. 가족도 젊은이의 태도를 통제할 의무를 면제받을 수 없었다. 1934년의 포고령에서 이 점이 분명하게 드러난다. "가정과 학교 그리고 히틀러 소년단연맹은 각기 자신의 영역에서 사신에게 적합한 책임을 지며, …… 그들의 3중장치가 이룩하는 진보를 지켜볼 수 있을 것이다"(Brady, 1937: 108 재인용).

이제 이런 전반적인 유형 속에서 학교가 어떤 역할을 지녔는지 살펴보자. 근본적인 변화가 놀라우리만치 빨리 진행된 것은 어떤 주저함도 용납하지 않는 나치의 단호함을 잘 보여주는 일이었다. 국가사회주의의 권력이 직접 작용하는 홍보물이 학교에 홍수처럼 쏟아져 들어왔다. 당시의 저명 작가의 말을 들어보자. "국가사회주의자들의 세계관(Weltanschauung)이 …… 이내 학교로 밀고 들어와 학교를 바꾸고 규칙을 만들었으며, 금지령을 내리고 혁신을 추진하여 몇 달 만에 학교의 성격을 완전히 바꾸어놓았다"(Mann, 1939: 38). 학습의 모든 측면은 체제에 대한 최대한의 지지를 확보하는 데 맞추어졌다. 어느 역사가는 당시 내무장관 프릭(Wilhelm Frick)의 발언을 인용해서 이렇게 설명한다. "학교는 이제 정치적으로 의식화된 독일 청소년을 교육할 권한을 부여받았다. …… 청소년의 모든 생각과 행동은 인민에 대한 봉사와 희생에 뿌리를 두고 있으며, 국가의 역사와 운명과 결합된 청소년의 지위는 남에게 양도할 수도 없고 또 그 자신과 분리할 수도 없다"(H.-J. Hahn, 1998: 79).

바이마르 헌법은 자유민주주의 정부형태를 생각나게 하는 것 말고는 사실상 의미가 없어지고 있었기 때문에, 학교 졸업생들에게 헌법책자를 배부하는 일은 이 두 가지 이유로 인해 더 이상 계속되지 않았다. 교사들은 또다시 제국주의 시절과 마찬가지로 시민의 종복으로 분류되었다. 교사로 충원된 사람들은 정치적 '충성도'에 따라 다시 선정되었다. 그리하여 교사들은 교직에 종사하는 내내 나치당 가입을 장려하는 모종의 압력을 받았다. 교육과정도 전면적으로 개편되었다. 1941년까지 새로운 교과서가 편찬되었는데, 교과서 발행이 한 출판사에 국한됨으로써 교과서에 대한 통제가 이전보다 용이해졌다.

나치 시대에는 세 가지 주제가 학교교육과정과 교과서를 지배했다. 하나는 강한 군사력의 중요성과 그에 대한 자부심이었고 다른 하나는 총통에 대한 찬양과 숭배였다. 또 다른 하나는 몇몇 분야 특히 생물학과 역사 분야의 설명요인으로서 '인종'이 근본적으로 중시된 것인데, 이는 또한 '자신'의 우월성을 느끼게 하면서 자신에게 위협적인 '타인'에 대한 증오심을 갖도록 만드는 동기로도 작용했다. 아주 어린 아이들이 사용하는 교재들조차 이런 논지를 반복해서 전달했다. 1940년의 초등학교 훈령 중 하나는 초등학교가 본질적으로 정치적 목적을 지니는 곳이라는 점을 다음과 같이 강조했다.

> 초등학교는 …… 청소년이 인민과 국가에 봉사하도록 그들의 모든 신체적·정신적 힘을 개발하고 활용해야 한다. 따라서 학교교육과정에서 유일하게 중요한 분야는 바로 이런 목적을 달성하는 데 필요한 내용이다. 그 밖의 모든 분야는 시대에 뒤떨어진 쓸모없는 것들로서 폐기되어야 한다(Samuel & Hinton Thomas, 1949: 83 재인용).

중등학교의 경우, 역사는 독일 인종의 영웅적인 행위를 보여주면서 그 줄거리가 절정에 도달하는 과정에서 나치당이 비할 데 없이 중요한 역할을 한다는 것을 말해주는 중추적인 과목이었다.

독일의 아동대중을 위한 학교교육과 별도로, 나치는 나치 엘리트 양성을 위한 세 종류의 기관을 설립했다. 치안청(Order Castles)과 국립정치교육원(Napolas) 그리고 아돌프 히틀러 학교는 각각의 방식으로 사상주입과 군사훈련을 행했다. 이는 스파르타의 아고게처럼 가혹하고 잔인하지는 않았지만, 아고게를 생각나게 하는 것은 사실이다(나치가 스파르타에 관심을 가졌다는 점에 대해서는 1장 참조).

젊은이들의 일상적인 교육을 위해서는 공동체 차원의 강력한 교화가 행해졌는데, 이 일은 히틀러 소년단, 그리고 그에 상응하는 여성단체인 독일소녀연맹(Bund Deutscher Maedel: BDM)이 담당했다. 히틀러 소년단의 정식단원이 되기 위한 전 단계로 6~10세의 아동은 핌프(Pimpf)라는 다소 특이한 이름의 단체에서, 이어서 10~14세의 아동은 '젊은 사람들(Jungvolk)'이라는 단체에서 견습과정을 거쳤다. 각 단계를 수료할 때에는 '우리나라의 구세주, 아돌프 히틀러'에 대한 맹세를 했다(Shirer, 1964: 315 재인용). 14~18세의 청소년은 다시 한 번 총통에 대한 서약을 한 후 히틀러 소년단의 정식단원이 되었다. 그 서약은 이제 신이 지켜보는 앞에서 "독일 인민의 행복을 위한 나의 의무를 수행하기 위해"(Mann, 1939: 114 재인용) 헌신한다는 내용으로 범위가 확대되었다. 적어도 이 마지막 구절은 시민적 요소를 담고 있다. 소녀단체들도 '어린 소녀들(Jungmaedel)'과 21세까지의 '고학년 독일소녀연맹'으로 나누어졌다. 소년단 가입이 의무사항이 되기 이전에 히틀러 청소년운동의 다양한 분과에 가입하도록 만든 사회적·심리적 유인은 회원 숫자를 보면 잘 알 수 있다. 1933년에 10만 명이던 것이 1934년에는 350만 명, 그리고 1938년에는 775만 명으로 늘어났다.

히틀러 소년단이 수행한 활동들에는 정치교화, 신체단련, 절대적 필연성에 대한 끊임없는 강조, 엄격한 단체생활 속의 동료애, 그리고 무엇보다도 군사훈련이 결합되어 있었다. 호전적인 동요와 장난감으로 시작한 아동기가 청소년기에 군사훈련을 받음으로써 그 정점에 달한 것으로 볼 수 있는데, 진정한 남자다움은 조국과 인민 그리고 총통을 위해 기꺼이 싸움에 임하는 것이라는 교의가 이 과정을 지배하였다.

그리하여 시민교육의 역사에서 나치 청소년운동이 갖는 의미는 젊은 세대를 교화하고 군사화하려는 결단이 강력하게 추진된 데 있다. 이 점에 대해 이해하기 어려운 것은 전혀 없지만, 우리의 논의 목적에 비추어볼 때 인구의 절반을 차지하는 여성이 독일소녀연맹에 참여한 것도 매우 흥미로운 일이다. 소녀연맹 또한 단원들에게 신체단련을 시키고 의무감을 고취했으며 건강한 생활방식의 중요성을 강조했다. 하지만 젊은 독일 여성들이 이러한 경험을 통해 시민으로서의 정체성을 다소나마 갖게 되었을까?(Reese, 1997: 102~120 참조) 제국체제하에서 여성들은 참정권이 없긴 했지만, 여성들이 남성들의 병역의무에 상응하는 의무로서 공동체 사회봉사를 수행해야 하는지, 그리고 그에 대한 보상으로 시민적 권리를 향유할 자격을 가지는가 하는 물음이 제기되었다. 여성들은 소녀연맹의 활동에 참여했고 특히 2차 대전 중에는 핵심적인 농업과 공업 및 군무원 활동에 종사했는데, 여기에는 소녀연맹에서 배운 경험과 기능이 종종 한 몫을 했다. 그리하여 한 세대 후의 여성들은 시민으로서의 책임 수행 면에서 남성들과 동등해졌다고 주장할 수 있게 되었다. 그들은 또한 동료애로 넘쳐나는 생활관계도 배웠다. 다른 한편, 이러한 징집은 이전 세대의 여성들이 가정에서 누렸던 개인적 자유를 여성들에게서 박탈했다. 게다가 나치는 여성의 핵심적인 의무는 가능한 한 아이를 많이 출산하는 것이라고 끊임없이 호령했는데, 이는 시민 자격의 본질에 대해 유별나게 성차별적인 해석이었다. 그리고 소녀연맹 지도자들이 반드시 그런 생각에 큰 비중을 부여한 것은 아니었지만, 히틀러 소년단과 소녀연맹이 공동으로 여름캠프를 운영했던 것은 분명 그런 관행이 만들어질 기회를 제공했다.

나치의 전체주의적 시민교육에 대해 살펴보았는데, 두 가지 중요한 문제가 제기된다. 하나는 나치의 교육은 바이마르 시절의 교육과 얼마나 근본적으로 다른가 하는 것이고, 다른 하나는 나치의 교육은 정말로 시민 자격을 함양하기 위한 교육이었나 하는 것이다.

변화의 속도와 폭을 감안하면 첫 번째 질문을 제기하는 것은 아주 이상하게 보일 수도 있다. 하지만 둘 사이에 연속성이 있다는 점이 확인될 수 있다. 나치의 교육강령이 지닌 열렬한 국가주의적 - 민족주의적 성향은 피히테를 비롯한 19세기 인사들과 직결되어 있다고 해석할 수 있다(2장 참조). 더욱이 이런 분위기에서 성장한 다수의 교사 자신이 이러한 신념을 바이마르 시대에도 여전히 전수하고 있었던 것으로 보인다. 게다가 베르사이유 조약의 내용이 수치스럽고 부당하다는 감정은 결코 나치당원들에게만 국한되지 않고 널리 퍼져 있었다. 1920년대에 사용된 역사교과서와 시민론 교과서들은 분명한 교훈을 담고 있다. 예를 들어 어느 시민론 교과서는 전쟁에 대해 "유일하게 정의로운 판단이며 당연한 선택으로서, 건강하고 완전한 민족은 전쟁을 통해 허약하고 열등한 민족들을 물리쳐 자신의 영토를 확보하고 번영을 이룩한다"(Samuel and Hinton Thomas, 1949: 78 재인용)라고 찬미하며, 베르사이유 체제에 대한 분개와 바이마르에 대한 경멸을 거리낌 없이 드러냈다. 이런 논조의 교과서에 주의를 기울이게 만든 책의 저자들은 다음과 같이 결론을 내린다.

> 이 교과서들은 반동적인 사회적 · 정치적 이상을 담고 있으며 종종 전쟁과 복수의 정신, 증오와 인종적 적개심을 신중하게 고취했는데, 이는 히틀러 시대에 권력을 잡는 나이에 도달할 세대의 관점을 형성하는 데 일조를 했다(Samuel and Hinton Thomas, 1949: 82).

나중에 바이마르 시대의 교과서가 지닌 문제로 돌아올 것이다. 그런데 지금 지적한 사항들이 나치가 맹렬한 교조주의에 입각해서 학교에 이데올로기적 요구를 부과했다는 사실을 반박하기 위한 것은 아니라는 점을 이해했으면 한다. 그보다는 시민교육에 대한 그들의 견해가 이전의 모든 것을 뒤엎은 것은 아니라는 말이다.

바이마르와 나치의 시민교육방식을 특별히 구분되게 하는 것은 청소년운동 경험을 통해 학교에서의 학습을 강화시키는 총괄적인 — 실은 전체주의적인 — 방식에 있다. 삶의 핵심이 공동체 즉 민족의 일원이라는 것에 헌신하는 것이라는 점을 젊은이들이 무조건적으로 받아들이도록 교화하는 것이 그 목적이었다. 하지만 공동체의식이 시민의식과 일치하는가? 이것이 우리의 두 번째 질문인데, 이제 이 문제를 살펴보자.

한편으로, 시민권은 정체성을 함양하며 (복잡하게 말하자면) 수직적으로는 국가에 대한 그리고 수평적으로는 동료시민에 대한 소속감을 함양하는 기능을 지닌다. 사실 공동체주의적 경향의 시민권 이론은 자유주의적 관점에 비해 이런 측면을 더 강조한다. 그렇지만 자유주의적 해석이 정체성과 소속감을 무시하는 것은 아니다. 교육이론의 역사를 보면, 개인의 발전을 중시하는 교육과 사회 구성원으로서의 기능 함양을 중시하는 교육을 두고 두 사조가 경합해왔다. 각기 훔볼트와 피히테의 견해로 대표되는 이 두 가지 목표가 1800년경부터 독일의 교육사상과 실제에서 긴장관계에 놓여 있었다. 다시 프릭을 인용하면, 그는 나치의 관점에서 이 문제에 주의를 기울이게 한다. 그의 주장을 들어보자.

> 개인주의 교육관은 사회와 국가 속에서 존재하는 민족의 삶을 파괴하는 데 주된 요인으로 작용했다. 특히 2차 대전 후에 마구잡이로 적용된 그 관점은 독일 교육의 지도원리로서 매우 부적합하다는 것을 드러냈다(H.-J. Hahn, 1998: 74 재인용).

개인주의 교육관과 반대되는 관점, 즉 민족주의적 공동체의식은 시민권 개념에 반감을 가졌는데, 독일의 어느 교육자는 1939년에 나치의 정책을 가리켜 "시민권 제거와 동료의식 부여"(Shiedeck & Stahlmann, 1997: 72 재인용)라는 경구로 표현했다. 아리아인의 순수성과 고결함을 위해 유대인들은 시민권을 박탈당했다. 민족의 화신인 총통과 당의 독재권력을 위해 시민의 정치적 권리가 무효화되었다. 젊은이들을 특히 민족의 소우주라 할 히틀러 소년단을 통해 민족의 신봉자로 만들어내기 위해, 그들이 시민으로서 사회적·정치적 사안에 대해 배우고 자유롭게 판단할 권리가 부인되었다. 게다가 매우 영향력 있는 나치 교육이론가의 한 사람인 크리크(Ernst Krieck)는 『국민정치교육』(1932)과 『국민사회주의교육』(1933)에서 젊은이들이 공동체의 지고한 가치를 확신하기 위해서는 공동체 속에서 배워야 한다는 생각을 신비주의적인 분위기로 해설했다. 이 중 첫 번째 책에서 크리크는 '영혼의 밑바닥' 그리고 대중을 일깨우고 동원하는 '국가사회주의' 예술을 통해 이러한 교육목적을 추구해야 한다고 하면서, "집단 구성원들이 하나의 정신적 단위로 융합되어 공동체에 대한 통일된 감정을 지녀야 한다"(Shiedeck & Stahlmann, 1997: 70 재인용)라고 설파했다. 이는 이성을 지닌 시민 자격이 아니라 비합리적 공동체이다.

6. 1945년 이후의 독일 체제

그리하여 나치의 시민교육은 19세기 초에 기원을 두고 있는 경향이 과장된 형태로 지속된 것이며, 또한 전통이 야만적으로 왜곡되어 기형적 형태의 시민을 길러내려는 교육을 낳았다는 생각이 타당해 보인다. 이런 주장을 받아들인다면 2차 대전 후 1945~1949년 동안 독일을 4개 지역으로 분할 점령한 강대국들은 분명 그런 왜곡을 바로잡고 좀 더 참된 시민교육체제를 구축할 절호의 기회를 가졌던 것으로 볼 수 있다. 사실 전후 독일의 '교육재건' 혹은 '재교육'을 위한 계획들은 전쟁 중에 시작되었다(예를 들어 Schmidt-Sinns, 2000: 15~16 참조). 그리고 1945년 여름에 개최된 연합국들의 포츠담회담에서 "독일의 교육은 나치와 군국주의자들의 교의를 완전히 제거하고 민주주의의 이상을 성공적으로 전개할 수 있도록 강력하게 통제되어야 한다"(Hearnden, 174: 29 재인용. 1945~2002년의 기간에 대해서는 Roberts, 2002 참조)라는 주장이 개진되었다. 초기의 과제와 관련하여 미국, 영국, 프랑스 그리고 소련 당국은 다음 사항들에 합의했다. 첫째, 전반적인 탈나치화 정책의 일환으로 나치당에 충성했던 전력을 지닌 교사들이 해임되었는데, 그 숫자는 이행과정에서 점령지역에 따라 달랐다. 예를 들어 소련은 절반을 해임했는데 영국은 1/4만 해임했다. 탈나치화 계획의 두 번째 주요 과제는 이념적으로 편향된 교과서들을 일소하는 것이었다. 이 정책의 이면에 적극적 '재교육'이 있었는데, 이는 좀 더 적합한 교사들을 충원하고 양성하며 좀 더 적합한 교과서를 발행하는 일이었다.

이런 방대한 과업은 단기간에 완수하기에 매우 어려운 일인데다 4개 연합국 당국 간의 격렬한 대립으로 인해 복잡해졌는데, 서방 진영의 점령국들 각각과 독일인 공무원과 교사 및 교회와 학부모 사이에 특히 그랬다. 근본적인 쟁점 중 하나는 독일의 전통적인 교육방식을 실질적으로 바꾸려는 일체의 시도에 대한 저항이었다. 미국·영국·프랑스의 노력에 반대한 많은 이들은 빌헬름 시대에 시작해서 바이마르를 거쳐 나치 시대에 이르기까지 일관되게 유지되었던 학교교육의 군국주의적 색채를 지우려는 3개국의 시도에 분개했다. 종합중학교라는 구상은 반민주적 전통에서 자란 다수의 중산층 독일인들에게는 저주나 다름없었다. 아래에서 보게 되듯이, 소련 관할지역에서는 명시적인 반감이 덜했다.

연합국들이 직면한 어려움은 교화 위주의 기존 교과서를 대체할 필요가 명백했다는 점에서 생생하게 드러난다. 역사과목의 경우 문제가 특히 심각했다. 역사과목과 관련된 모든 도서가 폐기되어, 시민교육에서 매우 중요한 과목인 역사를 학교에서 가르치는 데 사용할 교과서가 한동안 하나도 없었다. 가능한 해결책이 두 가지 있었다. 하나는 새 교과서를 발행하는 것이었는데, 이는 집필과 검정 및 출간에 시간이 걸렸다. 다른 하나는, 적어도 새 교과서가 확보될 때까지 학교를 무마시키기 위해 바이마르 시대의 교과서를 다시 인쇄하는 것이었다. 이 정책들이 추진됨으로써 20세기 전반에 많은 독일인이 지녔던 사고방식이 생생하게 드러났다. 독일인의 성격과 학교기풍이 민주주의가 아니라 권위주의에 물들어 있었던 것은 아닐까? 다음 논평은 영국 관할지역에서 있었던 일들에 대한 것이다. 교과서에 등장할 수 있는 내용으로 출간에서 제외될 7개 항목에 대한 일람표가 작성되었는데, "민족주의를 미화하는가", "국제연합에 적대적이거나 회원국들 간의 불화를 조장하는 경향이 있는가"(Hearnden, 1978: 114 재인용) 하는 항목이 들어 있었다. 하지만 1933년 이전에 사용된 교과서 거의 400종이 검사를 받았는데, 그 중 8종만이 초등학교에서 사용하기에 적합한 것으로 간주되었을 정도로 군국주의적 내용이 압도적이었다(Hearnden, 1978: 108 참조). 더욱 우려스러웠던 것은 새 교과서 내용으로 제출된 일부 원고였다. 예를 들어 나치 이후 교회의 역사를 다룬 원고에는 유대인에 관한 이런 문장이 들어 있다. "세상이 창조된 이래로 그렇게 많은 범죄를 저지른 인종은 결코 없었다"(Hearnden, 1978: 117 재인용).

이처럼 서방 진영 3개국 관할지역에서는 민주주의 방식으로 시민교육을 즉각 시행하려는 조치에 대해 반대하는 분위기가 매우 강했으며, 이는 1949년에 출범한 독일연방공화국(서독)의 성격에도 일정 부분 녹아들어 갔다. 그렇기에 "1960년대 중반이 될 때까지 민주주의에 대한 진정한 신념 그리고 나치 치하의 교육에 대한 의미 있는 논쟁이 시작되지 않았다"(H.-J. Hahn, 1998: 105)라는 것은 놀랄 일이 못 된다. 게다가 많은 교육자들의 생각처럼, 독일인의 사고방식을 민주사회 시민에게 요구되는 사고방식으로 변형시키는 일은 닭이 먼저냐 달걀이 먼저냐 하는 수수께끼나 다름없었다. 즉 학교가 사회변화에 영향을 줄 수 있을까, 아니면 국민 대다수의 태도가 바뀌지 않으면 학교는 아무 효력이 없을까? 서구 연합국들의 목표에 장애가 되는 이 모든 사항에 비추어볼 때, 독일의 어느 정치교육 권위자가 언급한 다음 내용이 특히 유익해 보인다.

> 재교육이라는 것은 이전의 국가로 돌아간다는 의미를 내포하기 때문에 그 개념 자체가 문제될 수 있다. 따라서 '교육을 통한 전환'의 독일어 번역인 '전환교육(Umerziehung)'이 좀 더 적절한 용어로 보인다. 왜냐하면 1933년 이전의 바이마르 민주주의는 독일인들이 복원하고자 하는 형태의 민주주의 문화가 아니기 때문이다. …… 1949년 독일연방공화국이 출범한 이래로, 문화적 영역에서 연합국이 영향을 미칠 수 있는 수단은 거의 아무것도 남아 있지 않았다(Schmidt-Sinns, 2000: 15).

하지만 서독에서 시민교육의 진전이 갈팡질팡하고 복잡하게 뒤얽혔던 사연을 검토하기 전에, 소련 관할지역이었던 동독의 경우에 대해 몇 마디 할 필요가 있다. 소련 당국이 선호했던 교육방식으로 이행하는 과정은 서방 연합국 관할지역의 경우보다 다소 순조로웠다. 여기에는 몇 가지 이유가 있었다. 첫째, 전쟁이 끝나기 전에 포로로 수감되었던 독일인들이 새 역사교과서를 집필했다. 둘째, 소련은 예전에 독일 공산당 당원으로서 독일에서 추방되었던 자들 중에서 대체교사를 충원할 수 있었다. 셋째, 이 교사들과 소련 측 당국자들은 서방 연합국들이 예기치 못해 당혹해했던 그런 종류의 반대를 억누를 의지와 능력 면에서 서방 진영보다 나았다. 넷째, 소련은 시민교육에 군사적 요소를 유지하기를 원했다. 1946년 여름 「독일 학교체제 민주화를 위한 법」이 새로 만들어져 소련 관할지역의 모든 주에서 채택되었다. 그 법의 전반적인 목적은 요원들이 "인민공동체에 대한 봉사에 종사할 능력과 의지를 지니도록"(Samuel & Hinton Thomas, 1949: 171 재인용) 만들 교육체제를 마련하는 것이었다. 그리하여 그 법은 시민교육을 강조했으며 그 목적을 달성하기 위해 종합학교 형태의 학교교육(단일학교, Einheitsschule)이 구축되었다. 그에 따라 동독인들은 민주적인 학교운영을 요구하는 포츠담 회담의 규정을 자신들이 서방 관할지역보다 더 정확하게 이행하고 있다고 자랑스러워했다. 하지만 불가피하게도, '민주주의'는 마르크스-레닌주의 이데올로기의 관점에서 해석되었고, 이는 중앙의 통제를 받는 출판사 '인민과 지식'이 신속하게 대량으로 찍어내는 새 역사교과서를 통해 전파되어나갔다.

소련식으로 노동을 소중히 여기는 시민을 강조하는 것과 별도로, 사회주의 경제학의 미덕을 인정하고 마르크스-레닌주의의 기본 내용을 이해하는 것을 골자로 하는 동독의 시민교육은 1949년에 동독이 주권국가가 되면서 두 가지 문제에 부딪히게 되었다. 이 문제들은 두 개의 독일의 공존에서 비롯된 것으로 민주주의 그리고 국민자격의 문제와 관련되었다. 양쪽 독일 모두 자신이 진정한 민주주의라고 주장했으며, 분명 동독의 교사들은 사회주의 형태가 참된 것이라고 주장해야 했다. 독일인들이 문화적 의미에서 하나의 국민을 구성하는 것이라면, 어떻게 두 개의 진짜 독일이 있을 수 있겠는가? 학생들은 두 개의 독일이 하나의 '인민민주주의'로 통일되어야 한다고 배워야 하는가, 혹은 중동부 유럽의 인민민주주의 국가들이 새로운 별개 형태의 국민국가를 대표하는 것이라고 배워야 하는가?

국민교육부와 독일 중앙교육원이 교육과정의 이데올로기 적합성 여부를 승인하는 중앙통제방식에도 불구하고, 동독이 존속했던 40년 동안의 시민교육 역사는 사실 예전의 양쪽 점령지역이 비교되었던 것처럼 간단하지가 않다. 종합학교체제로 나아가려는 직접적인 조치도 없었고, 이데올로기 교육의 비중도 일정치 않았다. 그리고 지속적인 교육과정과 교수요목을 마련하는 데도 어려움이 있었다. 1957년이 되어서야 비로소 시민론과 관련된 새 교과목이 도입되었는데, 정치경제학과 마르크스 - 레닌철학, 사회주의 국가이론 그리고 국가방위 의무에 대해 공부하는 내용이었다. 1958년에 어느 교육 담당관료가 "1952년 이래로 학교에 사회주의 교육목적이 부과되었음에도 그동안 그 목적을 실현한 성과가 전혀 없었다"(Hearden, 1974: 131 재인용)라고 비판한 적이 있었는데, 새 교과목은 그런 비판을 무마하는 데 어느 정도 도움이 되었을 것이다. 1958~1959년에 새 교수요목이 도입되었지만, 새로운 시민교육 방안조차 만족스럽게 여겨지지 않았다. 그리하여 1960년대 초에는 시민교육 이수 연한이 2년이 늘어나 6년 과정이 되었으며 동독이 서독보다 우월하다는 데 교육의 주안점을 두었다. 이에 더해, 1968년에는 이데올로기적 요구에 다시금 중점을 둔 새로운 원리, 즉 모든 교과목을 정치·

이데올로기 교육을 위해 활용한다는 원리가 실행에 옮겨졌다. 예를 들어 화학 교수요목에서는 화학산업 공부가 "애국심 그리고 소련 및 여타 사회주의 국가와의 우의(友誼) 두 가지 모두를 위한 교육에 활용되어야 한다"(Hearden, 1974: 200 재인용)라고 진술되어 있었다.

하지만 상이한 과목들을 통해 정치적 의도를 전달하는 것은 특히 이데올로기적 입장이 변하는 시점에서는 복잡한 일이다. 예를 들어 1974년에 새 교육과정이 도입되었을 때, 공식적인 입장은 독일의 재통합이 바람직하지 않다는 것이었다. 사실 1968년 헌법에서부터 '독일 민족'이라는 용어가 사용되지 않았다. 1949년에 새롭게 탄생한 사회주의 국가 동독에 대한 충성과 자부심은 시대의 명령이었으며 학생들이 그 의미를 배울 수 있도록 새 시민론 교과서에 포함되었다. 그렇긴 해도, 어느 독일 교육자가 지적한 것처럼 "10학년 역사교과서에는 동독 정부가 1950년대부터 독일 재통합을 위해 수행한 수많은 활동내용이 들어 있었다". 1977년이 되어서야 "학생들이 이전의 정책을 떠올릴 수 있는 예전의 입장과 일체의 사건 및 인명에 대한 언급이 삭제되었다"(Waterkamp, 1990: 328. 역사수업에 대해서는 예를 들어 H.-J. Hahn, 1998: 150~152 참조). 1983년에는 동독의 성격과 경제정책을 강조하는 좀 더 새로운 시민론·역사 교수요목이 발행되었다. 그럼에도 불구하고 이러한 교육과정 변천 중 어느 것도 확고한 신념을 고취하는 바람직한 효과를 자아내지 못했다. 대부분의 젊은이는 깊은 정치적 무관심을 드러냈다. 그에 따라 여타 전략도 수정되었는데, 예를 들어 지난 10여 년 동안 '자유독일청년' 회원을 세 배로 늘린다는 전략도 이에 포함되었다. 1970년대 말에 라이프치히 중앙청소년연구원이 실시한 조사에서 나타난 뚜렷한 결과가 다음과 같이 요약된 바 있다.

> 국가와의 동일시는 항상 이데올로기에 기초해 있는 것이 아니라 …… 종종 반파시즘 같은 전반적인 인도주의, 그리고 태어난 환경과 나라에 대한 전반적인 사랑에 기초해 있다. 이 두 가지 동기는 동독의 역사적 임무에 대한 확신을 반영하지 않기 때문에 두 가지 모두 교육자들을 만족시키지 못했다(Waterkamp, 1990: 331).

전체주의 시민교육에 대한 지지가 이데올로기에 근거한 경우는 드물다. 그리고 1989~1990년 동안에 이루어진 동독 붕괴와 독일 재통합의 경우도 마찬가지이다. 어느 권위자가 사회주의 국가와 문화 차원의 민족, 이 둘에 대해 동독인들이 갖고 있는 '정신분열적 관계'라고 표현했던 것이 후자의 승리로 해소된 것이다(Führ, 1997: 25 재인용).

동독 국민교육부가 구체적인 교수요목 발행과 관련된 지침을 내린 것과 대조적으로, 본의 연방정부(서독정부)는 사실상 아무런 영향력도 없었는데, 이는 기본법 제7조 1항에 의해 "모든 학교체제는 주(Land)의 감독하에 있도록" 되어 있었기 때문이다. 사실 주의 자율성과 권한은 서방의 점령국들이 나치가 휘둘렀던 중앙집권적 권위에 대한 대응으로 인정한 것이었다. 역설적으로, 서독의 일부 주는 연방 창설 이전에 이미 헌법을 만들기도 했다. 게다가 이러한 주들의 헌법조문은 교육의 목적을 규정하는 연방기본법 제7조보다 더 구체적이기까지 했다. 헤센 주 헌법 제56조에는 다음과 같은 내용이 들어 있다.

> 교육의 목적은 젊은이들이 도덕적 인성을 기르고, 경의와 우애, 관용, 정직과 진실을 통해 자율적이고 믿음직스럽게 국가와 인류를 위해 봉사하면서 직업적

능력과 정치적 책임감을 갖도록 준비시키는 것이다. 역사수업은 과거에 대한 믿을 만하고 진실한 묘사를 지향해야 한다. …… 민주국가의 근간을 위태롭게 하는 견해들은 관용의 대상이 아니다(Führ, 1997: 20 재인용).

결과적으로, 학교정책을 수정하고 이행하는 일은 각 주에 맡겨졌는데, 이는 개혁을 가로막음으로써 '혼돈과 혼란'을 빚어내는 조치로서 '축복이기보다는 재난'으로 묘사되었다(H.-J. Hahn, 1998: 115, 117). 이는 시민교육에 대한 일반화를 시도할 때, 특히 주정부가 학교에 보내는 지침에 주의 정치적 색깔이 반영되기 때문에, 불가피하게 어려움을 유발한다. 설상가상으로, 선택제 학교 대 종합학교, 교수학습방법론, 그리고 교육과정 내용 등 수많은 사안을 둘러싸고 논쟁이 벌어졌다. 이 모두가 시민교육과 관련이 있다. 첫 번째 사안은 민주주의 교육의 적합한 형태가 무엇인가 하는 문제를 제기했다. 두 번째 사안은 시민으로서의 태도와 행동을 함양하는 가장 효과적인 방법에 관한 것이다. 세 번째 사안은 이를테면 정치적인 성격의 것으로 제3제국과 냉전에 대해 어떻게 가르칠 것인가 하는 문제와 관련된다. 사안에 대한 견해 차이는 심각한 논쟁을 야기했다. 연방정치교육원에 근무했던 사람의 말로는 "다른 곳에서보다 연방공화국 내에서 정치적 분위기에 따라 편이 갈라졌는데, 그들은 종종 정당 간의 대립보다 더욱 격렬한 대립양상을 보였다"(Schmidt-Sinns, 2000: 67). 시민교육 관련 교과목, 즉 사회과학 및 역사 관련 교과목조차 학생들에게 해석이 상충하는 것을 제시하는 경우가 있었다. 주마다 정치교육원을 만들어 전문적인 지침을 제공하려고 한 것은 사실이다.

또한 연방 차원의 협력체제를 구축하려는 노력도 행해졌다. 지역 차원의 교육원과 별도로, 연방정치교육원(Bundeszentrale für politische Bildung)이 설립되었다. 각 주 교육장관들의 상임협의회도 만들어져 종종 정치교육 분야의 지침을 마련하기 위한 회합을 가졌으며, 전문가들은 전국 차원에서 적용될 수 있는 성명서를 배포하기도 했다. 몇 가지 예를 들자면, 1961년에 상임협의회는 현대사 수업지침을 발행했으며, 1976년에 보이텔스바흐 합의체는 논쟁문제 수업에 관한 지침을 제시했다. 1995년에 다름슈타트 항소법원은 교사들이 세계화라든지 정치적 극단주의 같은 새로운 주제를 포함시켜 수업을 개선할 수 있다는 고무적인 판결을 내놓았다(Roberts, 2002: 561~563 참조).

연방공화국(서독)의 제도적 배경을 시대순으로 살펴보았는데, 이제 그 기간을 넷으로, 즉 1949년~1950년대 중반, 1950년대 중반~1960년대 중반, 1960년대 중반~1990년, 그리고 1990년 이후로 구분하는 것이 좋겠다.

서독의 초창기는 경제를 재건해야 할 필요가 지배적이었다. 또한 1943~1945년의 재난을 초래했던 정치적 환상에서 깨어나야 한다는 요청도 강력했다. 시민교육도 이러한 분위기를 반영했다. 1951년에 외르팅거(Friedrich Oertinger)는 『협력관계: 정치교육의 과제』를 출간했다. 이 책이 매우 큰 영향을 끼친 덕분에, 협력관계의 개념이 교과서와 교육지침에 자리를 잡았다. 학생들은 정치논쟁과 정치활동이 아니라 공동체와 사회적 협력의 중요성을 배웠다. 수많은 학교에서 『서로 함께 — 서로를 위하여』라는 제목의 교과서를 널리 사용했는데, 1967년에는 12판이 발행되었다. 책의 제목 자체가 교육방식을 반영하고 있다. 하지만 이처럼 차분한 형태의 시민교육은 비판을 불러왔다. 그래도 새롭게 출범한 연방공화국(서독)에서 정치교육문제를 제기한 외르팅거의 구상은 '좋은 시민을 기르는 교육'이 절대적으로 필수적이라는 사실이 보편적으로 수용되는 수준까지 이르렀음을 보여준다(Duczek,

1977: 5~7 참조).

　1950년대 중반부터 10여 년 동안에 해당하는 두 번째 기간에 서독은 자신감을 가지게 되었으며, 이 안정된 국가의 제도와 민주적 과정에 대해 가르치는 것은 위험하게 여겨지기는커녕 교육적으로나 정치적으로나 건전한 일로 여겨지고 전반적으로 장려되었다. 하지만 사회적·정치적으로 조화를 이루었다고 간주되고 또 그렇게 가르쳤던 이 기간은 오래가지 못했다.

　학교는 새롭게 부상하는 정치적 분위기의 영향을 받지 않을 수 없었다. 1950년대 후반의 반공교육은 냉전의 긴장을 반영했으며, 신나치주의와 반유대주의의 발호는 이 나라가 바로 얼마 전에 지나온 과거를 몸서리치도록 생각나게 했다. 후자의 경험은 양심적인 시민을 길러내는 정치교육에 정치인들이 더욱 큰 관심을 갖도록 자극했다. 우리 논의의 세 번째 기간에 접어드는 1960년대에는 사회도덕과 정치적 양심을 마치 지진처럼 흔들어놓은 변화가 일어났다. 프랑스와 미국만큼 폭력적인 방식은 아니었지만, 독일도 나름의 방식으로 이러한 격동에서 벗어났다. 현실을 반영해서 사회적·정치적 조화를 강조하고 시민의 기능을 단지 수동적인 동료애로 묘사했던 시민론 과목들은 분명 도전받고 변화되어야 했다. 새로운 접근이 많이 시도되었다. 예를 들어, 공산주의에 대한 반감과 별도로 국민정체감을 함양하고 사회과학 분석을 가르치며 1970년대와 1980년대에 대한 전망을 다루었다. 이러한 실험적 활동에 참여한 교사들은 1965년에 시민교육협회가 발족함으로써 지지를 얻게 되었다. 게다가 1960년대의 급진적 분위기는 선택제 중등학교라는 '비민주적' 방식이 계속되고 있는 것에 대해 강렬한 비판을 가했다. 1970년대와 1980년대의 핵심개념은 판단과 참여의 연계였다. 1979년에 출간된 어느 책에는 이러한 입장이 잘 나타나 있다. "정치교육의 목적은 비판적 의식과 독자적 의견 형성 능력을 기르는 데 있다. 이 둘 모두 정치참여에서 이루어져야 한다"(Meyenberg, 1990: 216 재인용). 새롭게 부상한 이런 생각들은 좀 더 현실적이고 역동적인 주장들을 산출해냈다. 그러나 이런 생각과 주장들을 학교에서 소화해내기에는 무리였다. 그리하여 1990년에 어느 정치학자는 이런 논평을 내놓았다. "정치교육이 위기에 처한 것으로 여겨진다. …… 정치교육을 어떻게 해야 하는지를 놓고 소란이 벌어졌던 단계는 지나왔다. …… 하지만 정치교육의 현재 상황은 그다지 밝아 보이지 않는다"(Meyenberg, 1990: 216, 218).

이런 비관적인 전망들이 제기된 해에 서독과 동독이 통합되었고, 그리하여 해결되어야 할 문제들이 더 많아지게 되었다. 첫째, 우선적이고도 분명한 사안은 (통합으로 인해) 확대된 연방공화국의 새로운 몇 개 주가 된 지역(동독)의 시민교육에 남아 있는 공산주의 전통의 문제였다. 이 장에서 살펴본 모든 전통이 그러하듯, 이는 어떤 학교에서 누가 무엇을 가르칠 것인가 하는 세 겹의 문제였다. 이 모든 측면의 진행과정은 통합이 아니었다. 사실상 동독이 서독에 합병된 것이었다. 이 세 가지 문제를 차례로 살펴보자.

> 독일통합에 따라 정치 혹은 정책결정 관련 분야에 종사했던 교사들 중 20% 그리고 학자들의 대다수가 …… 해고되었다. 시민교육 담당교사들은 대개의 경우 그 과목을 가르칠 기회를 더 이상 가질 수 없었다. 그 대신, 다른 과목들에 대한 교육을 받았던 교사들이 시민교육을 담당하기 위한 연수를 받았다(Händel et al., 1999: 261).

서독 지역에서 이미 사용하고 있던 교과서를 동독 지역 학교에 배포하는 단순한 조치를 통해 교과목의 내용이 '서구화'되었다. 그리고 동독의 종합학교체제가 사라지고 서독의 3계열 선택방식으로 대체되었다.

교육의 책임을 (조건부로) 중앙에서 지방으로 이양하는 서독의 방식이 동독 지역에도 부과되는 것 또한 불가피했다. 그 결과 현재의 15개의 주들 간에 존재하는 차이로 인해 일반적인 틀을 제시하는 일이 예전보다 훨씬 더 어려워졌다. 그럼에도 불구하고 몇 가지 공통된 주제를 찾을 수 있다. 첫째, 모든 중등학교에서, 대체로 7학년과 8학년에서 이런저런 형태로 명시적인 시민론 과목을 개설하고 있다(C. L. Hahn, 1998: 12; Händel et al., 1999: 260~261 참조). 둘째, (이 구절은 예전의 서독 지역을 대상으로 행한 조사에서 인용한 것이긴 하지만) "사회교과 과목들은 대체로 유인물을 사용하는 교사 주도의 암기식 수업에 의존했다. 학생들이 특정 사안에 대해 상반된 주장을 전개하는 편으로 나뉘어 학급토론을 하는 방법도 많이 사용되었다"(C. L. Hahn, 1998: 13). 셋째, '시민론'이 극단적으로 광범위하게 해석되었다. 넷째, 어느 중요한 조사연구에 따르면, "전문가들의 90%가 민주주의의 공식적 기능(의견을 자유롭게 표현할 권리, 자유롭게 투표할 권리, 권력분립)을 알게 하는 것이 시민교육의 핵심목표라고 본다"(Händel et al., 1999: 264)라는 점이 밝혀졌다. 적어도 독일의 시민교육이 급격한 변화를 겪었던 지난 한 세기에 대해 상당한 정도로 합의가 이루어진 것이다.

7. 일본

1870년경부터 1950년에 이르는 기간 동안 독일과 일본의 정치가 지나온 역사는 놀랍도록 비슷한 양상을 보여준다. 우리는 제국주의 전제정치에서 1

차 대전 후의 정치적 해방을 거쳐, 새롭게 등장한 권위주의적 파시즘이 전쟁으로 심화되었다가 2차 대전 후 연합국에 의해 자유민주주의가 부과된 격동의 과정을 볼 수 있다. 하지만 일본의 경우 19세기 중반부터 서구의 방식이 도입되었음에도 불구하고 여전히 널리 퍼져 있는 동양적 전통으로 인해 일본의 시민교육 경험은 불가피하게 자신만의 독특한 특징이 있다. 1867~1868년에 메이지 천황이 즉위하여 제왕의 권력을 회복하면서, 우려가 없었던 것은 아니지만, 일련의 획기적인 변화를 추진했다. 정치와 사회 그리고 교육 분야에서 전통주의와 서구화의 적절한 균형을 놓고 열띤 논쟁이 벌어졌다. 일본의 전통사회에서 시민교육이라는 것이 있었다고 한다면, 그것은 유교적 사무라이 생활방식과 관련된다. 전사이자 관료로서의 사무라이는 유교를 통해, 그리고 용기와 충성이라는 가족의 기대를 통해 도덕과 정치를 배웠다. 따라서 19세기 후반에 서민층 자녀들이 대부분 학교에 다닐 수 있게 되고 입헌주의 개혁으로 선출을 통한 의회 구성이 가능해졌을 때, 도덕·시민교육이 널리 보급되기를 바랐던 교육자들이 시대에 알맞은 사무라이 방식의 관점에서 학습을 생각한 것은 당연한 일이었다.

메이지 시대(1867~1912년)와 다이쇼 시대(1912~1926년)에 이루어진 정치적·교육적 변화의 속도는 획기적인 다음 사건들에서 알 수 있다. 1871년에 문부성이 설립되어 공교육을 관장하게 되었다. 1870년대 중반에서 1880년대 중반까지 민권운동이 활기차게 진행되었다. 그 운동은 결국에는 와해되긴 했지만, 좀 더 많은 정치적 권리를 요구했을 뿐만 아니라 정치교육을 할 수 있는 수천 개의 학교를 설립하고 자체 교과서도 발행했다. 민권운동 참여자들은 국가의 지시로 편찬된 교과서들이 '적나라한 유교주의와 국가주의'에 입각해 있는데다 후쿠자와 유키치(福澤諭吉) 같은 인사들이 쓴 괜찮은 저작들이 배제당하는 것에 불만을 품었기 때문에, 대안적인 교과서들에 대한 필요가 제기되었다(Aso & Amano, 1972: 12 참조). 후쿠자와는 아주 다재다능한 인물로서 메이지 시대에 가장 저명한 교육사상가였다. 그는 교육과 정치의 잠재적인 관련, 그리고 교육받은 대중의 의견이 매우 중요하다는 점을 잘 인식하고 있었다(Passin, 1965: 208). 1872년에 그는 『학문의 권유』라는 제목의 책을 출간했는데, 이 책에서 그는 다음과 같은 급진적인 사상을 드러냈다.

> 국민이 정부에 대해 미미한 불만을 갖고 있다면, 그들은 …… 자신들의 주장을 평온하고 솔직하게 제기할 적합한 방도를 모색해야 한다. 그들의 주장이 하늘의 이치와 인류에 부합한다면 목숨을 걸고서라도 싸워야 한다. 이는 스스로를 문명국가의 시민이라 칭하는 자의 의무이다. …… 만일 우리가 고약한 정부를 원하지 않는다면, 우리는 국민이 교육을 받도록 상황을 개선해야 한다(Passin, 1965: 209 재인용).

이런 사상을 보완하는 차원이긴 했지만, 정치인 모리 아리노리(森有禮)도 후쿠자와만큼이나 중요한 인물이다. 천황은 1870년대와 1880년대의 정치적 동요에 대한 대응으로 1885년에 내각을 임명하고 1889년에는 의회 구성 규정이 포함된 성문헌법을 공포했으며, 1890년에는 제국교육칙령을 공포했다. 천황은 능력이 출중했던 모리를 내각 문부대신으로 임명했는데, 그는 학교의 시민양성 기능에 대한 열렬한 믿음을 지니고 있었다. 그는 학교교육의 목적은 "국민 개개인이 일본 신민으로서 각자의 의무를 충분히 이해하고 윤리를 실천하며 행복을 누릴 자격을 갖추도록 훈련시키는 것"(Aso &

Amano, 1972: 20 재인용)이라고 설파했다. 게다가 그는 국민 모두에게 시민으로서의 도덕적 의무감을 교육하기 위한 방편으로 사무라이 방식에 의식적으로 의존했다(Cummings, 1987: 16~17 참조). "무엇을 할 것인가는 학생의 이익이 아니라 나라의 이익을 위한 것"(Passin, 1965: 150 재인용)이라는 그의 경구는 유명하다. 모리가 창안한 교육체제는 2차 대전이 끝날 때까지 지속되었다. 그 교육체제를 떠받치는 철학은 1890년의 제국칙령으로 확실한 위상을 확보했는데, 아주 제한적인 의미에서이긴 하지만, 시민 자격 및 시민교육에 대한 공식적인 진술이라 할 수 있는 내용이 들어 있다. 천황은 신민들에게 다음 사항을 엄명했다.

> 공공선을 증진하고 공공의 이익을 진작하라. 항상 헌법을 존중하고 법률을 준수하라. 비상사태가 발생할 경우 용감하게 자신을 국가에 바치라. 그렇게 해서 천지신명과 더불어 우리의 제국이 번영하도록 지키고 유지하라(Passin, 1965: 151 재인용).

그러나 모리라든지 일본의 교육자들이 미국이나 프랑스 같은 나라들과 긴밀한 접촉을 했음에도 불구하고, 천황이건 일반대중의 생각이건 당시 미국과 프랑스에서 싹을 틔우고 있던 그런 종류의 시민교육에 근접할 수 있는 교육을 용인하려 하지 않았다. 그 반대로 보수적인 신호가 감지되었는데, 사실상 전체주의적이고 극단주의적인 국가주의 분위기가 이미 분명하게 나타나고 있었다. 모리는 국가주의자로서 충분치 않다고 여긴 사람들이 많았으며, 이런 이유로 모리는 1889년에 암살을 당했다. 같은 해에 학교마다 천황의 초상화가 보내져 교사와 학생들이 참배하게 되었고, 2년 후에는 천황

칙령 사본도 학교마다 게시되어 똑같이 신성시되었다. 학교에 국왕의 초상화를 게시하는 것은 일본뿐만 아니라 영국의 경우에도 시민교육의 일환이었으며, 유사한 차원에서 미국과 일본에서 국기에 대한 경례의식이 도입되었다고 할 수도 있다. 하지만 일본의 학교 분위기는 비할 데가 없을 정도로 경건했는데, 다음 묘사가 이를 잘 보여준다.

> 제국칙령 낭독은 속세의 문건을 암송하는 것이기보다는 종교적인 주문에 가까웠다. …… (천황의 초상화를 비롯한) 이런 상징들은 매우 신성시되었기 때문에 화재가 발생할 경우 목숨을 잃는 한이 있더라도 다른 모든 것에 앞서 보호되어야 했다. 교사나 교장이 우발적으로 무례를 범했을 경우, 가령 제국칙령을 떨어뜨린다거나 낭독할 때 실수를 한다든지 했을 때, 자살을 하는 극적인 사례들이 있었다(Passin, 1965: 155).

교실에서는 국가주의에 경도된 도덕교육이 교육과정에 온통 퍼져 있었는데, 이는 소련의 경우와 유사하다. 도덕교육이 별도의 과목으로 편성되었을 뿐만 아니라 역사를 비롯한 다른 많은 과목도 같은 색채를 띠었다.

요시히토 천황의 짧은 재위기간 동안 중대한 정치적 개혁들이 이루어졌는데, 이 시대를 가리키는 용어로 '다이쇼 민주주의'가 창안되었다[다이쇼(大正)는 요시히토 천황의 연호이다]. 1919년의 개혁법으로 유권자의 숫자가 두 배로 늘었으며 6년 후에는 남성 유권자의 보통선거가 도입되었다.

이 개혁기간 동안 교사들이 수업에서 더 많은 자유를 부여받았으며 몇몇 새 교과서들이 이러한 근대화·자유화 경향을 반영하긴 했지만, 역사책은 여전히 국가주의적 서술을 확고하게 고수했다. 게다가 제국칙령의 극단적 국가주의적 해석이 완화되기를 바랐던 희망은 1931년에 군부와 극우 정치인들이 히로히토 천황에게서 실질적으로 권력을 접수함으로써 산산이 부서졌다. 개혁가들은 우익 파시스트 정부와 초기 혁명적 경향의 좌익 사이에서 맹렬한 기세로 나아갔다. 1931년의 만주 침공에서 1941년의 진주만 습격에 이르는 10년을 '암흑계곡(dark valley)'이라 부른다(Storry, 1961: 182 참조). 1932년에 문부성은 이데올로기 통제를 위해 도덕문화연구원을 설립했다. 그리고 2년 후에는 오웰(George Orwell)식의 이름이 붙은 사상국이 문부성 내에 설치되었다. 1937년에 새로운 교육평의회가 구성되면서 국수주의 교육의 강화가 빠른 속도로 진행되었다. 19세 이하의 모든 청소년이 청소년학교에 의무적으로 등록하여 군사훈련을 비롯한 각종 교육을 받도록 하는 것이 교육평의회의 권고사항에 들어 있었다(Kobayashi, 1976: 38~39 참조).

1941년에는 아라키 사다오(荒木貞夫) 장군이 문부대신으로 임명되었다. 이제 학교에서의 교화를 군 당국이 맡게 되었으며, 교과서도 더욱더 국가주의적으로 되었다. 동시에 공민학교들이 설립되어 6년간의 의무교육을 마친 사람들을 대상으로 교육을 실시했다. 이들 기관의 운영에 관한 법령 제2조에는 다음과 같은 진술이 들어 있다.

　공민과*에서는 우리나라의 도덕, 언어, 역사, 그리고 지리를 가르칠 것이며,

---

* 본 번역서에서는 citizenship을 시민권, 시민 자격, 시민성 혹은 시민 자질 등으로 옮기고, civics는 시민론으로 옮기고 있다. 그런데 일본의 경우에는 civics에 해당하는 과목을 공민(公民)으로 표기하고 있어서, 본 번역서에서도 일본에 한해 '공민' 혹은 '공민과'로 옮기기로 한다. 우리나라도 한때 사회교과 중 정치, 경제, 사회문화, 법 분야를 가리켜 '공민'으로 불렀으며, 지금도 교육계 일부에서는 '일반사회'라는 어색한 명칭

특히 국민정신을 함양하기 위해 우리 국체의 정수를 명료하게 할 것이다. 학생들은 우리의 제국에 태어났다는 사실에 행복해할 것이며, 경애와 봉사의 정신을 지니게 될 것이다.

'공민'은 우리가 우월한 국민성을 갖도록 해준 우리 역사와 국토의 특징을 학생들이 이해하도록 만들 것이다(Passin, 1965: 267 재인용).

첫째 단락은 영국 이외의 경우에는 없었던 것으로 보인다. 하지만 둘째 단락은 나치 독일에서 아주 비슷한 예를 찾을 수 있다. 게다가 태평양 전쟁의 흐름이 미국 측으로 기울면서 전쟁이 삶의 다른 어떤 측면보다도 우선되었다. 그리고 1945년에 미국이 일본을 점령하면서, 일본 교육의 성격을 바꾸기 위한 근본적인 변화들이 부과되었다.

일본이 항복한지 두 달 만에, 연합군 총사령관이 교육각서를 공포했다. 우리의 논의 주제와 관련되는 내용은 다음과 같다.

> 군국주의적·국수주의적 이데올로기 전파가 금지될 것이며 일체의 군사교육 및 훈련이 중단될 것이다. ……
> 군국주의와 국수주의의 적극적 수행자였던 교사와 교육관료들 그리고 점령군의 정책에 적대적인 인사들은 배제될 것이다. ……
> 교양 있고 평화적이며 책임감 있는 시민들을 육성하기 위한 새로운 교육과정과 교과서, 교사용 안내서, 그리고 수업자료들이 …… 가능한 한 빨리 보급될 것이다(Passin, 1965: 270~272 재인용).

을 사용하고 있다. — 옮긴이

이에 더해, 그해 마지막 날 위압적인 명령이 내려졌는데, "도덕, …… 일본사, 지리 …… 와 관련된 모든 과목은 즉각 유보된다"(Passin, 1965: 273 재인용)라는 내용이 그 핵심이었다. 정치적·교육적 수단을 통해 자체의 이미지를 지닌 민주적인 일본을 창조하겠다는 미국의 결단은 거역될 수 없었다. 그리하여 1947년의 교육기본법은 새로운 민주국가 건설이라는 이상이 근본적으로 교육의 힘에 달려 있다고 진술하고 있으며, 제8조에서 다음과 같은 요건을 지정하고 있다.

정치교육. 지적인 시민에게 필수적인 정치적 지식이 교육에서 중시될 것이다. 법에서 규정하는 학교들은 특정 정당을 지지하거나 반대하는 정치교육 혹은 여타의 정치활동을 할 수 없다(Passin, 1965: 301~302, 303 재인용).

2차 대전 이후 일본의 정치·교육 문화를 바꾸려 하고 이런 정책의 중요한 보완책으로 (어떤 명칭으로든) 시민교육을 활용하려는 숱한 노력이 있었지만, 이 모두가 결코 제대로 이행되지 못했다. 먼저, 중앙정부가 연차적으로 발행한 교수요목에서 규정한 대로 교과목을 가르치는 방식에 많은 변화가 있었다. 우선 교육과정의 핵심과목으로 사회교과가 만들어졌다. 1955년과 1960년에 사회교과는 세부과목으로 분리되었으며, 1958년에는 도덕이 별도의 교과로 만들어졌다(Cummings et al., 1988: 82 참조). 그러다가 1968년에 사회교과가 공민으로 명칭이 바뀌었다. 하지만 이즈음, 즉 1966년에 문부성 중앙평의회가 '이상적인 일본인의 이미지'를 정의하는 고시를 발행했는데, 이는 1971~1972년의 교육과정 개혁을 위한 중요한 준거점이 되었다. 그 후에도 여전히 많은 변화가 있었다. 다른 한편, 1970년에 문부성은 시민교육의 기본적인 목적을 설정했는데 이는 바뀌지 않은 채 여전히 지침으로 남아 있다. 여기에는 국민주권, 지역공동체, 민족문화와 경제 및 국제관계, 개인의 권리와 책임에 대한 이해, 행위능력 등의 항목이 들어 있다(Cogan & Derricott, 2000: 68 참조). 세기가 바뀌는 시점에 초등학교에서는 3~6학년에서 사회(지리/역사)를 가르치고, 중학교에서는 3학년에서 공민(현대의 사회생활, 국민생활과 경제의 개선, 민주정부와 국제공동체)을 가르치고 있었다. 고등학교에서는 현대사회 혹은 윤리와 정치·경제를 가르치고 있었다(Cogan & Derricott, 2000: 69~70 참조).

하지만 교과의 내용 및 교과 간의 관계에서 있었던 이 모든 변화의 이면에는 20세기 후반기의 시민교육이 지니는 다소 불행한 특징 두 가지가 놓여 있다. 하나는 사실전달을 위주로 하는데다 학생들에게 인기 없는 일부 과목을 가르치는 융통성 없는 교육방식이다. 다른 하나는 정부의 지시하에 전통주의적·국가주의적 내용과 해석이 점점 증가하고 있는 것인데, 이는 일본 국내의 여론분열, 그리고 중국과 한국을 비롯한 다른 나라들의 분개를 야기했다. 이 나라들은 일본 역사교과서들의 내용에 왜곡된 부분이 있다고 본다. 앞에서 보았듯이 1970년의 지침은 겉보기에는 반박할 내용이 없다. 특히 역사에서 그들이 행하는 해석이 공격과 논쟁을 유발한 것이다.

이 문제는 교과서 검정체제 및 '학습지도요령' 발행제도에 연원을 두고 있다. 이 중 첫 번째 것은 전후에 잠정적인 조치로 시행된 것인데, 교과서를 검열하고 편견을 불어넣는 데 사용되어왔다. 게다가 이 제도는 1966년의 교과서국가통제법으로 인해 더욱 강화되었다. 두 번째 제도 또한 점점 교사들에게 편향된 권고를 제시하는 방편으로 사용되어왔다. 이에 대해 1973년에 영국인 권위자들은 역사 학습지도요령이 "계속해서 과거로 회귀하는 쪽으로 개정되어 민주적·평화적·과학적 요소들이 점차 줄어들었다"(Halliday & McCormack, 1973: 187)라고 논평한 바 있다. 정부가 교과서 내용에 개입한 가장 유명한 사례는 이에나가 사부로(家永三郞) 교수가 쓴 역사교과서의 경우이다. 그는 교과서 내용 중 320곳을 수정하라는 정부의 요구에 격분하여 그 요구가 부당하다며 정부를 상대로 소송을 제기했다. 이 사건은 영국 빅토리아 시대의 민사재판만큼이나 무기력한 진행으로 인해 몇 년씩이나 걸렸다(Cummings, 1986: 22; Halliday & McCormack, 1973: 187, 189 참조). 이에나가 교수를 화나게 했던 것 중 하나로 1970년 당시 교과서 발행허가를 담당했던 문부성 어느 간부의 언급을 들 수 있다. 그 간부는 당시의 모든 교과서가 '편향되고 무지'하다고 단언했다. 그가 그렇게 생각한 이유는 "나는 우익으로 불리는 것이 더 좋다. 나는 국수주의자이다"(Halliday & McCormack, 1973: 190 재인용)라는 그 자신의 설명을 들으면 알 수 있다.

소련/러시아와 독일 그리고 일본 모두 전체주의 시민교육에서 자유주의 시민교육으로 이행하는 과정에서 교사들이 엄청난 어려움에 부딪혔던 점에서는 마찬가지이지만, 그런 어려움을 더 잘 보여주는 것은 소련/러시아나 독일의 경우보다 일본의 경우이다. 젊은이들은 정치에 무관심했으며, 공적인 사안보다 청년 '문화'에 관심이 더 많았다. 성인들은 시민적 책임보다 생활수준과 경력 쌓기에 관심이 더 많았다. 지난 과거를 떠올리며 위대했던 순간과 수치스러웠던 순간을 회상하면, 자유주의와 관용의 시각에서 시민의 자질을 해석하는 것에 의혹이 생기고 분개하게 되었다. 일부 독일인의 경우, 이민문제에 직면하자 신나치주의가 매력적으로 보이고 1945년의 패전이 불행으로 여겨졌다. 일부 러시아인은, 경제적으로 곤궁해지고 범죄가 증가하자, 돌이켜보면 공산주의가 그다지 나쁜 체제가 아니었던 것으로 생각했다. 일본의 경우는 좀 다르다. 그들의 문제는 일종의 문화충돌이었다. 즉 일본의 전통과 서구의 가치를 조화시키는 것은 메이지 시대에 처음 시도된 이래로 여전히 어려운 과제로서 난관이 해소되지 않고 있다. 이 세 나라 모두 사실상 보편적인 자유주의 방식의 시민교육을 추진하고 있다. 그럼에도 불구하고 회귀적인 특징을 보이는 사회적 배경 속에서 학교가 할 수 있는 일에는 한계가 있다.

당분간 러시아인은 시민권에 대해 생각하고 이해할 때 종족적 소수 특히 이슬람교도의 존재를 고려해야 한다. 독일인들은 유럽연합의 시민권을 포함해서 생각해야 한다. 그리고 이 세 나라 모두 점점 증대되고 있는 세계시민의식과 관련짓는 방법을 배워야 한다.

제6장

다중시민권 교육

1. 국가 - 시민 모형의 부적합성

　도시국가든 국민국가든, 공화정이든 원수정 혹은 제정이든, 역사 속에서 시민권은 국가가 개인에게 부여하는 법적·정치적 지위이자 개인이 국가에 바쳐야 하는 충성의 증표였다. 따라서 시민교육은 개인을 시민의 지위로 인도하며 국가에 대한 결속을 강화하고자 했다. 사실 그 관계는 매우 자명한 것으로 보였기 때문에 이론과 실제 모두에서 국가가 자신의 생각에 부합하는 형태의 시민교육을 규정하는 것은 종종 당연하고도 현명하며 필요한 일로 간주되었다. 시대가 바뀜에 따라, 특히 18세기 이후에는 점차 빠른 속도로, 시민에게 어울리는 생각과 실천의 내용을 풍성하게 만드는 요소가 더 많이 추가되었다. 하지만 국가 - 시민 연계는 계속 유지되었다. 최근까지도 그렇다. 만일 국가가 도덕적·심리적 결속이 여타의 사회적·윤리적 연관보다 우선되어야 한다고 요구한다면, 여타의 관계와 충성에 대한 의식이 강한 경우에는 시민의 충성을 국가가 독점하는 것에 의문이 제기될 것이다.

그럴 경우 국가는 인간이 집단을 형성하는 수많은 사회적·도덕적·정치적 차원 중 하나에 불과한 것으로 해석될 수 있다. 그러면 시민은 국가의 하위에도 있고 상위에도 있는 이상과 집단 혹은 제도에 자신들의 충성을 배분해야 한다는 주장이 개진될 수 있다. 간단히 말해 시민권(시민 자격)은 하나의 개념이나 지위가 아니라 다중적인 것으로 이해되어야 한다(Heater, 1990: 9장 참조). 이 경우에 시민교육은 좀 더 복합적인 것이 된다.

단일의 국가시민권에 대한 아래로부터의 도전은 국가 내부의 소수집단에게서 제기된다. 그들은 윤리적 혹은 문화적 고유성을 지니고 있으면서 국가가 자신들의 정체성을 인정해주기 바란다. 소수집단이 지리적으로 밀집해 있는 경우에 그에 대한 대응은 권한위임이라든지 연방제라든지 하는 형태로 정치적인 성격을 띨 수 있다. 소수집단이 지리적으로 산재해 있는 경우에는 법적·공동체적 권리가 인정될 수도 있다. 단일 국가시민권에 대한 위로부터의 도전은 시민의 지위를 부여하는 초국가적 기구를 창설하는 것인데, 이를테면 유럽연합의 경우가 그렇다. 혹은 세계시민권 개념에 대한 의식 혹은 믿음에서 그런 도전이 제기될 수도 있다. 그 개념은 국법의 의무를 초월하는 도덕규준에 의거거나 혹은 심지어 전 세계적인 법적·정치적 기구를 요청하기도 한다. (국가시민권에 대해) 보완적인 세계시민권이 존재한다는 생각은 실제로는 고대 스토아학파가 처음으로 제기했다. 국가만이 시민권의 본질을 부여하고 결정할 수 있다는 생각에 대한 아래로부터의 도전은 좀 더 최근에 제기되었다. 이는 국가와 국민의 혼합에서 비롯된 것이다. 정치적 의미의 국가(state)가 문화적 의미의 국민(nation)과 동의어로 취급되어야 한다는 주장은 실제로는 불가능하기 때문에, 문화적 소수집단은 시민권이 이런 허위에 의거해야 한다는 것에 점점 더 불만을 품게 되었다.

하지만 이런 복잡한 요인은 시민권 이론에 난점을 던진다. '시민권'이라는 용어가 '세계시민권'까지 포함하도록 외연을 확대하는 것은 의미론적 혼란이라는 주장이 설득력 있게 제기될 수 있으며 또 제기되어왔다. 시민권이란 용어는 바로 개인 - 국가 관계라는 의미를 함축하고 있다. 세계국가라는 것은 없다. 따라서 세계시민도 있을 수 없다는 것이 그런 주장의 요지이다. 유럽연합 시민이라는 지위가 국제법상으로 인정되는 것임에도 불구하고, 유럽이라는 국가가 있는 것이 아니기 때문에 그 지위조차도 불행히도 시민이라는 용어의 의미를 희석시킨다. 다문화국가 내의 다양한 분파를 포용하도록 시민권의 의미를 조정하는 것에 대한 반대는 실제로 중요한 측면이 있다. 연방제는 헌법상의 규정에 의거하여 연방을 구성하는 주들이 일종의 국가로서 그 정치적 지위를 규정하는 핵심적인 법적 · 정치적 제도를 갖추고 있기 때문에 연방제 채택은 수용할 만한 대안이다. 그러나 헌법상 하나의 주를 구성하는 소수집단에 독자적인 법적, 나아가 정치적 권리를 인정하는 것은 적어도 이상적으로는 모든 시민이 근본적으로 평등하다는 데 기초해 있는 시민권의 위상을 허물어뜨리는 일이 된다. 연방주의의 헌법적 장치(그리고 유럽연합 시민권의 준연방적 성격)에 대한 논의를 잠시 제쳐놓고 말하자면, 위에서 언급한 복잡한 요인이 제기되는 것은 시민권이 법적으로 규정된 지위와 권리 및 의무의 문제일 뿐만 아니라('좋은 시민'이 된다고 하는) 헌신과 충성 그리고 책임의 문제이기도 하다는 점이 인정되기 때문이다. 세계시민권이라는 개념이 조금이라도 타당성이 있다면, 그것은 대체로 이러한 전 지구적인 시민적 덕성이라는 의미에서이다. 그리고 소수집단을 주민의 다수와 구별하는 애착의 감정은 전통, 언어 혹은 종교상의 이유에 따라 다르게 나타나기 때문에, 한 국가 내의 다문화주의라는 사안은 시민권의 의미를 두고 또다시 세부적으로 분화된다. 이런 감정들이 — 세계주의적인 것이든 문화적인 것이든 간에 — 충분히 확고하게 자리를 잡고 있는 경우에는 불가피하게 단일지위로서의 시민권이라는 것에 도전하게 된다.

처음에 그리스에서 탄생한 시민권이라는 용어가 지닌 단순한 의미가 이처럼 혼란스럽게 된 것은 시민교육에도 일정한 함의를 가진다. 이 장의 목적은 이러한 함의들을 그 역사적 맥락에서 설명하는 데 있다. 여기서 먼저 주요 요소들을 개략적으로 살펴보는 것이 좋겠다. 전통적인 시민교육을 한 국가의 법적, 특히 정치적 성과에 대해 학습하고 이해하는 가운데 국가에 대한 충성심을 고취하는 과정으로 묘사하는 것이 지나친 희화화는 아니라는 점을 인정하는 데서 시작하자. 그런 교육은 인지적 영역의 학습과 정의적 영역의 학습 모두를 포함했으며, 그 목표 심지어 방법론까지도 상당히 직접적이고 분명했다. 그런데 여기에 다문화교육, (유럽연합 회원국들의 경우) 유럽연합 시민교육, 세계교육이라는 새로운 과정이 추가되면서 학습내용의 분량이 대폭 늘어났으며 다중적인 정체성과 충성심을 어떻게 가르칠 것인가 하는 문제가 제기되었다.

교수요목 작성과 교과목 편성방식에서 불가피하게 문제가 발생한다. 교육과정에 포함되어야 한다는 주장을 제기할 수 있는 교과내용이 많으면 많을수록 선정 작업은 더욱 힘들어진다. 이 문제는 지구촌교육(global education)의 경우 특히 심각한데, 이는 세계시민권의 의미를 조금이나마 간결하게 정의한 것을 찾기 어렵기 때문이다. 그렇지만 양적인 문제는 수많은 문제 중 하나에 불과하다. 시민권과 관련된 다양한 종류의 자료를 어떻게 균형 있게 구성할 것인가 하는 문제도 존재한다. 또한 다중시민권 문제에 대한 어떤 해결책도 완전할 수 없는데다, 교수요목 개요와 담당교사들도 국가

시민교육을 약화시킨다든지 선정된 교육내용이나 전달방식이 편향되었다든지 하는 비판의 대상이 될 수 있기 때문에, 다중시민교육은 모험적인 일이 되었다. 게다가 다문화교육의 주제는 교육적 난점과 구별되는 자체의 특별한 정치적 난점을 수반하는데, 이는 정부가 해결할 필요가 있다. 즉 국가를 구성하는 소수집단의 문화를 보존할 것인지 파괴할 것인지, 모자이크처럼 얽혀 있는 시민집단을 수용할 것인지, 아니면 다양한 분파를 문화적으로 결속된 시민들로 용해시키려고 시도할 것인지 하는 문제에서 학교가 국가의 지시를 받아야 하는가? 다른 한편, 다문화교육을 고려하든 유럽시민교육 혹은 지구촌교육을 고려하든 간에, 한 가지 발전은 분명하다. 즉 이 모든 접근은 시민교육은 관용을 배우며 인권의 본질을 가르치는 데 높은 우선순위를 두어야 한다는 의식을 교육자들에게 고취시켰다.

2. 시민권, 문화, 종족

시민권은 애초에는 종족과 거의 관련이 없었다. 그리스인은 자신들을 '야만인'과 구별하는 데 익숙해 있긴 했지만, 시민이라는 지위는 자신들의 헬레네 문화 덕분이 아니라 특정 폴리스 구성원이라는 이유에서 부여받는 것이었다. 이와 비슷하게, 이탈리아 도시국가들의 경우에도 시민권은 가령 피렌체나 베네치아의 시민권이었지 이탈리아 시민권이 아니었다. 그리고 로마 시민권은 아우구스투스 시대부터 라틴족이 아닌 이들에게도 널리 부여되었다. 클라우디우스(Claudius) 황제가 그리스와 갈리아, 에스파냐나 브리튼 사람들에게까지 시민의 지위를 부여하자 세네카가 경멸조의 비평을 가한 일도 있었다(세네카 자신은 에스파냐 출신이었다!)(Sherwin-White, 1973: 237 외 참조).

그럼에도 불구하고 우리는 도시국가와 로마제국의 맥락 속에서 종족성과 문화를 구분해야 한다. 아테네 시민들은 헬레네 문화에서 자라지 않고서는 시민이 될 수 없었을 것이며, 피렌체인들도 이탈리아 문화 없이는 시민이 될 수 없었을 것이다. 로마의 정책이 오락가락하기도 했고 지나치게 복잡한 면이 있었던 점이 지적되긴 하지만, 로마의 경우는 이런 구분을 아주 잘 보여준다. 우리는 1장에서 라틴어와 라틴문화를 가르친 학교들이 속주 지역 엘리트를 로마화하는 데 적극적인 정책대행자가 되었던 것을 보았다. 삶의 조건을 개선하는 것에 대한 관심에는 셔윈 - 화이트(A. N. Sherwin-White)가 '자체적인 로마화'라 부른 과정도 수반되었다(Sherwin-White, 1973: 222). 로마 시민이 되기 위해 라틴어를 잘 구사할 필요가 있었다는 것은 두 가지 예를 통해 알 수 있다. 하나는 클라우디우스의 견해라고 알려진 내용으로 "로마어를 전혀 모르는 사람이 로마인이 되는 것은 적절치 않다"라는 것이었다(Sherwin-White, 1973: 246 재인용). 다른 하나는 4세기에 수사학을 가르쳤던 리바니우스가 말한 것으로, 디오클레티아누스(Diocletianus, 306년 사망)와 그 후계자들이 동방지역에서 그리스어를 라틴어로 대체하는 정책을 추진했다는 내용이다(그리스어가 이내 주도권을 되찾긴 했지만)(Marrou, 1956: 257 참조). 다른 한편 카라칼라(Caracalla) 황제의 칙법, 즉 안토니우스법은 이미 212년에 제국 내에 거주하는 자유민 모두에게 그들의 교육적 배경에 상관없이 로마 시민권을 부여했다. 그러고 보면 근대 이전의 시민교육은 젊은이들을 (인민이나 민족이 아니라) 국가(state)의 생활에 참여하기에 적합하도록 만들기 위한 것이었다.

하지만 민족주의 시대가 등장할 무렵 새로운 관념, 즉 젊은이들이 (설령 민족과 국가가 일치하지 않는다 해도) 민족의 일원임을 의식하도록 교육받아야 한다는 새로운 관념이 성장했다. 우리는 2장에서 피히테가 교육수단을 통해 프로이센을 독일 민족과 결부시키려고 애썼던 것을 보았다. 더욱이 19세기 말이 되면서 국제법은 '국적'과 '시민권'을 동의어로 인정하는 쪽으로 나아갔으며, 1930년에는 그 유명한 미국-멕시코 일반청구권 중재위원회의 판정에서 다음과 같이 정의되었다.

> 개인의 국적은 주권국가와 시민 양자 간의 지속적인 법적 관계이다. 개인의 국적을 결정하는 기본적인 토대는 그 개인이 독립된 정치공동체의 구성원이라는 데 있다. 이러한 법적 관계는 국가와 시민 양쪽 모두가 상대편에 대해 가지는 권리와 그에 상응하는 의무를 수반한다(Starke, 1947: 180 재인용).

법학 분야의 이러한 발전과 궤를 같이하여 국가(state)는 (주권을 가진 정치적 실체이며 종족적·문화적으로 동질적인 공동체라는) 두 가지 의미 모두에서 '국민(nation)'이어야 한다는 신념이 등장했다. 그리고 두 번째 정의에 해당하는 국가는 (있다 해도) 소수에 불과했기 때문에, 동질성 요건을 성취하기 위한 조치가 필요하다는 인식이 거의 전 세계적으로 받아들여졌다. 그런 조치는 일차적으로 교육 차원의 것이어서, 특히 소수집단의 아동들에게 다수집단 주민의 언어와 나아가 전통까지 가르치는 데 학교가 활용되었다. 하나의 국가는 문화적 의미에서 하나의 국민이어야 한다는 이데올로기적 가정과 별도로, 이러한 교육정책을 일깨운 두 가지 다른 동기가 있었다. 하나는 국가의 모든 시민이 애국심을 갖도록 하는 데에는, 그리하여 국가의 안전을 보장하는 데에는 문화적 결속이 필수적이라는 믿음이었다. 다른 하나는 민주사회에서 개인들이 자신이 속한 국가의 공식 언어를 구사하지 못한다면 시민의 권리를 누리지도 못하고 권리에 따른 의무도 이행하지 못할 것이라는 주장이었다(여기서의 논의가 역사적 측면의 것이어서 과거시제가 사용되고 있지만, 이러한 지적은 현재에도 여전히 맞는 말이다). 이 두 가지 동기 각각의 예를 간략하게 살펴보자. 19세기에 러시아와 독일은 폴란드 주민들을 흡수하기 위해 각기 러시아화 정책과 독일화 정책을 추진했는데, 그중 독일의 경우는 덜 강압적이었다. 예를 들어, 1863년에 폴란드 주민들이 제정 러시아에 항거하여 봉기를 한 이후에 벌어진 일을 보자.

> 학교와 관공서 및 공공생활에서 폴란드어가 전면 금지되었으며 심지어 라틴어 활자 사용이라든지 폴란드식 마차운행까지 금지되었다. 폴란드 본토 내의 모든 학교가 러시아식으로 운영되었으며 학생들이 교내에서 모국어를 사용하는 것이 금지되었다(Macartney, 1934: 132).

참여라는 실제적인 문제에 관한 고전적인 해설로는 밀의 말을 들 수 있다.

> 상이한 민족들로 이루어진 나라에서 자유로운 제도를 구축하기란 거의 불가능하다. 동료감정을 지니지 못한 주민들 사이에서는, 특히 그들이 서로 다른 언어를 읽고 말하는 경우에는, 대의정부 작동에 필수적인 통일된 여론이 존재할 수 없다(Mill, 1910: 361).

더 나아가 겔너(Ernest Gellner)는 현대세계에서 시민권과 언어상의 민족 그리고 교육의 긴밀한 관계가 필수적이라고 주장했다. 읽기·쓰기는 시민권 행사의 최소 요건이다. 국민국가만이 완전하게 발전된 교육체제에 요구되는 자원들을 제대로 배열할 수 있다. 그리고 교육은 모든 시민이 이해할 수 있는 언어로 행해져야 한다. 그는 이렇게 결론짓는다. "교육만이 완전한 인간과 시민을 만들며, 그런 교육은 일정한 언어적 매개체를 통해 이루어져야 한다. 이는 왜 민족주의가 그렇게 수많은 사람에게 영향을 끼칠 수 있는지 그리고 영향을 끼치고 있는지를 설명해준다"(Gellner, 1983: 48).

우리는 여기서 훨씬 더 포괄적인 분석으로 나아가, 국민국가가 국민양성을 목적으로 하는 교육의 진흥에 특별한 노력을 기울이게 되는 다섯 가지 조건을 규정할 수 있다. 첫 번째 조건은 세속화 과정에서 나타난다. 교육이 도덕성 함양의 목적을 지닌다는 점은 일반적으로 인정된다. 종교가 도덕을 제공하지 못할 경우 그 대안은, 좀 어색한 용어를 사용하자면, 가령 소련의 무신론 정책에 따른 '시민정신(civism)'이다(5장 참조). 두 번째 조건은 혁명 후에 새로운 정체가 혁명세력의 입장과 목적을 공고히 하기 위해 교육을 이용할 때 나타난다. 나치독일이 그 예이다(5장 참조). 세 번째 조건은, 특히 제국주의 통치에서 독립한 이후에 새로 세워진 국가들에서 나타난다. 아프리카 국가들이 좋은 예이다(4장 참조). 네 번째 조건은, 이른바 국민국가가 사실상 문화적 혹은 종족적으로 동일시될 수 있으며 그런 의식을 지닌 하나 이상의 집단으로 이루어져 있는 상황에서, 국가가 이를 하나의 응집된 '국민'으로 결속시키는 것이 유리하다고 여기는 경우에 존재한다. 1789년 이후의 프랑스가 그 예이다(2장과 3장 참조). 다섯째, 이민의 경험이다. 미국의 역사가 이를 잘 보여준다(4장 참조). 하지만 어떤 특정 국가가 교육정책을 결정하는 데에는 이들 조건 중 하나만이 아니라 그 이상이 작용할 수 있다.

문화적으로 동질적인 국민을 만드는 국가교육체제의 공식은 19~20세기에는 아주 널리 인정되었지만 최근에는 지나치게 단순한 것으로 여겨져 왔으며, 심지어 바람직하지 못하고 현실적이지 못한 것으로 간주되기도 한다. 최근에 프랑스와 싱가포르에서 이슬람교도 여학생들이 학교에서 두건을 쓰지 못하도록 하면서 두 문화의 충돌을 상징적으로 보여준 사건은 딜레마의 전형이라 할 만하다. 이런 기존 유형이 갖는 단순성은 이론적 이유와 실제적 이유 모두에서 광범위하게 의문시되어왔다(예를 들어 Delanty, 2000 참조). 따라서 여기서는 우리의 논의 목적에 특별히 관련이 있는 주요 사항을 지적하는 것으로 충분할 것이다. 이론적 쟁점은 시민권의 본질에 대한 분석에서 제기된다. 세 가지 주요 사조가 공존하는데, 고대에 바탕을 둔 시민공화주의적 시민권 개념은 의무를 강조하며, 근대의 자유주의적 개념은 권리를 강조한다. 최근에 등장한 공동체주의적 개념은 시민공화주의와 상당 부분 입장을 같이하면서도 공동체에 대한 헌신과 동일시를 강조한다. 실제적인 문제는 국민국가주의 명제의 실패에서 비롯된다. 이상적인 국민국가가 제대로 존재한 적이 있는지는 모르겠지만, 그런 것이 있었다면 이제는 새롭게 성장하는 하부국가(sub-state)가 가하는 압력과 각 지역의 종족적·문화적 의식 그리고 외국에서 오는 수많은 이민자로 인해 무너져가고 있는 것으로 보인다.

시민권 이론과 인구학적 다양성은 다음과 같은 방식으로 상호작용한다. 자유주의적 시민권은 정치단위로서의 국가의 구성원으로 살아가는 동등한 개인들로서 시민을 전제한다. 시민공화주의는 국가에 대한 애국적 충정을 지닌 주민집단으로서 시민을 전제한다. 그리고 공동체주의는 상이한 집단 속에서 결합된 구성원으로서 시민을 전제한다. 그리하여 아주 분명하게 문화적으로 이질적인 전형적인 21세기 국가에서는 통합된 시민권 이론이 고안될 수 있는가, 공동체 상호 간에 작동할 수 있는 사회정책이 수립될 수 있는가, 그리고 교육체제가 새로운 요구에 부응할 수 있는가 하는 문제들이 제기된다. 핵심적인 문제는 정치인들이 정책구상에서 활용할 수 있는 세 가지 기본 모형 중 하나를 선택하는 데서 지혜를 발휘할 수 있는가 하는 것이다(예를 들어 Delanty, 2000: 103~104. 좀 더 복잡한 분석을 선호하는 사회학자들도 있는데, 예를 들어 Esser, 1991: 45~49 참조). 첫 번째 모형은 동화 내지 통합으로, 19세기 미국의 '용광로' 정책과 러시아화 정책이 그 예에 해당한다. 그 경우 소수집단은 지배적인 다수집단에 문화적으로 동조하거나 동조를 강요당했다. 두 번째 방안은 사회적 무시이다. 즉 소수집단 구성원을 2류 시민의 처지에 놓이게 하는 것으로, 예를 들어 미국에서는 흑인들이 적어도 1950년대까지 그런 처지였으며, 좀 더 최근에는 수단의 기독교도들이 그렇다. 세 번째 모형은 다원주의 혹은 다문화주의이다. 즉 한 국가 내의 다양한 종족성을 관용하는 것으로, 현대세계에서 충성과 안정을 가장 잘 도모하는 길은 바로 이런 지혜로운 접근에 의거하는 것이라는 믿음에 근거해 있다. 영국이 유대계와 흑인, 아시아계 그리고 이슬람계 시민들에 대해 펴는 정책을 예로 들 수 있다.

  국가가 학교에 요구하는 역할은 분명 어떤 모형이 채택되느냐에 따라 다를 것이다. 그렇다 해도, 다원주의 정책이 추진되는 경우에도 다음과 같은 문제가 여전히 존재한다. 즉 학교는 다문화적 공동체의 모든 아동을 배려하는, 그리하여 그들이 다른 집단의 구성원을 이해하고 관용하면서 성장하도록 만드는 공공기관으로 조직되어야 하는가? 아니면 분리주의 기관으로서 각 집단의 아동들이 독자적인 문화적 정체성을 그대로 간직할 수 있도록 기를 것인가? 이 문제를 아주 조예 깊게 논의한 이로 통합학교 지지론자인 칼란(Eamonn Callan, 1997)을 들 수 있다. 이 문제에 대한 칼란의 복합적인 논지를 편의상 간략한 형태로 소개하자면 이런 내용이다. 자유주의 덕목에 기초한 사회는 자녀교육을 결정할 부모의 권리와 장래의 시민인 아동의 권리를 조화시켜야 하는 어려움에 직면해 있다. 이 문제는 분리주의 학교론과 통합학교론 사이의 긴장관계와 관련된다. 전자는 부모와 소수집단의 권리를 옹호하는 데 비해, 후자는 (세부적인 구성에서는 좀 더 이질적이긴 하지만) 학생들이 다원주의 사회에서 살아가는 데 더 나은 기반을 제공한다. 그는 이런 문제들이 해결되는 것에 비관적이긴 하지만, 그가 말하는 시민도덕은 통합학교에서 우선적으로 다루어져야 할 바를 가리킨다.

이미 지적한 대로, 종족적으로 순수하고 문화적으로 응집된 국가는 일종의 미신이기 때문에, 수많은 나라가 사례연구 대상으로 선정될 수 있을 것이다. 주로 동화와 사회적 무시에 초점을 맞추어서는 헝가리와 이스라엘을 사례로 선정했고, 주로 다원주의와 관련된 사례로는 캐나다와 나이지리아를 선정했다. 헝가리의 경우에는 다원주의와 씨름한 역사가 다른 나라들보다 길다는 점에서 다소 수준이 다르다고 할 수 있긴 하지만, 이들 네 나라를 선정함으로써 지리적인 분포가 광범위하게 이루어진 셈이다. 하지만 그 밖의 다른 나라들에 대해서도 이 장의 앞부분 그리고 앞의 다른 장들에서 언급했기에 여러 나라의 경험을 좀 더 폭넓게 소개하고 지역적으로 좀 더 광범위하게 사례를 제시했다고 할 수 있지 않을까 싶다.

3. 다문화국가의 정책

시민교육의 종족적 차원이 연루된 기간이 상당히 길었다는 점에서 헝가리에서 논의를 시작하는 것이 적절해 보인다. 지난 한 세기 반 동안의 이 나라 역사를 살펴보면, 우리는 이 나라의 시민교육정책을 결정지은 네 개의 주요 국면을 찾을 수 있다. 그 국면들이란 합스부르크 제정, 호르티(M. Horthy)의 섭정, 1차 대전과 2차 대전 중간 기간 및 2차 대전 기간 중의 우익운동, 공산주의 체제 및 탈공산주의 정치체제의 네 가지이다.

1848년 코슈트(Lajos Kossuth)가 이끈 헝가리 봉기는 민족주의의 이중적 목적에서 촉발되었다. 하나는 헝가리를 합스부르크 오스트리아의 지배에서 벗어나게 하려는 것이었고, 다른 하나는 헝가리 내의 소수민족에 대한 헝가리의 지배를 확립하려는 것이었다. 오스트리아 제국의 절반에 해당하는 헝가리는 그 자체가 주민들이 마자르인, 루마니아인, 루테니아인(우크라이나인의 한 종족 — 옮긴이), 슬로바키아인, 크로아티아인, 독일인 등으로 잡다하게 구성된 특이한 경우였기 때문이다. 당시 헝가리 왕국은 오늘날의 헝가리 공화국보다 훨씬 범위가 넓었다. 1867년에 타협이 이루어져, 제국은 오스트리아 - 헝가리 공동왕국이 되었으며 헝가리는 예전과 같은 대내적 주권을 확보하게 되었다. 이 합의가 이루어지기 전에는 민족문제를 어떻게 다룰 것인가를 놓고 여론이 분열되어 있었다. 요즘 식으로 말하자면, 왕국의 정책이 동화나 다원주의 중 하나여야 하는가가 문제였다. 1848년에서 1867년에 이르는 기간 동안의 경향은 전자 쪽이었다. 즉 헝가리 주민의 다수를 차지하는 마자르인의 언어와 문화가 지배적인 위치를 점하게 하자는 것이었다. 그러던 것이 타협이 이루어지면서 헝가리 정부가 그 입장을 천명할 기회가 왔다. 타협이 이루어진 다음해에 소수집단의 권리를 인정하는 민족법이 통과되었는데, 이는 이내 무시되었다. 지배계급은 19세기 민족주의 이데올로기가 주창했던 것처럼 헝가리가 응집된 민족국가가 되어야 한다는 단호한 입장이었던 것이다. 지나칠 정도로 강했던 이런 야심을 어느 권위자는 다음과 같이 정확하게 요약했다.

> 국가의 도덕적·정신적 힘이 온통 국민의 동화와 집중 그리고 공고화라는 이런 독특한 목적에 투입되었다. 국가의 전체 교육체계는 국민통일이라는 이러한 극도의 독단에 거의 종교적인 열정으로 봉사했다(Jászi, 1961: 440).

헝가리의 민족문제가 지닌 배경을 살펴봄으로써 이제 그 교육적 함의, 즉 시민교육이 민족주의 교육이었다는 사실에 도달하게 되었다.

학교에 끼친 영향 면에서 볼 때, 마자르화 정책은 모든 아동이 마자르인의 국가로 정의된 헝가리의 위대함을 배우고 그 일원이라는 데 긍지를 갖도록 강요하려는 시도였다. 이 정책은 특별입법과 지역적 압력을 통해 추진되었다. 이정표가 된 주요 사건은 다음과 같다(예를 들어 Macartney, 1937: 24~25 참조). 1874년에는 슬로바키아 지역의 중등학교 세 곳이 폐쇄되었다. 1879년에는 모든 교사가 마자르어를 알아야 하며 모든 초등학교에서 마자르어를 가르치도록 하는 내용의 법안이 상정되었다. 1883년에는 마자르어를 사용하지 않고 있는 14개 중등학교가 엄격한 통제를 받게 되었으며 모든 공립 중등학교에서 마자르어로 수업을 진행하게 되었다. 이런 흐름이 최고조에 이른 것은 1907년에 교육부장관이자 열렬한 민족주의자인 어포니 백작(Albert Apponyi)이 제출한 교육 관련 법률들이 상정된 일이다. 이 법률들은 심지어 교회가 설립한 학교에 대해서도 통제를 확대했다. 그리고 교사에게 충성서약을 요구했으며 어떤 교사든지 담당학생들이 마자르어를 모를 경우에는 해고하겠다고 위협함으로써 교사에 대한 통제를 강화했다. 실제로는 이 법률들이 전면적으로 시행되지는 않았고, 루테니아 지역에서는 학생들이 마자르어를 구사할 수 있는 경우에 담당교사에게 100크라운의 상여금을 지급하는 방안이 도입되기도 했다(Macartney, 1937: 211 n. 2 참조). 그럼에도 불구하고 권위주의적인 의도는 분명했다.

이런 마자르화 계획의 실제 효과에 대해 좀 더 자세히 살펴보자. 첫째는 사소한 사안이다. 1909년에 어포니는 모든 교과서와 지도, 지구본은 오스트리아 - 헝가리 왕국 내지 오스트리아 - 헝가리를 '헝가리와 오스트리아'로 표기해야 한다는 포고령을 공포했다! 민족주의에 고무된 교육이 흔히 그렇듯, 마자르어 사용과 더불어 역사는 마자르인의 시민의식을 창조하고 고취하는 주요 장치가 되었다. 물론 그것은 과거의 영웅적인 투쟁들을 다룬 민족주의 신화로 단순화되고 왜곡된 역사였다. 지역 당국의 어느 고위관리는 그 효과를 이렇게 묘사했다.

> 일종의 낭만적인 상징주의가 모든 수업에 파고들어 갔다. …… 일반적으로 말해, 모든 초중등교육은 아동의 얼굴을 뒤로 돌려놓아 오로지 과거만 볼 수 있도록 만든다는 사실로 특징지어졌다. 아동은 결코 현재와의 관계 속에서 자신을 볼 수 없었다. 그리고 그 과거란 인위적으로 구성된 그림으로, 그 중앙에는 영웅적인 마자르 민족이 몇몇 친구와 수많은 적으로 둘러싸인 채 서 있는 모습이 그려져 있었다. 그리하여 학생이 …… 실제 세계 즉 자기 나라의 경제력이라든지 다양한 민족이 지닌 정반대의 역사적 전통에 대해서 아무것도 몰랐다는 것은 당연한 일이다(Jászi, 1961: 442 재인용).

그리하여, 다민족국가의 시민교육이 이러한 사회적 다양성을 감정이입을 통해 이해하는 능력을 배양하는 내용이 포함되어야 한다면, 19세기의 헝가리는 정반대의 의제를 붙잡고 있었던 것이다. 통계적으로 보아도, 원천에 따라 다소 상이한 수치를 보이기도 하고 또 정의(definition)의 문제도 있긴 하지만, 같은 말을 할 수 있다. 그럼에도 불구하고 두 종류의 숫자가 당시의 경향을 분명하게 보여준다. 슬로바키아 지역의 경우 학교의 수가 1874년에 1,971개이던 것이 1919년에는 327개로 줄었다. 루테니아 지역의 경우 1871년에 353개이던 것이 1915년에는 하나도 남지 않았다(Macartney, 1937: 90, 90의 주, 221의 주 참조).

그런데 학교를 통해 강압적으로 마자르화를 추진했던 이 계획은 성공적이었는가? 그 노력은 분명 변화를 가져왔으며 특히 도시지역 학교에서 그러했다. 하지만 성과는 미미한 편이었다. 어떤 측면에서는 피상적이었고, 또 다른 측면에서는 의도와는 다른 결과가 나타나기도 했다. 특히 초등학교의 경우, 1927년 야스지(O. Jászi)의 글에 따르면 "민족들이 밀집해서 무리를 이루어 생활하는 곳이라든지 마자르인과의 접촉이 드문 곳에서는 초등학교의 마자르화 교육은 기껏해야 애국주의 시와 노래를 기계적으로 학습하는 것에 불과할 뿐이었다"(Jászi, 1961: 330). 게다가 학교에서 이 어려운 언어를 배우는 데 시간이 많이 할애됨으로써 학생들이 다른 과목들을 제대로 배우지 못하게 되었다. 그리하여 1912년에 야스지는 "학교에서 마자르화 교육을 강압적으로 추진한 것이 안타깝게도 비(非)마자르인들이 문화적 역행으로 나아가게 만든 주된 요인의 하나"(Jászi, 1961: 330 재인용)라고 결론지었다. 불만의 목소리는 비단 그에게서만 터져 나온 것이 아니었다. 예를 들어 쿤피(Sigismund Kunfi)가 쓴 『우리의 대중교육이 저지른 범죄들』이라는 제목의 책이 1908년에 부다페스트에서 출간되었는데, 그는 1차 대전 직후에 교육부 장관이 된 인물이다. 더욱이 중등학교의 마자르화 교육은 다른 식으로 빗나갔다. 일부 학생들은 마자르화 교육에 분개하여 민족주의 운동 지지자가 되었는데, 이 운동은 1918~1919년에 대 헝가리가 해체되는 데 일조했다. "하나의 언어만 사용되고 동질적인 풍습만 존재하는 영역은 허약하며 불안정하다"(Macartney, 1934: iii 재인용)라는 경구를 알았던 이가 얼마나 되었을지 궁금하다. 이는 11세기 초에 헝가리 왕국의 실제 창건자인 이슈트반(St. Stephen) 1세가 했던 말이다.

하지만 1918~1945년 기간으로 나아가기 전에, 학교 이외의 영역에서 마자르 민족주의 시민의식을 함양하려는 시도들이 있었던 것에 대해 몇 마디 할 필요가 있겠다. 축제와 문학행사, 사회기관들이 모두 그 목적에 동원되었다. 당연히 언론도 그랬다. 마자르 신문들은 지독한 민족주의자가 되었다. 감히 독립적인 견해를 드러낸 비(非)마자르 신문들은 박해를 받았다.

1919년 트리아농 조약으로 헝가리의 영토가 극도로 축소되었는데, 그 결과 마자르인이 주민의 90%를 차지하는 상태가 되었으며, 2차 대전 중에 트란실바니아 지역을 일시적으로 회복했던 기간을 제외하고는 그 경계가 지금껏 유지되고 있다. 하지만 시민교육은 여전히 민족주의 성향을 띠었다. 그리고 광대한 영토를 상실했다는 바로 그 이유 때문에 시민교육은 역사수업을 통해 이루어졌다. 학교는 과거의 영광을 자랑스럽게 기억함으로써 트리아농 조약의 치욕을 상쇄하는 데 일정 부분 기여했다. 헝가리인들이 느낀 수치심의 강도가 어느 정도였는지는 정치조직의 성장을 보면 알 수 있다. 어느 권위자의 말을 빌리면, "1차 대전 후 2차 대전 발발 전까지의 기간 동안, 정치집단과 운동을 파시스트형에서 준파시스트와 극우, 혹은 단순 권위주의적 민족주의 등으로 구분할 경우, 유럽국가 중 아마도 헝가리가 인구대비 분파의 숫자가 가장 많았을 것이다"(Payne, 1980: 110). 그렇긴 해도, 헝가리 내에 여전히 존재하는 소수집단 공동체에 대해 헝가리 정부는 1923년과 1935년에 소수집단이 자신들의 언어를 어느 정도 교육받을 수 있는 권리를 인정하는 법률을 통과시켰다(Macartney, 1937: 448~449, 454~455 참조).

  2차 대전 이래로, 모두를 감싸 안는 그리고 모두가 합의하는 시민교육 계획을 개발하려는 좀 더 의식적인 노력이 경주되어왔다. 그럼에도 불구하고 이런 노력은 부분적인 성공만 거두는 데 그쳤는데, 여기에는 주된 이유가 세 가지 있다. 먼저, 스탈린식 공산주의(1949~1956년)에서 완화된 민족주의적 공산주의(1956~1989년)를 거쳐 의회민주주의(1989년 이후)로 정치적 분위기가 바뀐 것이 한 가지 이유이다. 둘째, 시민교육이라는 과업을 위한 가장 적절한 교과에 대해 — 역사인지, 시민론인지, 사회교과인지 — 혼란이 계속되었으며, 그리하여 1996년에 국가중핵 교육과정이 도입될 때까지는 공식적인 정책도 오락가락했다. 셋째, 어느 경우든 시민권이라는 것에 대한 열정이 거의 없었으며 따라서 시민교육에 대한 열정도 마찬가지였다(Békés, 1990; Čsepeli, 1990; Mátrai, 1998, 1999; Cogan & Derricott, 2000 참조). 우리가 관심을 갖는 것은 국민자격(nationhood)의 문제가 어떻게 헝가리 시민교육의 성격 규정에 계속해서 작용했는가이다. 최근에 발행된 교과서들은 이 요소에 거의 비중을 두지 않고 있으며 교수법도 전반적으로 '밋밋하다(flat)'. 어느 권위자는 "민족 관련 주제들에 관한 수업과 국민정체성 교육이 일종의 서술적 - 동질적 접근방식으로 이루어지고 있다"(Mátrai, 1999: 356)라고 말한다. 다른 한편, 1996년의 한 여론조사에 따르면 교사의 65%가 역사와 문학이 최종 필수시험 과목으로 남아 있어야 이 두 과목에서 민족주의 요소의 영향이 유지될 수 있을 것이라고 생각하는 것으로 나타났다. 게다가 국가중핵 교육과정은 10년간의 의무교육 기간 전체에 걸쳐 마트라이가 '민족 관련 주제'라

부르는 과목에 적지 않은 시간을 지정하고 있다(Mátrai, 1999: 356).

유례없이 극단적인 영토 변경을 겪은 탓에 진전이 느렸던 헝가리와는 달리, 이스라엘은 1948년에 팔레스타인에서 새롭게 국가로 창설되었다. 또한 1948년과 1949년 그리고 1967년의 정복전쟁을 별개의 문제로 치면, 영토 면에서도 상대적으로 안정적인 편이다. 토착주민의 압도적 다수가 아랍인이었기 때문에, 이스라엘은 불가피하게 처음부터 다민족국가였으며, 이슬람교도와 유대인이라는 두 개의 주요 공동체가 긴장 속에 살았던 곳이다. 하지만 이스라엘의 영토가 된 땅에 살던 수많은 팔레스타인계 아랍인들이 탈출하고 추방되는 바람에 1949년에는 주민의 절대다수가 유대인이었고 이슬람교도는 1/12에도 미치지 못했다. 그렇지만 1967년의 6일 전쟁으로 이스라엘이 아랍 지역 일부를 점령했고 그 사이에 상당수의 유대인이 이주해갔지만 판도가 극적으로 바뀌었다. 즉 실제로는 100만여 명의 팔레스타인인이 이스라엘 영토로 들어온 것이다. 그 이후 특히 1990년대 초에 유대인이 더 많이 이주해갔으며 이로 인해 유대주의 지지자의 비율은 올라갔다. 하지만 이민자들의 출신배경이 지리적·문화적·정치적·언어적으로 다양했기 때문에 이러한 이민 물결은 또 다른 다문화적 문제를 야기했다. 원칙적으로는 모든 집단이 시민으로서 평등한 권리를 누리게 되어 있었지만, 태어난 나라가 매우 다양한 학생들을 대상으로 시민교육을 구축하는 일이 얼마나 어려웠을지 상상이 간다. 게다가 이스라엘의 주민 구성도 각양각색이다 보니, 소수집단인 드루즈파가 다니는 학교에서부터 (아랍어로 수업하는) 아랍계 학교, (히브리어와 히브리 문화 학습을 강조하는) 유대계 학교에 이르기까지 다양한 학교가 설립되었다. 그리고 유대계 주민 내에도 분파가 있어서 유대계 교육체제도 일반 공교육과 종교적 내용을 강조하는 공교육, 초정통파 유대게 독립학교로 분화되어 발전했다(예를 들어 Iram, 2001: 214~215 참조).

하지만 우리는 처음부터 역설을 안고 출발해야 한다. 일부 유대인은 그들을 시민으로 하는 국가가 있기 전에 시민교육을 받았다. 이슈브(Yishuv: 정착이라는 뜻의 히브리어) 시대로 알려진 19세기~20세기 초의 기간 동안, 팔레스타인 지방의 '시온주의 시민교육'은 "세계 곳곳에서 이주해오는 유대인들을 하나의 국민으로 융합하기 위해"(Ichilov, 1998b: 70. 여기서의 조사자료는 주로 Ichilov, 1998b와 1999에 의거함) 젊은이들이 국민의 상징을 의식하게 만드는 기능을 수행했다. 학생들은 다가오는 시온주의 국가의 '개척자들'이라고 배웠다. 그런데 이런 교육은 마음 혹은 감성을 향한 것이어야 하는가? 아니면 머리 혹은 지성을 향한 것이어야 하는가? 교육계의 의견은 분열되었다. 감성교육론자들이 승리했다. 그리하여 이스라엘이 건국될 즈음에는 모든 교과영역이 시온주의 교화에 기여하고 있었으며, 그렇게 해서 "각 교과목은 시온주의 과업에 지면과 시간을 할애했다. 오늘날 사용되는 읽기 교재마다 젊은이들의 마음속에 근원적이고도 명백한 시온주의 신념을 구축하려는 목표하에 시온주의 창시자와 지도자 그리고 명망가들의 업적을 정선한 내용을 담고 있다"(Ichilov, 1998b: 71 재인용). 더욱이 젊은이들에게 이런 국민적 의식을 불어넣는 일은 교실에서만 이루어진 것이 아니라 시온주의 경축행사와 근로체험장 그리고 여타의 많은 시민활동 참여를 통해서도 이루어졌다.

이스라엘 건국으로 인해 이러한 시민교육방식들의 정규화가 가능하게 되었으며, 그와 더불어 상이한 배경을 지닌 새로운 시민들이 유입됨으로써 그런 정규화가 긴요하게 되었다. 하지만 본질에서는, 위에서 개략적으로 살펴본 교육방식들이 1948년 이후에도 지속되었다. 즉 건국을 준비하기 위해 요구되었던 내용이 국가체제를 공고히 하기 위해서도 요구되었던 것이다. 그렇지만 여기서 우리는 또 하나의 역설에 부딪힌다. 이슈브 시대의 시민교육은 수많은 개별단체에 의해 행해졌는데, 그들은 (시민교육이라는) 과업에 대해 각기 자신들만의 특수한 목적을 지니고 해석을 내렸으며 그런 목적과 해석은 종종 당파적이기도 했다. 그리하여 1948년 이전의 상황이 이후로도 지속됨으로써 그동안 시민교육이 제공해왔던 그리고 이스라엘 정부가 원했던 바로 그 결속이 방해받게 되었다. 그랬지만 변화는 이루어졌다. 이칠로프(Orit Ichilov)의 말을 들어보자.

> 하지만 점차 '정치'가 배제되었으며, 시민교육은 단지 국가기관들의 구조적·법적 특징에만 초점을 맞추게 되었다. 나아가 이슈브 기간 동안 교육에서 지배적인 지위를 차지했던 감성의 요소들이 주변부로 밀려나고 인지적 그리고 평가적 요소들이 뚜렷하게 부각되었다. 시민교육은 사회과학에 근거한 개념에 주로 의거하게 되었으며, 유대의 유산은 이제 국가적 차원과 보편적 차원 모두에서 이념의 원천으로서의 지배적인 위치를 상실했다(Ichilov, 1998b: 74).

1948~1967년 동안의 사건들에 국한해서 보면, 이스라엘 내의 아랍인은 예외적인 존재였다. 그들은 이론적으로는 유대인과 동등한 이스라엘 시민이었다. 하지만 그들은 시민적 권리를 속박당하는 심각한 제약을 받았다. 그들은 종교적으로 독특한 소수집단이었으며, 그들이 살던 땅을 점령하여 통치하는 유대인들에게 적개심을 지니고 있다는 의혹을 받을 만했다. 아랍인들은 여러 가지 방식으로 이등시민이자 주변부 시민으로 차별받았으며, 많은 유대인은 그들을 경멸하면서도 두려워했다. 서로 혐오하는 관계가 되

었다. 소수에 불과한 이스라엘 내 아랍인들이 자신들을 진정한 이스라엘 시민으로 생각할 수 있는 여지는 사실상 없었다. 이와 더불어, 실제로 아랍계 아동이 학교에서 이스라엘 시민이 되기 위한 학습을 할 기회도 없었다.

이처럼 시민적·교육적으로 어려운 공존마저도 6일 전쟁의 즉각적이고도 장기적인 영향으로 인해 악화되었다. 이스라엘 국경 밖의 아랍인 잔류지역인 가자 지구와 서안 지구는 최종적으로 두 지역 모두 팔레스타인 자치정부 형태로 상당한 자치권을 확보하긴 했지만 이스라엘의 점령하에 있다. 유대인 정착민들이 이들 지역에 이주하기 시작했다. 양쪽의 적개심이 극으로 치달아 마침내 폭력으로 분출되었다. 팔레스타인의 인티파다(intifadas, 봉기, 직역하면 '제거')가 게릴라식 테러를 행하고 이스라엘이 이에 보복하는 국가테러가 이어졌다. 이스라엘 내 아랍인들이 이런 사건들의 영향을 받지 않기란 거의 불가능했다. 아이들도 같은 처지였다. 점령지역의 아이들이나 유대인 아이들도 마찬가지였다. 사실 아이들의 마음에 가장 강력하게 작용한 영향은 가자 지구와 서안 지구에서 나타났다. 팔레스타인이 절망 속에서 타협을 거부하는 것에 아이들은 투석으로 동참했다. 이러한 경험은 그들에게 지울 수 없는 학습효과를 제공했는데, 그것은 바로 점령자 유대인에 대한 증오였다(Mazawi, 1998 참조).

유대인이든 아랍인이든, 교사들이 종교적·민족적으로 양분된 방식 아니고서 어떻게 시민교육을 할 수 있겠으며 또 학생과 학부모들에게 신뢰를 받을 수 있겠는가? 달리 말해, 1967년 이후의 상황은 "1967년 이전의 '중립적' 시민교육이 적합하지 않은 것이 되게 만들었다"(Ichilov, 1998b: 77). 그럼에도 불구하고 1983년에는 유대계 학교들에서 시사쟁점 학습이 교육문화부의 재가를 받았다. 그리고 2년 후에 교육문화부는 민주주의 교육에 관한 지침을 발간했는데, 유대 - 시온주의와 인류의 보편적 가치 양쪽 모두 가르쳐야 한다는 내용을 담고 있었다. 더욱이 그 문건은 인류의 가치가 특정 인민의 가치보다 더 중요하며 유대계 아동과 아랍계 아동 모두 상호 존중을 배워야 한다고 강조했다. 이러한 시민적 가치에 반대하는 지배적인 분위기에 맞서기 위해, 교육문화부는 1986~1987년에 이러한 취지의 서한을 학부모들에게 발송하라고 각 학교에 지시했으며, 다소 늦은 감이 있긴 하지만 1988년에는 교사용 지침서를 발간했다. 이러한 구상과 시도들은 거의 효과가 없었다. 그런 임무는 시민들 간의 조화를 증진하기 위한 교육을 활용하는 소규모의 민간기구들에 맡겨졌다. 두 가지 사례를 들 수 있는데, 하나는 1980년대 후반 히브리어와 아랍어로 발행된 『게임의 규칙』이라는 비교육과정 교재였다(Felsenthal & Rubinstein, 1991 참조). 다른 하나는 다문화적 인적 구성을 지닌 어느 대학에서 개최된 '민주주의와 관용을 향한 교육'이라는 프로그램에 참여한 학생과 교사들이 여러 차례 집단토론회를 가진 일이었다(Iram, 2001: 221~225 참조).

　이러한 사례들은 첨예하게 양분된 국가에서 적극적인 시민교육을 시도한 소중한 노력이었다. 그럼에도 불구하고 이런 노력은 전반적인 상황에 실질적인 영향을 주지는 못했다. 20세기가 끝나갈 무렵, 유대계 공립학교나 아랍계 학교 어디에서도 만족할 만한 시민교육 프로그램이나 (양적으로는 그럭저럭 괜찮은 수준이었지만) 양질의 수업자료가 없었다. 1990년대 후반에 이 문제를 연구한 이스라엘 학자의 말을 들어보자. "공식적인 교육과정은 시민교육을 비체계적이고 산발적으로 다루고 있는 것으로 보인다. 시민론은 주변부 교과목에 불과하다. 그리고 전통적인 교과목들의 경우 교과서들은 공통적으로 아랍인들의 전형적인 이미지를 묘사하고 있으며, 이스라엘에 거주하는 수많은 유대인 및 비유대인 공동체의 풍부한 문화적 전통을 등한시하고 있다"(Ichilov, 1999: 390). 그러나 아주 어려운 정치적 문제들을 지닌 나라에서, 그리고 첨예한 대립을 안고 있는 사회에서는, 아무리 광범위하고 수준 높은 진정한 교육적 노력이라 해도 시민들의 태도와 행동에 조금이나마 영향을 끼칠 수 있는가 하는 질문에는 절망이 뒤따르기 마련이다.

이스라엘의 경우와는 아주 대조적으로, 퀘벡이 캐나다의 계승자라고 주장하는 테러조직 퀘벡해방전선(Front de Libération du Québec: FLQ)이 1970년에 자행한 폭력사태를 논외로 하면, 캐나다 내 다양한 문화집단 간의 관계는 매우 평화적이다. 캐나다는 (이누이트족 및 여러 북미원주민 등의) 원주민 집단들에서부터 (주로 영국계와 프랑스계인) 초기 유럽계 정착민의 후손들 그리고 (아시아, 남미, 카리브해 출신의) 좀 더 최근의 이민자들에 이르기까지, 이스라엘보다 주민 구성이 훨씬 더 다양하다. 하지만 매우 중요한 요인을 들자면, 캐나다가 효과적인 연방정부체계를 가질 정도로 충분히 큰 나라이며, 경직되지 않은 애국심을 지닌 관용적인 시민들이 주민의 대다수를 차지하고 있다는 점이다(예를 들어 Sears et al., 1999: 114~115 참조).

캐나다의 국가체제는 시민권과 시민교육에 두 가지 방식으로 영향을 끼쳤다. 첫째, 1867년에 캐나다 자치령이 창건되어 여러 주로 구성된 연방이 출범했다. 남쪽의 이웃 국가 미국과 마찬가지로, 교육은 중앙정부가 아니라 지방정부의 책임으로 남겨졌다. 그에 따라 오타와의 중앙정부는 시민교육에 대해 단지 권고라는 간접적인 방식으로만 영향력을 행사할 수 있었다. 20세기 후반에 들어 이러한 영향력 행사가 유익하고 활기차게 이루어진 것이 사실이긴 하지만(Sears et al., 1999: 120~124 참조). 국가체제와 관련하여 시민교육에 영향을 끼친 또 하나의 요소는 캐나다가 영국 식민지 중 하나였으며, 1867~1982년의 기간 동안 대영제국 및 영연방 소속의 자치령이었다는 점이다. 1947년까지 캐나다 주민은 영국 국왕의 신민이었고, 1947년부터는 캐나다 시민이자 영국의 신민이었으며, 1976년에 영국 신민으로서의 신분이 사라졌다. 관용과 연방주의의 결합에 의해 20세기 후반에는, 북미원주민은 주변인으로 남아 있긴 했지만, 퀘벡인과 이누이트족의 문화적 정체성 문제가 평화롭게 조정되었다. 국가가 두 개의 공용어정책과 다문화정책을 표방한 1971년의 선언(1988년에 '캐나다 다문화 법률'로 승인됨)으로 프랑스계 주민들의 불만이 누그러졌다. 그리고 각 주는 다양성을 수용하는 '조용한 혁명'을 성취했다(예를 들어 Kymlicka, 1997: 87~88 참조). 1999년에는 극지방이 연방 내의 독립된 새로운 주로 편성됨으로써 이누이트족의 고유한 생활방식이 인정받았다. 다중시민권, 즉 국가수준의 구성원이자 주와 문화집단의 구성원이라는 지위와 감정이 캐나다인의 정치적 삶에서 정식으로 인정받는 특징이 되었는데, 이는 캐나다의 시민교육을 특징지을 수밖에 없는 요인이다.

  이제 이렇게 질문할 준비가 되었다. 이러한 배경하에서 시민교육은 어떻게 전개되었는가? 19세기~20세기 초에는 캐나다 자치령이 대영제국의 일원이었던 데다가 영국계 주민이 다수를 차지하고 있었기 때문에, 프랑스어를 사용하는 퀘벡을 제외한 나머지 지역의 학교들은 영국인으로서의 의식을 고취하기 마련이었다. 따라서 다음과 같은 지적이 제기된다.

> 영어를 사용하는 아동은 아일랜드계 읽기 책을 적절히 수정한 교재 그리고 매콜리에서 헨티(G. A. Henty)에 이르기까지 다양한 저자가 전해주는 영국 국가주의의 역사적 통념을 교육받으면서 자랐다. 단순히 캐나다 시민이란 것이 온

세계에 걸쳐 있는 제국의 요청과 무엇을 겨룰 수 있겠는가?(Sears et al., 1999: 116 재인용)

하지만 자치령 시절 초기부터 학교가 범캐나다 시민을 기르고 시민의식을 고취할 주된 책임을 진다는 생각이 널리 받아들여졌다. 그리하여 마니토바 주의 주도 위니펙의 교육위원회는 1913년에 학교는 "사회적·시민적 의무감을 함양하고 국민정신과 애국심을 고취하며 공공의 보건을 증진하고 직접적인 직업준비교육"(Cogan & Derricott, 2000: 57~58 재인용)을 해야 한다는 고시를 발표했다. 공공보건이 포함되어 있는데, 동시대 영국에서도 이 항목에 관심을 가졌던 점과 비교해보는 것도 흥미로운 일이다(3장 참조).

그렇긴 해도 캐나다 시민교육의 수준과 효과는 아직 미약하다. '캐나다화'(따옴표를 안 붙여도 될 정도의 단어는 아님) 수단으로서 시민교육의 기능은 성공적이지 못했다. 권위자의 말을 들어보자.

> 공립학교의 교육은, 의무적이긴 했지만 종족적 배타성을 거의 해소하지 못했다. 「신이시여 국왕을 구하소서」라든지 「브리타니아의 통치」, 「단풍잎이여 영원하라」 같은 노래를 부르고 또 애국심을 고취하는 시를 암송하는 것도 그 자체로는 좀 더 넓은 캐나다 공동체의 가치를 가르치는 데 거의 효과가 없었다(Sears et al., 1999: 119 재인용).

시민교육 관련 교과목들도 캐나다인을 유능한 민주시민으로 기르는 데 별반 기여를 하지 못했다. 교과목들의 목표는 일반대중의 시민적 수준을 고양하는 것이 아니라 엘리트를 기르는 데 있었다.

캐나다 서부지방(온타리오)의 경우 공립학교 초창기인 19세기부터 "교육은 정치적 신민을 기르는 데 중점을 두었다. …… 신민이란 통치자들이 원하는 대로 쉽게 통치할 수 있는 주민이 되는 것이었다"(Sears et al., 1999: 125 재인용).

1968~1971년 사이에 일어난 두 가지 사건으로 인해 캐나다의 시민교육이 변화를 겪게 되었다. 1968년에는 '국민역사기획'의 세미나 자료집 『문화란 무엇인가? 유산이란 무엇인가? 캐나다 시민교육 연구』를 연구책임자 호제트(A. B. Hodgetts)가 편찬하여 발간했다. 그리고 위에서 언급되었듯이, 1971년에는 연방 하원이 다문화주의 정책을 선포했다. 첫 번째 사건은 평범한 자료들에 안주해 있던 시민교육 책임자들을 흔들어놓았다. 두 번째 사건은 개정된 교수요목에 포함된 다문화교육과 인권교육의 내용을 개발하도록 장려했다. 호제트의 보고서는 관련 당사자들을 꼼짝달싹 못하게 만들었다. 역사수업은 정치와 군사문제를 지루하게 학습하는 내용으로 구성되어 있음이 드러났다. 그는 '무미건조한 합의사항으로서의 역사' 그리고 '의회가 하는 세세한 일들'을 판에 박은 방식으로 학습하는 것에 신랄한 비평을 가했다(Sears et al., 1999: 125 재인용). 교사가 학생들을 토론에 참여시키는 것은 드문 일이었다. 그의 지적에 따르면 더 심각한 것은 영국계 학생과 프랑스계 학생이 나라의 역사에 대해 배우는 내용이 일치하지 않았으며 심지어 서로 모순되는 경우도 있다는 점이었다. 그는 이러한 결과가 심히 유감스럽다고 역설했다.

우리의 두 언어공동체가 서로를 이해하지 못하는 것은 부분적으로는 학교교육의 직접적인 결과이다. …… 영어를 사용하는 젊은이와 프랑스어를 사용하는 젊은이가 우리의 역사에 대해 그처럼 상충하는 견해를 가진 채 계속 후속세대로 이어지면 서로에 대해 혹은 자신들이 살고 있는 나라를 제대로 이해할 수 없다(Hodgetts & Gallagher, 1978: 1 재인용).

이런 면에서 볼 때, 교육은 잠재적인 위험을 안고 있었다. 호제트의 판단에 따르면, 더욱 광범위하게 퍼져 있는 문제는 수업이 매우 지루하다는 점, 그리고 공통교육과정 지침과 달리 역사교사들이 교재의 내용을 현대적인 문제와 관련지어 가르치지 못한다는 점이었다. 조사 대상 수업이 '국가적 불명예'(Hodgetts & Gallagher, 1978: 1)라는 것이 보고서의 전반적인 결론이었다.

호제트의 비판적 보고서의 직접적인 결과로 민간기금으로 캐나다 연구재단이 설립되었는데, 이 재단은 나라 가르치기에 전념했으며 이 사업은 1970년부터 1986년까지 지속되었다. 그 결과 연방정부도 시민교육을 개선하기 위한 '후견기구'에 기금을 지원했고(Sears et al., 1999: 122~123 참조), 1970년대 들어 널리 채택된 시민권 관련 분야의 광범위한 '세부 주제들'(예를 들어 정치교육, 환경교육, 지구촌교육 등)이 교실수업에 등장했다(Cogan & Derricott, 2000: 60~63 참조). 두 가지 질문이 즉각 마음속에 떠오른다. 첫째, 이 나라의 다원주의적 특성이 인정되는 배경 속에서 다문화교육은 얼마나 진전되었는가? 둘째, 1968년 이후의 개혁들은 얼마나 효과가 있었는가?

20세기 마지막 사반세기 동안 캐나다에서 다문화교육과 인권교육이라는 유사한 차원의 교육과정이 상당한 주목을 받았다(McLeod, 1991: 164~188 참조). 이런 주제에 대한 접근은 다음과 같은 네 가지 주요 정책으로 분류될 수 있다.

첫째, 새로 이주해오는 이민자가 공용어 중 하나를 능숙하게 구사할 수 있도록 하는 프로그램

둘째, 문화적 정체성을 유지할 수 있도록 하는 프로그램 ……

셋째, 종족집단에 대한 관습적인 묘사를 교정할 수 있는 수단으로서의 다문화 교육 …… 다양성의 가치를 인정하도록 함

넷째, 반인종차별 교육(Moodley, 1986: 59)

이러한 정책들을 이행하는 과정에서 교육과정 기준에 대한 합의가 점진적으로 정착되었다. 캐나다의 어느 학자는 그런 기준을 일곱 가지로 구분했는데, 간단히 살펴보면 다음과 같다. 첫째, 전체 교육과정 속에 다문화주의를 통합시켜야 한다. 둘째, 상이한 종족집단 간의 유사점과 차이점에 대한 묘사를 균형 있게 제시하는 것이 중요하다. 셋째, 교육자료에 편향된 부분이 없도록 하거나 세심하게 다루어야 한다. 넷째, 학교 정규 일정에 특별한 날짜들을 지정해서 포함시켜야 한다. 다섯째, 교과내용이 학생들의 지적·도덕적 추론수준에 적합해야 한다. 여섯째, 인지적 영역과 정의적 영역의 학습 둘 다 포함되어야 한다. 일곱째, 교수방법은 인지적 학습과 정의적 학습을 관련지어야 한다(McLeod, 1991: 175 참조). 이 기준들은 모두 그런대로 분명하다. 그렇지만 모든 주에서 이 영역에 대한 합의를 도출하기란 쉽지 않으며 이들 기준이 보편적으로 규정되고 수용되는 데에도 시간이 걸린다.

이러한 사항은 두 번째 질문으로 이끈다. 즉 개혁은 성공적이었는가? 성공이 상대적인 용어임은 두말할 나위도 없다. 그럼에도 불구하고 판단이 다양하게 나타났다는 것은 다소 놀라운 일이다. 호제트는 자신의 보고서가 끼친 영향에 매우 만족스러워했다. 그는 보고서 출간 10년 후에 이렇게 쓰고

있다. "보고서에서 밝혀진 사항 중 상당 부분이 이제 캐나다의 교육에 더 이상 적용되지 않는다는 것은 명백하다"(Hodgetts & Gallagher, 1978: 2). 그리고 이러한 평가를 내린 지 다시 10년이 지난 후에 또 다른 권위자는 정치교육 분야의 성과에 대해 "새로워진 관심과 활동이 …… 최근 들어 정치교육을 바꾸어놓기 시작했다"(Osborne, 1988: 291)라고 평가했다. 아마도 이런 판단들은 지나치게 낙관적이거나 성급하다고 해야겠다. 왜냐하면 20세기 말에 아주 신중하게 설계된 권위 있는 시민교육 관련 조사연구는 이렇게 결론을 내리고 있기 때문이다.

> 공식정책과 실제상황 간에는 종종 상당히 괴리가 있다. …… 교육과정에서 다원주의 이상, 비판적 탐구, 시사쟁점 토의와 공동체 활동 참여를 강조함에도 불구하고, 교실수업의 실제는 호제트의 보고서 이후에 그다지 바뀐 것으로 보이지 않는다(Sears et al., 1999: 128, 130).

캐나다는 나이지리아의 종족적·언어적·종교적 분열에 비하면 단순하고도 결속된 나라이다. 20세기 말이라 할 수 있는 1980년경에 나이지리아의 인구는 캐나다의 세 배에 이르고 235개의 종족집단이 있으며, 대략 400개의 서로 다른 언어가 사용되고 있다고 알려져 있다. 19세기에 제국주의 열강이 아프리카 지도 위에 인위적으로 국경을 그려 넣은 것 중 영국 식민지였던 이곳보다 더 유명한 경우는 없을 것이다(영국의 제국주의 정책 전반에 대해서는 4장 참조). 전통적으로 서로 충돌하며 지내던 호전적인 부족들이, 1960년에 영국으로부터 독립하면서 이제는 동일한 '국민' 국가에 속하게 되었다. 근대화와 기독교화 과정은 적어도 부분적으로나마 그들의 생활방식과 남부

지역 주민들의 생각을 변화시켰는데, 북부 이슬람 지역은 그런 과정을 거부했다. 그렇지만 영국 식민 당국의 행정이 강력하게 실행되지 못했기 때문에, 족장의 통치라든가 일가친척에 대한 의무, 부족과 가족 구성원에 대한 편애는 여전히 사회적으로 인정되는 습관이었으며 심지어 미덕으로까지 여겨졌다. 하지만 이런 습관은 서구식 정치와 양립할 수 없었고, 독립 이후에는 부패와 정실주의로 타락해갔다(예를 들어 Arikpo, 1967: 114~117 참조).

시민교육이 국민단합의 결속을 뒷받침하고 좋은 시민적 습관의 덕성을 고취하기 위해서는 학교가 일정한 역할을 해야 하기 때문에, 나이지리아의 교육체제가 이런 요구사항들을 충족시켜야 한다는 엄청나게 어려운 과제를 떠안았던 것은 분명하다. 강력한 중앙정부도 없고 학교운영방식들도 다양한 상황이라 문제가 더욱 어려워졌다. 영국은 식민지에 따라 각기 다른 구조를 창안했는데, 먼저 영지(province)를 북부영지와 남부영지로 구분하고 다음으로 북부와 동부 및 서부 주(region)로 구분했는데, 후자의 구분은 독립 이후에도 1960~1978년 동안 기본적으로 존속하면서 느슨한 연방체제의 형태로 유지되었다. 학교의 경우에는 1900년경을 보면 북부지역의 이슬람교도 아동을 위한 코란 학교, 선교사들이 남부지역에 설립한 기독교계 학교, 그리고 막 시작돼 몇몇 공립학교 등 세 가지가 주요 유형이었다. 하지만 1930년까지는 나이지리아 전체를 관할하는 교육책임자가 임명되지 않았다. 이런 임시변통의 교육이 어떤 의미에서 시민교육을 시행했을까? 우리는 먼저 식민지 시절 동안 교육부문의 발전에 주요한 제약으로 작용한 요인이 있었던 점을 이해해야 한다. 그것은 바로 지배세력의 소심함이었다. 어느 나이지리아 교육자는 이렇게 설명한다.

2차 대전이 끝나고 나서도, 나이지리아의 영국 식민통치세력에게는 명시적이든 묵시적이든 여전히 다음과 같은 기본적인 가정들이 존재했다. 즉 나이지리아인들이 자치를 할 수 있기까지는 많은 시간이 걸릴 것이다. 물론 그런 자치를 위해서는 교육적 진보가 중요하다. 그렇지만 교육의 속도를 빠르게 만들면 영국 제국주의 전반이 빨리 와해될 것이며 영국의 나이지리아 지배도 빨리 종식될 것이다(Okeke, 1964: 13).

이런 시원찮은 배경하에서 식민지 시절의 시민교육이 지녔던 세 가지 측면을 살펴볼 수 있다. 첫째는 일종의 영국 사립중학교 교풍을 형성하는 것이었는데, 이는 훈육과 도덕수업을 통해 좋은 — 즉 고분고분한 — 시민을 양성하며 학교가 '올바른 기풍'을 지니고 있음을 확인하기 위한 것이었다(Peshkin, 1967: 324~325; Okeke, 1964: 10 참조). 둘째는 시민의 정체성을 영국 국왕의 신민으로 해석하는 것이었다. 예를 들어 1922년에 배포된 역사 교수요목은 초등학교 상급학년에게 '권위와 훌륭한 시민에 대한 존경심'(Peshkin, 1964: 325 재인용)을 함양하기 위해 나이지리아와 대영제국의 역사를 열거하고 있다. 독립 후 거의 20년이 지난 후에 쓴 글에서 나이지리아의 어느 학자는 다음과 같은 사실을 인정했다.

초창기 기독교계 학교와 공립학교의 결함이 무엇이었든 간에 — 우리는 모두 그 산물이다 — 그 학교들이 영국 국왕에 대한 우리의 충성심을 일깨우는 데 성공했다는 점을 인정해야 한다. 제국기념일 경축행사에서 우리는 「대영제국이여 온 세상을 통치하라」와 「대영제국은 영원히 사라지지 않을 것」이라는 노래를 부르고 있었다. 그들은 우리에게 신에 대한 경외심, 연장자와 권위에 대한 존중을 가르쳐주었다(Adeyoyin, 1979: 165).

초창기 시민교육의 세 번째 특징은 교육이 영국 방식으로 그리고 영국의 요구에 따라 행정에 충직하게 참여할 엘리트를 양성하는 데 집중되었다는 점이다.

1940년대 후반에 민족주의 운동이 확대되면서 여건이 변하기 시작했다. 운동 지도자들은 나이지리아가 성공적으로 독립국가가 되려면 교육받은 주민의 숫자가 크게 늘어나야 하며 교육의 질이 획기적으로 개선되어야 한다고 굳게 믿었다. 서부 주의 교육부는 "교육발전은 …… 국가 비상사태로 간주되어야 한다"(Ukeje & Aisiku, 1982: 210 재인용)라고 선언했다. 여하튼, 주민들은 교육이 광범위하게 이루어질 수만 있다면 교육을 받고자 하는 강렬한 욕구를 지니고 있었다. 1955년에 초등보통교육(universal primary education: UPE)으로 알려진 기획이 개시되어 100% 취학이라는 목표 달성을 위한 수단으로 무상초등교육이 도입되었다.

이런 정책이 시민양성이라는 목적을 지녔다는 점에서 보면, 그에 따른 질문도 제기되었고 또 역풍도 맞았다. 그 질문이란 교육과정이 영국식의 것이 아니라 아프리카 그리고 나이지리아 특유의 것이 되기 위해 어떻게 개혁될 수 있는가 하는 것이었다. 간단한 과제였다. 다른 하나는 좀 더 심각하고도 사실상 해결이 불가능한 질문이었다. 실은 초등학교 취학자 숫자가 급속하게 증가했지만, 시민으로서의 의식을 갖추는 것과는 거리가 멀었다.

학교를 졸업하는 이들의 대다수는 실업자가 득실대는 도시로 흘러들어가 정치적 폭력과 무법의 희생물이 되었다. …… 약간 읽고 쓸 줄 알며 나태하고 불만에 가득 찬 젊은이들이 대규모로 늘어나는 상황에 내재된 위험은 과장할 수 없을 정도로 컸다(Arikpo, 1967: 106).

미국식 어법으로 말하자면, 나이지리아인들은 꼼짝달싹 못하는 곤경(Catch-22)*에 처해 있었다. 20세기 의회민주주의를 준비하기 위해 그들은 정치의식을 지닌 유권자를 필요로 했다. 그런 유권자 집단은 그처럼 무수히 많은 언어가 사용되는 나라의 유일한 공용어인 영어로 읽고 쓸 줄 알아야 했다. 이러한 요구는 교육에 대대적인 지출이 이루어지게 만들었다. 그러다 보니 고용을 창출할 경제발전이 뒤로 밀려났다. 그렇게 해서 읽기·쓰기·산수에 국한된 교육을 받고 초등학교를 졸업하는 이들은 불만에 가득 차 있었지만, 교육은 젊은이들이 빈곤 타파를 위해 애쓰도록 만들지 못한 것은 말할 것도 없고, 교육정책의 장기적인 목적을 이해하도록 교육시키지도 못했다(Arikpo, 1967: 106 참조).

1967년에 부족 간의 갈등이 극에 달해 (이 절에서 살펴본 다른 나라들의 경우와 비교할 때 유례가 없을 정도로) 소름끼치는 내전이 벌어졌을 때, 이런 갈등을 타파하기 위해 범나이지리아 국민이라는 개념을 신봉하는 교육받은 젊은이들이 충분치 않았다. 동남부지역의 이보스족이 나이지리아에서 분리되어 비아프라(Biafra)라는 새로운 나라를 만들고자 했던 내전은 1970년까지 지속되었다. 그들은 실패했다. 그리고 전후의 재건작업에는 시민양성 관련 내용과 목적이 강화된 교육이 포함되었다(미국도 그런 예가 있었는데 흥미로운

---

* 미국의 작가 헬러(J. Heller)의 작품 제목. 희생자는 보상받지 못한다는 부조리한 상황 내지 규칙. — 옮긴이

일이다. 4장 참조).

1970년대 나이지리아의 역사는 계획들로 넘쳐난다(예를 들어 Mehlinger, 1981: 304~311 참조). 근본적인 체제변화도 여러 차례 이루어졌다. 여기에는 1976년에 나라를 9개의 주로 재조직하고 제2공화국을 출범시킴으로써 부족 중심주의의 다양한 영향력을 누그러뜨리기 위한 시도도 포함되어 있었다. 게다가 1972년에 연방정부는 교육에 대한 통제를 강화했다. 이러한 변화를 공표한 문건을 보면 다음과 같이 우리의 주제에 아주 적절한 간결한 진술도 들어 있다.

> 보통교육과 법, 정책, 교육과정을 통해 모든 나이지리아 아동은 초등학교에 입학하는 날부터 나이지리아인이 되는 것을 배우며 자신이 나이지리아 시민이라는 점을 가치 있게 여기고 자신의 나라에 긍지를 갖도록 배운다(Oyovbaire, 1985: 149).

이 문건 외에 1976년에 두 편의 주요 문건이 발행되었다. 하나는 정보부에서 발행한 『국가교육정책』으로, 중등학교 교사를 다양한 부족에서 충원할 것을 장려함으로써 부족 간 적개심의 부정적인 효과를 줄이고자 시도한 것인데, 성공을 거두지 못한 것으로 알려졌다. 다른 하나는 교육부가 발행한 『나이지리아 연방공화국 교육정책』이다. 국민통합을 위한 교육이 커다란 줄기를 이루고 있었다. 아프리카 교육에 정통한 영국의 어느 전문가는 이렇게 설명한다.

> 나이지리아 교육철학에 관한 제1절은 '⋯⋯ 국민의식과 통합'에 대해 말한다.

중등교육에 관한 제4절은 교육이 "우리의 다양성을 하나로 묶는 공통의 연결고리를 강조하면서 나이지리아의 통합을 진작"해야 한다고 주장한다. 이 절은 이렇게 이어진다. "교육은 우리의 젊은이들에게 단결심과 애국심을 고취하는 데 기여해야 한다. 젊은이들에게 국가 소속감을 고취하기 위해 모든 가능한 것이 행해져야 한다는 것이 필수적이다"(Harber, 1989: 16).

신념이 계속 반복해서 제시되고 있다.

1970년대에 실제로 무엇이 성취되었는가? 전쟁 전인 1969년에 "나이지리아 교육체제의 식민지적 정향을 바꾸기 위한 첫 번째 국가적 노력"을 표방한 국가교육과정협의회가 소집되었다. 협의회의 보고서는 '시민적 책임을 통한 유능한 시민 자질 증진'이 초등교육의 일곱 가지 목표 중 하나여야 한다고 천명했는데, 그로부터 12년 후에 두 명의 권위자가 내린 평가에 따르면, "이러한 견해들이 점차 초등학교 교육과정 속으로 퍼져나갔다"(Ukeje & Aisiku, 1982: 230). 이러한 진보는 1971년에 나이지리아 교육조사위원회가 초등학교 지침을 발간함으로써 더욱 힘을 얻었는데, 그 지침 중 사회교과 항목에는 "아동이 시민으로서 갖추어야 할 적극적인 태도를 함양"(Bray & Cooper, 1979: 35 재인용)할 필요에 대한 언급이 들어 있다.

시민교육은 책으로 배우는 것에 그치지 않는다. 내전 후에 특히 나이지리아인들은 학생들이 참여하는 의식의 숫자를 늘렸다. 그리하여 국기경례와 국민맹세가 도입된 1976년이 되면서 다음과 같은 유형이 정립되었다. 이러한 의식들 그리고 국가제창이 학교일과의 처음과 끝을 장식했다. 국민맹세의 내용은 이렇다.

나는 조국 나이지리아에

믿음직하고 충성스러우며 정직할 것을

내 모든 힘을 바쳐 나이지리아에 봉사할 것을

조국의 통합을 수호할 것을

그리고 조국의 명예와 영광을 떠받칠 것을 맹세합니다.

신이시여 부디 저를 도와주소서(Bray & Cooper, 1979: 36 재인용).

나아가 1년 중 몇 날 특히 독립기념일과 어린이날에는 애국심을 고취하는 다양한 행사가 열렸다. 대학의 경우에는 1973년부터 졸업 후에 "젊은이들 사이에 공통의 연결고리를 구축하고 국민단합을 증진하기 위해" 1년 동안 전국청년봉사단(National Youth Service Corps: NYSC)에서 공동체 활동에 참여해야 했다(Bray & Cooper, 1979: 36 재인용).

하지만 이 모든 노력이 성공을 거두었는가? 과업의 규모를 감안할 때, 누군가 이 질문에 적극적인 확신을 가지고 답할 수 있다면 정말로 놀라운 일일 것이다. 브레이와 쿠퍼는 1970년대 말에 쓴 글에서 실패사례 목록을 제시하고 있다. 1976년 당시 정부의 계획 중 돋보였던 '초등보통교육'은 재정 부족과 교사의 수준미달로 인해 효과가 미미한 실정이었다. 대학과 중등학교에 여러 부족이 다니게 만들려던 정책은 저항을 받았다. 국민맹세도 실패로 끝났다. 많은 학교에서 국민맹세가 무시되었는데 아마도 기계적으로 암송하던 아동들에게 무의미했을 것이다. 사실 정치적 불안정 그리고 간헐적으로 발생하는 종족 간 폭력사태로 인해 20세기의 20년 동안 이 나라의 역사가 악화되었으며, 북부 주들에서 완고한 샤리아 법(이슬람 율법)이 부과되는 등 이슬람교가 공고해짐으로써 남부와 북부의 문화적 분리가 심화되었다.

그렇긴 하지만, 초등교육을 개선하려는 시도는 20세기 말에도 여전히 행해졌다. 성인의 문자해독률이 1999년에 62.6%에 이르렀으며, 6~15세 아동 모두에게 무상의무교육을 제공하는 것을 목표로 하는 보통기초교육 계획이 도입되었다. 이러한 진보적 경향이 국민결속과 시민적 책임 같은 정서에 긍정적인 효과를 줄지 여부는 여전히 매우 어려운 문제이긴 하다. 그 후에 들어선 나이지리아 정부들도 종족적·문화적 다원주의 정책을 시도했다. 사실 위에서 설명한 다른 방안(통합 혹은 배제) 중 어느 것도 전혀 가능하지 않았을 것이다. 그러나 그 정책은 미미하나마 사회적·정치적 통합을 전제하는 데 실제로는 크게 빗나가고 말았다.

한편 유럽에서는 1914~1918년과 1939~1945년의 두 차례 대전이 그러한 격변이 재발하는 것을 허용하지 않도록 결단을 내리게 만들었다. 유럽연합이 구축되고 있었다. 그러나 상호 파괴적인 갈등이 거의 확실하게 과거의 일이긴 하지만, 공통의 초국가적 시민권을 창출하는 일은 쉽게 진척되는 과정이 아님을 보여주고 있다.

4. 유럽연합

'유럽시민교육(유럽시민 자격 함양을 위한 교육)'이라는 용어는 파악하기 쉽지 않다. 세 가지 주요하고도 독특한 용법을 구별할 수 있다. 이들 중 첫 번째 것은 종종 '유럽인의 의식'을 장려하는 것으로 혹은 좀 더 일반적으로 교육에 '유럽 차원'을 부여하는 것으로 언급되어 왔는데, 후자의 경우는 1976년의 유럽공동체에서 처음 사용되었다. 이 접근은 구체적인 초점이 있는 것은 아니며, '유럽'이 반드시 유럽공동체(EC)/유럽연합(EU)의 회원국이었거나 현재 회원국인 나라들에 국한되지도 않는다. 두 번째 용법 또한 이런 부류의 학습을 가리키긴 하지만, 특별히 EC/EU 회원국들에 관련된 것을 의미한다. 세 번째 용법은 엄밀한 의미에서 유럽연합의 시민 자격을 위한 교육을 가리킨다. 즉 젊은이들을 유럽연합시민이라는 법적 지위에 걸맞도록 준비시키는 것을 의미하는데, 이 지위는 1967년 이래로 명칭에서나 실체에서나 대부분의 의미에서 통상적으로 유럽공동체 대신 사용되어온 유럽연합에서 1993년에 도입되었다.

유럽 차원의 교육은 학교마다 여러 나라를 여행하는 시간을 두도록 하고 교수요목에서 유럽대륙과 관련된 교육내용 — 주로 지리와 역사 — 에 상당한 시간을 할애하도록 했으며, 유럽 탐구라는 방식으로 간학문적 과목을 가르치는 데도 비중을 두었다. 이런 식의 유럽학습이 잘 이루어졌던 좋은 예로 1949년에 창설된 유럽평의회라든지 1956년 창립된 유럽교사협회의 활동을 들 수 있다. 사실 이들 단체는 1980년대 들어 '시민교육'이라는 용어가 유행하게 되자 자신들이 유럽시민 자격을 함양하기 위해 활동하고 있다고 주장하기도 했다. 1983년에 유럽평의회가 제시한 권고안에 따르면, "우리의 교육은 모든 유럽 젊은이들이 스스로를 자신이 속한 지역과 나라의 시민으로서뿐만 아니라 유럽 그리고 더 넓은 세계의 시민으로도 생각하도록 장려해야 한다"(Ross, 2000: 183 재인용)라고 했다. 그리고 1989년에 유럽교사협회는 유럽시민교육 실행의 권고사항을 담은 책자를 발간했다. 이처럼 이 단체들 둘 다 '유럽인'이라는 의식을 가질 수 있는 토대를 제공하는 일에 참여해 왔으며, 유럽시민의 자격을 구축하는 데 필요한 요소들을 집적하는 데 소중한 기여를 한 것은 사실이지만, 분명 완전하지 못하다.

따라서 EC/EU에 관한 교육으로 눈을 돌려보아야겠다. 21세기 초인 지금도 EU 회원국 자격이 아직 유럽대륙의 주민과 국가를 모두 포괄하지 못하긴 하지만, 적어도 회원국 시민들은 여러 가지 방식으로 유럽연합의 시민이기 때문이다. 하지만 이 맥락에서도 우리는 '유럽시민교육'이라는 용어의 두 가지 용법을 구별할 필요가 있다. 회원국의 시민인 사람은 EU의 구성원이기도 하다는 점을 이해하게 하는 교육이 하나이고, 1993년 마스트리히트 조약에서 규정된 EU 시민이라는 지위의 의미를 배우는 것이 다른 하나이다(잘 알려진 대로 그 지위가 갖는 권리들이 조약의 제8조에 규정되어 있다). 하지만 이런 교육에서조차, 전자의 의미에서 이루어지는 많은 사항이 우리가 구분한 세 가지 용법 중 첫 번째 것과 거의 구별되지 않는다는 점을 인정해야겠다. 사실 EU는 '유럽 차원'이라는 용어를 보급하는 데 주요한 역할을 했다.

EU의 맥락에 초점을 맞추는 경우, 비공식적 의미와 법적 의미 모두에서 EU 시민교육을 진작시키는 과정에서 기구들이 했던 활동과 회원국들이 했던 활동을 구분하는 것이 좋다(Davies, 1997: 97~113 참조).

모종의 유럽 내 협력구조를 만들고자 하는 생각은 유서 깊은 계보를 지니긴 하지만, 2차 대전이 끝난 후에도 그런 체제의 구축은 시작되지 않았다. 1960년대에 이르러 그리고 확실히 1970년대에 들어서는 이런 기획에 우호적인 정치인들이 그 성공을 위해서는 대중의 지지가 필수적이라는 사실을 점점 더 많이 인식하게 되었다. 그들은 '인민의 유럽(People's Europe)'을 만들자는 구호를 내걸었는데, '시민들의 유럽(Europe des Citoyens)'이라고 프랑스어로 말하는 것이 더 정확하겠다. 게다가 대중의 지지를 받으려면 성인이 되기 이전부터 받는 교육이 포함되어야 했다. 1976년에 유럽평의회(회원국들의 정상회담)는 교육 분야의 실행계획을 촉구하는 결의안을 채택했는데, 여기에는 학교교육에서 유럽 관련 내용을 더 많이 다룰 것을 권고하는 항목도 포함되어 있었다.

1980년대 초부터 EC/EU의 입장을 강화하기 위한 많은 문건이 유럽평의회와 유럽위원회에서 쏟아져 나왔다. 1982년에 발행된 한 책자는 이렇게 단언하고 있다.

> 학교의 경우 교과서에서 유럽적인 생각을 자극하고 유럽현대사를 공부하며 외국어를 배우고 학교에서 단체로 혹은 학생 개인이 외국을 방문하는 것 등 이 모두가 유럽공동체와 유럽인의 관념을 지향하는 성인 시민들이 미래에 지닐 태도를 결정하는 요인이다(Heater, 1992: 55 재인용).

이것은 단순한 진술로서 실제로는 유럽시민을 기르는 교육이라기보다는 유럽 차원에 대한 교육이긴 하지만, 공식적인 권고였으며 '시민'이라는 단어가 등장한다.

사실 1988년에 발간된 결정적인 문건은 교육에서의 유럽 차원에 대해 언급하고 있다. 다음 내용이 평의회 결의안 형태로 제출되었는데, 그 목적과 배경이 유익해 보인다.

> 슈투트가르트에서 공포된 '유럽연합 정식선언'(1983), 퐁텐블로 유럽평의회의 결정(1984. 6), 밀라노 유럽평의회에서 채택된 '인민의 유럽' 보고서(1985. 6)에 따라, 교육에서 유럽 차원을 강화하고자 하는 결의를 재확인한다.
> 교육에서 유럽 차원의 내용을 확대하는 것은 유럽공동체가 발전하고 1993년에 역내 통합시장 출범이 성공하는 데 기여할 것으로 본다(European Council & Ministers of Education, 1988).

위의 기구들은 "젊은이들이 유럽인으로서의 정체감을 강하게 지닐 수 있도록" 하며 "그들이 유럽공동체와 회원국들에 대해 더 많이 알도록 할" 조치들을 공표했다. 유럽시민권에 대한 명시적인 언급은 없지만 점차 그에 근접해가고 있으며, 다음해에 위원회는 평의회에 제출한 교육지침 문건에서 더욱 박차를 가했다. 그 문건이 밝힌 목표 중 하나는 다음과 같다.

> 회원국들이 공유하는 민주적 가치를 증진하며, 유럽공동체의 다문화적 특성에 대한 이해를 진작시킨다. 또한 젊은이들이 자신이 속한 국가와 지역 및 지방 차원에 더해 유럽공동체 차원의 시민으로서 자격을 갖추도록 하는 일의 중요성에 대한 이해도 증진시킨다(Heater, 1992: 56 재인용).

실제로 EC/EU는, 학생교류와 외국어학습을 지원하는 간접적인 방법을 제외하고는, 여타의 교육적 구상과 구별되는 것으로서의 유럽시민교육에서 별로 이룬 것이 없다. 1990년대에는 각종 계획이 추진되었는데, 그중에서도 소크라테스 프로그램으로 고등교육의 에라스무스 프로그램, 언어교육의 링구아(Lingua) 프로그램, 그리고 초중등학교의 코메니우스(Johann Amos Comenius) 프로그램이 함께 추진되었다. 하지만 우리의 논의에서 중요한 것은 지원자용 지침에서 다음과 같이 진술하고 있다는 점이다. "소크라테스 프로그램의 목표 중 하나는 모든 수준의 교육에서 유럽 차원을 개발하여 유럽시민으로서의 정신을 강화하는 것이다"(Ross, 2000: 184 재인용).

사실 유럽시민교육에 대한 모호한 신념은 유럽공동체 기간 동안 유럽시민권의 본질이 모호했던 것과 관련이 있다고 생각하게 되는 데는 그럴 만한 사정이 있다. 유럽시민권이라는 개념이라고 할까 지위라고 할까 이것은 네 가지 요소로 이루어져 있었다고 말할 수 있다. 첫 번째 요소는 가장 간단하게, 1979년부터 유럽의회 의원을 선출하는 투표에 참여할 권리였다. 두 번째 요소는 주로 고용의 권리와 관련하여 일정한 규칙과 판례가 구축되어 있다는 점이었다. 회원국들의 모든 시민은 공유된 문화적 전통을 가지며 자유민주주의 사회의 삶을 누린다는 점에서 공통된다는 주장이 세 번째 요소였다. 네 번째 요소는 EC/EU와 관련이 없는 것으로, 유럽평의회 인권규약 및 그 부속 법절차가 존재한다는 것이었다. 교사들이 집중적인 관심을 보인 것은 바로 이런 특징들 ― 사실은 주로 세 번째 것 ― 이었다. 그리고 이런 노력의 과정에서 교사들은 특히 역사를 가르치는 데서 유럽평의회의 지원을 받아왔다(Osler et al., 1995: 149~160 참조).

1993년에 마스트리히트 조약이 발효된 이후에는 유럽시민권에 대해 가르치는 일을 덜 주저하고 좀 더 정확하게 하는 쪽으로 변화가 생길 것으로 기대되어왔다. 하지만 조약 그 자체로부터 지원을 기대했던 교육자라면 실망했을 것이다. 조약은 유럽연합을 창설했고, 이는 유럽공동체 시절보다 회원국들의 결속을 더욱 단단하게 만드는 쪽으로 나아갈 것임을 예고했다(제A조). 하지만 교육 관련 조항(제126조)은, 유럽연합 시민권이 법적인 지위임을 천명함에도 불구하고, '유럽시민권 교육'이라는 용어를 회피하는 우유부단한 태도를 계속 유지했으며, 그 대신 '교육에서 특히 언어교육을 통해 유럽 차원을 개발'하고 '교사와 학생교류를 증진'한다는 목표를 재확인했다. 좀 더 적극적인 목표가 결여된 이유는 EU의 보조적 지위를 인정하는 조약 제3조 b항에서 단서를 찾을 수 있다. 그 조항은 EU의 조치가 정치적·행정적 위계구조 중 최하위 수준에서 취해져야 한다고 밝히고 있다. 따라서 EU는 "교육내용과 교육체제 구성에서 회원국들의 책임"을 전적으로 존중해야 한다(제126조).

이제 "회원국들이 어떻게 대응했는가?" 하는 질문이 당연히 제기된다. 1988년의 결의안은 모든 회원국이 교육에 유럽 차원을 포함시키고 이를 자국의 모든 교육제도에 반영하는 것과 관련한 각국의 정책을 정리해줄 것을 요청했다는 점에 유의해야 한다. 이 권고를 따른 나라는 거의 없었다. 독일이 주목할 만한 예외인데, 독일의 각 주 장관들은 아주 명시적인 문건을 공동으로 작성했다(Davies & Sobisch, 1997: 225~227 참조. 연방체제하에서 교육은 중앙정부가 아니라 주정부의 책임이었다는 점을 기억하자. 5장 참조). 그 문건은, 예를 들어 유럽 통합의 과정과 유럽인으로서의 정체성에 대한 자각, 유럽의 제도에 대한 지식, 그리고 유럽의 법규와 인권에 대한 존중을 언급하고 있다.

반면에, 1990년대 중반 영국의 어느 교육자가 행한 연구는 좀 더 큰 그림을 보여준다. 그는 자신의 조사연구로부터 다음과 같은 결론을 내렸다.

> 유럽주의라는 수사 그리고 유럽연합으로부터 출현한 광범위한 구상에도 불구하고, 이 영역은 각국의 국민에게서 그다지 큰 관심을 받지 못하고 있음이 분명하다. 몇몇 나라는 자료를 전혀 보내주지 않았으며, 정부의 해당 부서에 전화로 요청을 한 경우에는 유럽시민권교육에 관한 문건을 아직 구할 수 없다는 답변이 돌아오기 일쑤였다(Davies, 1997: 106).

영국의 또 다른 연구자는 1994년에 이런 내용의 보고서를 내놓았다.

> 프랑스 교육부의 고위관리들은 1988년의 결의안이 각국의 교육체제에 일정한 변화를 촉구했던 것에 대해 어떤 식으로든 이행상황을 보고해야 하는데도 실

정이 그렇지 못한 것에 대해 전혀 난처해하지 않았다. 이는 중대한 일이다(Davies, 1997: 108 재인용).

이에 더해, 1990년대 말에 국제교육성취도평가협회(International Association for the Evaluation of Educational Achievement: IEA)가 행한 권위 있는 조사연구(Torney-Purta et al., 1999)에는 EU 회원국 중 8개국이 포함되었다. 연구에 참여한 이들의 대부분이 EU 회원국 소속이었던 데 비해, 이러한 시민교육 관련 조사에 유럽시민권 관련 내용이 포함되어야 한다고 생각한 이는 거의 없었다. 주된 예외는 포르투갈과 네덜란드였다. 취약성을 깨달은 위원회는 1996년에 새로운 구상에 착수하여, '유럽 아동의 정체성(Children's Identity in Europe: CiCe)'이라는 이름으로 대학 교육담당 부서들의 에라스무스(고등교육 관련 기획) 연계를 시도했다. 2년 후에 위원회는 『유럽연합의 능동적 시민을 양성하기 위한 교육(Education for Active Citizenship in European Union)』이라는 제목의 책자를 발간했다.

하지만 조사연구의 요약본을 봐서는 정부 차원의 교육적 지원이 민간 차원의 지원과 잘 구별되지 않는다. 공식적인 지침이 없었기 때문에 어느 정도 불이익이 있었던 것이 분명하긴 하지만, 얼마간은 열정적인 작업이 있었던 것을 알 수 있다. 유럽시민교육이라는 주제에 대한 다양한 접근을 보여주는 예로 상이한 기구들이 수행한 네 가지 사례를 살펴보도록 하자.

첫째, 독일의 주 차원에서 이루어진 것으로, 헤센 주정부의 기획이 있다(Bell, 1997: 223~251 참조). 이곳에서는 1992년에 '유럽학교' 프로그램이 개시되었는데, 우선 14개 자매학교로 이루어진 연결망과 5개 학교를 결연시키는 데서 출발했다. 유럽학교는 다른 학교들과의 협력교류를 강조하는 혁신적인 학습방법을 시도한 용기 있는 실험이었다. 두 번째 예는 정치교육을 향상시키기 위한 공식 교육기관들의 활동과 관련된다. 1995년에는 네덜란드의 정치교육·커뮤니케이션 연구원과 독일의 연방정치교육원은 '유럽의 민주주의를 향한 정치교육'이라는 기획을 공동으로 발족시켰다. 세 번째 예도 공동기획인데, EU 에라스무스 프로그램을 통해 기금을 조달받아「새로운 유럽의 시민교육: 민주주의, 사회정의, 전 지구적 책임과 인권존중」이라는 자료를 학생용과 교사용으로 만드는 일이었다. 이 기획과 관련된 사례연구는 무료로 구할 수 있는데, 1990년대에 옥스퍼드 대학 소속 한 단과대학의 학생들이 농촌의 한 작은 학교를 이탈리아 시골지역 학교들과 연계해서 학습활동을 조사한 내용이다(Halocha, 1995: 189~199 참조). 자료를 교환하고 제한된 범위에서나마 교사를 교류한 것에서 이 기획의 특성을 엿볼 수 있는데, 이런 일들은 영국과는 사뭇 다른 유럽식 생활방식을 지닌 학생들에게 공감대를 형성시키고자 하는 목적을 지닌 것이었다. 물론 일차적인 목적은 학생들이 이런 방식의 교수법을 배워 자신이 속한 학교에 적용할 수 있는 기회를 제공하는 데 있었다. 네 번째 예는 우리를 현대적인 의사소통방법에 부응하도록 만든다. "털어놓고 말하라! 유럽시민권에 대해"라는 웹사이트(www.citizen.org.uk/speakout)가 바로 그것이다. 2000년에 영국에서 시민교육원이 주관하여 시작한 이 기획에는 독일과 이탈리아 그리고 스웨덴이 동참했으며 유럽의 학생들이 유럽시민권과 관련된 사안들을 학습하고 토론할 수 있게 하는 방도가 되었다.

우리는 '시민권'이라는 단어에 결부된 정확한 의미에 비추어 유럽시민교육을 정의하는 일이 상대적으로 관심이 부족한 것에 초점을 맞추어왔다. 우리의 조사연구에서 이 점을 강조하는 데에는 두 가지 이유가 있다. 이 분야의 교육이 개개인이 유럽인으로서 정체성을 갖도록 하며 유럽 사람들이라는 집합적인 문화적 정체성에 대한 이해를 전수하는 데 국한된다면, 시민권의 전체 의미 — 예를 들어 지위와 권리, 의무, 그리고 책임 — 에서 상당 부분을 놓치게 된다는 분명한 사실이 한 가지 이유이다. 그리고 공통의 전통에 초점을 맞추는 것은 다른 종류의 정체성에 대한 관계라는 난제들을 회피하는 일이라는 것이 두 번째 이유이다. 이 문제는 여러 가지 방식으로 나타난다. 예를 들어, 마스트리히트 조약에서 규정한 유럽시민권이 유럽시민 중 가령 이슬람교도처럼 그 기원과 가족전통이 유럽의 핵심문화 일부와 상이한 사람들에게 법적인 차원에서 어떤 의미를 지니는가? 개인들은 한 국가의 시민이자 유럽시민이라는 이중적 지위를 어떻게 조화롭게 다룰 수 있는가? 일부 교육자들은 교육에서 유럽 차원을 가르치라는 권고는 지나치게 단순한 접근임을 인정하면서 이러한 문제들이 지닌 함의에 주목하기 시작했다. 그나마 위에서 언급한 1983년의 유럽평의회 권고는 세계시민교육까지 포함하는 다중시민권 교육이 필수적이라는 인식을 보여준다.

5. 세계시민권: 이론적 기원

일상적인 용법에서 '세계시민(citizen of the world)'과 '세계인(cosmopolitan)'은 그에 결부된 의미가 불명확하기도 했고 또한 광범위하게 사용되어오기도 했다. 다수의 완고한 정치철학자들이 못마땅해하며 무시하거나 경멸해 온 그 개념 주변에는 모호하고 단순한 이상주의의 분위기가 짙게 드리워져 있다. 하지만 세계시민권이라는 이상이 실천적 타당성과 도덕적 가치를 모두 지닌다는 신념은 놀라울 정도의 생명력을 유지했으며, 지난 2,500여 년

동안의 서구정치사상에서 간간히 맥을 이어왔다. 고대 세계의 고·중기 및 후기 스토아 시대, 르네상스와 계몽주의 시대의 신스토아주의, 그리고 20세기의 몇몇 사조가 이에 해당한다.

이 모든 사조가 교육적 고찰을 수반했던 것은 아니라는 점에 유의해야 한다. 게다가 세계시민이라는 기본적인 관념이 갖는 교육적 함의를 통해 무언가를 하려고 시도했을 때 — 주로 20세기에 국한됨 — 신념에 찬 교육자들은 이미 언급한 대로 의미의 불명확성으로 인해 불편을 겪어야 했다. 이런 점에서 세계시민교육의 경우가 더욱 험난한 과정을 거치긴 했지만, 세계시민교육은 유럽시민교육과 유사한 방식의 고초를 겪었다. 법적 지위로서의 세계시민권은 유럽연합 시민권과 달리 가르칠 수 없다. 왜냐하면 진정한 의미에서 세계시민권이란 것이 존재한 적이 없기 때문이다. 문화적으로 다채로운 오늘날의 세계에서 전 지구적 정체성을 갖도록 가르치는 것은 교육에서 '유럽 차원'을 강조하라는 요구에 부응하는 것보다 훨씬 더 어려운 일이다. 그리고 종종 그랬듯이 세계시민교육에는 세계인으로서의 도덕과 평화의 윤리를 가르치는 것이 수반되기 때문에, 지구촌교육에 종사하는 교사들은 학교에 대한 국가의 시민양성 요구, 즉 애국주의 고취 요구를 반박해야 하는 처지에 놓인다.

독자들은 두 가지 상이한 용어, 즉 '세계시민교육(education for world citizenship)'과 '지구촌교육(global education)'이 이미 사용되어온 것을 알고 있을 것이다. 또한 아래에서 보게 되듯이 영어로 된 문헌에서는 '지구촌연구(global studies)'와 '세계연구(world studies)' 그리고 '국제이해교육(education for international understanding)'도 사용되어왔다. 하지만 — 다시 비유를 하자면 — 유럽 차원에 입각한 교육과 완전하고도 정확한 의미에서의 유럽시민교육을 구분해온 것과 꼭 마찬가지로, 우리는 이들 명칭이 모두 동의어라고 가정하는 것을 경계해야 한다. 20세기에 이들 용어가 혼란스럽게 사용됨으로써 정치적 - 철학적 실현과 교육적 실현 모두에서 세계주의적 이상이 지니는 기본적 이중성이 가려져 왔다. 이를 스토아학파와 코메니우스학파라 할 수 있는데, 전자는 그리스 - 로마시대 스토아 철학자들이 구축한 학파로서 인간본성이 하나라는 신념에 근거해 있다. 그리고 후자는 17세기 보헤미아의 교육자 코메니우스의 사상에서 유래했으며 보편적 평화가 절대적으로 필요하다는 신념에 근거해 있다.

다시 고대 그리스 그리고 또다시 아테네에서 이야기를 시작해야겠다. 아리스토텔레스가 그의 학당 리케이온을 설립한 지 25년이 지난 후인 기원전 310년에 키티움의 제논이 이른바 채색주랑(Stoa Poikilē)에서 철학을 가르치면서 학파를 결성했는데, 그때부터 스토아학파 혹은 스토아사상이 그의 철학을 가리키는 명칭이 되었다. 제논은 키프로스의 고향을 떠나 아테네로 건너갔는데, 그의 뒤를 이어 스토아사상을 발전시킨 후예들이 소아시아 지역에서 여러 명 배출되었다. 기원전 3세기 말에 스토아 철학을 체계화한 크리시푸스(Chrysippus)는 킬리키아 출신인데, 그곳의 중심지 타르수스는 나중에 스토아사상을 기독교에 접목시킨 사도 바울의 고향이기도 하다. 사실 그가 살던 시대에 타르수스의 교육기관은 스토아 철학이 융성하던 중심지였다. 스토아사상은 여러 가지 내용으로 뻗어나갔는데, 그중 하나는 세계도시 혹은 세계국가라는 코스모폴리스라는 개념의 전개였다. 그 기본 개념은 모든 인간 그리고 신들은 보편적인 도덕법칙에 종속된다는 것이었다. 이제 폴리스 시민권의 일차적 특징은 모든 시민이 폴리스의 법규에 종속된다는 것이 되었기 때문에, 스토아사상가들은 이와 마찬가지로 세계는 그 법칙에 의해 훨씬 더 확대된 폴리스에 비유할 수 있으며 따라서 모든 이가 세계시민(kosmopolitēs)이라고 주장했다. 그렇기 때문에 사람은 모든 다른 이들을 동포로 여기며 도덕적 삶을 살아야 한다는 것이 그들의 주장이었다. 얼마 지나지 않아 코스모폴리스에서 신들과 전체 우주를 빼고 그런 이상이 세계시민을 지칭하는 것으로, 즉 인간과 지구에 국한된 것으로 되었다. 자연히 교육에서는 좋음(선)에 대한 이런 해석, 즉 윤리적인 삶을 젊은이들에게 고취해야 한다는 분명한 결론이 도출된다.

교육에 관한 이런 지침을 아주 잘 설명한 것으로 우아한 필치로 유명한 작가 몽테뉴의 글을 들 수 있다. 그는 『아동교육론』에서 이렇게 쓰고 있다.

세계와 교류하는 것은 사람의 판단력에 놀라우리만치 분명한 영향을 준다. 우리는 모두 우리 자신 속에 국한되고 갇혀 있으며, 우리의 눈은 코끝에 머물러 있다. 누군가 소크라테스에게 어느 나라 사람이냐고 물었을 때, 그는 '아테네 사람'이라고 답하지 않고 '세계인'이라고 답했다. 그는 좀 더 완전하고도 폭넓은 상상력의 소유자였다. 그는 온 세계를 자신의 도시로 감싸 안았으며, 자신이 아는 사람과 사회 그리고 애정을 모든 인류에게로 확대했다. 자기 발밑만 바라보는 우리와 달랐다. ……

이 위대한 세계는 …… 우리가 올바른 관점에서 우리 자신을 바라보고자 한다면 반드시 쳐다보아야 할 거울이다. 사실 나는 이 세계가 내 학생의 책이 되도록 하려 한다. 수많은 성향과 분파, 판단, 견해, 법규, 관습은 우리 자신에 대해 올바르게 판단하도록 가르치며, 우리가 불완전성과 자연적 취약성을 깨닫는 방법을 이해하도록 가르친다. 이는 사소한 교훈이 아니다(Montaigne, 1958: 63~64).

이 글을 통해 고대 스토아학파의 세계주의 철학이 16세기 말에 교육의 목표로 전승되었다.

더욱이 몽테뉴의 글은 그의 고국 프랑스뿐만 아니라 다른 나라들 특히 영국에서도 읽혔는데, 영국에서는 매우 다재다능한 베이컨(Francis Bacon)도 글을 통해 자신의 생각을 표명하고 있었다. 그는 자신의 글 「선함 그리고 자연의 선함에 관하여(Of Goodness and Goodness of Nature)」에서 그런 구상을 제안했다. "누군가 낯선 사람에게 상냥하고 정중하다면, 그것은 그가 세계시민으로서 그의 마음이 육지에서 떨어져 있는 섬이 아니라 육지들을 한데 묶는 대륙임을 보여준다"(Bacon, 1906: 39). 그로부터 30년 후인 1627년에 출간된 『이상향(New Atlantis)』에서 그는 세계주의 교수진을 갖춘 고등교육원에 대한 구상을 피력했다. 예리한 교육적 안목을 지닌 당시의 총리 하틀립(2장 참조)은 영국에 그런 교육기관을 설립하고자 하는 열망을 지녔다. 총리 내정자 시절에 그는 모라비아 교회의 주교를 런던으로 초빙했는데, 그 주교는 베이컨의 저작에 찬사를 보낸 바 있는데다 그 자신도 베이컨과 비슷한 생각을 개진하고 있던 인물이었다. 이 인물이 바로 코메니우스였다. 비록 베이컨이 생각했던 대학도 설립되지 못했고 그가 교육에 관해 저술을 남긴 것도 별로 없긴 하지만, 우리는 베이컨의 계획에 대해 그가 세계주의 교육 사조의 두 가닥, 즉 스토아학파와 코메니우스학파를 잇는 연결고리였던 것이 아닌가 하고 해석할 수 있다.

코메니우스는 코멘스키(Komensky)라는 이름을 라틴어로 표기한 것이다. 그는 1592년에 태어났다. 보헤미아의 개신교도들이 30년 전쟁에서 패하는 바람에 모라비아 형제교단의 사제였던 그는 망명생활을 해야 했다. 그때 그는 교과서를 비롯하여 교육 관련 책을 집필하기 시작했는데, 그런 활동 덕분에 그는 유럽 전체에서 꽤나 명성을 얻었다. 예를 들어 1633년에 첫 출간된 『열려진 언어의 문(Gateway to Language Unlocked)』은 거의 100판이 발행되었고, 1657년에 출간된 『대교수학(大敎授學, Great Didactic)』은 피아제의 표현을 빌리면 "모든 유형의 체계적인 교수법이 기초로 삼는 고전으로 간주되고 있다"(Piaget, 1967: 66). 우리의 관심은 그의 주요 저작인 7권짜리 총서 『범교육론(凡敎育論, General Consultation concerning the Improvement of Human Affairs)』인데, 이 저작은 그가 사망한 1670년에도 완성되지 않았으며 20세기까지도 전편이 발간되지는 못했다. 그의 목적은 기독교 원리에 근거하여 세계의 도덕적 갱생을 담당할 기관을 설계하는 데 있었다. 전쟁 대신 화합이 있을 것이며 교육이 그 일의 성공을 보장할 것이다. 30년 전쟁이 유럽대륙 전체에 공포를 퍼뜨렸기 때문에 그가 자신의 꿈과 희망에 열정을 가진 것은 그다지 놀랄 일이 아니다. 코메니우스 자신의 경험이 바로 그런 상처를 보여준다. 그의 아내와 두 아이가 역병으로 숨졌고 그 자신도 망명객 신세였다. 그가 성직자였다는 배경을 감안하면, 그의 사상 전체가 독실한 종교적 신념으로 가득 차 있는 것은 불가피한 일이다. 그리하여 그는 저작 중 하나인 『빛의 길(Via Lucis)』에서 다음 구절로 결론을 맺는다.

> 당신의 것이 모든 하늘에서 그러하듯 이제 모든 땅에서도 이루어지리라! 유럽과 아시아, 아프리카, 아메리카 전체에 걸쳐, 마가야네스[Magallanes: 칠레 남부 마젤란 해협에 있는 세계 최남단의 도시, 현재의 명칭은 푼타 아레나스(Punta Arenas) — 옮긴이]에서 바다 위의 모든 섬에 이르기까지, 당신의 왕국이 세워지리라!(Sadler, 1969: 196 재인용)

그러나 그의 『범교육론』에서 우리의 관심을 끄는 것은 당연히 교육계획부분이다. 6권 『보편개혁(Panorthosia)』의 1개장과 4권 『보편교육(Pampaedia)』 전체가 이에 해당하는 내용이다. 그의 핵심개념은 많은 의미를 담고 있는 '보편교육'이라는 용어인데, 여기에는 『보편교육』에 들어 있는 다음 명제도 포함된다. "모든 사람은 …… 합의 길을 걸어야 한다. …… 사람들은 반대자들을 화합으로 복귀시킬 수도 있다"(Piaget, 1967: 119).

나아가 『보편교육』의 핵심구절이 가리키듯, 교육은 명백하게 세계주의적인 이유에서 지혜와 자비를 모든 인류에게 전파해야 한다. 코메니우스는 이렇게 설파한다.

> 그러면 어리석음이나 나쁜 의지 같은 것을 보여주길 바라지 않는 이라면, 누구나 단지 자기 자신이나 가까운 몇 사람 혹은 자기 나라에 대해서뿐만 아니라, 모든 사람에게 선이 이루어지기를 바라야 한다. 모든 사람과 함께 하나로 화합하는 데까지 나아가지 못한다면 …… 그럴 경우 진정으로 모든 인류에게 선이 이루어지기를 바라지 않는 이는 인류 전체에게 해를 끼치는 것이다(Piaget, 1967: 126).

세계가 인간 삶의 도덕적 척도가 되어야 하는 것과 마찬가지로, 세계는 그들에게 교사가 되어야 한다. 몽테뉴를 따라 코메니우스는 "세계 전체는 인류 전체에게 학교"(Piaget, 1967: 184)라고 천명한다.

인류가 이러한 방식으로 교육받아야 한다는 것을 코메니우스는 어떤 식으로 주장하는가? 그는 전 세계에 걸쳐 정부 차원의 시민법정, 종교 차원의 종교법정, 그리고 교육 차원의 계발원(College of Light) 이 세 기관이 조화를 이루는 모습을 상상했다. 이 계발원(이 계발원들. 그는 복수형 표현으로 넘어간다)은 세계 전체에 걸쳐 공공지출로 설립될 모든 학교를 감독할 것이다. 계발은 지혜의 계발로서, 그리스도가 그 원천이다. 그리고『보편개혁』제16장에 기술되어 있는 전체교육체계(Comenius, 1995: 223~230 참조)는 모든 사람의 정신이 보편적 지혜를 깨닫도록 계몽되게 할 것이다. 계발원은 교육과 관련된 모든 사안 — 학교, 교수법, 도서발행 — 을 검정하며 지혜의 계몽을 온 세계에 전파할 모든 수단을 강구할 것이다.

그렇지만 이것이 사람들을 세계시민으로 기르는 교육을 위한 공식인가? 약한 의미와 강한 의미 모두에서 그렇다고 해석될 수 있다. 약한 의미, 즉 정치 외적 의미에서, 모든 인류는 동일한 교육을 받을 것이며 신의 지혜가 지니는 도덕성이 보편적 도덕이라는 점을 깨닫게 될 것이다. 이에 더해, 보편언어가 만들어져야 한다는 코메니우스의 후속 권고에 의해 세계주의적 사고방식이 공고해질 것이다. 게다가 그가 "우리는 모두 동료시민이기 때문에 …… 우리가 동일한 법률하에 하나의 국가에서 함께하는 것을 …… 막으려 하는 이는 ……"(Heater, 1996: 62 재인용)이라고 서술하는 데서는 세계도시라는 개념에 대한 스토아주의 관점을 드러내기도 한다.

코메니우스가 정치적 의미에서 세계시민권에 대한 생각을 지녔다는 것은 그가 계발원 그리고 이른바 보편적 정치체제를 감독할 시민법정 간에 지혜의 획득과 실천으로 연계되는 밀접한 관계가 있는 것으로 묘사한 데서 입증된다(Comenius, 1995: 186~193 참조). 그는『보편개혁』에서, 새로운 세계공동체를 구성하는 모든 국가에서 "모든 현명한 사람이 …… 일반적으로 질서와 정의가 모든 곳에서 견지되도록 수호하며 또 감시하는 직책을 번갈아가면서 담당하는 것이 좋을 것"(Comenius, 1995: 189)이라고 주장한다. 이는 이를

테면 철학자-왕이라는 플라톤의 엘리트 시민, 그리고 통치자와 피통치자의 지위를 번갈아가며 담당하는 아리스토텔레스의 시민이 혼합된 것이라 할 수 있다. 하지만 코메니우스의 정치적 시민은 그처럼 제한적이지 않을 수도 있다. 왜냐하면 그는 새로운 보편적 정치체제를 "평화의 제왕이 인간사의 최고 통치권을 행사하는 …… 그리고 신민들이 스스로를 통치하며 …… 자신과 동료들을 가르치고 깨우칠 지식과 의지, 권력을 보유하는 세상"(Comenius, 1995: 193)으로 그리고 있기 때문이다. 보편적 지혜의 획득을 통해 모든 사람이 세계시민이 될 기회를 갖는다는 것이다.

우리는 세계시민교육에 대한 코메니우스의 공헌을 어떻게 판단해야 하는가? 그는 오늘날 가장 이상주의적인 관점에 비추어보아도 그의 교육 관련 저작이 너무 신비주의적이고 비현실적이라는 점에서 무시될 수 있다. 옥스퍼드 대학 역사학 특임교수였던 고 트레버-로퍼(Hugh Trevor-Roper)는 그의 학문에 대해 가혹한 악평을 하는 가장 적절한 말로 '희한하다(dotty)'는 표현을 선택한 바 있다(Sadler, 1969a: 123 재인용). 하지만 역사적 맥락을 좀 더 섬세하게 이해하면 더 관대하고 우호적으로 판단할 수 있다. 17세기는 평화에 대한 절실한 필요로 인해 사람들이 연합체 결성을 통한 해결책을 모색하던 시기였다. 쉴리(Maxmillien de Béthune Sully: 1560~1641. 프랑스 앙리 4세 치하에서 활약한 정치가 ― 옮긴이)와 펜(William Penn: 1644~1718. 영국의 신대륙 개척자. 펜실베이니아를 개척하고 필라델피아를 건설한 정치인 ― 옮긴이), 크뤼세(Émeric Crucé: 1590?~1648. 프랑스의 작가로 국제분쟁 중재를 위해 각국의 대표들로 구성된 상설기구 결성을 주장하였음 ― 옮긴이)가 대표적인 인물인데, 그중에서도 크뤼세는 유럽 이외의 나라들까지 구상에 포함시켰다. 코메니우스의 사상만큼 공상적이지는 않다 해도 이들의 사상이 지닌 이상주의 경향의 가지가 뻗어나가 마침내 국제연합과 유럽연합 같은 실제 기구들로 구현되었다. 이들 17세기 사상가들 — 사실은 공상가들 — 은 정치적 건설을 위한 교육적 토대에 대해서는 생각하지 않았다. 하지만 코메니우스의 구상이 지닌 이런 중요한 특징은, 아래에서 보게 되듯이, 두 번째 30년 전쟁이라는 명칭이 걸맞으리만치 무시무시했던 배경(1, 2차 대전)하에 국제연맹과 국제연합기구를 고안한 이들에 의해 전 지구적 차원에서 되살아났다. UN의 교육 관련 전문기구인 유네스코(UNESCO)가 창설되었을 때, 그 헌장은 "전쟁은 사람들의 마음속에서 시작되기 때문에 평화를 지키는 일도 마음속에서 이루어져야 한다"라고 선언했다. 이러한 선언은 코메니우스가 내걸었을 구호이기에, 그의 서거 300주년인 1970년에 유네스코가 그의 업적을 기리는 행사를 개최한 것은 놀랄 일이 아니다.

코메니우스 이후에는 18세기가 될 때까지 저명 사상가 중 어느 누구도 세계주의 교육이라는 개념에 관심을 두지 않았다. 하지만 18세기가 되면서 국가주의가 힘을 발하면서 국가이익 충족을 위해 국가 주도의 교육이 필요하다는 인식이 세계시민교육과 긴장관계에 놓이게 되었다. 계몽주의 시대에 세계주의의 이상을 피력한 가장 유명한 철학자는 칸트였다. 그가 이러한 사조에 깊은 신념을 가졌기에 민족주의 신조로 무장한 독일 낭만주의 시대의 젊은 세대는 그의 철학을 거부 — 사실은 규탄 — 했다. 게다가 칸트 자신이 교육의 정치적·도덕적 잠재력에 대해 비관적인 견해를 표명했다. 그는 1798년에 다음과 같은 내용의 글을 썼다.

젊은이를 지적·도덕적으로 일깨우는 교육이 …… 일차적으로 가정교육을 통해서 이루어지고 그다음에 단계별로 학교를 거쳐 이루어져서 …… 최종적으로 그들을 좋은 시민으로 만들 뿐만 아니라 계속 성장하고 유지해나갈 수 있는 모종의 선을 실행할 수 있도록 기를 것이라는 기대는 거의 성공할 것 같지 않은 계획이다(Reiss, 1991: 188~189).

따라서 교육의 세계주의적 목적과 국가주의적 목적을 관련짓는 지적 작업과 칸트를 결부시키려는 어떤 시도도 쓸데없는 일로 보일 수 있다. 하지만 1803년에 출간된 『교육(Pädagogik)』이라는 제목의 그의 책은 읽을 만한 가치가 매우 크다. 그는 이 책에서 국가시민권과 세계시민권 모두를 위한 교육에 대한 자신의 적극적인 입장을 피력한다. 그는 '가정'교육과 '공'교육을 구분하고는, 공교육은 국가 주도의 교육이 아니더라도 학교교육을 의미한다고 보았다. 전반적으로 그는 공교육이 "시민의 의무를 준비시키는 교육으로서"(Kant, 1960: 25) 최선책이라고 본다. 그는 이런 입장을 좀 더 펼쳐나간다.

그런 (공교육) 체계하에서, 우리는 우리의 능력을 다른 이들의 능력과 견주어 보며 다른 이들의 권리에 부과된 한계를 파악하는 법을 배운다. 우리만 특혜를 누리는 것은 모든 경우에 반대에 부딪히기 때문에 있을 수 없는 일이며, 우리가 진정으로 이룬 것에 의해서만 우리의 업적을 인정받고 또 남보다 더 이익을 누릴 수 있다. 공교육은 미래의 시민들을 위한 최상의 학교이다(Kant, 1960: 29).

하지만 그는 국가시민을 기르는 데 초점을 맞추는 교육은 교육이 진정 어떻게 설계되어야 하는지에 대한 요점을 놓친다는 점을 책의 앞부분에서 이미 함축한 바 있다.

> 아이들은 현재를 위해서가 아니라 미래에 가능한 한 개선된 상태의 인간이 되기 위해 교육받아야 한다. 즉 인간본성 그리고 인간의 운명이라는 이념에 적합한 방식으로 이루어져야 하며 …… 교육체계의 근간은 세계인이어야 한다(Kant, 1960: 14~15).

그리하여 통치자들은 "국가의 복리만큼 보편적 이익을 염두에 두지 않기"(Kant, 1960: 16~17) 때문에, 학교는 바제도 같은 인물들이 주장하는 것처럼 국가가 관리해서는 안 된다(Kant, 1960: 16 참조. 바제도에 대해서는 2장 참조)는 결론이 도출된다. 불행히도, 칸트는 시민교육의 실제 그리고 세계인 교육이라는 이상이 어떻게 함께 구현될 수 있는지를 제시하는 일에는 노력을 기울이지 않았다.

그의 후학 피히테는 그런 시도를 했다. 칸트가 우려했던 독일 민족주의 이데올로기의 선도자인 피히테는 자신이 예전에 칸트의 가르침을 따랐던 데서 벗어났다. 하지만 그는 자신의 정치·교육철학에서 세계주의의 이상에 대한 신념을 간직하고 있었기에, 양 극단으로 보이는 이 두 가지 이념을 혼합하려고 애썼다. 피히테의 저작을 보면 애국주의 혹은 민족주의적 목적을 위한 교육에 대한 언급 그리고 국공립학교에 대한 주장이 많이 들어 있다(2장 참조). 하지만 1800년 베를린 비밀결사 지부에서 행한 강연에서 그는 이상주의적 입장을 드러냈다. 이것은 일종의 도덕교육으로서, 같은 생각을 가진 나라들끼리 정치적 연합을 이루는 일과 병행하여 인간의 정신적 연합을 도모하는 것이다(여기서 칸트의 주장이 되풀이된다). 그리하여 "완전하게 교육받은 사람은 …… 가장 완전하고도 유익한 시민이 된다"(Engelbrecht, 1968: 74 재인용). 두 가지 요소 모두 필수적이다. 즉 애국주의 없는 세계주의는 냉혹하며 무익하고 불합리하다. 그리고 세계주의 없는 애국주의는 편협하고 이기적이다. 그는 이처럼 제대로 된 완전한 교육을 받은 개인을 다음과 같이 묘사하고 있다. "나라 사랑과 세계주의가 마음속에서 밀접하게 결합되어 있으며, 이 둘은 매우 분명한 관계에 있다. 나라 사랑은 그의 활동이며 세계주의는 그의 생각이다"(Engelbrecht, 1968: 74 재인용). 그럼에도 불구하고 그는 국가가 그런 교육을 제공할 것으로 믿지 않는다. 그런 교육은 프리메이슨같이 개명된 민간결사에 맡겨져야 한다는 것이다.

1790년대와 1800년대에는 세계주의와 애국주의·민족주의를 양립 가능하게 유지하려는 노력이 상당한 정도로 행해졌지만, 그 이후로는 그렇지 않았다. 19세기 중반 이탈리아의 애국지사 마치니(Giuseppe Mazzini)도 「인간의 의무(The Duties of Man)」라는 논고에서 피히테가 주장했던 바와 같은 목적을 내세웠는데, 이 역시 다소 시대착오적이었다고 할 수 있다. 하지만 그는, 피히테와 달리, 두 가지를 융합하려 하지는 않았다. 그는 한편으로는 "모든 시민에게 공통된 국민교육 없이는 의무와 권리의 평등은 의미 없는 공식에 지나지 않는다. 그럴 경우 의무를 파악하고 권리를 행사할 능력을 갖추는 것은 그저 운에 맡겨지게 된다"(Mazzini, 1907: 87). 다른 한편으로 그는 이탈리아의 노동자들을 대상으로 행한 연설에서 다음과 같이 설파한다.

당신들에게는 당신의 자녀들이 어린 시절부터 자신들이 평등의 정신 그리고 공통의 목적을 향한 애정이 충만한 데서 신이 보내주신 수백만 명의 형제들과 단합되어 있다고 느끼는 것이 중요합니다. 당신의 자녀들에게 이런 가르침을 줄

교육은 오직 국가에서 제공될 수 있습니다(Mazzini, 1907: 87).

앞에서의 분류를 따르자면, 칸트는 스토아 철학에 정통했음에도 불구하고 본질적으로 코메니우스 쪽이라고 규정될 수 있다. 그의 목적은 평화였다. 피히테는 스토아주의자들이 무신론자라고 생각했기 때문에 그들을 싫어했음에도 불구하고 본질적으로 스토아주의자로 규정될 수 있다. 그는 합리적·도덕적 존재로서의 모든 인간에게서 상호 인정을 확보하려 했다. 그리고 마치니는 스토아 철학에 동의하지 않았음에도 불구하고 스토아주의자로 규정될 수 있다. 왜냐하면 그의 세계주의는 인간은 조화로운 형제애 속에서 살아야 한다는 것이 신의 의지라는 열렬한 믿음에 근거해 있기 때문이다.

6. 세계시민권: 실제 그리고 이론으로의 회귀

19~20세기의 민족주의의 발생과 전파는 세계시민교육에 양면적인 영향을 끼쳤다. 우선, 민족주의의 이데올로기적 호소력과 위력은 피히테와 마치니 같은 인물들이 민족주의와 세계주의가 조화를 이루는 교육에 품었던 이상주의적 희망을 심각하게 약화시켰다. 사실 3~5장에서 보았듯이, 이 기간 동안 교육의 훨씬 더 주된 기능은 국가의 필요에 부응하는 것이었다. 하지만 그와 동시에 민족주의는 다양한 모습으로 국가 간·공동체 간 경쟁관계와 증오를 더욱 악화시켰으며 그로 인해 전쟁이 더욱 지속적이고도 격렬해졌다. 그에 대한 반작용으로, 사상가들은 학교가 화해와 의식적인 조화를 도모하는 기관이 될 가능성에 다시금 눈길을 돌렸다. 이러한 기본적 유형에 광포했던 나치즘의 공포와 바로 뒤이어 등장한 미소 간의 핵전쟁 위험, 제3

세계의 빈곤과 생태계 파괴 등이 더해져야 할 것이다. 이 모두가 세계인의 필요성이 거부할 수 없는 요청이라는 데 힘을 실어주는 것으로 보인다.

세계시민교육이 학교에 어떻게 도입되었는가? 시민교육은 대체로 국가가 지식을 갖춘 시민을 양성하는 데서 이익을 도모하는 경우에 확실하게 실행되어왔다. 앞 절의 요점을 되풀이하자면, 교육 그 자체를 진작시키려 했던 세계국가는 존재했던 적이 없으며, 세계 차원의 시민교육을 도입하려는 시도는 곧잘 현존 국가의 시민교육을 약화시키는 경향이 있다는 반론을 야기한다. 따라서 학교에서 행하는 세계시민교육의 역사는 봉오리를 맺다가도 이내 국가시민교육의 허약한 동반자가 되기 마련이었다. 세계시민교육은 전 세계의 교육자와 교육기관 종사자들의 헌신, 그리고 교사들의 세계주의 과업을 기꺼이 지원하는 초국가적 정치기구와 단체 및 운동들에 성패가 달려 있다. 이런 방식으로 성취된 것은 완전한 혹은 참된 세계시민교육이 아니라 기껏해야 — 유용한 표현을 쓰자면 — 세계적 안목(world-mindedness)을 갖추게 하는 교육일 뿐이라는 주장이 설득력 있게 제기될 수도 있다. 이런 입장을 표명한다고 해서 우리가 그런 교육의 중요성을 부인하려는 의도를 가진 것은 아니다. 다만 세계시민교육의 목표가 성격상 스토아주의자들 그리고 칸트의 입장과 그다지 다르지 않다는 점을 분명히 하려는 것이다. 시민교육은 국가 속에서의 삶을 위한 교육이기 때문에, 세계시민교육은 교사들이 학생들에게 세계국가의 당위성을 제대로 설명 — 거의 불가능하며 또한 아마도 바람직하지 않은 일일 것이다 — 할 때에만 실행될 수 있다는 주장이 강력하고도 논리적으로 제기되어왔다. 사실 '세계시민교육'이라는 용어가 타당한가 하는 사안은 교육영역에서 '세계'니 '세계시민 그 자체'니 하는 용어의 타당성을 둘러싼 구태의연한 학문적 논쟁이 벌어질 것이라는 전조에 지나지 않았다(Hutchings and Dannreuther, 1999; Heater, 2002 참조).

지난 세기 동안 교육에 전 지구적 관점을 도입하는 일에 가장 지속적인 유인이 되었던 것은 세계평화를 위해 교육하고자 하는 코메니우스식의 여망이었다. 사실 우리는 1차 대전 이전의 20여 년 동안 초국가적 평화를 실현하고자 하는 목적에서 교육을 활용하려는 근대적 운동이 있었던 기원을 찾을 수 있다. 독일의 힘이 강해지고서 그에 따른 군비경쟁이 대파멸의 공포를 자아내면서 대중적인 평화운동이 촉발되었고 1899년과 1907년에는 헤이그 평화회담이 열렸다. 교육자들도 이런 분위기의 영향을 받지 않을 수 없었다(예를 들어 Scanlon, 1960: 7~13 참조). 영국과 프랑스, 네덜란드 그리고 미국에는 '학교평화연맹'이 설립되었다. 영국 학교평화연맹의 목적을 서술한 내용을 일부 살펴보면 오늘날의 관점에서 보아도 매우 진보적이었음을 알 수 있다.

> 학교를 통해 국제평화와 중재 및 우호관계를 증진한다. 각종 회담과 회의에서 인종관계의 문제들 그리고 편견을 제거할 최상의 수단을 강구한다. 국제평화 운동의 역사를 연구한다. 시민론 수업을 통해 합리적이고 인간적인 국민생활을 진작하고 애국심 그리고 인간성에 부응하는 의무감을 기른다(Scanlon, 1960: 7~8).

평화교육을 위한 최대의 활력과 열정은 미국에서 구현되었다. 미국의 학교평화연맹은 1912년에 NEA가 모든 교사에게 '탁월한 활동'이라고 권고했던 기법들을 동원하여 수업할 수 있도록 주와 지역지부를 통해 학교를 지원했다. 선도적인 인물로는 앤드루스(Fannie Fern Andrews)를 들 수 있다. 그는 교사들이 국제평화라는 목적하에 가르치려면 교사들을 한데 묶어줄 수 있는 국제기구가 있어야 한다는 생각에 곧장 이르렀다. 이는 결코 새로운 이상이 아니었다. 유럽인들은 나폴레옹 시대 이후부터 줄곧 그렇게 생각해왔다. 그중에서도 쥘리앙(Marc-Antoine Jullien), 몰켄뵈르(Hermann Molkenboer), 케메니(Francis Kemeny) 같은 이들은 이미 그런 주장을 전개한 바 있다. 앤드루스는 점차 자신의 계획을 훨씬 더 원대한 규모로 확대해나갔다. 그는 국제분쟁을 중재하기 위한 헤이그 중재재판소를 본떠 정보와 사상의 연구 교류를 위한 국제교육국을 창설했다. 그는 미국 정부의 지원을 받아 많은 애를 썼지만 다른 나라들의 우유부단하고 미온적인 태도로 인해 별다른 진척을 보이지 못했고, 전쟁이 발발하면서 그의 구상도 매몰되고 말았다.

1차 대전 동안 강력한 압력단체들은 전쟁이 끝나면 다시는 그 같은 무시무시한 충돌이 되풀이되지 않도록 하기 위해 국제기구가 창설되어야 한다고 주장했다. 앤드루스 그리고 프랑스의 부르주아(Léon Bourgeois)를 위시한 교육자들은 그런 기구에는 교육부문도 포함되어야 한다고 주장했다. 그런 기구가 창설되었다. 국제연맹이 그것이었다. 그런데 국제연맹의 규약은 교육문제에 대해서는 아무 언급도 하지 않았다. 1925년에 제네바에 본부를 둔 민간기구인 '국제교육국(International Bureau of Education)'이 설립되면서 개척자들의 염원이 부분적으로나마 실현될 수 있었다.

한편 몇몇 나라의 일부 교사들은 학교수업에서 주로 16~18세 학생들에게 국제적·전 지구적 관점을 제시하고 있었다. 1930년대에 실시된 한 연구에서 영국의 어느 학자는 중등학교 국제관계 수업에 대해 논의하면서 "학생들의 압도적인 다수는 여전히 자신들이 살고 있는 세계의 속성에 대한 체계적이고 객관적인 조사내용을 배우지 못한 채 졸업한다"(Bailey, 1938: 141)라고 지적했다. 그는 이러한 일반화에서 덴마크와 네덜란드, 스웨덴과 영국은 부분적으로는 예외라고 언급한다. 몇몇 나라에서 초국가적 의미가 있는 특별한 날을 기념하는 일은 중요한 사건이었다. 예를 들어, 체코슬로바키아에서는 1926년부터 매년 3월 6일에 1시간 반에 걸친 평화운동 기념식을 거행하여 코메니우스 탄생을 경축했다(Bailey, 1938: 107 주 참조). 국제연맹이 창설된 이후로는 몇몇 나라에서 국제연맹의 활동을 지원하기 위한 단체들이 설립되었다(국제연맹에 가입하지 않은 미국에서도 그랬다).

그럼에도 불구하고 그런 기구가 제대로 설립된 곳은 영국 한 곳이었다. 영국에서는 국제연맹연합(League of Nations Union: LNU)이라는 이름의 기구가 설립되어 그 하부기관인 교육위원회를 통해 국제연맹 및 국제관계 일반에 대한 학습이 꽤 성공적으로 실시되었다. 게다가 1920년대 중반에는 영국 내에서 이런 부류의 학교활동이 '세계시민권 수업'으로 불리게 되었다. 이 명칭은 1926년에 어느 저명한 국제정치학 교수의 강연 제목이기도 한데, 그의 제안이 세계시민권에 대한 해석치고는 매우 약한 것임이 분명했지만(Webster, 1926), 그는 국제정치 분야에서 좀 더 체계적인 교육이 이루어지게 하기 위해 강연 기회를 활용했다. 그렇지만 LNU 교육위원회는 1923~1924년 연맹총회 결의안에서 표명된 다음 연맹지침에도 불구하고 학교를 위한 탁월한 업적을 남겼다.

> 총회의 제14차 정기회기(1923)에서 채택된 결의안에 비추어볼 때, 상이한 국적의 젊은이들의 접촉을 장려하는 일, 그리고 국제연맹연합의 이상을 젊은이들에게 가르치는 일과 관련하여……
> 사무국은 모든 나라의 젊은이들의 접촉을 증진시키며 그들에게 세계평화와 연

대의 이상을 가르치려는 노력이 더욱 발전하고 조화를 이루게 할 수단을 강구할 것을 표명하는 바이다(League of Nations Union, 1937: 133).

세계평화가 언급되고 있으며 그 용어의 출처인 간행물 『교사와 세계평화(Teachers and World Peace)』에 세계시민교육이라는 코메니우스의 개념이 존속하고 있음에 유의하자. 이와 병행하여 "1920년대에는 학교와 관련한 연합의 활동이 웅대하게 진행되었다. …… 1927년에는 600여 명의 지역교육 관계자 대표들이 전국적인 회합을 갖고 학교 내 연맹에 대한 교육을 어떻게 더 진척시킬 것인지를 논의했다"(Birn, 1981: 139).

하지만 1930년대 말이 되면서 정치적 이유로 학교와 지역교육 당국들은 이런 교육활동이 연맹과 너무 직접적으로 관련되어 있다는 것에 동요하게 되었다. 그리하여 1939년에는, 여전히 LNU와 밀접한 관련을 유지하긴 했지만, 이런 교육지원활동이 독립기구로 떨어져 나왔다. 그에 따라 새로운 이름이 필요했다. 얼마간 논의가 있은 후에 '세계시민권 교육평의회(Council for Education in World Citizenship)'가 채택되었다(곧이어 'CEWC'라는 약칭이 사용되었다). 그리하여 전 지구적 의미를 지닌 시민권 개념이 뚜렷하게 포착되었는데, 이는 골칫거리를 유발하기도 했다(CEWC의 역사에 대해서는 Heater, 1984 참조). '세계시민권'은 매우 불안정한 용어였기에 정의되어야 했으며 비현실적이고 주입적인 것으로 쉽게 오인될 수 있었다. 그리고 2차 대전이 발발하면서 애국주의가 고조되던 위험한 당시 상황에서 거의 반역으로 비칠 수도 있었다. 심지어 1944년에도 CEWC 창립에 큰 역할을 한 저명인사 머리(Gilbert Murray)는 "'세계시민권'에 대해 말하자면, 나는 그 표현을 그다지 좋아하지 않는다. 그 표현은 너무 많은 것을 표방하는 것으로 보인다"(Heater,

1984: 47 재인용)라고 했다. CEWC는 용어의 모호함으로 인해 넓게 보면 도덕적 의미를 지닌 것으로 혹은 좁게 보면 정치적 의미를 지닌 것으로 비쳤다. 헌장을 기초한 인사들이 두 마리 토끼를 잡으려 하는 것으로 비쳤다는 점을 인정해야 할 것이다. 즉 그들은 한편으로는 비판자들에게서 자신들의 입장을 방어하고자 자신들은 비정치적인 활동을 할 뿐이라고 표방하면서도 다음과 같은 주장을 피력하기도 했다.

> 평의회의 주된 목적은 교육체계 전반에 걸쳐 그런 교수 - 학습이 모든 나라 사람들 간의 상호이해와 평화, 협력 그리고 호의에 가장 잘 기여할 수 있도록 그리고 세계연방(world commonwealth) 건설로 나아갈 수 있도록 장려하는 데 있다(Heater, 1984: 195 재인용).

그럼에도 불구하고 CEWC는 계속해서 소중한 활동을 수행했으며 반세기가 넘도록 수많은 젊은이에게 감사의 인사를 받았다.

CEWC는 또한 전쟁 기간 중에, 나중에 국제연합 교육과학문화기구(UNESCO)로 불리게 되는 기구를 창립하는 데 주도적인 역할을 했다. 유네스코는 앤드루스의 생각이 결실을 맺은 산물이다. 1945년에 창립된 이래 유네스코는 진정으로 국제이해교육 — 유네스코가 애호하는 약칭을 사용하자면 EIU — 을 위한 전 지구적 교육기관이 되었다. 유네스코는 '세계시민권교육'이라는 명칭을 피하는 한편, 지구촌 연구 접근방법이 점점 증가하고 있는 점을 인정하여 1974년에 '국제이해와 협력 및 평화를 위한 교육 그리고 인권과 기본적 자유에 관한 교육'이라는 양면적인 표현을 채택했다. 1995년에는 공식문구가 다시 '평화와 인권 그리고 민주주의를 위한 교육'으로 바뀌었다. 이런 간략한 소개가 유네스코의 교육활동이 세계시민권에 대해 갖는 함의를 축소시키는 것으로 보일 수도 있지만, 새롭게 단장된 선언문을 보면 '보편적 가치와 행동유형에 대한 이해'라든지 '국제적 차원을 포함하는 시민교육' 같은 문구들이 들어 있다. 그럼에도 불구하고 선언문의 논조는 다소 비관적이다. 선언문은 전 지구적 차원에서 늘어나는 걱정거리들을 열거하면서, 유네스코가 지지하는 교육방식이 실패했거나 혹은 채택되지 못해서 이제 '전통적인 방식의 교육적 조치에 변경이 가해져야 하는' 상황에 처해 있음을 사실상 인정하고 있다(Reardon, 1997: 부록 2 참조).

유네스코가 학교를 지원하는 주요 통로 중 하나는 1953년에 출범한 연합학교기획(Associated Schools Project: ASPRO)이었다. 원래 15개국에서 시작한 이 기획사업은 10년 만에 참가국이 43개로 늘어났으며 1993년에는 모든 대륙에 걸쳐 114개국에 이르렀다. 물론 잘 알려진 대로 나라에 따라 열정의 정도가 다르기도 하고 불과 몇 개 학교만 참여한 경우도 있긴 한지만. 유네스코의 어느 고위 인사는 이에 대해 다음과 같은 흥미로운 논평을 내놓았다.

> 연합학교기획은 결코 그 자체가 목적으로 의도된 것이 아니라는 점에 유념해야 한다. 그 사업의 목적은 이러한 국제적인 연계 속에서 이루어지는 교육기관들의 활동을 통해 교육 전반에 영향을 끼치는 데 있었다. 그 사업은 효과가 있으며 인도의 경우보다 이를 더 잘 보여주는 예는 없다(Indian National Commission for UNESCO, 1965: 12).

학교 수가 적다는 문제에서는, 일단 ASPRO가 "효과적이고 혁신적이라고 평가되면 그 기본 구상이 교육체계 주류에 도입되며, 그리하여 ASPRO는 해당 국가 내의 다른 학교들이 받는 혜택까지 증대시키는 효과를 지닌다"(UNESCO, 1993: 52)라는 것이 유네스코의 정책 입장이었다.

애초에 ASPRO 참여 기관(1964년의 경우 교사양성기관 및 초중등학교)들은 국제연합의 활동, 인권, 다른 나라 이 세 가지 주제 중 하나 이상을 가르치게 되어 있었는데, 나중에는 이들 주제에 환경이 추가되었다. 사실 이 기획사업의 전개과정은, 참여기관의 숫자와 학생들의 다양성 두 가지 모두에서, 1990년대 중반 독일의 경우에 대한 다음 서술이 잘 보여준다.

> 독일 전역에 걸쳐 90개 시·군에 100개의 유네스코 시범학교들이 지정되어 있다. 이 학교들은 …… 자매학교, 간학문적 수업, 국제 세미나, 캠프와 교류프로그램 등에 참여한다. 학교들은 또한 빈곤을 타파하고 모든 사람의 인권을 실현하기 위한 범세계적인 프로그램을 지원하는 일을 자발적으로 후원한다(Führ, 1997: 237~238).

유네스코가 수업 주제의 범위 확대를 장려한 것은 지구촌 관련 교육 분야가 점점 더 복잡해지는 현실을 반영한 것이었다. 1970년대에는 세계연구, 국제이해교육, 평화연구, 제3세계와 발전 연구, 다문화 연구, 인권교육, 환경연구 등 7가지 주제 내지 접근법으로 구분하는 것이 가능했다(예를 들어 Heater, 1984: 26 참조). 대부분의 경우 국가 간 교육[다른 나라들 그리고 그 나라들 간의 관계를 가르치는 것이어서 국제교육(international education)이라 하지 않고 국가 간 교육(inter-national education)이라고 표현함]이 공통적이긴 했지만, 어떤 나라에서는 이런 접근법이 특히 선호되는가 하면 다른 나라에서는 저런 접근법이 선호되곤 했다. 이 같은 일반화를 보여주는 간단한 예를 보자.

노르웨이에서는 평화연구가 특히 선호되었는데, 그곳에서는 1952년에 서구에서 가장 강력한 평화교사모임이 결성되었다. 그 모임은 1984년에 평화연구가 중등학교 4학년 선택과목으로 채택되게 하는 데 성공했는데, 이는 유럽에서 교과목으로 국가의 승인을 받은 첫 번째 사례이다(Rathenow, 1987 참조). 반면에 프랑스 교사들은 평화연구에는 거의 관심을 갖지 않았지만 인권교육에는 매우 정성을 쏟았다(Rathenow, 1987; Starkey, 1992 참조). 영국은 다문화교육을 특별히 비중 있게 다루었다. 예를 들어 이미 1967년에 '영연방 이민자들을 위한 전국평의회(NCCI)'에서 다문화교육에 관한 책자를 발간했다(NCCI, 1967; DES, 1985; 앞의 3장 참조). 소련에서는 1980년 무렵 환경연구 비중이 점차 커지고 있었다. 다음은 어느 러시아 문제 권위자가 1983년에 말한 내용이다.

> 지금껏 환경교육은 주로 개척단, 콤소몰 여름학교, 청소년 자연주의자 동아리 그리고 여타 교외활동을 통해 실시되었다. 이제 환경교육이 과학과 문학 및 실과 과목에 도입되고 있다(Koutaissoff, 1983: 92).

발전연구의 경우에 대해서는 "1977년의 유니세프 토의자료집은 발전론의 시각이 네덜란드 교육과정의 '발전계기(yeast of dough)'가 되었다고 천명했다"(Wilson, 1986: 106)라는 비평을 인용할 수 있겠다. 이런 사례들의 배후에 놓인 이유는 분명하다. 나토 회원국 중 노르웨이만이 냉전기간 동안 소련과 공동전선을 유지했다. 프랑스는 천부인권을 선언한 혁명적 구상에 자부심을 가지고 있었다. 영국은 1960년대부터 영연방 국가에서 이주해오는 유색인종 이민자를 점점 더 많이 받아들였다. 소련에서는 환경문제가 매우 심각해졌는데, 예를 들어 아랄 해가 점점 작아지고 있다든지 바이칼 호에 유독성분이 늘어나고 있다든지 하는 일이 널리 알려지게 되었다. 그리고 네덜란드 정부는 해외원조를 지원하는 경향을 띠었는데, 이는 부분적으로는 네덜란드의 제국주의적 과거에 기인한 것이었다.

하지만 몇몇 나라의 일부 교사는, 교육내용을 선정하고 교수요목을 설계하는 데 어려움이 있음에도 불구하고, 세계연구 내지 지구촌연구 같은 좀 더 전체적인 접근을 선호하게 되었다. 최근에는 이런 접근에 대한 관심이 더욱 널리 퍼져나가고 있다. 이런 문제들을 해결하고자 한 시도 중 아마도 가장 대표적인 것으로 몇 차례 재발행되기까지 한 핸비(Robert G. Hanvey)의 『도달 가능한 전 지구적 관점(An Attainable Global Perspective)』(1976)과 파이크(Graham Pike)와 셀비(David Selby)의 『지구촌 교사, 지구촌 학습자(Global Teacher, Global Learner)』(1988)를 들 수 있다. 이 중 파이크와 셀비는 자신들은 사실상 핸비의 다섯 가지 차원을 되풀이한 것이라고 인정하고 있다. 핸비는 현대의 전체적인 접근의 기초로 관점 의식하기, 지구의 상태 인식하기, 문화를 비교해서 인식하기, 전 지구적 역학관계에 대한 지식 갖추기 그리고 인간의 선택 결과 인식하기의 다섯 가지 차원을 제시한다. 하지만 파이크와 셀비의 입장은 훨씬 더 단호하다.

> 핸비의 책은 독창적이지만 우리가 보기에는 전 지구적 관점에 대한 필요성을 증대시키기에는 충분한 위력을 지니지 못했다. 우리는 우리의 전 지구적 관점을 도달할 수 있는 것(attainable)이라기보다는 변경할 수 없는 것(irreducible)이라 부른다. 첫째, 전 지구적 관점을 표방하는 학교에서 다섯 가지 차원이 각각 제시되어야 한다. 둘째, 학교가 다섯 가지 차원을 제공하지 않는다면 그 학교는

학생들이 상호 의존적인 급변하는 세계에 제대로 참여하도록 준비시키지 못하고 있는 것이다(Pike & Selby, 1988: 37).

두 편의 책이 제시하는 목록 모두 시민권의 속성이기도 한 의식과 인식을 강조한다. 하지만 핸비의 목록은, 파이크와 셀비의 것과는 달리, 거기서 멈추고는 "풀뿌리에서 지구촌에 이르기까지 다양한 수준의 민주적 의사결정에 효과적으로 참여하는 데 필요한 사회적·행동적 기능을 개발"(Pike & Selby, 1988: 35)하기 위한 교육으로까지 나아가지 않는다. 이는 시민권에 부가되어야 할 결정적인 특징인데 이를 간과하고 있는 것이다. 세계시민권에 대해 한쪽은 좀 더 상세하게 규정하고 다른 한쪽은 다소 느슨한 세계적 안목을 제시하는 차이가 나타나는 것은, 두 편의 책이 발간된 시점이 다르기 때문이기도 하고 또 출간된 지역이 각기 미국과 영국으로 다르기 때문이기도 하다.

하지만 대략 1960년대 이후로 포괄적인 형태의 세계시민교육에 대한 헌신은, 좌절과 낙담이 있었음에도 불구하고, 다른 어느 나라보다 미국에서 더욱 굳건하고 지속적이었다는 점은 부인할 수 없다. 그러한 헌신의 규모와 다양성은 다음과 같이 요약될 수 있다.

> 대학과 학술단체, 교육 관련 기구들 그리고 지역교육청과 비영리단체들이 수많은 사업과 계획에 착수했다. …… 교육과정 집필진은 방대한 보충자료와 다수의 '지구촌' 교과서를 개발했다. …… 전국 단위의 교육단체들은 간행물을 발간하고 학술회의를 후원했다(Smith, 1991: 224).

그렇지만 그렇게 많은 지원이 있었음에도 노력만큼의 결실을 거두지는 못했다. 특히 1980년대 중반의 사정을 보면, 사회과목 수업에서 지구촌 관련 내용을 상당 부분 다루는 교사는 소수에 불과했으며 지구촌교육이라는 원리 그 자체에 적개심을 지닌 일부 교사는 매우 신랄하기까지 했음을 알 수 있다. 예를 들어, NCSS는 1979년의 교육과정 지침에서 지구촌 관련 과목은 "학생들이 점점 더 상호 의존적으로 되어가는 세계 속에서 합리적이고 인간적이며 참여적인 시민이 되도록 준비시키는"(Hahn, 1984: 240 재인용) 것을 목적으로 삼아야 한다고 진술했다. 그럼에도 NCSS 회장은 1983년에 "젊은이들에게 자기 나라에 대한 많은 정보를 제공하여 좋은 시민으로 양성해야 한다는 믿음은 어디에나 있다"("미국만 그런 것이 아니다"라고 덧붙이긴 했지만)라고 푸념을 늘어놓았다(Hahn, 1984: 240, 242). 이 강연이 있은 지 3년 후에 발간된 「지구촌교육 단념하기(Blowing the Whistle on Global Education)」라는 제목의 보고서는 지구촌교육이 편향적이며 비애국적이라고 비난했다. 그 보고서가 널리 배포되면서, 극히 보수적인 사람들 사이에서 이와 유사한 성향의 발언들이 쏟아져 나왔으며 지구촌연구에 대해 험악한 비판도 가해졌다(Heater, 2002: 160 참조).

어떤 명칭으로든 그리고 미국에서뿐만 아니라, 세계시민교육에 대한 반대는 수많은 논변에 기초해 있지만 핵심에서는 정치적인 것과 교육적인 것 두 가지로 압축된다. 정치적인 반대는 주의·주장의 논의범위에서 볼 때 주로 우파 인사들이 제기하는데, 그들은 학교의 정치적 기능에서 가장 우선되어야 하는 것은 국가의 안정과 힘 그리고 안전을 떠받치는 데 있다고 주장한다. 그들은 가령 인류는 하나라든지 국가들의 상호 의존이라든지 지구환경보존의 필요성이라든지 하는 세계주의적 개념을 가르치는 것은 ― 간단히 말해, 세계주의 윤리를 가르치는 것은 — 위험하게도 국가에 대한 학생들의 충성심을 고갈시킬 것이라고 강변한다. 이런 입장은 2차 대전과 냉전이라는 험난한 시절에 특히 격렬하게 제기되었다. 교육적 반대 또한 보수주의 인사들에게서 강하게 제기되었다. 여기에는 두 가지 이유가 있는데 반드시 서로 관련되는 것은 아니다. 첫째, 그들은 세계에 대한 사실을 가르칠 때 내용 선정이라는 커다란 문제에 부딪히기 때문에 아주 피상적인 수준에서만 다루어지게 되며, 그리하여 학문적인 기준에 못 미치게 된다고 생각한다. 예를 들어 국사 대신에 세계사를 통한 접근은 지적 가치가 있고 존중받을 만한 유수의 학문영역들을 무차별적으로 뒤죽박죽으로 만들기 때문에 아주 불충분하며, 통합적 세계연구는 더더욱 불충분하다. 둘째는 훨씬 심각하다. 세계시민교육 지지자들은 사실을 가르치는 것보다 정서를 함양하는 교육이 더 중요하다고 생각해왔다. 정의적 학습이 걸맞은 비중을 지녀야 하며 경우에 따라서는 인지적 학습보다 우선되어야 한다고 생각한다. 보수적 색채를 지닌 교육자들과 아마추어 비평가들은 '전통적(hard)' 학습이 이처럼 약화되는 것을 감수할 수 없다. 양쪽 진영의 충돌은 특히 1970년대와 1980년대에는 몸서리쳐질 정도로 심각했다.

애국주의적인 태도와 감정이 세계주의적인 것과 동시에 그리고 균형 있게 견지될 수 있는가 하는 정치적인 쟁점은 먼 과거에서부터 철학자들에게 고민거리였으며(Heater, 2002: 37~52 참조), 좀 더 최근에는 사회심리학자와 교육심리학자들의 고민거리인 핵심문제이다. 세계시민교육 주창자들 중 많은 인사는 이 문제를 해결하기 위한 주요 수단은 상이한 문화적·윤리적 배경의 젊은이들이 다양성 속의 근본적인 통일성을 이해할 수 있도록 일정 기간 동안 함께 생활하고 공부하게 만드는 것이라고 생각해왔다. 이런 이상을 좇아 여러 곳에 국제수련원이 설치되고 국제학교가 설립되었다. 몇몇 사례를 살펴보자. 1933년에 영국 국제연맹연합은 노르웨이의 연맹간부인 저명인사 난센(Fridtjof Nansen)의 이름을 따서 난센 개척자수련원을 몇 군데에 열었다. 이들 수련원에는 12~16세 학생들이 참가할 수 있었다. LNU 교사용 책자를 보면 "다른 나라들에서 온 소년소녀들이 참가하며 교육일정에는 모닥불을 피워놓고 다른 나라와 연맹활동에 대해 이야기하는 시간뿐만 아니라 수련원생활의 각종 훈련과 여러 나라의 놀이들이 포함된다"(LNU, 1937: 130~131)라는 내용이 들어 있다. 몇십 년이 지난 후 대담한 구상이 실행으로 이어졌는데, 우선 1970년대에 밴쿠버와 사우스웨일스 그리고 싱가포르에 통합세계대학(United World College)이 창설되었다. 여러 나라 출신의 학생들이 입학했는데, 예를 들어 웨일즈의 애틀랜틱 통합세계대학 1977년 입학생들은 42개국의 젊은이들로 이루어져 있었다.

우리는 세계적 안목을 갖추도록 하는 교육이라는 '약한' 입장과 세계시민교육이라는 '강한' 입장의 차이를 살펴보았다. 그리고 어떤 용어가 사용되든 간에 후자의 교육은 내용과 방법론 그리고 목표에서, 엄밀히 말해 별로 실시되지 않았음이 분명하다. 이에 대해 세계주의적인 정치적 사고에 대한 분명하고도 깊이 있는 이해를 그것과 양립 가능한 교육적 사고와 연계하려는 시도가 진지하게 행해진 적이 없다는 것이 한 가지 이유가 될 수 있다. 1990년대까지 선도적인 지식인들이 이 문제에 관심을 기울이게 할 만한 이렇다 할 계기가 없었는데, 1996년에야 비로소 미국의 철학자 너스봄(Martha Nussbaum)이 그에 대한 글을 내놓았다(특히 Nussbaum et al., 1996 참조). 하지만 최근의 인구이동을 포함해 세계화라는 현상에 지대한 학문적 관심이 없었다면, 그에 대한 반응이 그렇게 즉각적으로 나타나진 않았을 것이다. 이런 발전 또한 세계시민교육을 교사와 학생의 눈에 매우 시의적절한 요소로 비치게 만들었으며 그리하여 시민교육에서 세계시민이라는 차원이 상당한 자극이 되게 했다.

세계시민교육에 대한 너스봄의 논지는 그가 세 가지 역량 및 네 가지 논변이라고 부르는 데서 찾을 수 있다. 세 가지 역량이란 '자기 자신과 전통에 대한 비판적 검토', '스스로를 일부 지역의 시민으로서뿐만 아니라 나아가 인정과 관심의 고리로 연결되어 있는 모든 다른 인간존재와 결속되어 있는 인간존재로 생각하는' 시민의 능력, 그리고 '서사적 상상력'이다. 그에 의하면 서사적 상상력이란 '자신과 다른 사람의 입장에 처한 것처럼 생각하는 능력'을 의미한다(Nussbaum, 1997: 9~11). 네 가지 논변은 다음과 같다. "세계주의 교육을 통해 우리 자신에 대해 더 많이 배운다." "국제협력을 요하는 문제들을 해결해나간다." "실재하는 그리고 인식하지 못하고 지나갔을 세계의 여타 부분에 대한 도덕적 책무를 인식한다." "우리가 옹호하고자 하는 구분에 근거하여 지속적이고 일관되게 주장한다"(Nussbaum et al., 1996: 11~15). 그는 세 가지 역량을 가르치는 것이 자신이 세계주의와 동일시하는 인간성 함양에서 핵심이라고 설파한다. 그가 명시적으로 연관 짓고 있지는 않지만, 우리는 이러한 역량을 배움으로써 네 가지 논변에 필요한 요소들을 갖출 수 있게 될 것이라고 보아야 한다. 너스봄은 이런 논지의 토대를 고전철학에서 상술된 원리에 확고하게 구축하고 있다. 그 원리들이란 자신에 대한 앎을 추구하라는 소크라테스의 권고, 그리고 스토아사상의 세계시민권 개념이다. 그는 세계시민의 핵심역량 중 앞의 두 가지 — 맥락에 비추어 이해하는 능력 — 를 소크라테스에게서 도출하며, 세 번째 역량 — 공감 — 은 마르쿠스 아우렐리우스 그리고 그의 스토아사상가 선배들에게서 도출한다.

그의 관심은 교육과정의 세부사항을 주창하는 것이 아니라 논리정연한 논변을 제시하는 데 있다. 물론 그는 교수학습의 실제에 포함되어야 할 세 가지 주요 요소를 강조하려 애쓰고 있다. 첫째, 이런 방식의 교육은 가능한 한 학교교육이 시작될 때부터 시작해야 한다(Nussbaum, 1997: 69 참조). 둘째, 가능한 한 많은 주제를 다문화적 내용으로 가르쳐야 한다(Nussbaum, 1997: 68 참조). 셋째, 세계시민교육은 세계 차원이 지역 차원을 배제하는 것이 결코 아니라 개인이 속한 지역사회와 문화에 대한 철저한 이해를 요구한다. 이를 통해서만 개인은 세계주의의 혜택을 편안한 마음으로 추구할 수 있다(Nussbaum et al., 1996: 135~136; Nussbaum, 1997: 68 참조).

너스봄의 입장은 주로 세계주의와 애국주의의 관계에 관한 정치적 논쟁에서 도전받을 수 있으며 또 사실이 그랬다(Nussbaum et al., 1996). 그러나 여기서 우리의 관심사는 그의 세계주의 논변이 교육에 대해 어떤 가치를 지니는가이다. 사실 그는 세 가지 사항에서 비판받을 수 있다. 첫째, 그는 자기 나라에서조차 이 분야에서 행해진 수많은 활동을 이해하고 있는지 혹은 제대로 알고 있는지 보여주지 않는다. 심화강좌 하나에 대해 언급하고 있는 것은 예외이지만(Nussbaum, 1997: 81~83 참조). 그런 활동의 입장에서 보면 그의 권고는 그다지 독창적으로 보이지 않는다. 둘째, 그는 사실상 세계적 안목이 세계'시민권'과 반대되는 것이라는 내용으로 말하면서도 시민권이 무언가 명확한 의미를 제기하길 바라는 비판자들에게 지나치게 거만한 태도를 보인다(예를 들어 Nussbaum et al., 1996: 125 참조). 셋째, 세계시민교육은 세계주의 윤리·정치이론에 기초해야 한다는 그의 주장은 후자에 대한 그의 해석이 갖는 취약성으로 인해 약화된다. 키프로스의 어느 학자는 이런 약점을 여러 가지 지적하면서(Papastephanou, 2002 참조) 각각에 대해 강도를 달리하며 비판을 개진한 바 있다. 아마도 가장 정곡을 찌르는 것은 인류는 본질적으로 하나라고 하는 세계주의 논변에 관한 것이 아닌가 싶다. 그의 설명을 들어보자.

> 우연적 조건에 따른 차이에도 불구하고 우리 모두에게 해당하는 정의 가능한 인간본성이란 것이 있다면, 우리는 한 걸음만 다가서면 문화가 이른바 '인간본성의 원래 설계'에 얼마나 근접해 있는지에 근거해서 그 문화를 평가할 수 있게 된다(Papastephanou, 2002: 74).

적어도 너스봄은 세계주의 철학에 굳건한 토대를 갖춘 지구촌교육을 제공하려는 시도를 한 점에서 용기를 높이 살 만하다. 교육전문가들은, 세계시민교육에 절실하게 요구되는 일관된 개념정의에 도달하기 위해, 그의 구상 위에 '세계인의 민주주의'(예를 들어 Held, 1995 참조)라는 부가적인 개념을 쌓아올릴 수 있을 것이다. 하지만 그런 논변은 그러한 개념정의가 비교적 쉬운 일이라는 그릇된 인상을 주게 된다. 사실은 결코 그렇지 않다. 이 장의 앞부분에서 보았듯이, 시민교육은 여타의 그리고 비교적 최근의 정치·사회발전에도 주목해야 한다. 너스봄은 말하자면 동심원 속의 삶이라는 스토아식 개념을 언급하고 있다(Nussbaum et al., 1996: 9 참조). 사실 그 개념은 현대에 들어 이례적으로 대중적 관심을 끌게 되었다(Heater, 2002: 44~52 참조). 대략적으로 말해 그 개념은, 우리는 가족이라는 긴밀한 관계에서부터 인류 전체라는 먼 관계에 이르기까지 다중적인 정체성과 충성심을 갖는다는 내용이다. 현대적인 용어로 말하자면 지방, 국가, 유럽연합(해당 지역의 경우), 종교지부 그리고 세계가 이러한 기하학적 유형 속에 있는 것으로 그려질 수 있다. 한편으로는 이런 유서 깊은 개념에 수반되는 심리학적 문제들을 헤쳐 나가야 하고(예를 들어 Torney, 1979 참조), 다른 한편으로는 이를 다듬고 현대화해서 교육적인 용어로 바꾸어야 한다. 이런 과제는 20세기에 들어 미래세대를 위해 진정 종합적이면서도 일관된 시민교육을 구축하기 위해 교육자들이 갈고닦은 비슷한 생각의 기반 위에서 이루어질 수 있을 것이다. 그렇게 해서 역사에 대한 자각이 과거를 미래와 연결해줄 것이다.

참고문헌

Ablin, F.(ed.). 1963. *Education in the USSR: A Collection of Readings from Soviet Journals*, Vol.2, n.p. International Arts and Science Press.

Adeyoyin, F. A. 1979. "The Role of the School as a Politicizing Agent Through Citizenship Education." *International Journal of Political Education*, 2.

Advisory Group on Citizenship. 1998. *Education for Citizenship and the Teaching of Democracy in Schools*(Crick Report). London: Qualifications and Curriculum Agency.

Archer, M. S. 1977. "Education." in J. E. Flower. *France Today*.

Ardagh, J. 1982. *France in the 1980s*. Harmondsworth: Penguin.

Arikpo, O. 1967. *The Development of Modern Nigeria*. Harmonsworth: Penguin.

Aristotle(trans. and ed. E. Barker). 1948. *Politics*. Oxford: Clarendon Press.

_____(trans. J. A. K. Thomson). 1955. *The Ethics of Aristotle*. Harmondsworth: Penguin.

_____(trans. H. G. Apostle). 1975. *The Nicomachean Ethics*. Dordrecht: Reidel.

_____(trans. P. J. Rhodes). 1984. *The Athenian Constitution*. Harmondsworth: Penguin.

Arnold, M. 1962. *Democratic Education*. Ann arbor, MI: University of Michigan Press.

Aso, M. and I. Amano. 1972. *Education and Japan's Modernization*. Tokyo: Ministry of Foreign Affairs, Japan.

Association for Education in Citizenship. 1936. *Education for Citizenship in Secondary Schools*. London: Oxford University Press.

Avis, G.(ed.). 1987. *The Making of the Soviet Citizen*. London: Croom Helm.

Aziz, K. K. 1967. *The Making of Pakistan: A Study in Nationalism*. London: Chatto & Windus.

Bacon, F. 1906. *Essays*. London: Dent

Baczko, B.(ed.). 1982. *Une Éducation pour la Démocratie: Textes et Projets de l'Époque Révolutionnaire*. Paris: Éditions Garnier.

Baglin Jones, E. and N. Jones(eds). 1992. *Education for Citizenship*. London: Kogan Page.

Bailey, S. H. 1938. *International Studies in Modern Education*. London: Oxford University Press.

Bamford, T. W. 1960. *Thomas Arnold*. London: Cresset Press.

Banks, J. A. and J. Lynch(eds.). 1986. *Multicultural Education in Western Societies*. London: Holt, Rinehart & Winston.

Barnard, H. C. 1947. *A Short History of English Education from 1760 to 1944*. London: University of London Press.

Basu, A. 1974. *The Growth of Education and Political Development in India, 1898~1920*. Delphi: Oxford University Press.

Becker, J. M.(ed.). 1979. *Schooling for a Global Age*. New York: McGraw-Hill.

Békés, Z. 1990. "Some Results of Hungarian Youth Research and Dilemmas of Political Education." in B. Claussen and H. Mueller. *Political Socialization of the Young in East and West*.

Bell, G. H. 1997. "Towards the European School: Educating European Citizens Through Whole School Development." in I. Davies and A. Sobisch. *Developing European Citizens*.

Bereday, G. Z. F.(ed.). 1966. *Charles E, Merriam's The Making of Citizens*. New York: Columbia University Teachers College Press.

Bereday, G. Z. F. and J. Pennar(eds.). 1960. *The Politics of Soviet Education*. New York: Praeger, and London: Stevens.

Bereday, G. Z. F., W. W. Brickman and G. H. Read(eds.). 1960. *The Changing Soviet School*. Cambridge, MA: Riverside Press.

Betts, R. F. 1991. *France and Decolonisation 1900~1960*. Basingstoke: Macmillan.

Bicât, A. 1970. "Fifties Children: Sixties People." in V. Bogdanor and R. Skidelsky. *The Age of Affluence*.

Binchy, D. A. 1941. *Church and State in Fascist Italy*. London: Oxford University Press.

Birn, D. S. 1981. *The League of Nations Union 1918~1945*. Oxford: Clarendon Press.
Board of Education. 1944. *Teachers and Youth Leaders*(McNair Report). London: HMSO.
Bogdanor, V. and R. Skidelsky(eds.). *The Age of Affluence 1951~1964*. London: Macmillan.
Bogolubov, L. N., G. V. Klokova, G. S. Kovalyova and D. I. Poltorak. 1999. "The Challenge of Civic Education in the New Russia." in J. Torney-Purta et al. *Civic Education Across Countries*.
Boyd, W. 1932. *The History of Western Education*(3rd edn.). London: A. & C. Black.
Bracher, K. D.(trans. J. Steinberg). 1978. *The German Dictatorship*. Harmondsworth: Penguin
Brady, R. A. 1937. *The Spirit and Structure of German Fascism*. London: Left Book Club.
Bray, T. T. and G. R. Cooper. 1979. "Education and Nation Building in Nigeria since the Civil War." *Comparative Education*, 15.
Brennan, T. 1981. *Political Education and Democracy*. Cambridge: Cambridge University Press.
Briggs, A. 1959. *The Age of Improvement*. London: Longmans.
_____. 1960. *Chartist Studies*. London: Macmillan.
Brogan, D. 1940. *The Development of Modern France(1870~1939)*. London: Hamish Hamilton.
Brown, B. F.(ed.). 1977. *Education for Responsible Citizenship: The Report of the National Task Force on Citizenship Education*. New York: McGraw-Hill.
Buisson, F. and F. E. Farrington(eds). 1920. *French Educational Ideals of Today*. London: Harrap.
Burke, E. 1910. *Reflections on the French Revolution*. London: Dent.
Burston, W. H. 1973. *James Mill on Philosophy and Education*. London: Athlone Press.
Brutt, S. 1992. *Virtue Transformed: Political Argument in England, 1688~1740*. Cambridge: Cambridge University Press.
Butts, R. F. 1988. *The Morality of Democratic Citizenship: Goals for Civic Education in the Republic's Third Century*. Calabasas, CA: Center for Civic Education.
_____. 1989. *The Civic Mission in Educational Reform: Perspectives for the Public and the Profession*. Stanford, CA: Hoover institution Press, Stanford University.

Butts, R. F. and L. A. Cremin. 1953. *A History of Education in American Culture*. New York: Holt, Rinehart & Winston.

Callahan, R. E. 1964. *An introduction to Education in American Society: A Text with Readings*. New York: Knopf.

Callan, E. 1997. *Creating Citizens: Political Education and a Liberal Democracy*. Oxford: Clarendon Press.

Calliess, J. and R. Lob(eds.). 1987. *Handbuch Praxis der Umwelt-und Friedenserziehung*. Düsseldorf: Schwann.

Carew Hunt, R. N. 1957. *A Guide to Communist Jargon*. London: Bles.

Castle, E. B. 1961. *Ancient Education and Today*. Harmondsworth: Penguin.

Cavanagh, F. A.(ed.). 1931. *James and John Stuart Mill on Education*. Cambridge: Cambridge University Press.

Chaffee, S. H., R. Morduchowicz and H. Galperin. 1998. "Education in Democracy in Argentina: Effects of a Newspaper-in-School Program." in O. Ichilov. *Citizenship and Citizenship Education in a Changing World*.

Chevallier, P. and B. Grosperrin(eds.). 1971. *L'Enseignement Français de la Révolution à nos Jours, II: Documents*. Paris: Mouton.

Cicero(trans. C. W. Keyes). 1928. (a) *De Re Publica*, (b) *De Legibus*. London: Heinemann, and Cambridge, MA: Harvard University Press.

_____(trans. E. W. Sutton). 1948. *De Oratore*. London: Heinemann, and Cambridge, MA: Harvard University Press.

Clarke, P. B. 1944. *Citizenship*. London: Pluto.

Claussen, B. and H. Mueller(eds.). 1990. *Political Socialization of the Young in East and West*. Frankfurt am Main: Peter lang.

Cobban, A. 1939. *Dictatorship: In History and Theory*. London: Cape.

_____. 1957. *A History of Modern France*, Vol. 1. Harmondsworth: Penguin.

_____. 1960. *In Search of Humanity*. London: Cape.

_____. 1964. *Rousseau and the Modern State*(2nd edn.). London: Allen & Unwin.

_____. 1965. *A History of Modern France, Vol. 3: 1871~1962*. Harmondsworth: Penguin.

_____. 1970. *France Since the Revolution and Other Aspects of Modern History*. London: Cape.

Cogan, J. J. and R. Derricott(eds). 2000. *Citizenship for the 21st Century*(2nd edn.). London: Kogan page.

Colonial Office and Advisory Committee on Education in the Colonies. 1948. *Education for Citizenship in Africa*. London: HMSO.

Comenius, I. A.(trans. A. M. M. Dobbie). 1995. *Panorthosia or Universal Reform*. Sheffield: Sheffield Academic Press.

Commission on Citizenship. 1990. *Encouraging Citizenship*. London: HMSO.

Counts, G. S. 1957. *The Challenge of Soviet Education*. New York: Mcgraw-Hill.

Cowan, I. G., J. O'Connell and D. G. Scanlon(eds). 1965. *Education and Nation-Building in Africa*. New York: Praeger.

Cowell, F. R. 1948. *Cicero and the Roman Republic*. London: Pitman.

Crankshaw, E. 1959. *Khrushchev's Russia*. Harmondsworth: Penguin.

Crick, B. 2000. *Essays on Citizenship*. London: Continuum.

_____. 2002. "Education for Citizenship: The Citizenship Order." *Parliamentary Affairs*, 55.3.

Crick, B. and D. Heater. 1977. *Essays on Political Education*. Lewes: Falmer.

Crick, B. and A. Porter(eds.). 1978. *Political Education and Political Literacy*. Harlow: Longman.

Cross, C. 1968. *The Fall of the British Empire 1918~1968*. London: Hodder & Stoughton.

Crossman, R. H. S. 1937. *Plato to-day*. London: Allen & Unwin.

Čsepeli, G. 1990. Political Socialization of Hungarian youth."in B. Claussen and H. Mueller. *Political Socialization of the young in East and West*.

Cummings, W. K. 1987. "Samurai without Swords: The Making of the Modern Japanese." in E. B. Gumbert. *In the Nation's Image*.

Cummings, W. K., S. Gopinathan and Y. Tomoda(eds.). 1988. *The Revival of Values Education in Asia and the West*. Oxford: Pergamon.

Curtis, S. J. and M. E. A. Boultwoos. 1956. *A Short History of Educational Ideas*(2nd edn.). London: University Tutorial Press.

Davies, I. 1997. "Education for European Citizenship: Review of Relevant Document-ation." in I. Davies and A. Sobisch. *Developing European Citizens*.

Davies, I. and A. Shbosch(eds.). 1997. *Developing European Citizens*. Sheffield: Sheffield

Hallam University Press.

Davies, I., I. Gregory and S. C. Riley. 1999. *Good Citizenship and Educational Provision*. London: Falmer.

de la Fontaineris, F.(ed. and trans.). 1932. *French Liberalism and Education in the Eighteenth Century*. New York: Burt Franklin.

Delanty, G. 2000. *Citizenship in a Global Age: Society, Culture, Politics*. Buckingham: Open University Press.

DES. 1985. *Education for All*(Swann Report). London: HMSO.

Dewey, J. 1961. *Democracy and Education*. New York: Macmillan.

DfEE/QCA. 1999. *The National Curriculum: Citizenship*. London: DfEE/QCA.

Dickinson, H. T. 1977. *Liberty and Property*. London: Methuen.

Djilas, M. 1957. *The New Class*. London: Thames & Hudson.

Duczek, S. 1977. *Political Education in Germany*(Unpublished Mimeo). York: University of York Political Education unit.

Duffy, J. 1962. *Portugal in Africa*. Harmondsworth: Penguin.

Dupeux, G.(trans. P. Wait) 1976. *French Society 1789~1970*. London: Methuen.

Dynneson, T. L. 2001. *Civism: Cultivating Citizenship in European History*. New York: Peter Lang.

Edmonds, J. M.(trans.). 1961. *Elegy and Iambus*. London: Heinemann, and Cambridge, MA: Harvard University Press.

Engelbrecht, H. C. .1968. *Johann Gottlieb Fichte: A Study of his Political Writings with Special Reference to His Nationalism*. New York: AMS Press.

England, J. M. 1963. "The Democratic Faith in American Schoolbooks, 1783~1860." *American Quarterly*, 15.

Englund, T. 1986. *Curriculum as a Political Problem*. Uppsala and Lund: Chartwell-Bratt.

Esser, H. 1991. "The Intergration of Second Genetation Immigrants in Germany: an Explanation of 'Culutural' Differences." in R. S. Sigel and M. Hoskin. *Education for Democratic Citizenship*.

European Council and Ministers of Education. 1988. *Resolution on the European Dimension in Education* (88/C177/02).

Fafunwa, A. B. and J. U. Aisika(ed.). 1982. *Education in Africa: a Comparative Study*.

London: Allen & Unwin.

Fanon, F. 1967. *The Wretched of the Earth*. Harmondsworth: Penguin.

Felsenthal, I. and I. Rubinstein. 1991. "Democracy, School and Curriculum Reform: 'The Rules of the Game' in Israel." in R. S. Sigel and M. Hoskin. *Education for Democratic Citizenship*.

Fenton, E.(ed.). 1966. *Teaching the New Social Studies: An Inductive Approach*. New York: Holt, Rinehart & Winston.

Fitzpatrick, S. 1970. *The Commissariat of Enlightenment*. Cambridge: Cambridge University Press.

Flower, J. E.(ed.). 1977. *France Today: Introductory Studies*(3rd edn.). London: Methuen.

Fogelman, K.(ed.). 1991. *Citizenship in Schools*. London: David Fulton.

Frazer, E. 2000. "Citizenship Education: Anti-political Culture and Political Education in Britain." *Political Studies*, 48.

Friedrich, C. J. and Z. K. Brzezinski. 1956. *Totalitarian Dictatorship and Autocracy*. Cambridge, MA: Harvard University Press.

Führ, C. 1997. *The German Education System Since 1945*. Bonn: Inter Nationes.

Gaus. J. M. 1929. *Great Britain: a Study of Civic Loyalty*. Chicago, IL: University of Chicago Press.

Gellner, E. 1983. *Nations and Nationalism*(4th edn.). Oxford: Blackwell.

Gildea, R. 1983. *Education in Provincial France 1800~1914*. Oxford: Clarendon Press.

Giroux, H. A. 1987. "Citizenship, Public Philosophy, and the Retreat from Democracy in the United States." in E .B. Gumbert. *In the Nation's Image*.

Godechot, J.(trans. H. H. Rowen). 1965. *France and the Atlantic Revolution of the Eighteenth Century, 1770~1799*. New York: Free Press, Collier-Macmillan.

Gollancz, V. 1953. *More for Timothy*. London: Gollancz.

Gopinathan, S. 1988. "Being and Becoming: Education for Values in Singapore." in W. K. Cummings et al. *The Revival of Values Education in Asia and the West*.

Gorbachev, M. S. 1987. *Perestroika: New Thinking for Our Country and the World*. London: Collins.

Grant, B. 1967. *Indonesia*. Harmondsworth: Penguin.

Grant, N. 1964. *Soviet Education*. Harmondsworth: Penguin.

Grimal, H. 1965. *La Décolonisation 1919~1963*. Paris: Armand Colin.

Gross, R. E. and T. L. Dynneson(eds.). 1991. *Social Science Perspectives on Citizenship Education*. New York: Teachers College, Columbia University.

Guardian. 2002, 27 June.

Guilhaume, P. 1980. *Jules Ferry*. Paris: Encre.

Gumbert, E. B.(ed.). 1987. *In the Nation's Image*. Atlanta, GA: Georgia State University.

Gwynn, A. 1964. *Roman Education: From Cicero to Quintilian*. New York: Russell & Russell.

Hahn, C. L. 1984. "Promise and Paradox: Challenges to Global Citizenship." *Social Citizenship*. April.

_____. 1998. *Becoming Political: Comparative Perspectives on Citizenship Education*. New York: State University of New York Press.

_____. 1999. "Challenges in Civic Education in the United States." in J. Torney-Purta et al. *Civic Education across Countries*.

Hahn, H.-J. 1998. *Education and Society in Germany*. Oxford: Berg.

Hall, H. D. 1971. *Commonwealth: A History of the British Commonwealth of Nations*. London: Van Nostrand Reinhold.

Halliday, J. and G. McCormack. 1973. *Japanese Imperialism Today*. Harmondsworth: Penguin.

Halocha, J. 1995. "Promoting Citizenship through International College-School Links." in A. Osler et al. *Teaching for Citizenship in Europe*.

Händle, C., D. Oesterreich and L. Trommer. 1999. "Concepts of Civic Education in Germany Based on a Survey of Expert Opinion." in J. Torney-Purta et al. *Civic Education Across Countries*.

Hanna, A. J. 1961. *European Rule in Africa*. London: Historical association.

Hanvey, R. G. 1976. *An Attainable Global Perspective*. New York: Center for global Perspectives.

Harber, C.(ed.). 1987. *Political Education in Britain*. London: Falmer.

_____. 1989. *Politics in African Education*. London: Macmillan.

Hargreaves, J. D. 1967. *West Africa: The Former French States*. Englewood Cliffs, NJ:

Prentice Hall.

_____. 1976. *The End of Colonial Rule in West Africa*. London: Historical Association.

Harper, S. N. 1929. *Civic Training in Soviet Russia*. Chicago, IL: University of Chicago Press.

Hayes, C. J. H. 1930. *France: A Nation of Patriots*. New York: Columbia University of Chicago Press.

Hearnden, A. 1974. *Education in the Two Germanies*. Oxford: Blackwell.

_____(ed.). 1978. *The British in Germany: Educational Reconstruction after 1945*. London: Hamish Hamilton.

Heater, D. 1984. *Peace Through Education: The Contribution of the Council for Education in World Citizenship*. Lewes: Falmer.

_____. 1990. *Citizenship: the Civic Ideal in World History, Politics and Education*. Harlow: Longman.

_____. 1992. "Education for European Citizenship." *Westminster Studies in Education*, 15.

_____. 1996. *World Citizenship and Government: Cosmopolitan Ideas in the History of Western Political Thought*. Basingstoke: Macmillan.

_____. 1998. *The Theory of Nationhood: a Platonic Symposium*. Basingstoke: Macmillan.

_____. 2001. "The History of Citizenship Education in England." *The Curriculum Journal*, 12.

_____. 2002. *World Citizenship: Cosmopolitan Thinking and its Opponents*. London: Continuum.

Heater, D. and J. A. Gillespie(eds.). 1981. *Political Education in Flux*. London: Sage.

Held, D. 1995. *Democracy and the Global Order: From the Modern State to Cosmopolitan Governance*. Cambridge: Polity.

Hobbes, T. 1914. *Leviathan*. London: Dent.

Hodgetts, A. B. and P. Gallagher. 1978. *Teaching Canada for the 80s*. Toronto: The Ontario Institute for Studies in Education.

Holmes, B. 1956. "Some Writings of William Torrey Harris." *British Journal of Educational Studies*, 5.

Honeywell, R. J. 1931. *The Educational Work of Thomas Jefferson*. Cambridge, MA: Harvard University Press.

Hooghoff, H. 1990. "Curriculum Development for Political Education in the Netherlands." in B. Claussen and H. Mueller, *Political Socialization of the Young in East and West.*

Hornblower, S. and A. Spaworth. 1998. *The Oxford Companion to Classical Civilization*. Oxford: Oxford University Press.

Horvath-Peterson, S. 1984. *Victor Duruy & French Education*. Baton Rough, LA: Louisiana State University Press.

Hunt, L.(ed.). 1996. *The French Revolution and Human Rights: A Brief Documentary History.* Boston, MA: St. Martin's.

Hutchings, K. and R. Dannreuther(eds). 1999. *Cosmopolitan Citizenship*. Basingstoke: Macmillan.

Ichilov, O.(ed.). 1998a. *Citizenship and Citizenship Education in a Changing World.* London: Woburn.

_____. 1998b. "Nation-Building, Collective Identities, Democracy and Citizenship Education in Israel." in O. Ichiolv. *Citizenship and Citizenship Education in a Changing World.*

_____. 1999. "Citizenship Education in a Divided Society: the Case of Israel." in J. Torney-Purta et al. *Civic Education Across Countries.*

Ikejiani, O.(ed.). 1964. *Nigerian Education*. Ikeja: Longmans of Nigeria.

Indian National Commission for UNESCO. 1965. *Report of the National Seminar on International Understanding(Education for International Understanding)*. Delhi: Indian National Commission for UNESCO.

Iram, Y. 2001. "Education for Democracy in Pluralistic Societies: the Case of Israel." in L. J. Limage. *Democratizing Education and Educating Democratic Citizens.*

Janowitz, M. 1983. *The Reconstruction of Patriotism: Education for Civic Consciousness.* Chicago, IL: University of Chicago Press.

Jarolimek, J. 1981. "The Social studies: an Overview." in H. D. Mehlinger and O. L. Davis. *The Social Studies.*

Jászi, O. 1961. *The Dissolution of the Habsburg Monarchy.* Chicago, IL: Chicago

University Press.

Jones, P. 1997. *The Italian City-State: From Commune to Signoria*. Oxford: Clarendon Press.

Kaestle, C. F. 1983. *Pillars of the Republic: Common Schools and American Society, 1780~1860*. New York: Hill & Wang.

Kaiser, R. G. 1977. *Russia: The People and the Power*. Harmondsworth: Penguin.

Kandel, I. L. 1960. "Education and Colonial Dependencies." in D. G. Scanlon. *International Education*.

Kant, I.(trans. A. Churton). 1960. *Education*. Ann Arbor, MI: University of Michigan Press.

Kennedy, E. 1989. *A Cultural History of the French Revolution*. New Haven CT: Yale University Press.

Kerblay, B.(trans. R. Swyer). 1983. *Modern Soviet society*. London: Methuen.

Kerr, D. 1999. "Re-examining Citizenship Education in England." in J. Torney et al. *Civic Education Across Countries*.

Kitto, H. D. F. 1951. *The Greeks*. Harmondsworth: Penguin.

Kobayashi, T. 1976. *Society, Schools and Progress in Japan*. Oxford: Pergamon.

Kosok, P. 1933. *Modern Germany: A Study of Conflicting Loyalties*. Chicago, IL: Chicago University Press.

Koutaissoff, E. 1983. "Environmental Education in the USSR." in J. J. Tomiak. *Soviet Education in the 1980s*.

Kymlicka, W. 1997. *Multicultural Citizenship: A Liberal Theory of Minority Rights*. Oxford: Clarendon Press.

La Chabeaussière, P. 1794. *Catéchisme Républicain, Philosophique et Moral, in Du Culte Religieux en France, Recueil 1791~1794*.

Lang, P. H. 1942. *Music in Western Civilization*. London: Dent.

Laslett, P. 1983. *The World We Have Lost-Further Explored*. London: Methuen.

Lawton, D., J. Cairns and R. Gardner(eds). 2000. *Education for Citizenship*. London: Continuum.

League of Nations Union(LNU). 1937. *Teachers and World Peace*(5th edn.). London: LNU.

Léon, A. 1991. *Colonisation, Enseignement et Éducation: Étude Historique et Comparative*. Paris: Éditions L'Harmattan.

Limage, L. J.(ed.). 2001. *Democratizing Education and Educating Democratic Citizens: International and Historical Perspectives*. New York: RoutleheFalmer.

Linton, M. 2001. *The Politics of Virtue in Enlightenment France*. Basingstoke: Palgrave.

Lister, I. 1991. "Civic Education for Positive Pluralism in Great Britain." in R. S. Sigal and M. Hoskin. *Education for Democratic Citizenship*.

Locke, J.(ed. J. W. and J. S. Yolton). 1989. *Some Thoughts Concerning Education*. Oxford: Clarendon Press.

Lutz, D. S. 1992. *A Preface to American Political Theory*. Lawrence, KS: University Press of Kansas.

Macartney, C. A. 1934. *National State and National Minorities*. London: Oxford University Press.

_____. 1937. *Hungary and Her Successors: The Treaty of Trianon and its Consequences 1919~1937*. London: Oxford University Press.

McCully, B. T. 1966. *English Education and the Origins of Indian Nationalism*. Gloucester, MA: Peter Smith.

Macedo, S. 2000. *Diversity and Distrust: Civic Education in a Multicultural Society*. Cambridge, MA: Havard University Press.

MacKenzie, J. M. 1984. *Propaganda and Empire: The Manipulation of British Public Opinion, 1880~1960*. Manchester: Manchester University Press.

_____.(ed.). 1986. *Imperialism and Popular Culture*. Manchester: Manchester University Press.

McLeod, K. 1991. "Human Rights and Multiculturalism in Canadian Schools." in H. Starkey. *The Challenge of Human Rights Education*.

Mann, E. 1939. *School for Babarians: Education under the Nazis*. London: Lindsay Drummond.

Mareuil, I. 1960. "Extracurricular and Extrascholastic Activities for Soviet School Children." in G. Z. F. Bereday and J. Pennar. *The Politics of Soviet Education*.

Marquette, G. and D. Mineshima. 2002. "Civic Education in the United States: Lessons for the UK." *Parliamentary Affairs*, 55.

Marrou, H. I.(trans. G. Lamb). 1956. *A History of Education in Antiquity*. London: Sheed & Ward.

Mátrai, Z. 1998. "Citizenship Education in Hungary: Ideals and Reality." in O. Ichilov. *Citizenship and Citizenship Education in a Changing World*.

_____. 1999. "In Transit : Civic Education in Hungary." in J. Torney-Purta et al. *Civic Education Across Countries*.

Mazawi, A. E. 1998. "Contested Regimes, Civic Dissent, and the Political Socialization of Children and Adolescents: The Case of the Palestinian Uprising." in O. Ichilov. *Citizenship and Citizenship Education in a Changing World*.

Mazzini, J. 1907. *The Duties of Man and Other Essays*. London: Dent.

Mehlinger, H. D.(ed.). 1981. *UNESCO Handbook for the Teaching of Social Studies*. London: Croom Helm, and Paris: UNESCO.

Mehlinger, H. D. and O. L. Davis(eds.). 1981. *The Social Studies: Eightieth Yearbook of the National Society for the Study of Education, Part II*. Chicago, IL: University of Chicago Press.

Mehlinger, H. D. and J. J. Patrick. 1972. *American Political Behavior*. Lexington, MA: Ginn.

Merriam, C. E. 1934. *Civic Education in the United States*. New York: Scribner's.

Mesnard, P.(ed.). 1951. *Oeuvres Philosophiques de Jean Bodin*. Paris: Presses Universitaires de France.

Meyenberg, R. 1990. "Political Socialization of Juveniles and Political Education in Schools of the Federal Republic of Germany." in B. Claussen and H. Mueller. *Political Socialization of the Young in East and West*.

Mill, J. S. 1910. *Considerations on Representative Government in Utilitarianism, on Liberty, and Considerations on Representative Government*. London: Dent.

Montaigne, M. de(trans. J. M. Cohen). 1958. *Essays*. Harmondsworth: Penguin.

Moodley, K. A. 1986. "Canadian Multicultural Education: Promises and Practice." in J. A. Banks and J. Lynch. *Multicultural Education in Western Societies*.

Morison, J. 1983. "The Political Content of Education in the USSR." in J. J. Tomiak. *Soviet Education in the 1980s*.

_____. 1987. "Recent Developments in Political Education in the Soviet Union." in G.

Avis. *The Making of the Soviet Citizen.*

Morley, J. 1903. *The Life of William Ewart Gladstone*, Vol. II. New York: Macmillan.

Morrissett, I. 1981. "The Needs of the Future and the Constraints of the Past." in H. D. Mehlinger and O. L. Davis. *The Social Studies.*

Morrissett, I. and A. M. Williams(eds.). 1981. *Social/Political Education in Three Countries: Britain, West Germany and the United States.* Boulder, CO: Social Science Education Consortium/ERIC.

Morrow, G. R. 1960. *Plato's Cretan City: A Historical Interpretation of the Laws.* Princeton, NJ: Princeton University Press.

Muckle, J. 1987. "The New Soviet Child: Moral Education in Soviet Schools." in G. Avis. *The Making of the Soviet Citizen.*

Muñoz, J. A. 1982. *La Educación Política como Función de Gobierno en el Estado.* Pamplona: Ediciones Universidad de Navarra.

Myrdal, G. 1977. *Asian Drama: an Inquiry into the Poverty of Nations.* Hamondsworth: Penguin.

Naik, J. P. and S. Nurullah. 1974. *A Students' History of Education in India(1800-1973)* (6th edn). Delhi: Macmillan.

NCCI. 1967. *Education in Multi-racial Britain.* London: National Committee for Commonwealth Immigrants and Race Relations Committee of the Society of Friends.

Nettl, J. P. 1967. *The Soviet Achievement.* London: Thames & Hudson.

NGLS/Geneva. 1986. *Development Education: The State of the Art.* Geneva: United Nations Non Governmental Liaison Service.

Nkrumah, K. 1961. *I Speak of Freedom.* London: Heinemann.

Nussbaum, M. C. 1997. *Cultivating Humanity: A Classical Defense of Reform in Liberal Education.* Cambridge, MA: Havard University Press.

Nussbaum, M. C. et al. 1996. *For Love of Country: Debating the Limits of Patriotism.* Boston, MA: Beacon.

Okeke, P. U. 1964. "Background to the Problems of Nigerian Education." in O. Ikejian. *Nigerian Education.*

Oldfield, A. 1990. *Citizenship and Community: Civic Republicanism and the Modern World.* London: Routledge.

Osborne, K. 1988. "A Canadian Approach to Political Education." *Teaching Politics*, 17.
Osler, A., H.-F. Rathenau and H. Starkey(eds.). 1995. *Teaching for Citizenship in Europe*. Stoke-on-Trent: Trentham books.
Oyovbaire, S. E. 1985. *Federalism in Nigeria: A Study in the Development of the Nigerian State*. London: Macmillan.
Ozouf, M. 1963. *L'École, l'Église et la République 1871-1914*. Paris: Armand Colin.
Palmer, R. R. 1959, 1964. *The Age of Democratic Revolution: A Political History of Europe and America, 1760~1800*(2 Vols). Princeton, NJ: Princeton University Press.
_____. 1985. *The Improvement of Humanity: Education and the French Revolution*. Princeton: Princeton University Press.
Pangle, L. S. and T. L. Pangle. 1993. *The Learning of Liberty: The Educational Ideas of the American Founders*. Lawrence, KS: University Press of Kansas.
Papastephanou, M. 2002. "Arrows Not Yet Fired: Cultivating Cosmopolitanism Through Education." *The Journal of the Philosophy of Education of Great Britain*, 36.
Passin, H. 1965. *Society and Education in Japan*. New York: Teachers College, Columbia University.
Payne, S. G. 1980. *Fascism: Comparison and Definition*. Madison, WI: University of Wisconsin Press.
Pennar, J. 1960. "Party control over Soviet Schools." in G. Z. F. Bereday and J. Pennar. *The Politics of Soviet Education*.
Peshkin, A. 1967. "Education and National Integration in Nigeria." *Journal of Modern African Studies, 5*.
Peters, R. S.(ed.). 1967. *The Concept of Education*. London: Routledge & Kegan Paul.
Philp, M.(ed.). 1993. *Political and Philosophical Writings of William Godwin, Vol. 3: An Essay Concerning Political Justice*. London: William Pickering.
Piaget, J.(ed.). 1967. *John Amos Comenius on Education*. New York: Teachers College Press, Columbia University.
Pierce, B. L. 1930. *Civic Attitudes in American School Textbooks*. Chicago, IL: University of Chicago Press.
Pike. G. and D. Selby. 1988. *Global Teacher, Global Learner*. London: Hodder &

Stoughton.

Plato(trans. A. E. Taylor). 1934. *The Laws of Plato*. London: Dent.

_____(trans. F. M. Cornford). 1941. *The Republic of Plato*. Oxford: Clarendon Press.

_____(trans. W. K. C. Guthrie). 1956. *Protagoras and Meno*. Harmondsworth: Penguin.

Plumb, J. H. 1950. *England in the Eighteenth Century*. Harmondsworth: Penguin.

Plutarch(trans. F. C. Babbitt). 1960. *Plutarch's Moralia* I. London: Heinemann, and Cambridge, MA: Havard University Press.

_____(trans. R. Talbert). 1988. *Plutarch on Sparta*. Harmondsworth: Penguin.

Priestley, J. 1788. *Lectures on History and General Policy to which is prefaced, An Essay on a Course of Liberal Education for Civil and Active Life*. London: J. Johnson.

Prost, A. 1968. *Histoire de l'enseignement en France 1800~1967*. Paris: Armand Colin.

Quintilian(trans. H. E. Butler). 1920, 1921 and 1922. *Institutio Oratoria* I, VII and XII. London: Heinemann, and Cambridge, MA: Havard University Press.

Rai, L. 1966. *The Problem of National Education in India*. Delhi: Ministry of Information and Broadcasting.

Rathenow, H.-F. 1987. "Fredenserziehung in Staaten West-und Nordeuropas." in J. Calliess and R. Lob. *Handbuch Praxis*.

Rawson, E. 1969. *The Spartan Tradition in European Thought*. Oxford: Clarendon Press.

Reardon, B. A. 1997. *Tolerance-The Threshold of Peace: Unit 1: Teacher-Training Resource Unit*. Paris: UNESCO.

Reese, D. 1997. "Emancipation or Social Incorporation: Girls in the Bund Deutscher Mädel." in H. Sunker and H. U. Otto. *Education and Fascism*.

Reiss, H.(ed.). 1991. *Kant: Political Writings*. Cambridge: Cambridge University Press.

Riesenberg, P. 1992. *Citizenship in the Western Tradition: Plato to Rousseau*. Chapel Hill, NC: University of North Carolina Press.

Roberts, G. K. 2002. "Political Education in Germany." *Parliamentary Affairs*, 55.

Robinson, D. W.(ed.). 1976. *Selected Readings in Citizen Education*. Washington, DC: Department of Health, Education and Welfare.

Robiquet, P.(ed.). 1895. *Discours et Opinions de Jules Ferry*, I. Paris: Armand Colin.

Ross, A. 2000. "Citizenship Education: An International Comparison." in D. Lawton et al. *Education for Citizenship*.

Rousseau, J.-J.(trans. B. Foxley). 1911. *Émile*. London: Dent.
_____(trans. M. Cranston). 1968. *The Social Contract*. Harmondsworth: Penguin.
Rueda, A. R. 1999. "Education for Democracy in Colombia." in J. Torney-Purta et al. *Civic Education Across Countries*.
Sadler, J. E.(ed.). 1969a. *Comenius*. New York: Collier-Macmillan.
_____.(ed.). 1969b. *Comenius and the Concept of Universal Education*. London: Allen & Unwin.
Samuel, R. H. and R. Hinton Thomas. 1949. *Education and Society in Modern Germany*. London: Routledge & Kegan Paul.
Scanlon, D. G.(ed.). 1960. *International Education: A Documentary History*. New York: Teachers College, Columbia University.
Schapiro, L. 1972. *Totalitarianism*. London: Pall Mall Press.
Schiedeck, J. and M. Stahlmann. 1997. "Totalizing of Experience: Educational Camps." in H. Sunker and H. U. Otto. *Education and Fascism*.
Schmidt-Sinns, D. 2000. *Political Learning in Historical Context*. Glienecke, Berlin: Galda & Wilch.
Schneider, H. W. 1968. *Making the Fascist State*. New York: Howard Fertig.
Sears, A. M., G. M. Clarke and A. S. Hughes. 1999. "Canadian Citizenship Education: The Pluralist Ideal and Citizenship for a Post-Modern State." in J. Torney-Purta et al. *Civic Education Across Countries*.
Seton-Watson, H. 1962. *Eastern Europe between the Wars 1918~1941*. Hamden, CN : Archon Books.
Shelvankar, K. S. 1940. *The Problem of India*. Harmondsworth: Penguin.
Sherwin-White, A. N. 1973. *The Roman Citizenship*(2nd edn.). Oxford: Clarendon Press.
Shirer, W. L. 1964. *The Rise and fall of the Third Reich*. London: Pan.
Shklar, J. N. 1969. *Men and Citizens: A Study of Rousseau's Social Theory*. Cambridge: Cambridge University Press.
Shlapentokh, V. 1998. "Russian Citizenship: Behavior, Attitudes and Prospects for a Russian Democracy." in O. Ichilov. *Citizenship and Citizenship Education in a Changing World*.
Shoemaker, E. C. 1966. *Noah Webster: Pioneer of Learning*. New York: AMS Press.

Short, M. J. 1947. *Soviet Education: Its Psychology and Philosophy.* New York: Philosophical Library.

Shu, S. 1982. "Education in Cameroon." in A. B. Fafunwa and J. U. Aisiku. *Education in Africa.*

Sigel, R. S. and M. Hoskin(eds.). 1991. *Education for Democratic Citizenship: A Challenge for Multi-Ethnic Societies.* Hillsdale, NJ: Lawrence Erlbaum Associates.

Silver, H. 1975. *English Education and the Radicals 1780~1850.* London: Routledge & Kegan Paul.

Simon, B.(ed.). 1972. *The Radical Tradition in Education in Britain.* London: Lawrence & Wishart.

Smith, A. F. 1991. "The International Perspective: American Citizenship in an Interdependent World." in R. E. Gross and T. L. Dynneson. *Social Science Perspectives on Citizenship Education.*

Smith, H. 1976. *The Russians.* London: Sphere Books.

Smith, R. M. 1997. *Civic Ideals: Conflicting Visions of Citizenship in U. S. History.* New Haven, CT: Yale University Press.

Somervell, D. C. and H. Harvey. 1959. *The British Empire and Commonwealth.* London: Christophers.

Spencer, H. 1929. *Education.* London: Watts.

Starke, J. G. 1947. *An Introduction to International Law.* London: Butterworth.

Starkey, H.(ed.). 1991. *The Challenge of Human Rights Education.* London: Cassell.

_____. 1992. "Education for Citizenship in France." in E. Barglin Jones and N. Jones. *Education for Citizenship.*

Steele, I. 1976. *Developments in History Teaching.* London: Open Books.

Stewart, R.(ed.). 1986. *The Penguin Dictionary of Political Quotations.* Harmondsworth: Penguin.

Storry, R.(ed.). 1986. *A History of Modern Japan.* Harmondsworth: Penguin.

Sünker, H. and H. U. Otto(eds.). 1997. *Education and Fascism: Political Identity and Social Education in Nazi Germany.* London: Falmer.

Sutherland, G. 1971. *Elementary Education in the Nineteenth Century.* London: Historical

Association.

Sutherland, J. 1999. *Schooling in the New Russia: Innovation and Change, 1984~1995*. Basingstoke: Mackmillan.

Swanson J. A. 1992. *The Public and the Private in Aristotle's Political hilosophy*. Ithaca, NY: Cornell University Press.

Sylvester, D. W. 1970. *Educational Documents 800~1816*. London: Methuen.

Szyliowicz, J. S. 1973. *Education and Modernization in the Middle East*. Ithaca, NY: Cornell University Press.

Talbott, J. E. 1969. *The Politics of Educational Reform in Fracnce, 1918~1940*. Princeton, NJ: Princeton University Press.

Thomson, D. 1958. *Democracy in France: The Third and Fourth Republics*(3rd edn.). London: Oxford University Press.

Thornton, A. P. 1978. *Imperialism in the Twentieth Century*. London: Macmillan.

Tomiak, J. J. 1972. *The Soviet Union*. Newton Abbot: David & Charles.

_____. (ed.). 1983. *Soviet Education in the 1980s*. London: Croom Helm.

Tomoda, Y. 1988. "Politics and Moral Education in Japan." in W. K. Cummings et al. *The Revival of Values Education in Asia and the West*.

Torney, J. V. 1979. "Psychological and Institutional Obstacle to the Global Perspective in Education." in J. M. Becker. *Schooling for Global Age*.

Torney-Purta, J., J. Schwille and J.-A. Amadeo(eds.). 1999. *Civic Education Across Countries: Twenty-four National Case Studies from the IEA Civic Education Project*. Amsterdam: IEA.

Toure, A. 1982. "Education in Mali." in A. B. Fafunwa and J. U. Aisiku. *Education in Africa*.

Toynbee, A. 1969. *Toynbee's Industrial Revolution*. New York: Augustus M. Kelly.

Turner, M. J.(n.d.). *Materials for Civics, Government, and Problems of Democracy*. Boulder, CO: APSA, University of Colorado and Social Science Consortium.

_____. 1981. "Civic Education in the United States." in D. Heater and J. A. Gillespie. *Political Education in Flux*.

Tyack, D. 1966. "Forming the National Character: Paradox in the Educational Thought of the Revolutionary Generation." *Harvard Education Review*, 36.

Ukeje, O. and J. U. Aisiku. 1982. "Education in Nigeria." in A. B. Fafunwa and J. U. Aisiku. *Education in Africa.*

UNESCO. 1993. *Worldwide Action in Education.* Paris: UNESCO.

Vaughan, M. And M. S. Archer. 1971. *Social Conflict and Educational Change in England and France 1789~1848.* Cambridge: Cambridge University Press.

Warfel, H. R. 1966. *Noah Webster: Schoolmaster to America.* New York: Octagon Books.

Waterkamp, D. 1990. "Education for Identification with the State in the German Democratic Republic." in B. Claussen and H. Mueller. *Political Socialization of the Young in East and West.*

Wayper, C. L. 1954. *Political Thought.* London: English University Press.

Webber, S. L. 2000. *School, Reform and Society in the New Russia.* Basingstoke: Macmillan.

Weber, S. L. 1976. *Peasants into Frenchmen: The Modernization of Rural France 1870-1914.* Stanford, CA: Stanford University Press.

Webster, C. K. 1926. *The Teaching of World Citizenship.* London: League of Nations Union.

Welter, R. 1962. *Popular Education and Democratic Thought in America.* New York: Columbia University Press.

White, J. P. 1967. "Indoctrination." in R. S. Peters. *The Concept of Education.*

Whitmarsh, G. 1972. *Society and the School Curriculum: The Association for Education in Citizenship, 1934~1957.* M. Ed. thesis, University of Birmingham.

_____. 1974. "The Politics of Political Education: An Episode." *Journal of Curriculum Studies*, 6.

Williams, M.(ed.). 1971. *Revolutions 1775~1830.* Harmondsworth: Penguin.

Wilson, M. 1986. "In-School Development Education: In The Netherlands." in NGLS/ Geneva. *Development Education.*

Winstanley, G.(ed. L. Hamilton). 1944. *Selections from His Works.* London: Cresset.

Wong, J. 1997. *Red China Blues.* London: Bantam.

Xenophon(trans. W. Miller). 1914. *Cyropaedia.* London: Heinemann, and Cambridge, MA: Havard University Press.

Zajda, J. I. 1980. *Education in the USSR.* Oxford: Pergamon.

찾아보기_인명

ㄱ

간디(Mahatma Gandhi) 281
감베타(Leon Gambetta) 156
겔너(Ernest Gellner) 386
고드쇼(Jacque Godechot) 102
고드윈(William Godwin) 109, 112~114, 173, 174
고르기아스(Gorgias) 30~32
고르바초프 338
고피나탄(S. Gopinathan) 300~301
골란츠(Victor Gollancz) 141
괴벨스(Paul Joseph Goebbels) 349
그랜트(Charles Grant) 273~275
그로티우스(Hugo Grotius) 73
기조(François Guizot) 139, 148

ㄴ

나바르 신부(Père Jean Navarre) 83, 88
나폴레옹 91, 99
나폴레옹 3세 150, 152
너스봄(Martha Nussbaum) 452~455
노우드(Cyril Norwood) 192, 197

녹스(Samuel Knox) 120, 130

ㄷ

다이어(George Dyer) 109
던(Arthur W. Dunn) 229, 231
데본셔 공작(Duke of Devonshire) 283
도조(東條英機) 312
돌턴(Dalton) 315
뒤뤼(Victor Duruy) 150~151
뒤퐁(Dupont de Nemours) 88, 90, 120
듀리(John Dury) 74
듀이(John Dewey) 58, 230, 232~236, 315
디오클레티아누스(Diocletianus) 384

ㄹ

라데(K. A. von Rade) 103, 106
라비스(Ernest Lavisse) 161~163
라샤보시에르(La Chabeaussière) 101
라샬로테(Louis-René Caradeuc de La Chalotais) 82~83, 88
라이(Lala Lajpat Rai) 279

찾아보기_인명 *477*

랭(Paul Lang) 40
러가드(Frederick Lugard) 269
러벗(William Lovett) 173~175, 177, 179
러시(Benjamin Rush)   109, 115, 120, 124, 126~127
레닌(V. I. Lenin) 323, 333
레제비츠(F. G. Resewitz) 103~104
로베스피에르(Maximilien François Marie Isidore de Robespierre) 96, 98
로우(Robert Lowe) 139, 180, 184, 316
로크(John Locke) 73~74
루나차르스키(A. V. Lunacharsky) 232, 314, 322
루소(Jean-Jacques Rousseau) 65, 84~86, 88, 106
루스트(Bernhard Rust) 349
루이 16세 65
루터(Martin Luther) 69~70
르플르티에(Michel Lepeletier) 96
리바니우스(Libanius) 384
리비우스(Livius) 81
리슐리외 추기경(Cardinal Richelieu) 64
리젠버그(P. Riesenberg) 137
리쿠르고스(Lycurgus) 21, 32, 85
린턴(Marisa Linton) 81

ㅁ

마루(H. I. Marrou) 23
마르크스 324, 327
마치니(Giuseppe Mazzini) 437
마키아벨리(Niccolò Machiavelli) 60
마트라이(Mátrai) 396
마티노(Harriet Martineau) 179
만, 토마스(Thomas Mann) 345
매디슨(James Madson) 120
매콜리(Thomas Macaulay) 273, 275
맥거피(William McGuffey) 228
맥도널드(Malcom MacDonald) 268~269
맨, 호레이스(Horace Mann)   212~216, 221, 223, 226, 235
머리(Gilbert Murray) 443
메리엄(Charles Merriam) 245
메이지 천황 369
멜링거(Howard Mehlinger) 248
모리 아리노리(森有禮) 370~371
모리슨(Herbert Morrison) 285
몰켄뵈르(Hermann Molkenboer) 441
몽탈랑베르(Charles R. F. Momtalembert) 150
몽테뉴 428~429, 431
뫼르베크(William of Moerbeke) 57
무솔리니 303
미라보(Comte de Mirabeau) 92
미르달(Gunnar Myrdal) 301
밀(James Mill) 171
밀, 존 스튜어트(John Stuart Mill)   172, 256, 276

ㅂ

바레르(Bertrand Barère) 92
바울(사도) 427
바제도(J. B. Basedow)   103, 105~106,

436
뱀포드(Samuel Bamford) 179
버츠(Robert Freeman Butts) 207, 225, 244
버크(E. Burke) 80, 276
버틀러(Samuel Butler) 61
베르나리(Guido Vernari) 57
베르제리오(Pier Vergerio) 51, 54, 59
베산트(Annie Besant) 278
베이든-파월(Robert Baden-Powell) 190
베이컨(Francis Bacon) 429
벨러미(Francis Bellamy) 229
보댕(Jean Bodin) 66~67, 136
보스(C. D. Voss) 103~106
볼드윈(Stanley Baldwin) 197
볼프슨(M. D. Volfson) 326
부르동(Léonard Bourdon) 101
부르주아(Léon Bourgeois) 441
부키에(Gabriel Bouquier) 93, 97
부하린(N. I. Bukharin) 256
브라운(대법관) 219
브라이언트(Sara Cone Bryant) 240
브레즈네프 321, 327, 333
브레진스키(Zbigniew Brzezinski) 307~308
브로엄(Brougham) 171
브루니(Leonardo Bruni) 60
블런킷(David Blunkett) 202~203
비오(Pius) 9세 152
비오(Pius) 11세 307
비토리노(Vittorino da Feltre) 59~60

빈센트(Henry Vincent) 173
빌헬름 2세 343

ㅅ

사이먼(Ernest Simon) 195~196
상고르(Léopold Senghor) 263
섬너(William Graham Sumner) 218
셀비(David Selby) 448~449
셔윈-화이트(A. N. Sherwin-White) 384
소크라테스 29~31, 36, 38, 453
소포클레스 28
솔론(Solon) 28
수카르노(Achmad Sukarno) 290
쉴리(Maxmillien de Béthune Sully) 433
슈나이더(Herbert Schneider) 307
슈라크(Baldur von Schirach) 348
슈테파니(H. Stephani) 103, 106
스머츠(Jan Smuts) 270
스미스(Adam Smith) 107, 130
스미스(Samuel Harrison Smith) 120
스완(Swann) 200
스탈린 129, 317, 324
스탠리(Oliver Stanley) 195
스펜서(Herbert Spencer) 186

ㅇ

아놀드(Matthew Arnold) 148
아놀드, 토머스(Thomas Arnold) 180, 182
아더프(J. Ardagh) 169
아라키 사다오(荒木貞夫) 373

아리스토텔레스　　17, 19, 29, 34~36, 42~46, 57~59, 117, 137, 214, 298, 308, 310, 428, 434
아리스토파네스　29
아우렐리우스　453
애덤스(John Adams)　117, 134, 136
애스컴(Roger Ascham)　73
앤드루스(Fannie Fern Andrews)　440~441, 444
야스지(O. Jászi)　394
어포니(Albert Apponyi)　393~393
에리오(Édouard Heriot)　267
에이머리(Leo Amery)　270
엘리엇(Thomas Elyot)　73, 135, 181
엘리자베스 1세　70~71
엘베시우스(Claude Adrien Helvétius)　80, 89, 171
오코너(Feargus O'Connor)　176
외르팅거(Friedrich Oertinger)　365
요시히토(嘉仁) 천황　372
우푸에 - 부아니(Félix Houphouet- Boigny)　263
워싱턴(George Washington)　117, 119~120
워즈워스(William Wordsworth)　90
월러스(Graham Wallas)　188
웡(Jan Wong)　307
웨버(Eugen Weber)　156, 161, 163
웹스터(Noah Webster)　115, 120, 127~129, 131~133
위커셤(James P. Wickersham)　223
윈스탠리(Gerrad Winstanley)　76~78
윌라드(Emma Willard)　218, 228
은크루마(Kwame Nkrumah)　288
이소크라테스　31~32, 35
이슈트반(St. Stephen) 1세　395
이에나가 사부로(家永三郎)　377
이칠로프(Orit Ichilov)　399
이튼(John Eaton)　219

ㅈ

제논(Zeno)　☞ 키티움의 제논　19, 427
제임스 2세(James II)　77
제퍼슨(Thomas Jefferson)　88, 115, 120, 122~124, 131~135
젠틸레(Giovanni Gentile)　303
조지 3세(George III)　188
쥘리앙(Marc-Antoine Jullien)　441
질라스(Milovan Djilas)　308

ㅊ

찰스 1세　67
체임벌린(Joseph Chamberlain)　185

ㅋ

카라칼라(Caracalla)　384
카레뇨(J. Carreño)　146
카이로프(Ivan Andreyevich Kairov)　319
칸트(I. Kant)　434~436, 438~439
칼리닌(Mikhail Ivanovich Kalinin)　316
캐슬(E. B. Castle)　58
캘런(Eamonn Callan)　58~59, 389

캘런(Horace Kallen) 244
커벌리(Ellwood Cubberley) 207~208
커존(Curzon) 271, 276~277
케를(Hans Kerrl) 349
케메니(Francis Kemeny) 441
코메니우스 427, 429~434, 438, 442
코슈트(Lajos Kossuth) 391
코튼(Henry Cotton) 275
콜린스(John Collins) 174
콩도르세(Marquis de Condorcet) 94, 96
쿤피(Sigismund Kunfi) 394
퀸틸리아누스(Quintilianus) 19, 32, 50, 52~53, 59
크랭크쇼(Edward Crankshaw) 319
크롬웰(Oliver Cromwell) 77
크롬웰(Thomas Cromwell) 64
크루프스카야(N. K. Krupskaya) 315, 324
크뤼세(Émeric Crucé) 433
크리시푸스(Chrysippus) 427
크리크(Ernst Krieck) 356
크릭(Bernard Crick) 199, 202~204
크세노폰(Xenophon) 20, 23, 26
클라우디우스(Claudius) 383~384
클레이스테네스(Cleisthenes) 28
클린턴(De Witt Clinton) 133
키네(Edgar Quinet) 149
키케로(Cicero) 48~53, 61, 73
키티움의 제논(Zeno of Citium) 19, 427

ㅌ

타키투스(Tacitus) 47, 81
탈랑베르(Charles R. F. Momtalembert) 150
탈레랑(Charles-Maurice de Talleyrand) 94
테일러(J. Orville Taylor) 216
텐(Hippolyte Adolphe Taine) 170
토인비(Arnold Toynbee) 187
투레(Sékou Touré) 294
튀르고(Anne-Robert-Jacques Turgot) 88~90, 118
트레버-로퍼(Hugh Trevor-Roper) 433
티르타이우스(Tyrtaeus) 22

ㅍ

파농(Franz Fanon) 254, 266
파머(R. R. Palmer) 79, 81, 102
파이크(Graham Pike) 448~449
패트릭(John Patrick) 248
페리(Jules Ferry) 101, 152~160, 343
페인(T. Paine) 276
펜(William Penn) 433
포르(Edgar Faure) 167
포스터(W. E. Forster) 180, 185
푸펜도르프(Samuel von Pufendorf) 73, 78
프랭클린(Benjamin Franklin) 132
프로타고라스 30~31
프리드리히(Carl Friedrich) 307~308
프리스틀리(Joseph Priestly) 109~110,

112, 120, 173
프릭(Wilhelm Frick) 350, 355
플라톤 28~31, 34~42, 46, 55~57, 85, 433
플레처(Richard Fletcher) 211, 218
플레하노프(G. V. Plekhanov) 333
플루타르코스 21, 23~27, 50, 81
피셔(H. A. L. Fisher) 187
피어스(Bessie Pierce) 238, 240
피히테(J. G. Fichte) 103, 105, 107, 353, 355, 385, 437~438
필립스(Andrew Phillips) 202

ㅎ
하니(Julian Harney) 177
하틀립(Samuel Hartlib) 74, 429
하퍼(Samuel Harper) 314, 317, 324, 327, 331
해리스(William Torrey Harris) 220

핸비(Robert G. Hanvey) 448~449
허백(Eva Hubback) 195
헤이즈(Carlton Hayes) 161, 164, 169
호라티우스(Horatius) 46
호메로스 16
호제트(A .B. Hodgetts) 405~407
홉스(Thomas Hobbes) 66~67, 71~72, 74
화이트(John White) 310
후세인(Zakir Hussein) 281
후커(Richard Hooker) 72
후쿠야마(Francis Fukuyama) 142
후쿠자와 유키치(福澤諭吉) 369
훔볼트(W. von Humbolt) 103, 105, 355
휫마시(Guy Whitmarsh) 194, 196
흐루시초프 320, 324
히로히토(裕仁) 천황 312, 373
히틀러(A. Hitler) 348

찾아보기_용어

1·2·3

10월 당원(Octobrists) 335
10인위원회 221, 222
12표법 49
1차 대전 166, 342, 369, 391, 394~395
2차 대전 166, 353, 371, 391, 395~396
2차 선거법 개정 178, 184~185
30년 전쟁 430, 434
4차 선거법 개정 192
6일 전쟁 397, 400
7인위원회 230

A·B·C

AEC 194~195, 197, 199, 286
AHA 224, 229, 243
APSA 226, 229
IEA 251, 423
NCC 201
NCSS 229, 237, 450
NEA 221~222, 224, 230~232, 237

ㄱ

가나 257, 285, 288
가자 지구 400
가족 19, 47~49
간접통치(Indirect Rule) 269
개방(glasnost) 338
개정 교육법 180, 188
개정 선거법 173, 184
개척단 319
개혁(perestroika) 338
객관적 전체주의 307
걸가이드(Girl Guides) 191, 284
걸스카우트 190
검열 86, 304
검열재판소 88
계발원(College of Light) 431
고대 세계의 유산 54
고전교육 181
고전문법학교(endowed grammar schools)
    61
고전적 공화주의 118
고전적 시민권 59

골드코스트 285
공공 행사 42
공공재산 125
공교육(publicly provided education) 91, 96, 112, 155, 209, 435
공교육 대 사교육 214
공동체주의 294, 355, 388
공립학교(public schools) 212, 130, 160, 212, 215
공민 374~376
공산당 334
공산주의 76, 196, 309, 312~313, 325
공산청년동맹 319, 330, 334~337
공안위원회 92
공포정치 99
공화주의 311
공화주의 기구 126
공화주의 도덕 97~98, 214
공화주의 시민권 81, 184
공화주의 애국자 129
공화파 150, 153
관할지역 359
교과서 165
교과서 검정체제 376
교리문답 72
교수요목 110, 159~160, 165, 168, 326, 361~362
교양교육 46, 58
교육각서 374
교육과정 외 활동 332
교육부 219

교육재건 357
교육정책위원회 245
교육평가원(National Assessment of Educational Progress, NAEP) 246
교육평의회 198
교화 124, 129, 196, 294, 302, 304, 310~311, 313, 320, 398
교회 70
구체제(ancien régime) 61
국가(state) 380, 385
국가 - 시민 모형 379
국가교육과정위원회 201
국가시민권 380, 435
국가주의 209, 229, 371~372
국가축제 99
국기계양 229
국기경례 414
국기에 대한 맹세(Pledge of Allegiance to flag) 229
국립정치교육원(Napolas) 351
국민 형성(nation-building) 138
국민(nation) 380, 385
국민교육회의 281
국민국가 63, 137, 272, 387~388
국민맹세 414~415
국민주의 165
국수주의 373~374
국제공산주의 338
국제교육국(International Bureau of Education) 441
국제연맹 434, 441~442

국제연맹연합(League of Nations Union: LNU) 442
국제연합 292, 434
국제이해교육(education for international understanding) 426, 444, 446
국제주의 325
군국주의 374
군사훈련 18~19, 21, 46~47, 94, 373
권리교육 162
권리장전 241
권위주의 303
권한위임 380
그리스 15~16, 35, 47
근대적 공화주의 118
급진주의 108
기니 292
기니 민주당(Parti Democratique de Guinée) 294
기숙학교 130, 186, 284
기초교육(Basic Education) 97, 281~282, 416

ㄴ

나이지리아 289, 408~414
나치 55~56, 107, 303, 305, 307, 309, 342
나치즘 196, 438
나폴라스(Napolas) 55
난센 개척자수련원 452
남미 145~146
남부재건(Reconstruction) 217
남북전쟁 217~218

내전 64
네덜란드 143~145, 255, 259, 423, 447~448
네덜란드가 지배했던 동인도 지역 256, 259
노동자교육연합 180
노르웨이 446
노우드(Dr Cyril Norwood) 보고서 192
농노 24
뉴잉글랜드 115~116, 206, 214, 228
뉴점(Newsom) 보고서 198
능동적 시민권 201

ㄷ

다문화국가 381, 390
다문화 연구 446
다문화교육 382~383, 405~406, 447
다문화사회 200
다문화주의 251, 381, 389, 405
다민족국가 393
다수로 이루어진 하나(e plubris unum) 217
다오메이 265~266, 293
다원주의 59, 200, 389, 416
다이쇼 민주주의 372
다이쇼 시대 369
다중시민권 382, 403
다중시민권 교육 379, 425
다중정체성과 충성 127
다중종교학교 200
단일종교학교 200

덕성 함양 44
도덕교육(vospitanie) 58, 222~223, 236, 300, 313, 329, 372, 436
도덕문화연구원 373
도덕성 236
도미니크 수도회 57
도시국가 57, 297, 384
도시화 206
독립 260
독일 63, 312, 342, 386
독일민주공화국 342
독일소녀연맹(Bund Deutscher Maedel: BDM) 351~352
독일연방공화국 342, 359
독일화 386
독재정치 308
동독 312, 359, 361
동심원 127, 455
동인도 255
동인도회사 273, 283
동일학교(identical school) 67
동화 389
동화인(assimilados) 259

ㄹ

러시아 337, 339, 342, 386
러시아 교육학술원 340
러시아화 330, 386
로마 16~17, 47, 383
로마 가톨릭 200, 207, 211
로버츠 대 보스턴 사건(Roberts v. Boston) 212
록피시 갭 보고서 121
르 피가로(Le Figaro) 343
르네상스 54, 59
리케이온 19, 427
링구아(Lingua) 프로그램 420

ㅁ

마르크스-레닌 이론 327~328, 331
마르크스-레닌주의 314, 336, 338, 360
마르크스주의 313, 315, 318, 323, 325, 336
마스트리히트 조약 418, 421, 425
마자르화 392~394
말리 293
매사추세츠 115, 211~212
맥네어(McNair) 보고서 193~194
메이지 시대 369
모리타니 293
모방 318
모잠비크 259
모택동주의 304, 306~307
무비판적 애국주의 250
무상교육 131
문맹 178, 207, 287, 299
문맹퇴치 299, 315~316
문제 중심 접근 231
문화충돌 378
미국 연방헌법 134, 215
미국 헌법 128
미국역사학회(American Historical Associ-

ation: AHA)　224
미국정치학회(American Political Science Association: APSA)　226
미주리　239
민권운동　369
민족주의　293, 302, 436, 438
민주주의와 관용을 향한 교육　401
민주화　206

ㅂ

바바리아　344~345
바이마르　312
바이마르 공화국　342, 345~348
바이마르 헌법　348, 350
바칼로레아(baccalauréat)　160
반공교육　366
반유대주의　366
반인종주의　200
발전연구　447
베냉　265~266, 293
베네치아　383
베르사이유 조약　347, 354
베트남전　246
벨기에　259~260, 295
변론술　52
보이스카우트　190, 284
보이텔스바흐　365
보통교육　75, 84, 175
보통선거　153, 175
보통학교(common school)　67
보편교육　431

부르키나파소　293
북미원주민　403
북아프리카　264
분리되지만 평등한　212, 219
분리주의　212, 217, 390
붉은 군대　316, 322, 329
붉은 소년단(Red Scouts)　333
브라운 대 교육위원회 사건(Brown v. Board of Education)　244
비르투스(virtus)　22, 47

ㅅ

사교육　84, 155
사립 중등학교(public schools)　61
사립중학교위원회 보고서　181
사립학교　117
사무라이　369
사무라이 방식　369, 371
사상국　373
사회교과　222, 230, 243, 246, 328, 368, 375, 396
사회민주당　344, 349
사회적 무시　389
사회적 자본　138
사회주의　302, 361~362
사회화　97
산업화　206
새로운 사회교과(신사회과) 운동　248
새로운 유럽의 시민교육　424
새로운 중등교육(The New Secondary Education)　193

생활교육(education for living: EFL) 300
서구화 369
서독 312, 359~361
서아프리카 263~264
서안 지구 400
서인도제도 263
선거권 176, 197, 282
선거법 개정 173
선동(agitation) 333
선전(propaganda) 333
선전선동(agitprop) 333
선택제 중등학교 366
성인교육 282, 331
성장하는 시민들(Citizens Growing Up) 193
세계교육 382
세계국가 439
세계시민(citizen of the world) 251, 425~426, 428, 432~433
세계시민교육(education for world citizenship) 328, 425~426, 433~434, 438~439, 449~451, 453~454
세계시민권 380~382, 425, 435, 438, 453
세계시민권 교육평의회(Council for Education in World Citizenship) 443
세계연구(world studies) 426, 446, 448
세계인(cosmopolitan) 425
세계주의 436~438, 453~455
세계화 452
세네갈 258, 264~265
세속교육 66

세인트루이스 240
소녀연맹 353
소련 303, 309, 312, 316, 318, 362
소련 내전 314
소비에트 305, 312~313, 323, 327~328, 342
소수집단 380~381, 383, 385, 389, 396
소크라테스 프로그램 420
소피스트 29~30, 38, 52
수사학 32, 50, 53~54
슈루즈베리(Shrewsbury) 61
스웨덴 143~145
스카우트 운동 190, 271
스탈린주의 307, 319
스토아사상 427, 453
스토아학파 380, 427, 429
스파르타 15, 18, 20~21, 35, 37, 39, 42, 54, 56, 85, 130, 351
스펜스(Spens) 보고서 192, 194
습관 44
습관교육 45
시민공동체 249
시민공화주의 388
시민교육분과위원회 285
시민교육원(Center for Civic Education) 249, 424
시민교육협회 194, 366
시민권 16
시민권 자문단 202
시민권위원회 201
시민도덕 152, 155

시민론(civics) 127, 141, 144, 161, 167, 222, 228, 282, 300, 343, 345~346, 361, 368, 396
시민법정 431~432
시민적 정체성 229
시민정신(civism) 387
시민종교 60, 86~87, 98
시민훈련교육협회 345
시온주의 398
식민지 시민권 257
신나치주의 366, 377
싱가포르 296, 298~302

ㅇ

아고게(agogē) 22, 25, 27, 351
아돌프 히틀러 학교 351
아랍 국가 289
아랍인 397, 399, 400
아레테(aretē) 18, 22, 30, 47
아르헨티나 147
아이다호 239
아이보리코스트 293
아테네 15, 35, 37, 46~47
아프리카 국가 296
아프리카혁명청소년(Jeunesse de la Révolution Africaine) 295
알제리 262
암흑계곡(dark valley) 373
앙골라 259
앙제르빌 100
애국심 188, 224

애국주의 165, 209, 238~239, 244, 329, 345, 426, 436~437, 454
양두체제 277, 279
언론 333
언어 256, 387
에드먼스 상원의원 223
에라스무스 프로그램 420, 424
에우노미아(eunomia) 38
에페베이아(ephēbeia) 29
에페비아 32~33, 35, 41
엘리트 교육 75
엘리트 시민 61, 64, 72, 178, 260
여성교육 131
역사 162, 346
역사교육 226, 326
역사설계(history schemes) 295
역사수업 226
연방정치교육원(Bundeszentrale für politicshe Bildung) 365, 424
연방제 380~381
연방주의 227, 381, 403
연합학교기획(Associated Schools Project: ASPRO) 445
영국 61, 70~71, 259, 268
영국 내전 65, 136
영국령 아프리카 285~286, 288
영국령 아프리카 열대지역 주민교육 자문위원회 283
영국주의자(Anglicist) 274
영도적 민주주의(guided democracy) 291
예수회 71, 79, 82, 155

오스트라시즘 28
오스트리아-헝가리 391, 393
오트볼타 293
온정주의 253
왁스(WOGS) 259
왕당파 150
우드 디스패치(Wood Despatch) 274
웅변술 31, 53
워터게이트 사건 246
유교 369
유네스코(UNESCO) 444~446
유대인 397~400
유럽 아동의 정체성(Children's Identity in Europe: CiCe) 423
유럽교사협회 417
유럽시민교육 416, 418, 420, 424, 426
유럽연합 380~381, 416, 421, 434
유럽위원회 419
유럽평의회 417~418, 421, 425
유럽학교 프로그램 423
음악 41~42, 46
음악교육 40
의식거행 229
이누이트족 402~403
이민 116, 206~207
이보스족 412
이슈브(Yishuv) 시대 398~399
이스라엘 397~398, 400
이슬람 국가 290
이중위임통치(Dual Mandate) 269
이탈리아 57, 59, 63, 383

인권교육 405~406, 446~447
인권선언 100
인도 271, 282, 284, 289, 296~298~299, 301~302
인도 국민의회 275
인도 헌법 298
인도네시아 255, 290
인도자치연맹 278
인도차이나 254, 264
인도협회 275
인민헌장 173
인티파다(intifadas) 400
일국 사회주의 318
일반의지 85
일본 312, 369
입헌주의 229

ㅈ

자유민주주의 137, 141~142, 145, 147, 196, 205, 304, 309, 350, 369
자조교육(self-help education) 178
자치령 402
잠재적 교육과정 187
재교육 357, 359
전국교육연맹 185
전국노동자연맹 179
전국시민교육진흥운동(National Campaign to Promote Civic Education) 249
전미교사협회(National Teachers' Association: NTA) 221
전미교육협회(National Education Associ-

ation: NEA) 221
전미사회교과협의회(National Council for Social Studies: NCSS) 237
전제정치 368
전체주의 27, 302~305, 308~309, 311, 317, 322
전통주의 369
절대왕정 64, 66
절대주의 61, 64, 66
정체(constitution) 43~44, 58
정체 적합성 44
정치교육 172, 200, 204, 213, 215, 365~366, 424
정치교육원 364
정치선전 304
정치체 65, 90
정치협회(Politics Association) 199
제2의 시민권 137
제3제국 312, 342
제국 시민권 257, 272
제국연맹 271
제국의 날 188, 270
제국주의 252, 254, 290, 343, 368, 408
제복을 착용하는 단체 190
제헌의원 114, 117, 205, 241
제헌절 347
젠틸레 305
종교 65
종교교육 66, 223
종교도덕 152, 155
종교법정 431

종합중학교 357
종합학교(comprehensive school) 67, 360~361
주관적 전체주의 307
중국 303, 376
중도주의(via media) 226
중동 284
중앙자문위원회 198
중용의 길(via media) 215
증오 305, 318
지구촌교육(global education) 382~383, 426, 450
지구촌연구(global studies) 426, 448
지리 163
진보주의 220, 230, 234
진화인(évolués) 259

ㅊ

차티스트 운동 140, 173~174, 176, 179
참여 86, 302
참정권 175, 353
철인 - 왕 39
청년개척단 335
청소년단체 191, 271, 339, 348
청소년운동 336, 348
체육 41
초기 국민국가 63
초등교육 121, 128, 150, 416
초등보통교육(universal primary education: UPE) 411, 415
초등학교 122, 139, 150~151, 160, 162,

181, 280, 324, 351, 394, 411
축제 41, 60, 98
치안청(Order Castles) 351

ㅋ

카메룬 295
캐나다 295, 402, 408
캐나다 연구재단 406
케냐아프리카민족연맹(Kenya African National Union: KANU) 288
케르셴슈타이너(Georg Kerschensteiner) 344
코메니우스(Johann Amos Comenius) 프로그램 420
코메니우스학파 427, 429
코스모폴리스 427~428
코스타리카 146
코트디부아르 ☞ 아이보리코스트 293
콜레주(collège) 81, 84
콜롬비아 145~146
콤소몰(Komsomol) 319
콤소몰스카야 프라우다(Komsomolskaya Pravda) 337
콩고 260, 289
콩고 공화국 295~296
콩고노동당(Parti congolais de travail) 295
퀘벡 402~403
퀘벡해방전선(Front de Libération du Québec: FLQ) 402
크레타 20, 37, 42, 85

크립테이아(krypteia) 24
타르수스 427
탈나치화 357
탈식민지 293
탈제국주의 200
털어놓고 말하라! 유럽시민권에 대해 424
토고 293
토착 엘리트 254
통합 389
통합교육 211~212
통합세계대학(United World College) 452
통합학교 390
튀니지 257
트리아농 조약 395

ㅍ

파시스트 303, 307, 309~310, 312
파시즘 196, 303
파이데이아(paideia) 37
파이도노무스(paidonomus) 23
파키스탄 291
팔레스타인 397, 400
페르시아 20, 26, 85
평생 시민교육 95
평생교육 42
평화교육 440
평화연구 446~447
포르투갈 259, 423
포스터 교육법(Forster Education Act) 178
폭력행위 320, 321

폴란드　86, 386
폴리스(polis)　15, 18, 21
품성교육　283
프라우다(Pravda)　334
프랑스　60, 259, 295
프랑스 식민지　261, 264
프랑스-프로이센 전쟁　153
프랑스 헌법　93
프로이센　104, 343, 345~347
플레시 대 퍼거슨(Plessey v. Ferguson) 사건　219
피렌체　57, 60, 383
피히테　106

ㅎ

하부국가(sub-state)　388
하톡(Hartog) 위원회　280
학교의 시민양성을 위한 기업위원회　345
학교평화연맹　440
학습지도요령　376
한국　376
헌법　91, 94, 100
헌법 수정 26조　247
헌법과 인권선언　95
헌법교육　215, 224, 226
헌법수업　225
헝가리　391~392
헤센　423
헤센 주 헌법　363
헤이그 평화회담　440
헬레네　33, 47
호모노이아(homonoia)　308
환경연구　446
히틀러 소년단(Hitlerjugend)　348~349, 351~353

❖ **지은이__ 데릭 히터**(Derek Heater, 1931~)

영국의 중등학교와 대학에서 오랜 기간 동안 교육과 정치, 역사 분야를 연구하고 가르쳤으며, 정치교육과 시민교육에 대한 관심과 참여를 이끄는 활동도 활발히 해왔다. 영국의 정치협회 공동설립자이며 브라이튼 과학기술대학(Brighton Polytechnic) 사회문화학부의 학부장을 역임하였다. 주요 논저로『현대의 정치사상(Political Ideas in the Modern World)』(1972), 『역사수업과 정치교육(History Teaching & Political Education)』(1974), 『교육을 통한 평화』(1984), 『시민권: 세계의 역사와 정치 그리고 교육에서 시민적 이상』(1990), 『세계시민권과 정부』(1996), 『세계시민: 세계주의적 사고와 그 반대자들』(2002) 등이 있다.

❖ **옮긴이__ 김해성**

서울대 사회교육과 및 동대학원 졸업. 교육학 박사(1994).
현재 강원대학교 사회교육과 교수(1995~).
주요 관심분야: 시민교육, 법교육, 정치철학.
주요 논저: 「합리적 시민사회를 위한 시민교육」(1997), 「자유주의 국가의 중립성과 시민교육」(2000), 「자유주의 국가의 분배정의」(2001), 「전통 법문화의 현대적 의의와 시민교육적 함의」(2002), 「법교육 내용구성 개선방안 연구」(2006), 『민주사회 민주시민』(공저, 1993), 『인성교육론』(공역, 1997), 『자유주의와 공동체주의』(공역, 2001), 『민주시민의 도덕』(역서, 2007).

한울아카데미 990
시민교육의 역사
A History of Education for Citizenship

ⓒ 김해성, 2007

지은이 | 데릭 히터(Derek Heater)
옮긴이 | 김 해 성
펴낸이 | 김 종 수
펴낸곳 | 도서출판 한울

편집책임 | 김 경 아

초판 1쇄 발행 | 2007년 12월 5일
초판 2쇄 발행 | 2009년 9월 30일

주소 | 413-832 파주시 교하읍 문발리 507-2(본사)
    121-801 서울시 마포구 공덕동 105-90 서울빌딩 3층(서울 사무소)
전화 | 영업 02-326-0095, 편집 02-336-6183
팩스 | 02-333-7543
홈페이지 | www.hanulbooks.co.kr
등록 | 1980년 3월 13일, 제406-2003-051호

Printed in Korea.
ISBN 978-89-460-3835-6 93370(양장)
    978-89-460-4160-8 93370(학생판)

* 가격은 겉표지에 표시되어 있습니다.
* 이 책은 강의를 위한 학생판 교재를 따로 준비했습니다.
  강의 교재로 사용하실 때에는 본사로 연락해주십시오.